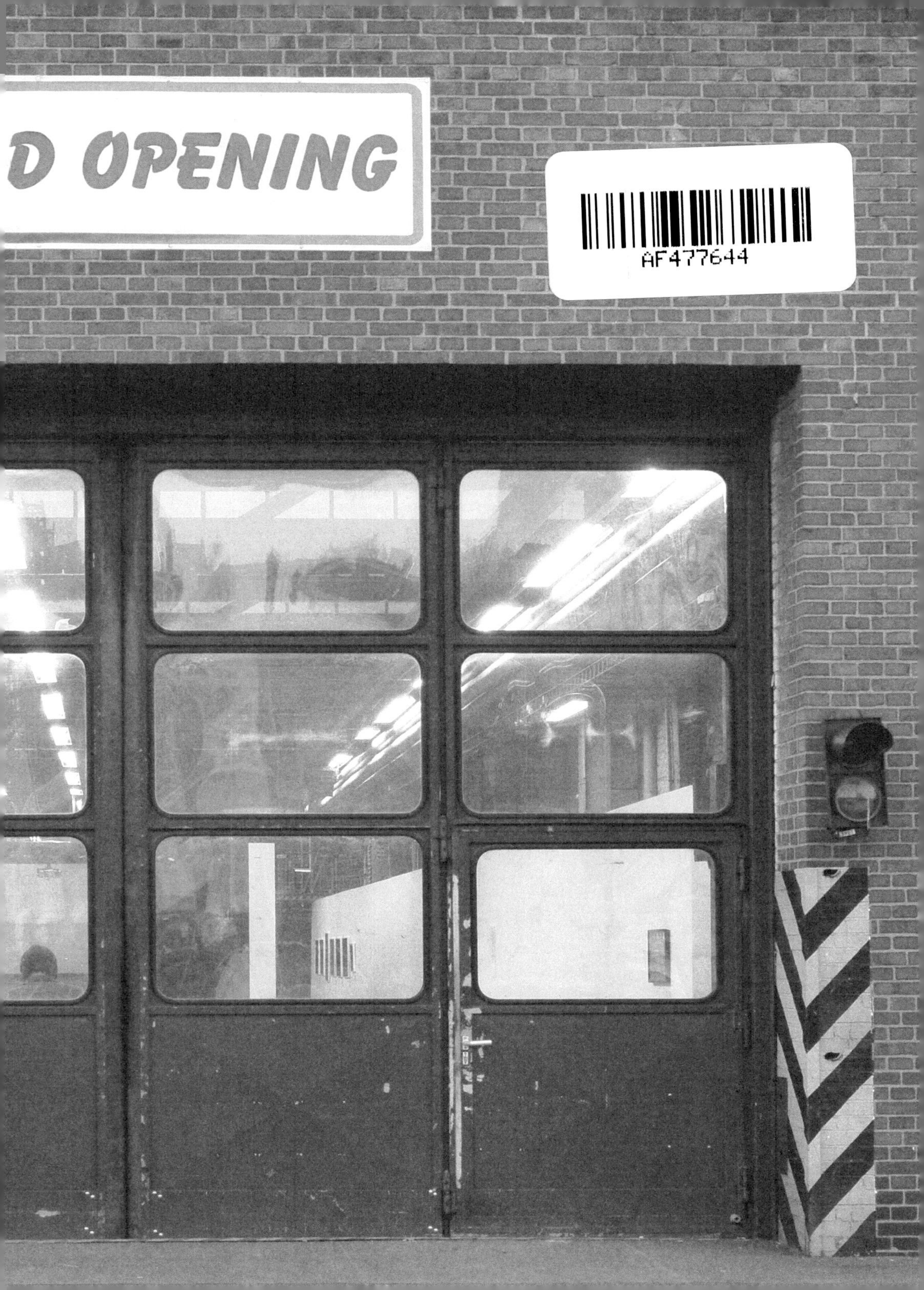

D OPENING

Carnival Within – An Exhibition Made in America

Joe Amrhein
Janine Antoni
Tracey Baran
Sanford Biggers
Laura Bruce
chamecki**lerner**
Anne Chu
Spencer Finch
David Herbert
Joan Jonas
Nina Katchadourian
Yvette Mattern
Karyn Olivier
Joyce Pensato
William Pope.L
Peggy Preheim
Nadine Robinson
Lawrence Weiner

Carnival Within
An Exhibition Made in America

Herausgegeben von | Edited by **Uta Grundmann**
mit | with **Sabine Russ** und | and **Gregory Volk**

Mit Fotografien von | with photographs by **Arwed Messmer**
und Texten von | and texts by **Uta Grundmann, Thomas Irmer, Jed Rasula, Sabine Russ, Martina Siebert** und | and **Gregory Volk**

Verlag für moderne Kunst Nürnberg

Inhalt | Contents

Uta Grundmann

DISCOVER US! Ein Vorwort

Die Ausstellung „Carnival Within – An Exhibition Made in America" hat eine lange Vorgeschichte. Als die Idee, zeitgenössische Kunst aus den USA in Berlin zu zeigen, kurz vor der Wiederwahl George Bushs im November 2004 entstand, war die hiesige Debatte über Amerika von einer vollkommenen Entfremdungserfahrung gekennzeichnet. Zugegebenermaßen hatten sich die Vorstellungen von diesem Land schon immer weniger auf ein politisch reales denn ein medial vermitteltes, imaginäres Gebilde bezogen, aber die Irritationen über die damalige Regierung und ihr Vorgehen in der Welt stellten die geläufigen Mythen auf den Kopf und provozierten die Frage, wie denn solche Vorstellungen und Bilder entstehen und wie sie zu ergründen seien.

Spätestens der Streit um den Irakkrieg hatte offenbar werden lassen, dass das Verhältnis der Vereinigten Staaten zu Deutschland (und Europa) von unvereinbaren Auffassungen bestimmt war. In der Auseinandersetzung spiegelten sich zwei Visionen der Welt, wobei die Differenzen nicht allein das politische Handeln betrafen, sondern auch andere Sphären dessen beeinflussten, was als „freiheitlicher Westen" bezeichnet wurde: Existierte nach dem Ende des Kalten Krieges überhaupt noch eine Gemeinsamkeit von Werten und Geschichte? Es war nicht nur das unilaterale Auftreten der USA gegenüber dem „Rest" der Welt, das für Zweifel und Ressentiments sorgte. Auch der vermeintliche Aufstieg des evangelikalen Christentums und sein nachhaltiger Einfluss auf die amerikanische Regierungspolitik erschienen unverständlich. Die *New York Times* rekapitulierte damals, dass es bei der anstehenden Wahl im Grunde um einen „Kulturkampf" ginge, um Sieg oder Niederlage in einem kulturellen Bürgerkrieg zwischen Liberalen und Konservativen, der in den 1960er Jahren offen ausgebrochen war und seither unter der Oberfläche brodelte. Anders gesagt, dass Bush und seine Gefolgschaft das moderne, säkulare Amerika der Gesellschaftskritik und Bürgerrechte, der Bewusstseinserweiterung und Selbstverwirklichung – das für uns seinen Ausdruck fand in großartiger Musik und Literatur, in Filmen und in der Kunst und das wir deshalb für das eigentliche gehalten hatten – zu beseitigen trachteten, um an seine Stelle ein Imperium zu setzen, das auf der offenbarungsreligiösen Überzeugung baute, im Besitz der ewigen und verbindlichen Wahrheit zu sein.

Inzwischen haben sich die Zeiten grundsätzlich geändert. Mit der Wahl Barack Obamas zum Präsidenten hat Amerika der Welt vorgeführt, dass es die Fähigkeit zur Erneuerung besitzt. Es scheint der historische Gedanke Hegels von der „List der Vernunft" bestätigt, dass es der Bush-Jahre, der Kriege im Irak und Afghanistan und zu guter Letzt der Finanz- und Wirtschaftskrise bedurfte, um einer neuen politischen und kulturellen Vision Amerikas zum Durchbruch zu verhelfen. Nicht zufällig aber war mit dieser Wahl die Vorstellung verbunden, dass die Vereinigten Staaten nun endgültig die Kämpfe der 1960er Jahre überwinden müssten. Der Wiederaufbruch wurde mit dem in den 1960ern verglichen und Obama mit John F. Kennedy. Obama symbolisierte die angebliche Versöhnung der Ethnien ebenso wie in der Verbindung seiner Biografie mit seiner Ausstrahlung den „Amerikanischen Traum" als das erneuerte Versprechen auf die Hoffnung des Glücks für alle. Dabei wurde meist unterschlagen, dass damals wie heute die andere Seite existiert(e), die in den vergangenen Jahren von Bush verkörpert worden war, und dass Amerika ein geteiltes Land bleibt, das auch Obama nicht magisch zusammenführen kann, eben weil sich seine Gesellschaft gleichermaßen über ihre Auseinandersetzungen wie ihre Einverständnisse erklärt: über die Bedeutung von Familie und sexueller Moral, über Fragen von Utopie und Religion, Rasse und Geschlecht, Krieg und Frieden, Konsum und Gewalt, Ordnung und Chaos. Die 1960er waren ein kollektives Trauma, weil sie das Land in zwei Teile spalteten, deren Protagonisten jeweils für die Zukunft der Zivilisation zu kämpfen glaubten, während die Visionen der Erlösung unvereinbarer nicht sein konnten – sie waren ein Trauma, wie es der 11. September 2001 und seine Folgen sind und sein werden. Die symbolisch ausgetragenen Kämpfe trennen Amerika folglich nicht von seinen aktuellen Problemen, sondern sie definieren sie.[1]

Betrachtet man die anfänglich gestellte Frage nach dem Entstehen der Vorstellungen von Amerika diesseits des Atlantiks unter dem Blickwinkel der Nachwirkungen jener Zeit, wird deutlich, dass auch die Bilder, die wir uns machten, immer nur die eine oder andere Seite betrafen. In meinem Fall waren sie von der Faszination der Gegenkultur und der Protestbewegungen in den USA geprägt. Der Titel unseres Projektes *DISCOVER US!*, das über die Ausstellung hinaus ein umfangreiches Programm zeitgenössischen amerikanischen Jazz' sowie Lesungen konzeptueller Poesie und ein Symposium zur Aktualität konzeptuellen Schreibens umfasste, bezieht sich auf den Film *Blutige Erdbeeren* (*The Strawberry Statement*) von 1970 über die Studentenproteste an der Columbia University in New York. In diesem Film fährt die Kamera einige Minuten lang durch die leere, ziemlich verwüstete Stadt und hält kurz inne, als ein verrammeltes Schaufenster in den Blick gerät, auf dem ganz groß geschrieben steht: DISCOVER AMERICA. Der Einwand mag kommen, dass Amerika heute nun wirklich keine Entdeckung mehr wert sei, da schließlich unsere Kultur und vor allem auch unsere visuelle Welt eine amerikanisierte ist, der man sich kaum entziehen kann. Dem wäre jedoch entgegenzuhalten, dass es jenseits von Klischees, Vorurteilen und Ressentiments immer etwas zu entdecken gibt, zweifellos auch in und über Amerika. Die Ausstellung „Carnival Within" stellt eine solche Entdeckungsreise dar.

Den Kuratoren war nicht daran gelegen, einen wie auch immer gearteten Überblick über die zeitgenössische amerikanische Kunst zu geben, eine politisch motivierte Ausstellung zu zeigen oder in einer solchen den Zustand der Gegenwartskunst in Amerika theoretisch zu reflektieren. Angesichts der aktuellen Fragen, die in den letzten Jahren zum Verhältnis von Deutschland und Amerika aufgekommen sind, lag es aber auf der Hand, die Kunst nach ihrer Perspektive zu befragen. Würde sie als Medium kritischer Analyse die Situation Amerikas reflektieren können? Selbstverständlich spielte für das Konzept die Wahl Barack Obamas zum Präsidenten und die damit verbundene ideelle, politische und ethische Wende in den Vereinigten Staaten eine zentrale Rolle. „Carnival Within" war geradezu vom Glauben an die Möglichkeit der Transformation inspiriert, anders gesagt von jenem Motto, mit dem Obama die Wahl gewann: „Change. The change we need. Change we can believe in."[2] Sabine Russ und Gregory Volk zeigen in dem folgenden Essay, wie bezeichnend es für die amerikanische Kultur ist, dass sich der Wille zur Verwandlung und Transformation vor allem in karnevalistischen Formen äußerte – man denke hier nicht nur an Maskeraden oder Zirkusse, sondern auch an Vergnügungsparks wie Coney Island und Disney World, an Las Vegas und Hollywood. Sie beziehen sich dabei – neben Emily Dickinson und Walt Whitman – auf den russischen Philologen und Literaturwissenschaftler Michail Bachtin, der den Karneval als „umgestülpte Welt" begriff, in der die Möglichkeit der Freiheit für den Augenblick durch die alle Ordnung und Autorität unterminierende Kraft des karnevalesken Lachens gegeben ist.

Der Schluss liegt nahe, den adäquatesten Ausdruck für den amerikanischen Moment der Freiheit im Karnevalesken zu suchen – so hatte der französische Philosoph Jean Baudrillard bereits 1986 Amerika in der Metapher von „Disneyland" als domestiziertes Vergnügungsparadies bezeichnet, in dessen Kultur die Kategorien Simulation und Fiktion genuin eingeschrieben sind.[3] Anders wären die Fragen eines Journalisten im Vorfeld der Ausstellung auch nicht zu verstehen gewesen, ob denn Obamas Wahl „als Funktion einer karnevalesken Katharsis" zu sehen sei oder Amerika einen Vergnügungspark darstelle, „in dem die neue Regierung puritanisch Aschermittwoch" begehe. Die Intention der Erkundigung offenbart sehr deutlich, dass nicht nur das politische Geschehen in Amerika, sondern auch die Kunst und – mit Blick auf das Thema der Ausstellung – die Funktion des Karnevals für die kulturelle Identität der amerikanischen Gesellschaft hier wie da sehr unterschiedlich interpretiert werden. Sabine Russ und Gregory Volk ging es eher um ein ästhetisches als ein politisches Phänomen, um den Zusammenhang von puritanischem Erbe, Positivismus und Entertainment; sie betonten das Anarchische des Karnevals und das ihm innewohnende Moment der Freiheit. In ihrem Sinne wäre der Wahlgewinn Obamas –

1 Vgl. Rick Perlstein, „Getting Past the '60s? It's Not Going to Happen", in: *The Washington Post*, 3. Februar 2008, S. B01: „Wie ein Patient der Psychoanalyse unterdrücken wir vieles von dem, was damals am meisten schmerzte und was nur gelegentlich in einer Eruption zum Ausbruch kommt. Die Nachwirkungen dieser Spaltung sind so groß, dass der oberflächliche Versuch, ihre Geister zu beherrschen, fast immer dazu führt, diese zu reproduzieren."

2 Dass Obamas Rede vom Wandel mehr ist als ein Slogan, sondern eine uramerikanische Vision, erklärt der amerikanische Politologe Walter Russell Mead in einem Gespräch mit der Tageszeitung *Die Welt*, vgl. „Wandel ist das Lebenselixier Amerikas", in: *Welt online*, 15. Dezember 2008.

3 Jean Baudrillard, *Amerika*, München 1987.

und Bachtin hätte ihn gewiss als einen der von ihm antizipierten großen gesellschaftlichen Umbrüche gesehen, in dessen Vorfeld mit einer vorbereitenden „Karnevalisierung des Bewusstseins" zu rechnen war – als Beweis dafür zu nehmen, dass das Unwahrscheinliche wahrscheinlich ist. Der europäische Interpret lässt dagegen doch lieber die Vorsicht des Philosophen Immanuel Kant walten, für den es sich bei diesem Gewinn um ein Zeichen für die Möglichkeit der Freiheit gehandelt hätte, für den Umstand, dass das Undenkbare möglich ist, bei dem jedoch zur gleichen Zeit das Umschlagen der Freiheit in den Terror mitgedacht werden muss.[4] Auch die europäische Rezeption des Karnevals hat ein entschieden anderes Gewicht: Hier ist man sich nahezu einig, dass der Karneval keine anarchische, Systeme außer Kraft setzende Funktion besitzt, sondern die Umkehrung der Hierarchien die herrschenden gesellschaftlichen Verhältnisse bestätigt und ihre Machtstrukturen legitimiert. Schon Karl Kraus sprach vom Krieg als „pervertiertem Karneval" oder Elias Canetti vom karnevalesken Lachen als aggressivem Akt und Substitut körperlicher Gewalt (*Die Blendung*). Der russische Philosoph Boris Groys spitzt diese Auffassung noch einmal zu, wenn er in Bachtins Beschreibung des Karnevals eine „Reproduktion der Atmosphäre stalinistischen Terrors" verwirklicht sieht und davon ausgeht, dass das Ziel „Bachtins nicht die demokratische Kritik der Revolution und des stalinistischen Terrors war, sondern deren theoretische Rechtfertigung im Sinne einer auf eine archaische Tradition zurückgehenden Handlung".[5] Auch wenn man nicht so weit geht, den Karneval als Kehrseite des Terrors zu betrachten, so ist doch offensichtlich, dass Krieg und Terror die Themen Amerikas in den letzten Jahren waren. Zu Bachtins Verteidigung wäre zu sagen, dass er mit seiner Romantheorie zur Bedeutung des Komischen in der Kultur lediglich ein geisteswissenschaftliches Äquivalent zu Einsteins Relativitätstheorie entwickeln wollte, geboren aus der Erkenntnis, dass es in modernen Gesellschaften keine absolute Sinnhaftigkeit mehr geben kann, dass Bedeutungen in Relationen begriffen werden müssen und entscheidend von der Position des Betrachters abhängen.

Für den hiesigen Betrachter ist es der Begriff der „Sensation", der unsere Ausstellung „Carnival Within" vielleicht verständlicher umreißen kann, vor allem dann, wenn man ihn als Synonym für die Bestimmung des Karnevalesken in der amerikanischen Kultur versteht. Ein entscheidendes Merkmal dieser Kultur, so der

Jurist und Philosoph Jedediah Purdy, ist die „Gier nach Sensationen“, nach Spektakel und Ekstase, Ereignissen und ständigen Gaben von Sinneserlebnissen, was sich in der Allgegenwart evangelikaler Religiosität oder dem gestörten Verhältnis zum Essen ebenso spiegele, wie es sich in der Politik der vergangenen Jahre niedergeschlagen habe, welche „die Begierde immer mehr zum eigentlichen Gesetz“ erhob.[6] Bedeutete der Begriff ursprünglich nichts anderes als „Wahrnehmung“, so ist heute mit „Sensation“ jedes Ereignis gemeint, das die Wahrnehmung in seinen Bann zu ziehen vermag. In vormodernen Gesellschaften wurde die Sensation denn auch als Epiphanie des Heiligen und Mittel der Ekstase erlebt, durch die der Mensch den grausamen Zumutungen des Daseins zumindest kurzfristig entkommen konnte, heute ist sie als „Surrogat des entschwundenen Heiligen“ die „Anschauungsform des modernen Menschen“ überhaupt.[7] Das Thema des Karnevals war deshalb als Rahmen für die Kunst gedacht, der es erlaubte, sich den „Sensationen“ der Werke hinzugeben, während die Uferhallen im Berliner Wedding mit ihrer großartigen Architektur den kongenialen Ort für eine Ausstellung boten, in der man wie in einem raffiniert angelegten Garten der Sensationen lustwandeln konnte. Der Berliner Fotograf Arwed Messmer hat den Gang durch unseren „Vergnügungspark“ dokumentarisch nachvollzogen (S. 77–156).

„Carnival Within“ gelingt es, sehr authentisch das Amerika der Gegenwart als lokales Ereignis zu spiegeln und dabei die angesprochene Thematik auf subtile Weise aufzugreifen. Bei David Herbert oder William Pope.L ist die Dekonstruktion des Mythos’ vom Superman offensichtlich. Die doppelte „Sensation“ des Sterns von Nadine Robinson erschließt sich jedoch erst, wenn man weiß, dass sich der Titel *Wormwood* auf die *Offenbarung des Johannes* bezieht und damit den Terror der Zerstörung in der Religiosität aufgehoben sieht – einer Religiosität, die für das evangelikale Christentum in den Vereinigten Staaten mit seinem Erlebnisversprechen der Ekstase der Erlösung ohnehin eher mit der Befriedigung von Sensationshunger als mit meditativer Einkehr zu tun hat.[8] Dass der Hunger nach messianischer Erlösung durchaus mit diesseitiger Glückserwartung einhergeht, macht

4 Slavoj Žižek, „Hoffnungszeichen. Doch die eigentliche Auseinandersetzung beginnt nach dem Sieg Obamas“, in: *Lettre International*, Nr. 83, Winter 2008.

5 Boris Groys, „Grausamer Karneval. Michail Bachtins ‚ästhetische Rechtfertigung‘ des Stalinismus“, in: *Frankfurter Allgemeine Zeitung*, 21. Juni 1989.

6 Jedediah Purdy, „Jeder ein König“, in: *Die ZEIT*, Nr. 44, 21. Oktober 2004.

7 Christoph Türcke, *Erregte Gesellschaft. Philosophie der Sensation*, München 2002.

8 Vgl. J. Purdy, Anm. 6.

9 Barbara Ehrenreich, „Pathologies of Hope", in: *Harper's Magazine*, 1. Februar 2007.

Lawrence Weiners Arbeit *A PURSUIT OF HAPPINESS [ASAP]* deutlich. Für das amerikanische Selbstverständnis gehören Begriffe wie „Hoffnung" (ebenfalls eines der Schlagworte der vergangenen Wahl), „Optimismus" und „positives Denken" seit jeher zum Vokabular seelischen Befindens. Der „Kult der Positivität" hat inzwischen jedoch nicht nur eine Industrie der „Selbsterziehung zum Glück" hervorgebracht, sondern auch die neue akademische Disziplin einer „positiven Psychologie" begründet, die jährliche Konferenzen abhält und das *Journal of Happiness Studies* herausgibt,[9] alles mit dem Ziel, den Menschen zur ihrem Glück zu verhelfen – „as soon as possible", sobald wie möglich.

Es sind dies nur zwei Beispiele für die vielfältige Art des Umgangs der ausgestellten Künstler mit der Sensation und dem Spektakel. Der bereits erwähnte Essay von Sabine Russ und Gregory Volk geht ausführlich auf alle Arbeiten ein. Darüber hinaus nehmen die Texte im Katalog die anfänglich angedeutete Debatte über die Wahrnehmung Amerikas in Deutschland (beziehungsweise Europa) auf, indem sie das hiesige Verhältnis zu und damit auch unsere Vorstellungen von Amerika spiegeln und umgekehrt: Neben dem Essay über die Ausstellung und die Künstler stehen ein philosophischer Kommentar über Amerika und sein Ideal der Freiheit von Martina Siebert, einer Künstlerin und Philosophin, die selbst viele Jahre in New York gelebt hat, und nachfolgend ein Text von Uta Grundmann zur Ikonografie deutsch-amerikanischer Vorstellungsbilder. Der Amerikanist Thomas Irmer sieht mit den Digedags, den Hauptdarstellern des beliebtesten DDR-Comics *MOSAIK*, zurück auf das Amerikabild in der DDR, und Jed Rasulas Text über den Jazz und seine Herkunft aus den europäischen Avantgarden verdankt sich der Kooperation der Ausstellung mit der Jazzwerkstatt Berlin-Brandenburg.

Das Gesamtprogramm von *DISCOVER US!* – die Ausstellung „Carnival Within – An Exhibition Made in America", die Konzertreihe „Across the Border – American Jazz Now" und das Literaturprogramm „Conceptual Writing and Its Environs – New Strategies in American Poetry" entstand in Zusammenarbeit mit Ulli Blobel und Melanie Martin von der Jazzwerkstatt Berlin-Brandenburg e.V. sowie Catrin Gersdorf vom John-F.-Kennedy-Institut der Freien Universität Berlin und Robert Fitterman von der New York University.

Uta Grundmann

DISCOVER US! A Foreword

The seeds of "Carnival Within – An Exhibition Made in America" were planted quite some time ago. The idea of showing contemporary art from the United States in Berlin came about shortly before the reelection of George W. Bush in November 2004—a time when public debate about America here in Germany was characterized by feelings of complete alienation. Admittedly, conceptions of the US had always been based less on real political facts and more on imaginary constructions conveyed by the media. However, anger about the Bush administration and its actions in the world turned the usual myths on their head, provoking the question as to how such conceptions and images arise and how to comprehend them.

It had become evident by the time of the dispute about the Iraq war at the very latest that the relationship of the United States to Germany (and Europe) was defined by irreconcilable differences. The war of words reflected two visions of the world. These differences did not merely relate to political actions, but also influenced other spheres of what was referred to as the "free West." People started to question whether any common values or history had actually outlived the Cold War. It was not only the United States' go-it-alone stance toward the "rest" of the world that created doubt and resentment. The apparent rise of evangelical Christianity and its sustained influence on the US administration also met with incomprehension. Summing up at the time, the *New York Times* said that the upcoming election was essentially a *Kulturkampf*, a battle to decide a cultural civil war between liberals and conservatives that had broken out openly in the 1960s and had been bubbling away under the surface ever since. To put it another way, the contention was that Bush and his entourage were planning to do away with modern, secular America and replace it with an empire underpinned by a Christian fundamentalist conviction that it was in possession of the eternal and binding truth. We regarded this modern, secular America—the one characterized by its civil rights movement and its campaigns for social change, by its search for expanded states of consciousness and self-actualization—as the real thing, for this was the America that we saw expressed in great music and literature, in movies and in art.

Things have changed fundamentally since 2004. By electing Barack Obama as president, the United States has shown the world that it is capable of renewal. The fact that it took the Bush years, the wars in Iraq and Afghanistan and, to top it all, the financial and economic crisis to help a new political and cultural vision of America to gain acceptance would appear to confirm Hegel's notion of history based on the "cunning of reason." However, it was no coincidence that one of the underlying sentiments of this election was that it was time that the United States finally overcame the battles of the 1960s. The sense of a new beginning was being compared with that experienced in the 1960s and Obama with John F. Kennedy. Obama symbolized in equal measure the alleged reconciliation of the ethnic groups and—in the interlinking of his biography and his image—the American dream as the renewed promise of the chance of happiness for all. What people often fail to mention is that the other side of America, which has been embodied by Bush in recent years, also existed back then in the 1960s and continues to exist today. America remains a divided country, whose divisions even Obama cannot magically heal for the very reason that American society defines itself just as much in terms of its differences as its commonalities. The country is at loggerheads with itself over the importance of the family and sexual morality, about questions of utopia and religion, race and sex, war and peace, consumption and violence, order and chaos. The 1960s were a collective trauma because they split the country in two. The protagonists of both camps believed that they were fighting to save the future of civilization, while their visions of redemption could not have been more at odds with one another. The 1960s were just as much a trauma as September 11, 2001, and its aftermath. Accordingly, rather than divorcing America from its present-day problems, these symbolically contested battles define them.[1]

1 Rick Perlstein, "Getting Past the '60s? It's Not Going to Happen," *The Washington Post*, February 3, 2008, B01: "Like a patient under psychoanalysis, we still repress much that was most searing in those times, only to have it burst forth in odd moments. The after-effects of the divisions are so great that, glibly seeking to master these ghosts, we manage mostly to reproduce them."

If we consider the question posed above about the evolution of conceptions of America on this side of the Atlantic in terms of the lasting effects of that period, then it becomes evident that the images that we created always solely pertained to either one camp or the other. In my case, these images were shaped by my fascination with US counterculture and protest movements. The title of our project *DISCOVER US!*—which also included an extensive program of contemporary American jazz as well as readings of conceptual poetry and a symposium about the relevance of conceptual writing—is an allusion to *The Strawberry Statement*, a 1970 movie about the student protests at Columbia University in New York. In one scene, the camera pans for several minutes along the empty streets of the rather ravaged city, pausing briefly as a barricaded shop window comes into focus on which the words DISCOVER AMERICA are painted in large letters. One might contend that America no longer needs to be discovered these days because our culture, particularly our visual culture, has become so Americanized that it is well nigh impossible to escape. But there is always something to discover beyond all the clichés, prejudices, and resentment. That is indubitably the case both in and about America. The exhibition "Carnival Within" is a voyage of discovery of this kind.

The curators were not aiming to provide any manner of overview of contemporary American art, to put on a politically motivated exhibition, or to reflect upon the state of American art today in an exhibition of that type. However, given the questions about the relationship between Germany and the United States that have surfaced in the last few years, it was natural to examine art in terms of its perspective. Would it, as a medium of critical analysis, be capable of reflecting upon the situation of America? Of course, the election of Barack Obama as president and the related shift in philosophy, politics, and ethics was of central importance for the exhibition concept. “Carnival Within” was nothing less than inspired by the belief in the possibility of transformation, or, to put it another way, by the slogan with which Obama won the election: “Change. The change we need. Change we can believe in.”[2] In their essay in this catalogue Sabine Russ and Gregory Volk demonstrate how American culture typically expresses its will for change and transformation, above all, in carnivalesque forms, not just masquerades or circuses, for example, but also pleasure parks like Coney Island and Disney World, and the likes of Las Vegas and Hollywood. Along with Emily Dickinson and Walt Whitman, Russ and Volk draw on the Russian literary scholar and philologist Mikhail Bakhtin, who regarded carnival as “the world turned upside down,” a state in which the possibility of freedom exists for the moment thanks to the power of carnivalesque laughter to undermine all authority and order.

It would seem fitting to search for the most appropriate expression of American freedom in the carnivalesque; after all with his use of the metaphor “Disneyland,” French philosopher Jean Baudrillard had, back in 1986, already described America as a domesticated pleasure paradise in whose culture the categories of simulation and fiction are genuinely inscribed.[3] The questions of one journalist who asked in the run-up to the exhibition whether Obama’s election should be seen as a “function of carnivalesque catharsis,” or whether America should be regarded as a theme park in which the new administration was marking a “puritanical Ash Wednesday” are informed by the same thinking. This query makes very clear that not only political events in America but also its art and—with one eye on the theme of the exhibition—the function of carnival for the cultural identity of US society are interpreted very differently both here and there. Sabine Russ and Gregory Volk are more concerned with an aesthetic than a political phenomenon, with the links between Puritan heritage, positivism, and entertainment; they stress the anarchic quality of carnival and the moment of freedom inherent in it. In their eyes the election of Obama is proof that the improbable is probable—and Bakhtin would, no doubt, have seen it as one of those great social shifts that he thought would always be preceded by a preliminary “carnivalization of consciousness.” One European commentator preferred to adopt the caution of the philosopher Immanuel

Kant, who would have interpreted the victory as a sign of the possibility of freedom, a sign that the unthinkable can happen, while, at the same time, bearing in mind the possibility of freedom turning into terror.[4] Moreover, the European reception of carnival also takes a decidedly different tack. Here there is an almost complete consensus that carnival does not possess an anarchic function that disables existing systems. Instead, the temporary inversion of hierarchies is regarded as serving to reinforce existing social relations and legitimate social power structures. And this view is not new. Austrian writer and journalist Karl Kraus referred to war as "perverted carnival," while Elias Canetti in his novel *Auto da Fé* described carnivalesque laughter as an aggressive act and a substitute for physical violence. Russian philosopher Boris Groys goes even further, perceiving in Bakhtin's description of carnival a "reproduction of the atmosphere of Stalinist terror" and assuming that Bakhtin's goal was "not the democratic critique of the revolution and of Stalinist terror, but its theoretical justification as an action based on an archaic tradition."[5] Even if you do not go as far as to regard carnival as the flip side of terror, it is obvious that war and terror are themes that have preoccupied America over the last few years. In Bakhtin's defense, it has to be said that the aim of his theory of the novel based on the meaning of comedy in culture was solely to develop the equivalent in the humanities of Einstein's theory of relativity. It was derived from the insight that absolute meaning was no longer possible in modern societies and that meanings have to be understood in relative terms and depend decisively on the viewer's standpoint.

Our exhibition "Carnival Within" can perhaps be more readily understood by Germans and Europeans by means of a concept of "sensation," in particular if you understand this as a synonym for the definition of carnivalesque in US culture. A decisive feature of this culture, according to philosopher and legal scholar Jedediah Purdy, is the greed for sensation, for spectacle and ecstasy, happenings and a never-ending supply of sensory experiences that is reflected

2 In an interview with the German daily *Die Welt*, US political scientist Walter Russell Mead explained that Obama's talk of change was not just a slogan, but a fundamentally American vision. See "Wandel ist das Lebenselixier Amerikas," *WELT ONLINE*, December 15, 2008.

3 Jean Baudrillard, *America* (London and New York, 1987).

4 Slavoj Žižek, "Use Your Illusions," *London Review of Books*, November 14, 2008.

5 Boris Groys, "Grausamer Karneval. Michail Bachtins 'ästhetische Rechtfertigung' des Stalinismus," *Frankfurter Allgemeine Zeitung*, June 21, 1989.

just as much in the ubiquity of evangelical religiosity and a society's distorted relationship to food, as it has been in the politics of recent years, which, says Purdy, has elevated greed more and more to the status of a law in its own right.[6] While the term originally meant nothing more than a physical feeling or perception, nowadays the word sensation is also used to refer to any event that is capable of captivating our senses. In pre-modern societies sensation was also experienced as a holy epiphany and a means of achieving ecstasy, enabling people to escape their dreadful conditions of existence for a short while at least. Nowadays, in its function as a "surrogate of vanished divinity," it is the "modern form of perception" per se.[7] The theme of carnival was intended to serve as a framework for art that would allow visitors to devote themselves to the "sensations" of the works, while the splendid architecture of the Uferhallen building in the Berlin district of Wedding provided a congenial venue for the exhibition. You could stroll the space as if it were a cleverly laid-out garden of sensations. Berlin photographer Arwed Messmer recorded the walk through our "pleasure park" (pp. 77–156).

"Carnival Within" very authentically manages to reflect contemporary America as a local event, while subtly picking up on the issues discussed above. The deconstruction of the Superman myth is evident in the works of David Herbert and William Pope.L. The dual nature of the "sensation" of Nadine Robinson's star only becomes apparent if you know that the title *Wormwood* alludes to the Book of Revelation and thereby sees the terror of destruction as inherent to religiosity. In the case of evangelical Christianity practiced in the United States, the promise of an ecstasy of redemption has more to do with the satisfaction of the hunger for sensation than with any kind of meditative contemplation.[8] Lawrence Weiner's work *A PURSUIT OF HAPPINESS [ASAP]* makes clear that the hunger for messianic redemption is definitely compatible with an expectation of happiness in this life. Concepts such as "hope" (also one of the buzzwords of the last US election), "optimism," and "positive thinking" have long been part of the vocabulary of spiritual wellbeing in the United States. This "cult of positivity" has not only resulted in the emergence of a "self-improvement industry," but also the new academic discipline of "positive psychology," complete with annual conferences and a *Journal of Happiness*

Studies[9]—all with the aim of helping people achieve a state of happiness "as soon as possible."

These are just two examples for the multi-faceted way in which the artists in the exhibition deal with sensations and spectacle. The essay by Sabine Russ and Gregory Volk deals in detail with all of the works. The essays in this catalogue also take up the debate about the perception of the United States in Germany (or Europe), by reflecting our relationship toward and thereby our conceptions of America. As well as the essay about the exhibition and the artists involved, the catalogue includes a philosophical commentary about America and its ideal of freedom by Martina Siebert, an artist and philosopher, who lived for many years in New York. This is followed by a text by Uta Grundmann about the iconography of German-US imaginary images. The American studies scholar Thomas Irmer looks back upon the image of the United States in East Germany in the company of the Digedags, the main protagonists of one of the GDR's best-loved comics *MOSAIK*; and Jed Rasula's essay, which came about thanks to the cooperation between the exhibition and Jazzwerkstatt Berlin-Brandenburg, looks at jazz and its roots in European avant-garde music.

The entire program of *DISCOVER US!* (the exhibition "Carnival Within – An Exhibition Made in America"; the series of concerts "Across the Border – American Jazz Now"; and the literary program "Conceptual Writing and Its Environs – New Strategies in American Poetry") was devised in cooperation with Ulli Blobel and Melanie Martin from Jazzwerkstatt Berlin-Brandenburg, Catrin Gersdorf from the John F. Kennedy Institute for North American Studies at the Free University Berlin, and Robert Fitterman from New York University.

6 Jedediah Purdy, "Jeder ein König," *DIE ZEIT*, no. 44, October 21, 2004.

7 Christoph Türcke, *Erregte Gesellschaft. Philosophie der Sensation* (Munich, 2002).

8 Purdy, "Jeder ein König."

9 Barbara Ehrenreich, "Pathologies of Hope," *Harper's Magazine*, February 1, 2007.

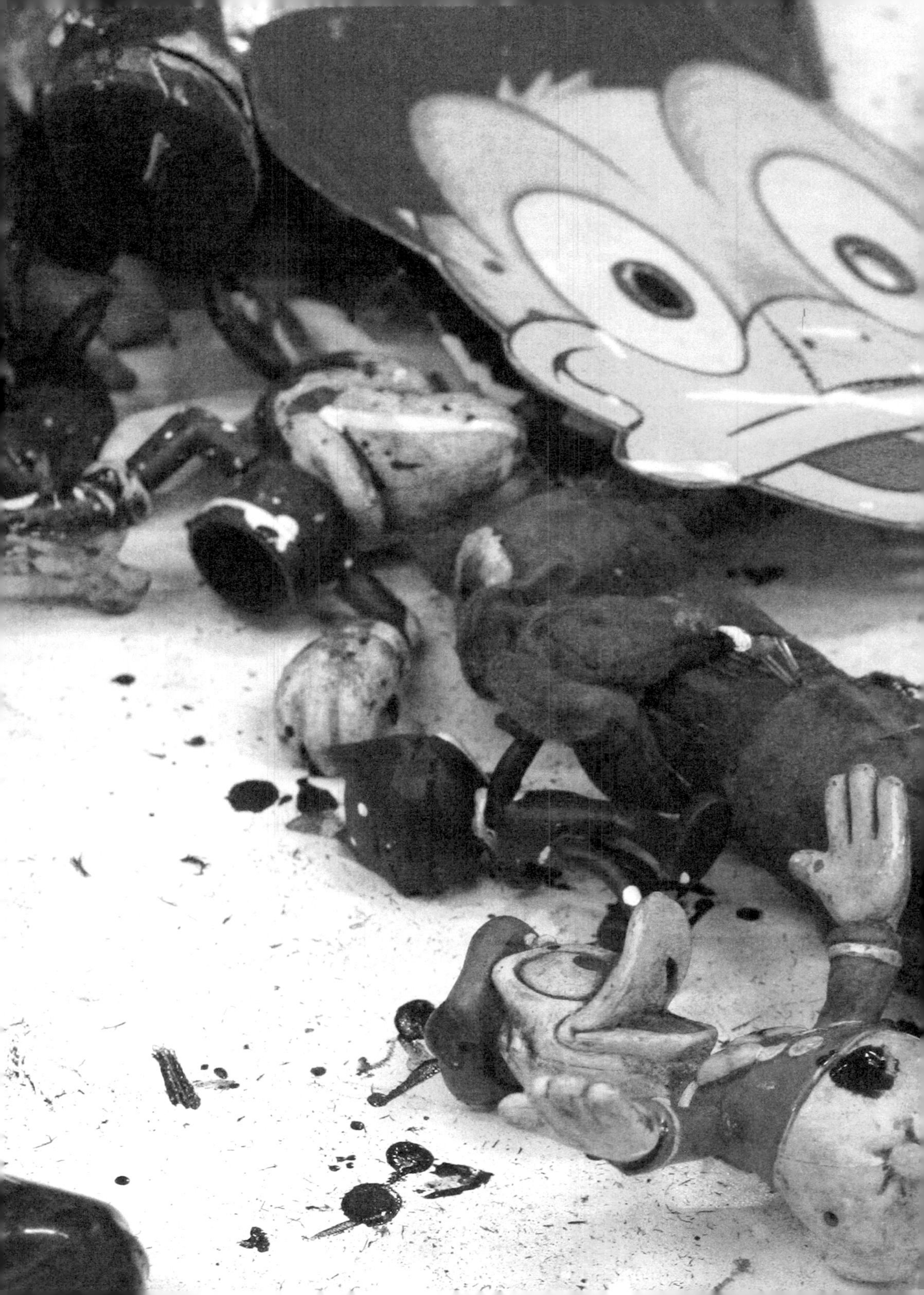

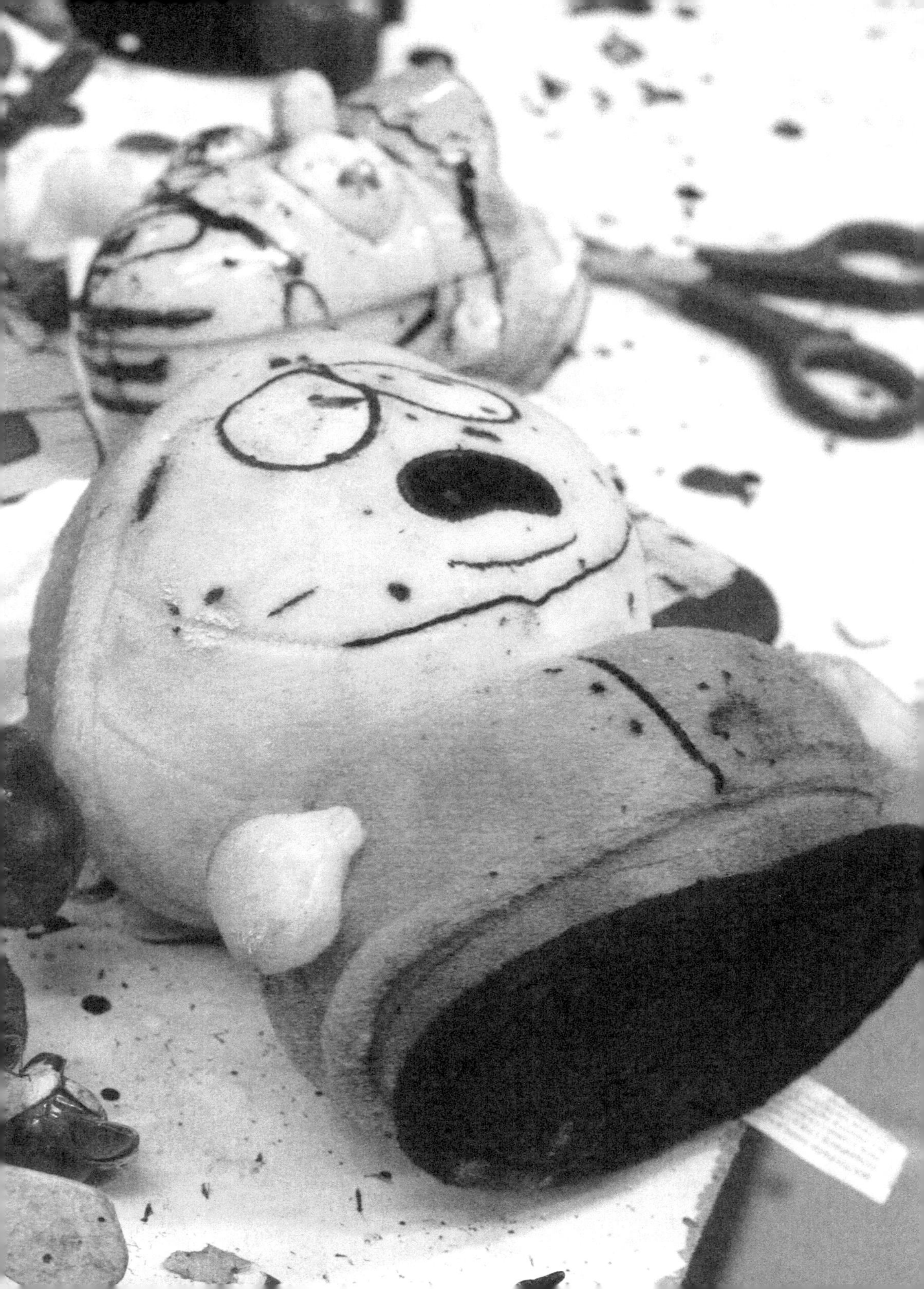

Sabine Russ und Gregory Volk

Carnival Within – An Exhibition Made in America

1car·ni·val
Pronunciation: \'kär-nə-vəl\
Function: *noun*
Etymology: Italian *carnevale*, alteration of earlier *carnelevare*, literally, removal of meat, from *carne* flesh (from Latin *carn-*, *caro*) + *levare* to remove, from Latin, to raise
Date: 1549
1: a season or festival of merrymaking before Lent
2 a: an instance of merrymaking, feasting, or masquerading **b:** an instance of riotous excess <a *carnival* of violence>
3 a: a traveling enterprise offering amusements **b:** an organized program of entertainment or exhibition: festival <a winter *carnival*>

Merriam-Webster Dictionary

1. Die Ausstellung

Emily Dickinson gehört neben Walt Whitman zu den überragenden Gestalten der amerikanischen Lyrik im 19. Jahrhundert. In ihren Gedichten ist der Widerstreit zwischen Glauben und vernichtendem Zweifel ein häufig wiederkehrendes Motiv. In Gedicht 243 aus dem Jahr 1861 vergleicht sie etwa „einen Himmel" (vielmehr den ihr eigenen calvinistischen Himmel, dem die Verwurzelung im theologischen

Puritanismus Neuenglands anzumerken ist) mit einem winzigen, schäbigen Wanderzirkus, der durch die endlosen Weiten Nordamerikas tingelt und für kurze Zeit Vergnügen und Belustigung in die kleinen Ortschaften bringt, bevor er seine Zelte wieder abbricht und weiterzieht:

Ein Himmel war mir, wie ein Zelt –
Der rollte sein Schimmern zusammen –
Zog seine Pflöcke und verschwand –
Da war kein Bretterschrammen
Kein Nagelreißen – Zimmermann –
Nichts als ein weites Starren –
Verrät in Nordamerika –
Daß da Spektakel waren –

Nicht Spur – nicht Schemen – von dem Ding
Das uns geblendet, Gestern,
Kein Rund – kein Kunststück –
Menschen – Wunder –
Die schwanden gänzlich hin –
Wie fern im Kurs des Vogels
Nur noch ein Farbton zuckt –
Ein Ruderspritzer, Fröhlichkeit –
Und dann ist er verschluckt.[1]

Dieses Gedicht bezeichnet einen Markstein in der Geschichte der amerikanischen Lyrik (und Kunst). Es verwebt zwei verschiedene Amerikas miteinander: ein tief religiöses, womöglich utopisches Amerika und ein säkulares Amerika der Spektakel, des oberflächlichen Zeitvertreibs, der Unterhaltungs- und Popkultur, wo, wie man zwischen den Zeilen liest, die Einsamkeit lauert, sobald die Aufregung sich gelegt hat, die Show vorüber ist und man wieder den eigenen widerstreitenden Gefühlen ausgesetzt ist.

Formal folgt das Gedicht einem durchaus geläufigen Muster, dem sonntäglich in jedem Gottesdienst in der Region gesungenen protestantischen Kirchenlied, wobei Dickinson die Vorlage mit einem beachtlichen Repertoire an Veränderungen versieht. Der Rhythmus wird von Gedankenstrichen unterbrochen, die dem Ganzen etwas Abgehacktes, Unbeständiges verleihen. Hinzu kommen andere, weniger offensichtliche Abweichungen in Lautgestalt und Rhythmus, die Diskrepanzen beziehungsweise unvermutete Drehungen und Wendungen entstehen lassen. Zusammengenommen erwecken sie den Eindruck, dass es sich in diesem Gedicht weniger um eine Schilderung bewusster Vorgänge handelt als vielmehr um eine Auslotung unseres Bewusstseins überhaupt, mit all seinen Sprüngen und plötzlichen Eingebungen, seinen Begeisterungsausbrüchen und dann wieder ins Gegenteil umschlagenden Stimmungen. Dickinson benutzt etwa anstelle der klassischen Reimpaare unreine Reime (boards/yards, disappear/carpenter, stare/America), mit einem nur entfernten Gleichklang. So entsteht ein eigentümliches Hin und Her zwischen Verbindung und Rissigkeit: Das Gedicht bildet etwas Zusammengehöriges und zerrt zugleich an ihm. Dickinson, vielmehr das lyrische Ich („Ein Himmel war mir“), stellt sich hier einigen Fragen, die zu den größten, folgenreichsten und aufwühlendsten des menschlichen Lebens gehören. Der Mensch ist ein Wesen, das der Religion fähig ist, zu dessen Grunderfahrungen der Verlust und existenzielle Verunsicherung gehören, die Sehnsucht nach Glück genauso wie der unvermeidliche Gegenpol von Trauer und Enttäuschung. Das ausgefallene Bild von den „miles of stare“ (wörtlich: „meilenweites Starren“) lässt nicht nur an einen nach außen, in weite Fernen gerichteten Blick denken, sondern auch an eine das tiefste Innere auslotende Introspektion, an die Erkundung der unermesslichen Abgründe unserer eigenen Seele. Im Zentrum steht der zwar durchaus befremdliche, aber dennoch überzeugende Vergleich des Himmels mit einem Wanderzirkus. Schließlich enthalten beide die Verheißung eines Entkommens vor dem menschlichen Leid – sei es einmal für alle Ewigkeit, das andermal nur für einen flüchtigen Nachmittag oder Abend.

Jahrmärkte, Zirkusse, Tingeltangel, Amüsierparks und Themenparks, sie alle sind von früh an prägend für die amerikanische Kultur gewesen und haben ihre Spuren auch in der amerikanischen Literatur und bildenden Kunst hinterlassen. Zu einer Zeit, als Zirkusse noch als moralisch bedenklich oder gar gefährlich galten, schrieb Walt Whitman, damals als Journalist, bereits einen begeisterten und einfühlsamen Bericht über eine Brooklyner Zirkustruppe. In seinem 1865 anonym in *Life Illustrated* erschienenen Artikel (der ihm aber zweifelsfrei zuzuschreiben ist) verweist er darauf, dass Wanderzirkusse tief reichende historische Wurzeln (vor allem in Europa) haben und alles andere als amerikanische Erfindungen sind. Aufgrund ihrer Vitalität, ihrer Anziehungskraft für alle sozialen Schichten und ihrer Verheißung von greifbar nahen Wundern – also aufgrund von Eigenschaften, die sich bestens mit dem Ethos einer Nation vertragen, die auf Optimismus und Demokratie gründet – bezeichnet er sie aber dennoch als „nationale Institution".

Seiner Lyrik, vor allem seinem berühmtesten Gedichtzyklus „Song of Myself" ist dann auch abzulesen, dass er von den bedeutenden amerikanischen Dichtern und Autoren bis auf den heutigen Tag wohl derjenige mit den ausgeprägtesten zirzensischen, karnevalesken Zügen ist. Als Protagonist des Gedichts nimmt Whitman, passend zum karnevalistischen Interesse an Masken, Kostümen und Identitätstausch, viele Verkleidungen und *Personae* an. Gleich eingangs sehnt er sich in eine Situation hinein: „Ich neige mich, schlendre behaglich dahin,/einen Halm des Sommergrases betrachtend", und stellt sich vor, er würde sich „unverkleidet und nackt" am Hang eines Waldes aufhalten. Beides sind Versionen dessen, was bei ihm „Me myself" heißt. Später gibt er sich dann als Südländer, als Nordländer, als „Kentuckier [...] in Rehfellgamaschen" zu erkennen, als Schiffer, der auf hoher See um sein Leben kämpft, als Gefangener und als entlaufener Sklave, der von Hunden gehetzt und von Schüssen der Jäger verletzt wird. In „Song of Myself" scheint vieles gleichzeitig, statt in narrativer Abfolge zu geschehen, vergleichbar einer Zirkusarena mit drei Manegen, und in der Tat gleicht Whitman einem zungenfertigen Zirkusdirektor, der für die Zuschauer Ordnung in das bunte Geschehen um sich herum bringt. Im langen Abschnitt 33 etwa erstreckt sich ein einziger Satz über vier Seiten, überspannt inhaltlich Kontinente, wechselt zwischen Stadt und Land, führt Whitman vorbei an Blockhütten, Holzhändlern, einem Panther, einem Alligator, einem schwarzen Bären und Buchweizen, einer Wachtel und einer Fledermaus, einem birnförmigen Heißluftballon, einem Schiffswrack, einer Druckerpresse, einer Haifischflosse, einem Hahn, der eine Henne deckt, einer Quäkerin, den Spuren von Mokassins, einem Methodistenprediger und einem Baseballspiel – die Liste ließe sich fortführen. Gegen Ende dieses Abschnitts tritt Whitman hinaus in die Nacht, um im Garten hinter dem Hause frische Luft zu schnappen. Stattdessen trägt es ihn aber hinaus in große Ferne, tief in die Vergangenheit, vielmehr hinein in die judäo-christliche Tradition:

> Wandelnd über die alten Hügel Judäas, dem schönen
> gütigen Gott zur Seite.

Doch schon wechselt Whitman in Windeseile von der Religion über zur Wissenschaft und von dort zur Science-Fiction, von der Vergangenheit in die Gegenwart und weiter hinaus in eine ungewisse Zukunft der Raumfahrt und Erkundungszüge; von dieser Welt in ein gewaltiges, mysteriöses Universum:

> Sausend durch Raum und sausend durch Himmel und Sterne,
> Sausend zwischen den sieben Planeten, dem breiten
> Ring und den achtzigtausend Meilen des Durchmessers.[2]

Auf seiner abwechslungsreichen Reise über den amerikanischen Kontinent und auf seinem Flug durch den Weltraum, vorbei an den Sternen, stattet Whitman sein Gedicht mit einer wortgewaltigen, überschwänglichen Rhetorik, mit Abenteuern, Ausflügen, allerhand Nebenschauplätzen, mit einem bunten Gemisch an Menschen und einem verblüffenden Bilderreichtum aus – auch das sind Anklänge an eine lautstarke, kunterbunte Zirkuswelt.

Emily Dickinson und Walt Whitman schrieben zu einer Zeit, als Zirkusse, Volksfeste und Straßenspektakel unter dem Einfluss des begnadeten Schaustellers Phineas Taylor Barnum in Amerika zu einer der wichtigsten Formen der Volksbelustigung aufgestiegen waren. Im Laufe nur weniger Jahrzehnte wuchsen sich diese Unterhaltungsformen zu großen oder kleinen Vergnügungsparks im ganzen Land aus, deren berühmtester wohl Coney Island in New York City ist, wiederum ein Vorläufer der kolossalen Themenparks unserer Zeit. Und da die amerikanische Themenparkkultur und Unterhaltungsindustrie heute die ganze Welt überflutet haben, lohnt es daran zu erinnern, dass Disney World und Disneyland mit ihrer kuriosen Mixtur aus Unterrichtung und Unterhaltung, lebenden und nachgemachten Tieren, echter und simulierter Natur Erben der Wanderzirkusse und des

American Museum eines P.T. Barnum aus dem 19. Jahrhundert sind, einer Mischung aus Naturkundemuseum, Kunstmuseum und Unterhaltungsmekka in New York.

Überdies ist der Hinweis interessant, dass die zahlreichen Zirkusmotive und Karnevalmetaphern, die sich in den Werken der verschiedensten amerikanischen Künstler und Schriftsteller der unterschiedlichsten Zeiten finden, sich letztlich der prägenden Rolle verdanken, die diese Vergnügungsformen in ästhetischer und ideengeschichtlicher Hinsicht in der amerikanischen Lebensrealität einnahmen. Die Enthüllung des Meisterwerks *The Heart of the Andes* von Frederic Church gestaltete der Maler 1859 in seinem Atelier in der Tenth Street in New York als Publikumssensation, der jedermann gegen Bezahlung beiwohnen durfte und für die Operngläser zur Verfügung gestellt wurden (mit dieser Werbekampagne wurde der Kaufpreis des Gemäldes schließlich auf die für die Zeitgenossen spektakuläre Höhe von $ 10.000 hochgetrieben). Dasselbe Ineinander von Kunst, Spektakel, Starrummel, Prominenz, Unterhaltung und unverhohlenem Geschäftssinn war auch für die verschiedenen Unternehmungen des Zeitgenossen Barnum charakteristisch. Bis hinein in die moderne und zeitgenössische Kunst spielen Clowns, Karussells, Jongleure und knallbunte Neonschilder immer wieder eine prominente Rolle, etwa in den Pionierwerken Bruce Naumans. Mike Kelleys letzte große Ausstellung in der Gagosian Gallery in New York mit dem Thema „Extracurricular Activity Projective Reconstruction“ bestand aus einer Serie von nachgestellten Szenen aus Fotografien, die der Künstler in Highschool-Jahrbüchern gefunden hatte. Schauplatz der Bilder scheint eine Art Zwischending zwischen Spielhallen und Vergnügungsparks zu sein, die randvoll mit Attraktionen sind. Diane Arbus' Fotografien

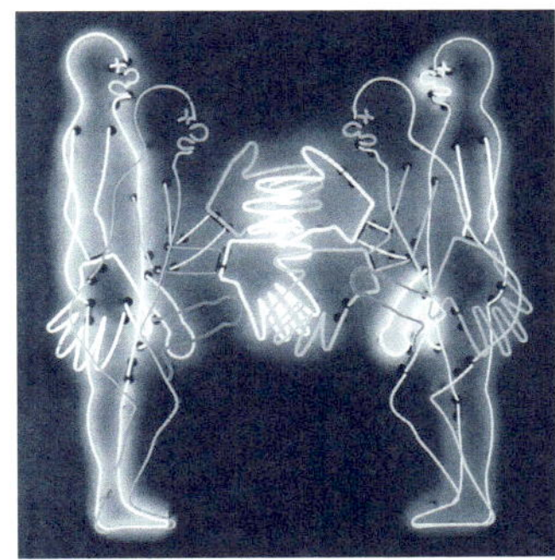

Bruce Nauman
Mean Clown Welcome, 1985, Udo und Anette Brandhorst Collection, Köln

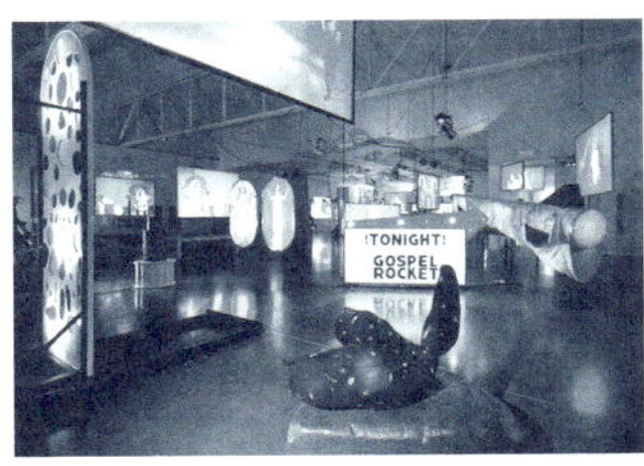

Mike Kelly
Day is Done, 2005, Installationsansicht Gagosian Gallery, New York

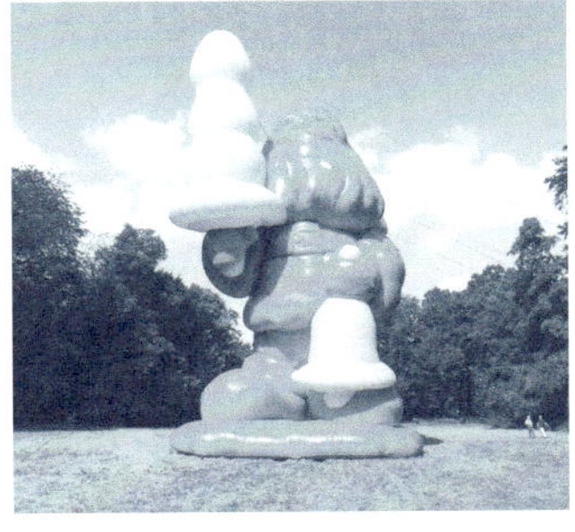

Paul McCarthy
Santa Claus with Plug, 2007

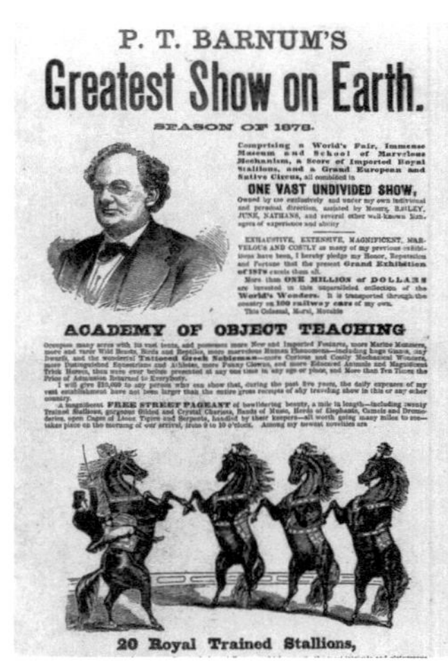

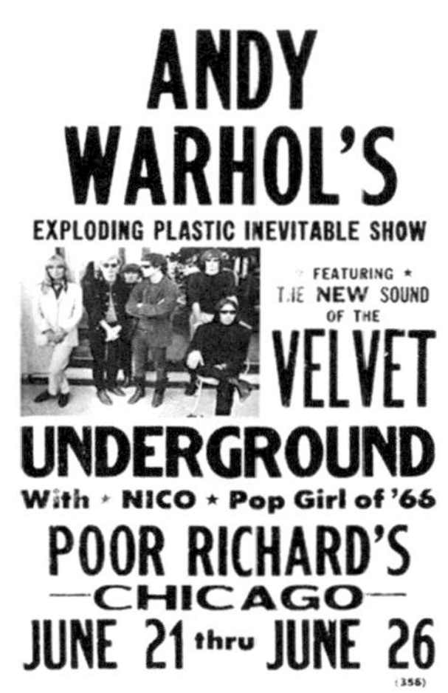

unten:
Diane Arbus
Tattooed Man at a Carnival, Md., 1970

A Jewish Giant at Home with his Parents in the Bronx/NY, 1970

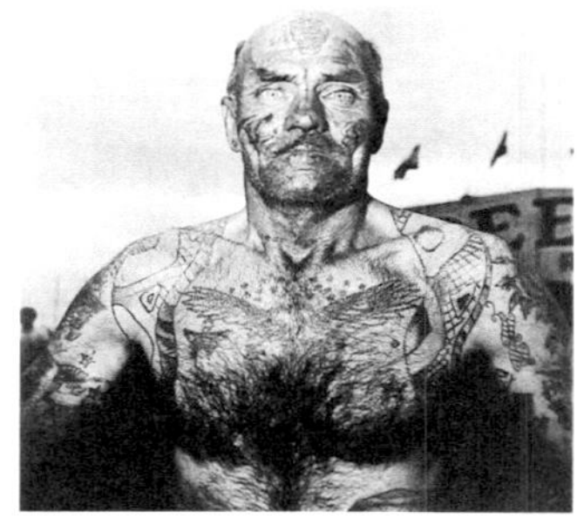

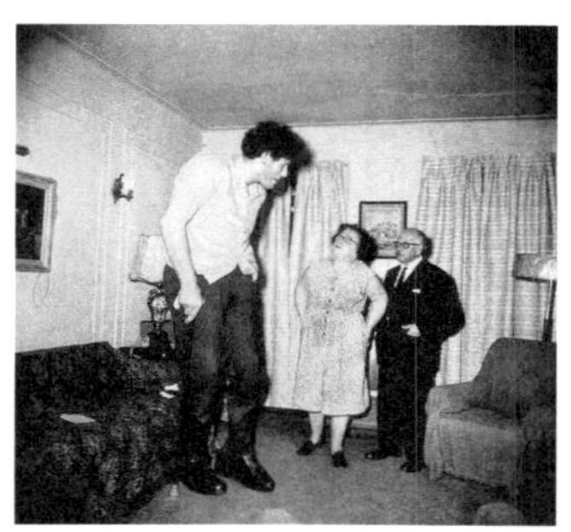

haben durchaus etwas mit den Freakshows zu tun, die zu Barnums Standardprogramm gehörten. Paul McCarthys Skulpturen und Installationen lassen an die Sehenswürdigkeiten und Kuriositäten denken, die den Reisenden durch Südkalifornien am Straßenrand angekündigt werden, während Dan Flavins minimalistische Neonröhren-Skulpturen an die grellen Leuchtreklamen in den Vergnügungsparks erinnern. Auch Andy Warhols *Factory*, Atelier und Versammlungsort in einem, wurde häufig als Zirkus beschrieben, in dem Exzentriker aller Art ein- und ausgingen. Das Plakat zu einem der vielen von ihm veranstalteten Multimedia-Events bei Poor Richard's in Chicago, *Andy Warhol's Exploding Plastic Inevitable Show*, erinnert in geradezu augenfälliger Weise an die Ankündigungszettel für *P. T. Barnum's Great Travelling Museum Menagerie* und *P. T. Barnum's Greatest Show on Earth—Season of 1878* ein Jahrhundert zuvor. Slapstickeinlagen und Clownerien waren ebenfalls ein fester Bestandteil von Vito Acconcis Performances Anfang der 1970er Jahre: Er lief mit Gras (oder Haaren oder Spucke) im Mund herum, mit verbundenen Augen und Händen am Rande eines Piers, in blindem Vertrauen auf jemanden, dem er zuvor nicht zuge-

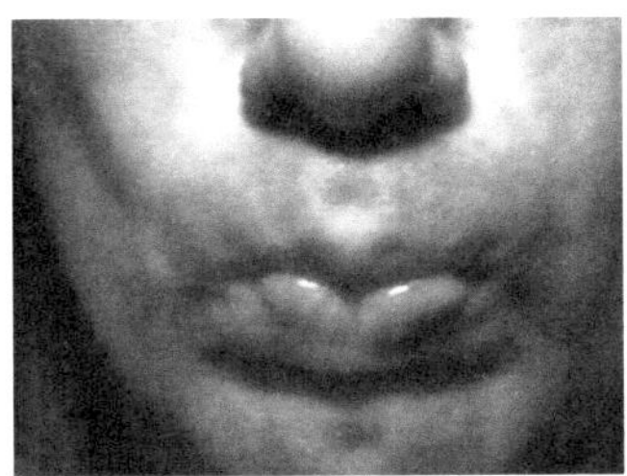

Vito Acconci
Waterways: Four Saliva Studies, 1971

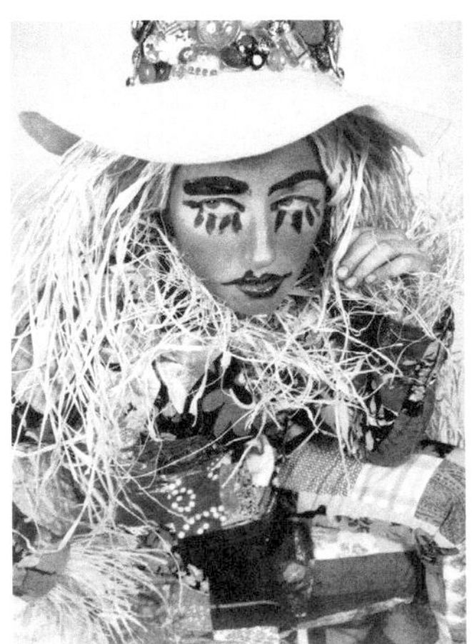

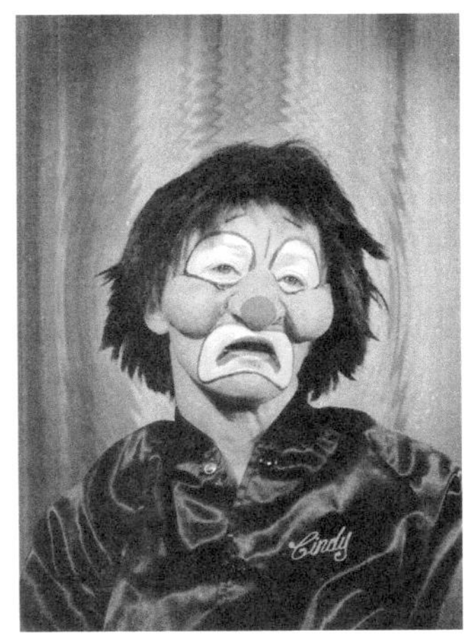

Cindy Sherman
Untitled #280 [aus der Serie *Fashion*], 1993, Farbfotografie, 134,6 x 90 cm

Untitled #413 [aus der Serie *Clowns*], 2003, Farbfotografie, 116, 8 x 79,1 cm

traut hatte, ihn vor dem Ertrinken zu retten, oder er ging gebeugt durch einen unaufgeräumten Raum, zog seinem Penis Puppenkleider über und unterhielt sich zärtlich murmelnd mit ihm, er lief an einem Passanten vorbei bis zur nächsten Straßenecke und stoppte dann die Zeit, bis der Überholte auch dort eingetroffen war. Dabei handelt es sich nicht nur um Ulk und Schabernack, sondern auch um die Vermessung eines Territoriums, auf dem sich Ängste, Zweifel, Neugier, Befürchtungen, Freude und Verwunderung miteinander mischen. Cindy Sherman verkleidet und schminkt sich für ihre Fotografien bis zur Unkenntlichkeit, auch dies ein unveränderliches Motiv des Karnevals, und Robert Smithsons *Spiral Jetty*, eines der wichtigsten Beispiele der Land Art, bezieht seine Anziehung nicht zuletzt aus der vom Künstler durchaus bewusst gewählten geografischen Nähe zur Touristenattraktion Golden Spike National Historic Site, einer Gedenkstätte zur Fertigstellung der ersten transkontinentalen amerikanischen Eisenbahnverbindung. Dies sind nur einige von vielen möglichen Beispielen für die karnevalesken Ideen, die der amerikanischen Kunst über Epochen, Kunstrichtungen und -gattungen hinweg zugrunde liegen.

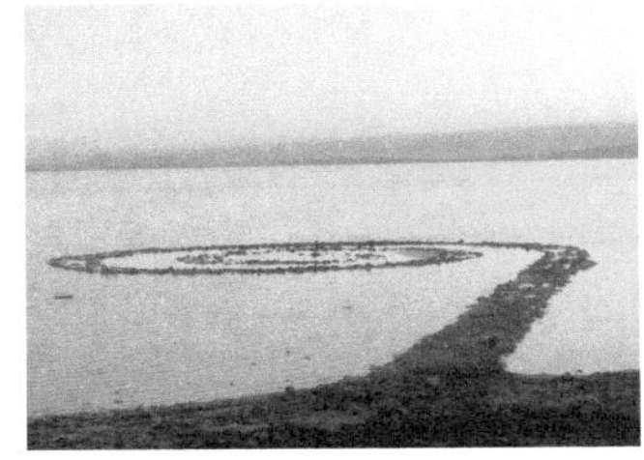

Robert Smithson
Spiral Jetty, 1970
Foto: Sabine Russ

„Carnival Within – An Exhibition Made in America“ bezeugt den prägenden Einfluss dieser karnevalesken Realitäten und Sinneseindrücke für die amerikanische Kultur und Kunst, unternimmt aber nicht den Versuch, „karnevalistische Künstler“ unserer Zeit aufzuspüren. Die Kuratoren haben vielmehr Künstler und Kunstwerke versammelt, die zusammengenommen eine zeitgenössische, aus der Rolle fallende Version eines Wanderzirkus darstellen, mitsamt den dazugehörigen kostümierten Gestalten, akrobatischen Kunststücken, den Jahrmarkts-Fahrgeschäften und schreiend bunten Beschilderungen. Wir hatten dabei nicht so sehr eine Ausstellung über karnevaleske Kunst im Sinn als vielmehr eine, die selbst so etwas wie ein Wanderzirkus ist, in dem Kunstwerke, die sonst in entschieden unkarnevalistischer Umgebung zur Schau gestellt werden, vorübergehend zu Rummelplatz-Zubehör und Kirmes-Attraktionen werden, wenn auch zu äußerst eigenwilligen Versionen davon. So erwartet man auf einem Jahrmarkt zwar ein Karussell, aber nicht eines, das sich wie Karyn Oliviers Sonderanfertigung mit geradezu quälender Langsamkeit bewegt und nur einen einzigen Sitzplatz zu bieten hat. Man rechnet mit grellen, auffälligen Schildern, aber nicht mit solchen wie von Lawrence Weiner, einem der wichtigsten Vertreter der Konzeptkunst. Auch wäre es auf einem Jahrmarkt, im Zirkus oder in einem Disney-Themenpark nicht weiter verwunderlich, die gehisste amerikanische Flagge stolz im Wind wehen zu sehen, dagegen aber merkwürdig, würde man der winzig kleinen, handgezeichneten, gerade einmal briefmarkengroßen Flagge begegnen, wie sie hier von Peggy Preheim in der Ausstellung gezeigt wird – einer Flagge, die verletzlich wirkt, kostbar, belagert und geradezu erschlagen vom Weiß des sie umgebenden Papiers.

Zur unorthodoxen Raumgestaltung der Ausstellung gehören fünf freistehende, nach vorn offene trapezförmige Videotunnel, die unregelmäßig im Raum verteilt sind. Statt den üblichen abgedunkelten und durch einen Vorhang von seiner Umgebung abgetrennten Vorführraum zu betreten, kann man hier die großen Videoleinwände, die einen wesentlichen Bestandteil der Ausstellungs-„Landschaft“ darstellen, schon aus der Ferne sehen. Erst beim Nähertreten und durch das Eintreten in den jeweiligen Raum stellt sich dann ein intimeres Verhältnis zwischen Betrachtendem und Film ein. Wie auf einer Kirmes vermischen sich auch hier die Geräusche aus den verschiedenen Arealen, erst wenn man eines von ihnen betritt, kann man den dort vorgeführten Film dann deutlicher verstehen. Obwohl das

Individuelle und Besondere an den Werken durchgängig betont wird, ermöglicht die Raumaufteilung der Ausstellung doch, zwischen den einzelnen Werken ungewöhnliche Vergleiche anzustellen und Korrespondenzen zu erkennen, die sich überraschend auch für Werke ergeben, denen Gemeinsamkeiten in der Regel abgesprochen werden. Von einem bestimmten Blickwinkel aus zeigt sich Lawrence Weiners Wandinstallation aus Sprachmaterial etwa direkt durch Karyn Oliviers weitgehend leeres Karussell hindurch, aus anderen Blickwinkeln Joan Jonas' enigmatische Videoperformances zusammen mit einer riesengroßen, von der Decke herabhängenden Superman-Skulptur von David Herbert. Weil der Ausstellungsraum nur wenige rechte Winkel aufweist, stellt sich trotz der teilweise recht großformatigen Exponate ein offenes, aufgeräumtes, einladendes Raumgefühl ein. Man befindet sich eher auf Exkursion als in einer Ausstellung.

Es ist für diese Ausstellung nicht unwichtig, sich ins Bewusstsein zu rufen, dass „Karneval" nach der obigen Wörterbuchdefinition ein recht weiter Begriff ist. Er bezieht sich sowohl auf den alljährlich wiederkehrenden Mummenschanz, das Maskentreiben vor Beginn der Fastenzeit, wie den deutschen Fasching, den Carnevale in Venedig, den Carnival auf Trinidad und Tobago (und viele andere mehr) als auch auf Straßenfeste, Wanderzirkusse, Tingeltangel, Festivals, „roadside attractions" (Sehenswürdigkeiten und Kuriositäten aller Art, auf die in Kalifornien Straßenschilder hinweisen) und Vergnügungsparks. Ferner kann er mitten im Alltag entstehen, wie der russische Theoretiker Michail Bachtin darlegt. Nach ihm bezeichnen „karnevaleske Situationen" Momente, in denen die sonst geltenden Regeln, Werte, Hierarchien und Wahrnehmungsformen zeitweise außer Kraft gesetzt sind, um einer neuen Freiheit Platz zu machen, die unansehnlich oder aufregend, furchterregend oder tatsächlich befreiend sein kann. In karnevalesken Momenten geht es, so Bachtin, nicht so sehr um Suche nach Transzendierung des Alltagslebens, nach einer Schärfung des Bewusstseins. Vielmehr bestehen Alltag und Karnevaleskes nebeneinander, der Mensch bewegt sich zwischen beiden hin und her, wendet sich nach karnevalesken Situationen geprüft und verändert wieder dem ganz normalen Leben zu – durch die Erfahrung aufgewühlt oder auch nachdenklich gemacht, jedenfalls um eine Einsicht reicher. Diese unalltägliche karnevaleske Spontaneität – das unbeschwerte Spiel, der Schabernack, die Übertreibung –, nach Bachtin die Verbindung „des Heiligen und Profanen, des Höheren mit dem Banalen, des Großen mit dem Unbedeutenden, des Weisen mit dem Dummen", die vorübergehende Außerkraftsetzung der Regeln, Kategorien, Hierarchien und der Gesellschaftsordnung des Alltagslebens ist allen hier versammelten Werken gemeinsam. Sie ist es, die deren emotional eindringliche und kathartische Wirkung ausmacht.

An karnevalesken Attraktionen herrscht in „Carnival Within – An Exhibition Made in America" wahrlich kein Mangel: ein Drahtseilakt, ein blinkender Riesenstern aus über 500 Glühbirnen, fliegende Gestalten, Zirkusbären, Wandbeschriftungen, die Neugier wecken, ein sich im Kreise drehendes Karussell. Die Ausstellung soll Spaß machen, verlocken und unterhalten, ähnlich den Wanderzirkussen, die im 19. Jahrhundert kreuz und quer durch Amerika zogen, und in ihrem Aufbau erinnert sie lose an die Ansammlung bunter Attraktionen auf einem wirklichen Jahrmarkt. Sie bietet aber nicht nur Unterhaltung, sondern wirft auch durchaus ernst zu nehmende Fragen über das Leben in diesen so erwartungsvollen wie schwierigen Zeiten auf. Das karnevaleske bunte Treiben durchbricht eine spürbare Einsamkeit, ein gewisses Unbehagen und die Vorahnung einer drohenden Gefahr. Weit davon entfernt, das Glück in Utopia darzustellen, ist der hier präsentierte künstlerische Karneval durchdrungen von Themen, die dazu angetan sind, die Hochstimmung gründlich zu verderben – Rassenfragen, Umweltzerstörung, Amok-Politik und die Verwundbarkeit des Menschen. So hat die Ausstellung Schrulliges und Lustiges zu bieten, aber auch Traurigkeit, Furcht und scharfe Kritik an gesellschaftlichen und politischen Zuständen.

Mit anderen Worten: Das Karnevaleske unserer Ausstellung wird für uns zur Metapher für Amerika in Zeiten der Krise und des Wandels. Unter dem Blickwinkel eines für die amerikanische Kultur bestimmenden Aspektes gelingt es hier, die Kunstwerke in ganz neuem Licht zu sehen und durch sie hindurch auch auf eine komplexe Gesellschaft in Zeiten des zögerlichen Optimismus und des gewaltigen Umbruchs zu blicken. Diese Ausstellung mag der amerikanischen Kunst gewidmet sein, sie ist aber deswegen noch keineswegs allein den Vereinigten Staaten verpflichtet. Nicht das Amerikanische steht bei „Carnival Within – An Exhibition Made in America" im Vordergrund, sondern weit darüber hinausgehend das allgemein Menschliche: unser aller Hoffnungen und Enttäuschungen, unsere Fähigkeit zum Staunen und Entsetzen, der allen Menschen gemeinsame Wunsch nach

Freiheit und die schmerzhafte Erfahrung ihrer Begrenzung und Beschränktheit. Schließlich tritt das Karnevaleske in vielen Verkörperungen auf, ist allen Kulturen gemeinsam und lässt sich auch von Staatsgrenzen nicht aufhalten.

1 Emily Dickinson, *Gedichte*, München 2006 (Übersetzung: Gunhild Kübler).

2 Walt Whitman, *Gesang von mir selbst*, Berlin 1946 (Übersetzung: Hans Reisiger).

2. Die Künstler

Joe Amrhein ist eine Ausnahmeerscheinung in der New Yorker Kunstszene. Er ist einerseits Inhaber der 1994 gegründeten experimentellen Künstlergalerie Pierogi in Williamsburg, Brooklyn, die sich im Laufe der Jahre zu einer beliebten und ausgesprochen einflussreichen Ausstellungsstätte entwickelt hat und auch über die Grenzen Amerikas hinaus Beachtung findet. Andererseits kann Amrhein aber auch als anerkannter Künstler auf eine langjährige Karriere verweisen. Er ist also als Galerist ein Trendsetter und zugleich ein bahnbrechender Künstler, der sich mit eigenwilligen und verblüffenden Kombinationen von Malerei, Schilderproduktion und gefundenen Texten einen Namen gemacht hat. Obwohl unter angesehenen Galeristen künstlerische Anfänge keine Seltenheit sind, gelingt es nur den wenigsten, ihre künstlerischen Vorhaben auch auf Dauer weiterzuführen.

Amrheins Werken ist seine Vergangenheit als kommerzieller Schildermaler in Kalifornien anzusehen. Er sammelt vorhandene Textfragmente, beispielsweise hochtrabende Sätze aus Kunstkritiken, Essays und Artikeln, malt sie von Hand auf verschiedene Materialien (meist Polyesterfolie) und arrangiert sie dann, in mehreren Lagen übereinander geschichtet, an der Wand. So wird etwa das berühmte Diktum des britischen Dichters Samuel Taylor Coleridge über Fiktionalität und Kunst von 1817 „Willing Suspension of Disbelief“ [„vorübergehende Aussetzung des Unglaubens“], von Amrhein in mehrere Sprachen übersetzt, zu einer polyglotten Auseinandersetzung mit unserer eigenen Wahrnehmung und Beschreibung von Kunst und ist insofern auch als Kommentar zu Amrheins Doppelrolle als Künstler und Galerist zu lesen. Lesen kann man Amrheins Arbeiten im buchstäblichen Sinne (wenn auch nur bruchstückhaft, denn die Wörter und Sätze überlappen teilweise oder gehen ineinander über), aber sie entfalten in ihrem Formenreichtum, mit ihren leuchtenden Farben und den wechselnden Schriftsätzen auch rein bildnerisch eine enorme Kraft. Es ist naheliegend, eine Verbindung herzustellen zwischen Amrheins Sätzen und Textfragmenten (seinen Zahlen, Währungszeichen und Ortsnamen) und der Informationsschwemme beziehungsweise Reizüberflutung, der wir heutzutage überall ausgesetzt sind. Sie erinnern aber auch an Zirkusplakate aus dem 19. Jahrhundert, an Schilder in den Vergnügungsparks Anfang bis Mitte des 20. Jahrhunderts und an nur noch schwer lesbare, verwitterte Plakate an Hauswänden.

Janine Antoni gilt unbestritten als eine der wichtigsten Künstlerinnen ihrer Generation, seit sie Anfang der 1990er Jahre Skulpturen wie *Gnaw* (1992) mit ihren eigenen Zähnen meißelte. Bis regelrecht zum Erbrechen nagte Antoni an einem 600 Pfund schweren Klotz Schokolade und einem 600 Pfund schweren Block Schmalz, aus denen sie „Produkte" herstellte: 27 herzförmige Päckchen durchgekauter Schokolade und 130 Lippenstifte aus gekautem Schmalz, Bienenwachs und Pigmenten. Routinierte Körperabläufe wie das Kauen sind wesentlich für Antonis Kunst – dazu gehören auch Schlafen, Baden oder Laufen –, die grundlegend umfunktioniert und dadurch zu sinnträchtigen Tätigkeiten werden. Für *Touch* erlernte Antoni den Seiltanz: Sie nahm Privatstunden bei einem Akrobaten vom Big Apple Zirkus und übte viele Stunden, bis sie das Kunststück beherrschte. Dann spannte sie ein Seil zwischen zwei Traktoren am Strand vor ihrem Elternhaus auf den Bahamas und begann ihren Strandspaziergang, nur dass sie nicht auf dem Boden lief, sondern ein wenig darüber: Eine Frau an der Grenze zwischen Ozean und Sand, Himmel und Erde. Auf dem Video hat es dann den Anschein, als ginge sie, wie von Zauberhand geführt, auf der Horizontlinie spazieren.

Touch handelt von der Balance als rein körperlichem, aber auch als seelischem und geistigem Zustand. Hier geht es um Risiko, um die Bewältigung der Angst vor dem Fallen, der Angst vor Kontrollverlust oder, in Antonis eigenen Worten, darum, „mit dem Zustand des Aus-dem-Gleichgewicht-Seins besser umgehen zu können". Ihr Balanceakt auf dem Seil zeigt demnach, wie sich in einer oft turbulenten und stressigen Welt Anmut und Konzentration bewahren lassen. In diesem kleinen, frühmorgendlichen privaten Zirkusakt ohne Zuschauer an einem Strand auf den Bahamas verschmelzen der Körper der Künstlerin und der ferne Horizont, der heimische Strand und die weite Welt hinter dem Horizont, die täglichen Abenteuer der Kindheit und die Erfahrungssuche des Erwachsenseins.

Für **Tracey Baran** (1975–2008) war es eine kleine Stadt nördlich von New York, die während ihrer gesamten Laufbahn den Bezugsort (und ganz gewiss auch den Ausgangsort) ihrer Kreativität bildete – dazu gehörten ihre Freunde und ihre Familie, deren Häuser und die Landschaft der Umgebung. Als Fotografin hatte Baran eine besondere Gabe, das Bedeutungsvolle, Opulente, oft aber auch potenziell Düstere am häuslichen und kleinstädtischen Milieu zu entdecken. Zwei Fotografien in „Carnival Within" wurden bei Karambolage-Rennen aufgenommen, bei denen Fahrer ihre robusten Autos so lange miteinander kollidieren lassen, bis diese schrottreif sind; das letzte Auto, das noch funktioniert und sich bewegt, gewinnt. *Crushed* (2005) zeigt ein bunt lackiertes, aber völlig verbeultes, mit Schlamm bedecktes Auto: Inbegriff des Strebens nach Ruhm und Glanz und mit einem Ende als desolater Verlierer. In *The Winners* (2005) huschen schattenhafte Autos unter schaurigen weißen Nebelschwaden durch die Nacht. Die Szenerie erinnert an ein Kriegsgebiet oder einen apokalyptischen Traum. Beide Bilder – und das zieht sich durch das gesamte Werk von Baran – nehmen vermeintlich „kitschige" amerikanische Traditionen zum Ausgangspunkt und wenden sie in eine tiefgründige Meditation über den Kreislauf von Leben und Sterben, Sehnsucht und Enttäuschung, Lebensfreude und Verlust.

Obwohl Tracey Barans Aufnahmen bewusst komponiert und von großer ästhetischer Überzeugungskraft sind, haben sie unverkennbare Ähnlichkeiten mit dem Genre der Alltagsfotografie – den Schnappschüssen von Familie und Freunden oder auf Reisen. Das Ungewöhnliche an ihnen liegt in der Verwandlung von eigentlich banalen Umständen in verblüffende, außergewöhnliche Momente von großer Menschlichkeit, die liebenswerte, aber auch abscheuliche Züge zeigen kann. Bewusst alberne Halloween-Fotos von Barans Mutter im traditionellen Gewand der Ureinwohner oder von ihr selbst als schwangere, tote Braut sind faszinierend und abstoßend zugleich, wohingegen das Porträt einer Freundin, zum Teil verdeckt vom farbigen Sprühregen eines Geisirs im Yellowstone National Park, von geradezu magischer Schönheit ist.

Sanford Biggers' Skulpturen, Installationen, Performances und Videos zeichnen sich durch verstörende und dissonante, dabei aber überaus treffende und überzeugende Kombinationen und Assoziationen aus. In seinem Werk bezieht er sich auf die schwarze urbane Kultur Amerikas, aus der er seine Anregungen bezieht. Er beschäftigt sich vor allem mit der von Rassismus geprägten Geschichte der USA, wobei er auch unverhohlen rassistische Symbole auf eindrucksvolle Weise erfasst und transformiert. Darüber hinaus hat sich Biggers intensiv mit Japan und anderen asiatischen Kulturen auseinandergesetzt und ist besonders mit buddhistischem Gedankengut und dessen Ästhetik vertraut. Oftmals verschmilzt er diese scheinbar gegensätzlichen Kulturkreise in außergewöhnlichen Werken, die überraschende Zusammenhänge zwischen den Kulturen und Epochen herstellen. So sieht Biggers' *Lotus* (2007), ein handgeätztes, mit einem Stahlreif umrandetes Glas, auf den ersten Blick wie eine künstlerisch-meditative Darstellung einer Lotusblume aus, die in der buddhistischen Tradition als wichtiges spirituelles Symbol gilt. Erst bei näherer Betrachtung erkennt man, dass das fein ziselierte Blattwerk auf dem Glas auf der Grundlage einer Zeichnung aus dem 18. Jahrhundert die Umrisse eines Sklavenschiffes und seiner menschlichen Fracht darstellt.

„Carnival Within" zeigt Biggers' *Cheshire* (2007), eine grinsende, im Raum hängende Skulptur mit den blinkenden Lichtern und leuchtenden Farben eines Kirmesschildes – man kann sie sich leicht vor einer der lautstark lärmenden Attraktionen mitten in einem Vergnügungspark vorstellen. Die in ständigem Grinsen aufgeworfenen knallroten Lippen spielen auf Karikaturen von Schwarzen an, wie sie auf Werbeplakaten für *minstrel shows* benutzt wurden, einer im 19. Jahrhundert populären Unterhaltungsform für Weiße: Darin wurden Afroamerikaner von Weißen mit schwarz gefärbten Gesichtern (blackface) entstellend und entwürdigend dargestellt. Cheshire ist eine der vielen Arbeiten, in denen Biggers rassistische Klischees thematisiert und verwandelt. Die Skulptur spielt natürlich auch auf die philosophisch veranlagte, gleichnishafte Cheshire-Katze in Alice im Wunderland an, die verschwindet und nur ihr geisterhaftes Lächeln zurücklässt.

Shuffle (2009), Biggers' neue Videoinstallation, zeigt in der Hauptrolle einen verkleideten schwarzen Mann, der, mit einem Seil an einen Baum gefesselt, sich mal schicksalsergeben verhält, mal gegen seine Fesseln aufbegehrt. Darin kann man sowohl eine Anspielung auf den buddhistischen Baum des Lebens als auch auf Lynchmorde sehen. Hin und wieder schmiert sich der Mann in kindlicher

Manier weiße Clownsfarbe ins Gesicht (eine Umkehrung des „blackface"). Das Video wechselt in einer Geschwindigkeit, die an Hip-Hop-Clips gemahnt, zwischen unterschiedlichen Schauplätzen in einer Straßenbahn und in der freien Natur hin und her. Die Musik hat der Künstler selbst live in verschiedenen indonesischen Dörfern aufgenommen. So kommt ein breites Gemisch an Kulturen, ethnischen Gruppen und Schauplätzen zustande. Das Video thematisiert damit auch den Unterschied zwischen Selbst- und Fremdwahrnehmung sowie die unterschiedlichen Methoden, mit denen wir unsere Unsicherheiten, unsere Leiden und Sehnsüchte zu verbergen versuchen. Sanford Biggers Arbeiten zeichnen sich durch eine kritische Auseinandersetzung mit rassistischen Metaphern und Bildern und einen reichen Schatz an historischen und Gegenwartsbezügen aus, und dazu noch durch eine seltene Mischung aus eigenwilligem Humor, unbändiger Wut, Exzentrizität und einer atemberaubenden Gedankenfreiheit.

In **Laura Bruces** abwechslungsreichem Werk kommt eine ausgeprägte und höchst eigenwillige Sensibilität zum Ausdruck. In Berlin, wo die Amerikanerin lebt, unternimmt die Künstlerin seit 17 Jahren eindrucksvolle Erkundungszüge auf dem Feld der Malerei, Skulptur, Videoinstallation und zuweilen auch der Performance. Mit Intensität und Humor, nachdenklichem Ernst und offenkundigem Vergnügen wendet sie sich dabei ihrer Heimat und immer wieder dem Thema der amerikanischen Mittelschicht zu, deren Herkunft aus der Arbeiterklasse unübersehbar ist, wie den Eigenheimen am Stadtrand, den Vorgärten und Gärten, den Hobbykellern und mit Krimskrams vollgestopften Küchen, den Autos in der Auffahrt und der aus jedem Radio dudelnden Countrymusik abzulesen ist.

In ihren gegenwärtigen Arbeiten, großformatigen schwarz-weißen Grafitzeichnungen auf Papier, führt Laura Bruce die erwähnte Vielschichtigkeit auf das scheinbar Elementare zurück. Es sind Zeichnungen typisch amerikanischer Vorstadthäuser und Gärten, mitunter auch ihrer Bewohner, die ihre Spannung aus der feinen Strukturierung und den Farbschattierungen zwischen Schwarz und Weiß, aber auch aus dem Kontrast zwischen Fülle und Leere beziehen. Hier liegen hektische Geschäftigkeit und Momente großer Ruhe und Gelassenheit eng nebeneinander, das zeichnerisch Unbändige und Ätherisch-Filigrane gehen ineinander über. Blätter, wuchtige Bäume und weite Himmel bringen Bewegung in das Bild und rufen in ihrer übermäßigen Größe Erinnerungen wach an die Glücks- und Abenteuerverheißungen von Jahrmarkts-Attraktionen. Diese ungebändigten, eindrucksvollen Vorgartenmilieus scheinen zu behaupten, dass es Momente der Bewusstwerdung, Augenblicke des Glücks gibt, dass eine Läuterung möglich ist; ganz alltägliche Szenen im vorstädtischen New Jersey oder Atlanta künden von einer Hingabe an die Natur, die – und sei es auch nur ganz vorsichtig und indirekt – mit der religiös konnotierten Malerei der europäischen Romantik im 19. Jahrhundert, mit der Hudson River Schule in Amerika und dem amerikanischen Impressionismus verbunden ist.

Unter dem Label **chameckilerner** sorgen die beiden in New York lebenden brasilianischen Choreografinnen **Rosane Chamecki** und **Andrea Lerner** seit 15 Jahren für außergewöhnliche Tanzperformances. Ihre Choreografien sind geistreich und tänzerisch anspruchsvoll zugleich, sie erzählen von der Veränderlichkeit menschlicher Beziehungen, von Macht, Erotik, Verwirrung, Zärtlichkeit und Gewalt. Bei ihrem letzten abendfüllenden Stück *Exit* (2007) handelte es sich um eine nur vorgetäuschte Abschiedsinszenierung, in der neu interpretierte Ausschnitte vergangener Inszenierungen, Videokommentare professioneller Tänzer und Kritiker sowie eine im Programmzettel abgedruckte „Selbstmorderklärung" zu einer multi-medialen Collage zusammengesetzt wurden. Das zugleich elegische und hoffnungsvolle, betrübte und vergnügte Exit gehörte zu den faszinierendsten Tanzaufführungen, die in den letzten Jahren in New York zu sehen waren.

Teil dieser Aufführung war eine Videoprojektion mit dem Titel *Flying Lesson*, ein magischer, bezaubernder und anrührender Film. Man sieht zwei Frauen (später erkennt man Chamecki und Lerner) mit Engelsflügeln immer wieder aufs Neue in die Höhe springen, im vergeblichen Versuch zu fliegen. Dabei rufen sie „um, dois, três!". Mit launiger Musik unterlegt und in Anbetracht der falschen Flügel, wie sie vielleicht ein Kind zum Fasching tragen würde, hat diese Szene etwas Skurriles, Komisches – bis die beiden Frauen plötzlich tatsächlich abheben, wie durch ein Wunder einen Korridor passieren und hinaus ins blendende Sonnenlicht fliegen. In diesem verblüffenden Flug (im Nachhinein durch akribischen Filmschnitt erreicht) kommen auf berührende Weise menschliche Begrenztheiten und Sehnsüchte, Zweifel und Hoffnungen zum Ausdruck. „Carnival

Within“ zeigt *Flying Lesson* als ein jeder Logik spottendes Wunder, einen akrobatischen Luftakt, der basses Erstaunen oder ganz einfach Vergnügen hervorzurufen vermag.

Dressierte Bären im Zirkus und auf dem Jahrmarkt haben eine lange Tradition, und auch „Carnival Within“ hat zwei imposante Bären vorzuweisen – zwei lebensgroße Skulpturen von **Anne Chu**. Auf den ersten Blick trügt ihre materielle Beschaffenheit. Mit ihren klumpigen Oberflächen, den Augenhöhlen und knolligen Ohren sehen sie aus wie massige Versionen von handgefertigten Lehmfiguren in Miniaturformat. Andererseits wirken sie leicht, als bestünden sie aus Pappmaché über einem Drahtgestell. Tatsächlich aber sind sie hart und schwer wie klassische Skulpturen, eine aus Bronze, die andere aus Holz. Es dauert etwas, bis man das bemerkt hat, und die überraschende Erkenntnis steht im Widerspruch zur unbeschwerten Anmut des ersten Eindrucks. Diese Bären haben etwas Zweifelndes, Aufmerksames, Erwartungsvolles an sich, sind sich ihrer selbst schmerzlich bewusst und scheinen dadurch beinahe so schwer verständlich und menschlich, dass sie nahezu lachhaft rührend sind. Sie haben keinen Auftritt, sondern stehen einfach da, aufrecht auf den Hinterbeinen, majestätisch und versonnen zugleich: Öffentliche Figuren, die in einem Moment der Privatheit und Introspektion ertappt werden. Obwohl Chus Bären aus robusten Materialien gemacht sind, erwecken sie den Anschein von Schutzbedürftigkeit und anrührender Tolpatschigkeit, zugleich strahlen sie eine exotische Anmut aus, als handele es sich um altertümliche magische Tiergottheiten, die sich plötzlich in die moderne Welt verirrt haben und sich nun dort zurechtfinden müssen.

Anne Chu gehört zu den besten und sicherlich auch eigenwilligsten figurativen Bildhauern ihrer Generation, und ihre Werke, die sich verschiedener Materialien und Techniken bedienen, verweisen auf Einflüsse aus der ganzen Welt. Die lebensgroßen Terrakotta-Soldaten aus einem Grab des 3. Jahrhunderts vor Christus, der Zeit des ersten chinesischen Kaisers Qin Shihuangdi, folkloristische Masken und Kostüme aus vielen Kulturen, verschiedene Formen des Marionettentheaters, der Kanon der europäischen Kunstgeschichte, Keramiken aus der chinesischen Tang-Dynastie und die amerikanische Popkultur sind nur einige ihrer Bezugsquellen. Chus Menschen- und Tierfiguren zeichnen sich durch handwerkliche Präzision und dadurch aus, dass sich in ihnen stets Spielerisches und Ehrwürdiges vermischt, dass ihre Seele offen zu liegen scheint. Es sind Wesen, die bezaubern und zugleich die Doppelbödigkeit des Lebens zum Ausdruck bringen – unsere Hoffnungen und Ängste, unsere Unbeholfenheit und zur Schau gestellte Sicherheit.

Das Erhabene oder Transzendente ist ein Kennzeichen von **Spencer Finchs** Arbeiten, die kathartische Begegnungen mit sichtbar gefertigten, unverkennbar artifiziellen Darbietungen der Natur ermöglichen. *Sunlight in an Empty Room (Passing Cloud for Emily Dickinson, Amherst, MA, August 28, 2004)*, eine der zentralen Skulpturen in der unlängst im Massachusetts Museum of Contemporary Art gezeigten Retrospektive der Werke aus Finchs mittlerer Schaffensperiode, besteht aus einer an der Wand befestigten Gruppe von präzise aufeinander abgestimmten Neonröhren, die das Sonnenlicht nachahmen sollen; ihr Licht fällt auf eine „Wolke" aus blauen, grauen und violetten Filtern. Hinter der technischen Reproduktion des Lichts, das er an einem ganz bestimmten Tag bei einem Besuch in Amherst, Massachusetts (der Heimat der Dichterin Emily Dickinson), erlebte, steht ein enormer Aufwand. Und doch gelingt es wie mühelos, den optischen und geistigen Eindruck von schwebender Entgrenzung heraufzubeschwören, den man zuweilen allein in der freien Natur erfährt, in Gegenwart von Sonne, Wolken und Himmel: ein Gefühl des Verströmens, das der Transzendentalphilosoph und Dichter Ralph Waldo Emerson einmal als einen Zustand beschrieb, in dem man zu einem „transparenten Augapfel" wird.

Mag Finch seine Augen auch gen Himmel richten (Himmel, Wolken, Galaxien, Sterne und die Sonne sind zentral für seine Arbeit), mit seinen Beinen steht er fest auf dem kulturellen Boden eines Amerika, das für allerlei Kitsch steht, für Ufo-Gläubigkeit, billigen Tand und Glitzer, für Kunstrasen, synthetische Frühstücksdrinks und heruntergekommene Vergnügungsparks – alles Motive aus seinen neueren Arbeiten. In *Sky (Over Coney Island, November 21, 2004, 1:14 pm)* stecken jeweils zwei verschiedenfarbige Ballons ineinander, die mit Helium gefüllt sind und, in großer Zahl in die Luft gebracht, die Farbe des Himmels über Coney Island in New York City zu einem ganz bestimmten Moment imitieren sollen. Ganz unerwartet steht ein banales, äußerst kurzlebiges Freizeitpark-Souvenir für unermessliche Weite: den gewaltigen Himmel, die Launen des Lichts, das Verstreichen der Zeit. Eine zweite Arbeit von Finch in „Carnival Within" besteht aus einer mit Filtern umhüllten Neonröhre, die an Lichtreklamen erinnert, wie sie an Bars, Motels, Kirchen und allen Kasinos in Las Vegas üblich sind, und zugleich mit erstaunlicher Genauigkeit die Schattierungen des Mondlichts im ländlichen New Mexico nachbildet.

Den Bildhauer **David Herbert**, der seine künstlerische Laufbahn als Videokünstler begann, zeichnet eine außergewöhnliche Begabung im Umgang mit Materialien aus. Es scheint, als könne er im Grunde alles aus allem machen und immer damit überzeugen. Er entwirft feine, dem Anschein nach gebrechliche und labile Versionen von (meist zu amerikanischen Symbolen gewordenen) historischen Objekten, Gebäuden und Figuren sowie ausgefallene skulpturale Versionen von berühmten Filmrequisiten. So stellt etwa Herberts überlebensgroße Skulptur *Beautiful Superman* (2007) aus Holz, Styropor, Stoff und Plexiglas einen Superstar der Popkultur dar, der in äußerste Bedrängnis geraten ist. Dieser „Superman" baumelt als klägliches, kraftloses, geradezu grotesk wirkendes Skelett nur ein paar Zentimeter über dem Boden. Dazu stellen sich viele Assoziationen ein: der gekreuzigte Jesus, die an Bäumen aufgeknüpften Männer aus unzähligen Hollywood-Western oder seltsam ausstaffierte Clowns, die mit traurigen Gesichtern ergeben dem nächsten Schicksalsschlag oder der nächsten Tracht Prügel entgegenblicken. Herberts Version eines ausgemergelten, alles andere als unsterblichen Superman, der in ein schlaff herabhängendes Cape und knabenhafte Shorts gekleidet ist und sich bereits an der Schwelle von Leben und Tod zu befinden scheint, ist außerdem ein treffendes Bild für ein Amerika, das an seine Grenzen gekommen ist, ein in Angst und Schrecken versetztes Amerika, ein Land, dem Zuversicht und Selbstbewusstsein allmählich abhanden kommen.

Auch wirkmächtige, traditionelle amerikanische Symbole wie das Empire State Building oder der Mississippi-River-Dampfer werden bei David Herbert als verwundbar bloßgestellt und der Katastrophe überantwortet. Seine aufwendig und akkurat nachgebaute Version des Empire State Building wirkt beim näheren Hinsehen beschmutzt und beschädigt – wie ein ehemals eleganter Anzug, der von Motten zerfressen ist, oder die verkohlte Ruine eines Gebäudes nach einem Brand.

Herberts Mississippi-Dampfer, der nach einem Oldtimer aus dem 19. Jahrhundert „Mark Twain" benannt ist oder nach dessen Disneyland-Replik aus dem 20. Jahrhundert, kippt unheilvoll zur Seite, als drohe er, im Fluss zu kentern. Herberts Darstellungen bevorstehender Desaster sind von großer Komik und überzeugender Bildkraft und zeichnen ihn als einen der interessantesten Künstler der jüngeren Generation aus. In der Skulptur *Mickey* (2009) gehen ausgelassene Lebenslust und äußerste Alarmiertheit ineinander über. Mickey hat spindeldürre Arme und Beine, bullige Füße, die nur schwerfällige Bewegungen ermöglichen, und riesengroße Hände, die in dem vermutlich vergeblichen Bemühen ausgestreckt sind, großen Schaden abzuwehren. Damit ist *Mickey* ebenso wie Herberts *Superman* die für turbulente und bange neue Zeiten geeignete Neuauflage einer Ikone der Popkultur.

Joan Jonas gilt schon seit ihren Schlüsselwerken der späten 1960er und frühen 1970er Jahre als eine der bedeutendsten Künstlerinnen der Video- und Performance-Kunst. In ihrem Video *Waltz* (2003) begibt sich eine kleine Gruppe von Freunden (in Begleitung eines weißen Hundes) zum Strand und in den Wald um Nova Scotia. Laienschauspielern am Ende der Welt gleich, ziehen sie sich merkwürdige Kostüme an, arrangieren einige Requisiten um sich herum und führen dann ein improvisiertes Stück von geheimnisvoller Ausstrahlung auf. Es ist ein verspieltes und übermütiges Video, das zugleich tief berührt, weil etwas schwer Fassbares, Unermessliches in ihm zum Ausdruck kommt. Geigenklänge eines trällernden Walzers vermischen sich mit dem Rauschen des Windes in den Bäumen, dem Aufprall der Wellen und dem Klang aufeinanderstoßender Steine. Die Prozession der Schauspieler in ihren merkwürdigen Kostümen hat etwas von Karnevalsaufzügen an sich, ist aber auch ein persönlichkeitsverändernder Ausflug in die Natur und bezieht sich damit auf eines von Jonas' Hauptthemen der letzten Jahre.

Auch *Mirror Improvisation* (2003) ist eine solche Exkursion in die Natur. Jonas, eine junge Frau und der bereits oben anwesende Hund tollen auf einem offenen Feld herum, es kann sich bei diesem Herumtollen aber auch um die Ausübung mysteriöser Rituale oder Fantasien handeln. In diesem von Klaviermusik begleiteten Geschehen, das dem Betrachter im Spiegelbild eines konkaven Spiegels dargeboten wird, verschmelzen Realismus, Abstraktion und psychedelisches Delirium. Mit ihrem gekonntem Einsatz von Spiegelung und ungewöhnlichen Kamerawinkeln gelingt es Jonas, in einem gattungsübergreifenden Werk, das zugleich Performance, Video, Musik und Skulptur ist, einem eigentlich ganz unauffälligen Geschehen in der freien Natur eine traumhafte, surreale Atmosphäre zu verleihen.

Nina Katchadourian erkundet unser Verhältnis zu unserer extrem medienbestimmten und -vermittelten Umwelt auf kluge, aber durchaus exzentrische (gelegentlich regelrecht verrückte) Weise, wodurch gewährleistet ist, dass man ihre Arbeiten so schnell nicht vergisst. So machte sich Katchadourian etwa daran, zerrissene Spinnweben mit Nadel und Faden zusammenzuflicken, sortierte auf dem riesigen Parkplatz des Universitätscampus in San Diego Tausende von Autos der Farbe nach (alle roten, weißen, blauen usw. Autos wurden jeweils farblich zusammengruppiert) oder installierte in New Yorker Autos Alarmanlagen mit dem Klang von Dschungelvögeln. Katchadourian ist eine Exzentrikerin mit einem Gespür für das Groteske und Hintergründige. Ihre unkonventionelle Konzeptkunst umfasst Skulpturen, Fotografie, Klanginstallationen, Videos und andere Medien.

Vor einigen Jahren entdeckte Katchadourian in ihrem Viertel in Brooklyn ein großes Banner, auf dem die Neueröffnung eines Lebensmittelladens angekündigt wurde, allerdings in falscher Schreibweise: Dort hieß es „Grnad Opening“. Bei Katchadourians Aufnahme von diesem unfreiwillig komischen Rechtschreibfehler und ihrem Nachbau des Original-Banners handelt es sich zum einen schlicht um die Dokumentation eines sprachlichen Malheurs. Zum anderen aber verweisen diese zwei humoristischen Arbeiten noch auf eine andere Bedeutungsebene. Es ist davon auszugehen, dass die Inhaber des Geschäfts Migranten mit möglicherweise noch mangelhaften Englischkenntnissen waren, die den Fehler bereits von anderen übernommen oder nicht einmal bemerkt hatten. Insofern also spricht *GRNAD OPENING* (so der Titel sowohl der Fotografie als auch des Banners) auch soziale Belange an – das Thema Migration, die mit dem Fremdsprachenerwerb einhergehenden Schwierigkeiten und das Scheitern großer Träume, das im „Land der unbegrenzten Möglichkeiten“ keine Seltenheit ist.

Dass auf Utopie und Optimismus Enttäuschung, Fehler und unvorhergesehene Schwierigkeiten folgen, ist seit der Ankunft der Puritaner im frühen 17. Jahrhundert ein wiederkehrendes amerikanisches Motiv. Die Puritaner hatten sich unerschrocken aus Europa auf den Weg gemacht, um in der Neuen Welt ein Neues Jerusalem aufzubauen, und mit einem Land gerechnet, wo Milch und Honig fließen. Bei ihrer Ankunft im heutigen Massachusetts fanden sie sich dann jedoch an einer verlassenen, eiskalten, unwirtlichen, vom Wind gepeitschten Küste wieder. Diese trostlose Ankunft war ihr GRNAD OPENING. „Carnival Within" zeigt Katchadourians rot-weiß-blaues Banner als Kreuzung aus kommerzieller Werbung und verlockendem Zirkusschild, das von den endlosen Kreisläufen aus Erwartung und Irrtum erzählt.

Yvette Matterns Neonschrift-Installation *Mulatta* (2007) erinnert mit ihren vielen blinkenden Lichtern an die grelle, aufregende Atmosphäre von Vergnügungsparks, Straßenfestivals, Theaterbeschilderungen am Broadway der 1930er und 1940er Jahre und von kitschigem Promenadenzauber. In Verbindung mit dem eigens dafür komponierten Soundtrack des Jazzmusikers und Komponisten Don Byron ruft die Installation außerdem eine untergegangene Welt in Erinnerung, die Tanzlokale der Puerto Ricaner in den 1950er Jahren in New York und andernorts. Dieses Milieu wiederum war die Inspiration für das berühmte Broadway-Musical (und später den Film) *West Side Story* von 1957. *West Side Story* erzählt die Geschichte einer Liebe zwischen zwei Menschen unterschiedlicher Hautfarbe, die auf tragische Weise mit den ethnischen Konflikten zweier Jugendbanden verwoben ist. Matterns Titel „Mulatta" bezeichnet eine Frau mit einem schwarzen und einem weißen Elternteil, und auch ohne nähere Erläuterung ruft dieses Wort in Leuchtbuchstaben sofort althergebrachte Klischees wach: überbordende Sinnlichkeit, verführerische Schönheit, Exotik, psychische Belastungen aufgrund der Nichtzugehörigkeit zu den „normalen" Rassekategorien, die Verstoßung durch einen Elternteil und gesellschaftliche Verachtung, um nur einige zu nennen.

Mit seinen glitzernden Lichtern und der ansprechenden Musik ist Matterns Installation durchaus reizvoll und gefällig. Das unverblümt und isoliert in den Raum gestellte Wort lädt sie jedoch mit Konflikt auf, mit einem belasteten Thema in einer Welt, die noch immer enorme Probleme im Umgang mit Menschen hat, die nicht in klare, identifizierbare rassische Kategorien passen. Mattern selbst stammt aus einer Mischehe und ist in eine ambivalente rassische und kulturelle

Identität in Puerto Rico hineingewachsen. Insofern gehen auch eigene Erfahrungen in *Mulatta* ein, doch die Bedeutung der Arbeit reicht weit über autobiografische Bezüge hinaus: Es geht eher um eine Neubewertung dieses oft herabsetzend benutzten Wortes und der Assoziationen, die es weckt. Und in einer Zeit, da der neue Präsident der Vereinigten Staaten mit einem afrikanischen Vater aus Kenia und einer weißen amerikanischen Mutter aus Kansas selbst gemischter Herkunft ist, erscheint Matterns Arbeit ganz besonders aktuell.

Mattern, die seit einiger Zeit in Berlin lebt, ist auch eine erfolgreiche Video-Künstlerin und Video-Designerin für Avantgarde-Aufführungen in Oper und Theater. Unter anderem entwickelte sie die Videobühne für eine Inszenierung von Wolfgang Rihms Oper *Jakob Lenz* an der Nationaloper in Riga, Lettland.

Karyn Oliviers Skulpturen erinnern häufig an alltägliche und vertraute Objekte wie Gymnastikgeräte oder Klettergerüste auf Spielplätzen. Diese banalen Objekte erscheinen jedoch verändert und mit metaphorischer Bedeutung aufgeladen. Oliviers *Seesaw* (2005) zum Beispiel ist eine radikal verlängerte, 40 Fuß messende metallene Wippe. Das englische Wort *seesaw* beschreibt übrigens genau, was auf einer Wippe geschieht: ich sehe/sah, bin/war im Blickfeld. *Seesaw* ist eine imposante Skulptur und zugleich ein funktionales Spielplatzgerät, das – mit der bekannten Mischung aus Zögerlichkeit und Leichtsinn, Unbeholfenheit und Anmut – von zwei Personen benutzt werden kann. Weil diese skulpturale Wippe so lang ist, erscheint der „Spielgefährte" allerdings in großer Entfernung, das heißt, Nähe und Entfremdung, Zusammensein und totale Einsamkeit gehen hier ineinander über. Wie auch in anderen ihrer Arbeiten betritt Olivier die kindliche Arena des Spielens und Spaßens in der Absicht, das Nähe- und Distanzbedürfnis von Erwachsenen zu erkunden.

Für „Carnival Within" ist ein funktionstüchtiges Karussell samt leuchtend blauem Zeltdach und rot und gelb gestrichener Zierleiste entstanden. Im Gegensatz zu gewöhnlichen Karussellen hat dieses jedoch weder paradierende Pferde noch Löwen noch verzierte Bänke oder Dampforgelmusik aufzuweisen. Stattdessen ist es mit einem einzigen schlichten Stuhl ausgestattet, und man hat die Wahl, auf ihm zu sitzen oder einfach stehen zu bleiben, während man sich quälend langsam im Kreise dreht. Oliviers auf das Allernötigste reduzierte, etwas kümmerlich wirkende Karussell mit dem Titel *It's not over 'til it's over* (Es ist erst vorbei, wenn's vorbei ist) thematisiert Traurigkeit und Verlust ebenso wie Fragen der Rassendiskriminierung und der wirtschaftlichen Entbehrung. An dieser Stelle ist es wichtig zu erwähnen, dass Oliviers Skulpturen, die sich auf solche Freizeitanlagen beziehen, oft alte Fotografien von verwahrlosten und isolierten Spielplätzen für schwarze Kinder zur Grundlage haben. Dieses eigentümliche Karussell spendet aber auch Freude, es behauptet, dass auch Magie, Verzauberung und Vergnügen, Lebenskraft existieren und einen Neuanfang ermöglichen. Karyn Olivier kommt ursprünglich aus Trinidad, ihre tiefe Affinität zu den jährlichen Karneval-Feierlichkeiten dort ist eine wichtige Quelle für ihre vielschichtigen Arbeiten, für soziale Skulpturen und Elemente von Performances, die oft um Themen wie Ausschweifung und Übertreibung kreisen.

Als Kind eines sizilianischen Einwanderers und einer italienisch-amerikanischen Mutter wurde **Joyce Pensato** in die Rhythmik eines multiethnischen Stadtteils in Brooklyn hineingeboren – wo man alten Traditionen anzuhängen und gleichzeitig alles Neue zu absorbieren pflegt, wo katholische Ikonografie und Symbolik aneinander stoßen und mit Strandgut der Popkultur verschmelzen, wo religiöse Prozessionen in Straßenfeste und kitschige Jahrmärkte übergehen. Jahre später hat Pensato solche Versatzstücke der Popkultur in ihren Schwarz-Weiß-Malereien rigoros verarbeitet – in Comic-Ikonen von fast psychotischer Intensität und einer unheimlichen Mischung aus Ausgelassenheit und tiefem Unbehagen.

Ohne jede Spur von Nostalgie beziehen sich viele von Pensatos Gemälden (insbesondere die von Mickey Maus, die 1928 debütierte, Donald Duck, den es seit 1934 gibt, und Felix the Cat, der schon aus dem Jahre 1922 stammt) auf ein eher unschuldiges Amerika von Anfang bis Mitte des letzten Jahrhunderts. Dieses Milieu lässt Pensato in das Heute hineinschlittern, auf die aktuellen Konflikte prallen, die persönlichen und nationalen Ängste und Wünsche der Amerikaner. Auf den ersten Blick scheinen Pensatos Bilder, die auch zeitgenössische Figuren aus den „Simpsons" und „South Park" aufgreifen, wie beiläufig entstanden zu sein, als wären sie mit ein paar Strichen flüchtig auf die Leinwand geworfen. Diese gewollt beiläufige Wirkung ist jedoch das Ergebnis eines aufwendigen Malprozesses, und die vielschichtigen Möglichkeiten des Umgangs mit Farbe sind ein

Schlüssel zum gesamten Werk Pensatos. Variationen in der Farbkonsistenz, Spritzer, flüchtige, winzige Farbstreifen, die in spitzen Winkeln aufeinander treffen, Ränder, die in kleinste Farbpartikeln ausfransen, und plötzliche Leerstellen ergeben einen ganz eigenen Stil zwischen abstrakter und gegenständlicher Kunst. In der Mischung aus Wildheit und Strenge sind Pensatos Figuren sehr human, versehen mit der uns eigenen Lächerlichkeit und Tiefgründigkeit, Unbeholfenheit und Anmut – und damit eine Reaktion auf Zeiten der Krise und Unsicherheit im Land.

Für „Carnival Within" hat Pensato über drei Wochen lang eine Wand von beiden Seiten bemalt. Auf der einen Seite befindet sich die eindrucksvolle Grobversion eines Clownsgesichts, mit einem breiten Grinsen und einer schwarzen Knollennase. Schwarze und weiße Farbtropfen haben ihre Spuren hinterlassen, was den Clown zugleich unschuldig und angeschlagen wirken lässt. Auf der anderen Seite der Wand blicken den Betrachter zwei riesige Augen an, die auf einer kleinen Felix-the-Cat-Figur beruhen. Auch diese Augen drücken eine Mixtur unterschiedlicher Gefühle aus, Unschuld und Launenhaftigkeit, Angst, Fassungslosigkeit und Unruhe.

In seinem exzentrischen, bahnbrechenden Werk benutzt und variiert **William Pope.L** immer wieder eigenwillige Possen und karnevaleske Spektakel – seien es Sideshows, Freak Shows, bunte Schilder, Kostüme, Masken und fabelhafte Heldentaten. Für *The Great White Way*, eine seiner vielen waghalsigen und provokanten Straßen-Performances, kroch Pope.L – in ein Superman-Kostüm gekleidet und mit einem Skateboard auf dem Rücken – fünf Jahre lang mit Unterbrechungen den Broadway in New York hinauf. Das Video von dieser Aktion zeigt zwar eine schrullige, lachhafte Figur, die aber dennoch echtes Leiden, Ausdauer und Widerstand zum Ausdruck bringt. Die Gestalt lässt außerdem an einen Soldaten denken, der mit dem Gewehr auf dem Rücken über ein Schlachtfeld robbt. Pope.L konfrontiert uns auf diese Weise mit einer Reihe von Annahmen und Machtbeziehungen, die in der Diskussion über Rasse immer wieder unterstellt werden, und verkehrt sie in ihr Gegenteil: Ein schwarzer Mann in einem Superheldenkostüm (das ansonsten von einer Fantasiegestalt getragen wird, die als der mächtigste „weiße" Mann der Welt Eingang in unsere kollektive Vorstellungswelt genommen hat) tritt freiwillig zentimeterweise den Weg über eine berühmte Straße von New York an, die auch als „The Great White Way“ bekannt ist. In Pope.Ls gleichnamiger Videoinstallation spielt überdies ein rätselhaftes Wasserglas eine Rolle, das hier, auf einem etwa in Augenhöhe angebrachten Wandregal stehend, mit genau austarierten Blickachsen und Größenabmessungen zum „Brunnen“ wird, auch dies ein Beispiel für den Einfallsreichtum und die formale Präzision, mit denen der Künstler seine Arbeiten angeht.

Zu der verblüffenden Vielschichtigkeit von William Pope.Ls Videoinstallation gehört auch seine eigene Position als Performer: Voller Energie und Courage tritt er seine eigenwillige Privatreise durch den öffentlichen Raum an, die ihn einsam und verletzlich macht, dem Spott aussetzt und durchaus Gefahren birgt. Am bemerkenswertesten ist die unerschrockene Auseinandersetzung mit der Rassenthematik in Pope.Ls Arbeiten, die dennoch von einem überbordenden absurden Humor und einer tiefen Menschlichkeit gekennzeichnet sind. Sie beschäftigen sich mit Hoffnung und Schwäche, zwischenmenschlicher Nähe und Entfremdung, mit der Einsamkeit des Individuums und gesellschaftlichen Konflikten. Mit seinen genreübergreifenden Performances, Skulpturen, Videos und Zeichnungen erweist sich William Pope.L als ein schonungslos kritischer Außenseiter, der wohl zu den bedeutendsten amerikanischen Künstlern der letzten Jahrzehnte zählt.

In einem Land, das bekannt ist für seine monumentalen Vorhaben und sein Streben nach Größe, beschreitet die begabte Miniaturistin **Peggy Preheim** mit ihren Zeichnungen, Skulpturen und Fotografien einen Sonderweg. Ihre subtilen Grafitzeichnungen sind besonders kleinformatig, einige messen gerade einmal 2,5 mal 2,5 Zentimeter. Die meisten dieser Arbeiten sind exakte Kopien von gefundenen Fotografien anonymer Personen, oftmals Frauen und Kindern, aus dem 19. und frühen 20. Jahrhundert. Man könnte vermuten, dass Preheim damit auf die uns umgebende Flut von Bildern und Informationen anspielen will, die aus dem Kontext gerissen sind und keinen erkennbaren Sinn mehr haben. Tatsächlich aber tritt das Gegenteil ein: Ihre Arbeiten sind durchaus aussagekräftig, die Abbildung vorgefundenen Bildmaterials ganz und gar aktuell. Ihre Bilder beschäftigen sich nicht mit einer entfernten Vergangenheit, sondern mit komplizierten menschlichen Angelegenheiten im Hier und Jetzt.

Im Diptychon *Little Princess* (2008) entpuppt sich etwas, was aus der Distanz betrachtet wie ein Fleck oder ein kleiner Punkt wirkt, als Zeichnung von einer schlaff an einem Fahnenmast herabhängenden amerikanischen Flagge. Dieses Symbol einer monumentalen nationalen Identität wirkt hier plötzlich fragil, prekär, geradezu erdrückt von der riesigen weißen Fläche des Papiers, auf dem es abgebildet ist. Bereits der russische Kritiker Michail Bachtin betonte, dass ein wichtiger Aspekt der Karnevalisierung im Übertreiben, Parodieren und Sinnentstellen ansonsten ehrwürdiger politischer und religiöser Symbole besteht. Dabei geht es nicht vor allem darum, sie zu verspotten, sondern uns zeitweilig ihrer Herrschaft zu entledigen, um sich ihnen danach aufs Neue und ungezwungen nähern zu können. Im zweiten Teil des Diptychons wirft eine in weiße Knickerbocker und Melonenhut gekleidete Frau aus der Zeit um 1910 einen nachdenklichen Blick in Richtung der Flagge – ihr Gesichtsausdruck gibt eine Mischung aus Traurigkeit, schwankender Zuversicht, Zärtlichkeit und Besorgnis zu erkennen. Preheim greift tief in die Vergangenheit, um in hintergründigen Bildern unsere turbulente Gegenwart zu beleuchten, die voller Probleme, angeschlagener Ideale und wiedererwachter Hoffnungen ist.

In der *Offenbarung des Johannes*, dem einzigen prophetischen Buch des Neuen Testaments, heißt der „große Stern", der vom Himmel auf die Erde fällt, den „dritten Teil der Gewässer" vergiftet und viele Menschen tötet, „Wormwood" (auf Deutsch „Wermut", Off 8:11). **Nadine Robinsons** *Wormwood* (2005), ein großer, siebenzackiger Stern mit über 500 strahlenden Glühlampen, spielt auf diese düstere Prophezeiung an. Zugleich aber verknüpft er tiefe Religiosität und apokalyptischen Terror mit einem Unterhaltungsanspruch, der sehr wohl auf den Effekt zielt, sowie mit augenfälliger Reklame, denn der Stern erinnert nicht zufällig an glitzernde elektrische Schilder in einem Vergnügungspark oder an einem Kasino in Las Vegas. Robinsons einerseits faszinierende, andererseits beängstigende Leuchtskulptur erzeugt intensives Licht und Hitze und damit eine überwältigende Präsenz. Der Bezug auf eine in der Bibel vorhergesagte Katastrophe stellt aber auch die Verbindung zu verschiedenen aktuellen Krisen her: die Ressourcenverschwendung in unserer Wegwerfgesellschaft, Kriege, der drohende Kollaps des internationalen Finanzsystems, der Klimawandel, die Zerstörung der Natur in vielen Teilen der

Welt und das gewaltige Desaster des Hurrikans Katrina, der große Teile von New Orleans zerstört hat.

Robinson, die vor allem mit Licht und Klang arbeitet, ist bekannt für optisch (und akustisch) eindringliche Werke, die vielschichtige kulturelle Informationen enthalten und oft in einem religiösen Bedeutungszusammenhang stehen. In *alles grau in grau malen* (2005) sind in eine drei Meter hohe und 14 Meter breite Wandkonstruktion mehrere hundert Lautsprecher eingelassen, aus denen katholische Grabgesänge, Rastafarimusik und Ausschnitte von Filmmusiken apokalyptischer Streifen wie *Rosemary's Baby* (1968) und *The Matrix* (1999) dringen. Das Arrangement der Lautsprecher basiert auf der symbolischen Anordnung der Figuren in Michelangelos Deckenfresko *Das letzte Gericht* (1536–1541) in der Sixtinischen Kapelle, erinnert aber zugleich an die in den 1980er Jahren üblichen Ghettoblaster. Die Installation als Ganzes speist sich aus vielen Quellen und erzeugt eine akustische Melange von Weltuntergangsszenarien.

Robinson's *Tri-Christus* (2008), kürzlich auf der SITE Santa Fe in New Mexico gezeigt, besteht aus drei blendenden Stahl- und Lichtkonstruktionen auf dem Dach des Museums, die entweder Kreuze oder X-e sein können: Das zentrale christliche Symbol, Grabmal-Gedenktafeln, der Film *xXx - Triple X* von 2002, der von einem Anschlag zur Vernichtung der Welt handelt, nicht-jugendfreie (x-rated) pornografische Filme, Logos von Biermarken und diverse Beispiele minimalistischer Skulpturen werden hier zitiert. Zusammengefasst heißt das: Nadine Robinsons außergewöhnliche Skulpturen greifen die christliche Ikonografie auf und beschwören apokalyptische Visionen, tauchen aber zugleich tief ein in die profane Welt von Tanzmusik, Hollywood-Filmen, Leuchtreklamen in Vergnügungsparks, elektrischen Werbeschildern und pulsierenden Straßenfesten.

„In der Kunst geht es um materielle Objekte", sagte **Lawrence Weiner** einmal in einem Interview 1989. Eine interessante Behauptung für einen Künstler, der seit den späten 1960er Jahren vor allem mit Sprache gearbeitet hat und der als einer der führenden Vertreter der Konzeptkunst gilt. In Weiners Fall werden materielle Objekte verkörpert von allgemein gebräuchlichen Haupt- und Nebenwörtern und direkten Beschreibungen ohne jeden Schnörkel oder auch nur die geringste Spur von Subjektivität (*A WALL BUILT TO FACE THE LAND & THE WATER AT THE*

LEVEL OF THE SEA, 2009) oder auch durch ebenso direkte Aktionen (*ONE QUART EXTERIOR GREEN INDUSTRIAL ENAMEL THROWN ON A BRICK WALL*, 1968). Weil sie Sprache an die Stelle physischer Objekte, Materialien und Prozeduren setzen, sind Weiners Arbeiten auf herausfordernde und radikale Weise offen, auch wenn sie auf Erfahrungstatsachen verweisen. So ist es sehr wahrscheinlich, dass jeder einzelne Betrachter der Ausstellung „Carnival Within" sein je eigenes gedankliches Bild von Weiners *BALLS OF WOOD/BALLS OF IRON* (1995) konstruiert. Auch Weiners Werk *A PURSUIT OF HAPPINESS ASAP* (2006), das sich auf einen berühmten Satz der amerikanischen Unabhängigkeitserklärung bezieht, erlaubt ein Höchstmaß an Deutungsfreiheit, einschließlich der Frage, was das Glück denn überhaupt sei und wie man es erreichen könne. Mit ihrer reduzierten, aber fröhlichen Farbigkeit und der genau durchdachten Positionierung der einzelnen Wörter auf der Wand lassen beide Arbeiten an die Ausgelassenheit und verlockende Lebendigkeit von Zirkus- und Werbeplakaten denken.

Begonnen hat Lawrence Weiner mit einem knappen, provokanten und oft zitierten Manifest über die Beschaffenheit, die Eigentums- und Produktionsformen von Kunstwerken (*1. THE ARTIST MAY CONSTRUCT THE WORK 2. THE WORK MAY BE FABRICATED 3. THE WORK NEED NOT BE BUILT*). Er beschritt dabei unzählige Wege, seine Kunst zu präsentieren: als Wandarbeiten, die verschiedene Materialien wie Malerei oder Vinyl-Beschriftung benutzten, neben Plakaten, Büchern, Zeichnungen, Filmen, Schablonen auf Hauswänden und vielen anderen Formen. Weiner gilt vor allem als Pionier der Konzeptkunst, aber seine Arbeiten besitzen auch eine ausgesprochen starke Visualität, mit der er seiner Zeit weit voraus war. Weiner arbeitet seit den 1960er Jahren mit der grafischen Präsentation von Wörtern und war damit ein Vorläufer und womöglich auch Wegbereiter für die heutige Wort- und Textbezogenheit, die sich in der Gestaltung von Werbung, Zeitungs-Layouts, Computerarbeitsflächen und Webseiten zeigt.

Sabine Russ and Gregory Volk

Carnival Within – An Exhibition Made in America

1car·ni·val
Pronunciation: \'kär-nə-vəl\
Function: *noun*
Etymology: Italian *carnevale*, alteration of earlier *carnelevare*, literally, removal of meat, from *carne* flesh (from Latin *carn-*, *caro*) + *levare* to remove, from Latin, to raise
Date: 1549
1: a season or festival of merrymaking before Lent
2 a: an instance of merrymaking, feasting, or masquerading **b**: an instance of riotous excess <a *carnival* of violence>
3 a: a traveling enterprise offering amusements **b**: an organized program of entertainment or exhibition: festival <a winter *carnival*>

Merriam-Webster Dictionary

1. The Exhibition

Emily Dickinson is widely understood to be one of the two greatest nineteenth-century American poets, with the other being Walt Whitman. Among Dickinson's major themes is an intense investigation of the conflict between religious faith and withering doubt, and one of the many poems that she wrote about this theme is poem 243, from 1861, in which she compares "a heaven" (namely her kind of a Calvinist heaven, with deep roots in New England Puritan theology) to a small, presumably rinky-dink carnival rattling across the great expanse of North America, stopping in towns for a brief while to bring a little excitement, and then moving on. Here is how the poem goes:

> I've known a Heaven, like a Tent—
> To wrap its shining Yards—
> Pluck up its stakes, and disappear—
> Without the sound of Boards
> Or Rip of Nail—Or Carpenter—
> But just the miles of Stare—
> That signalize a Show's Retreat—
> In North America—
>
> No Trace—no Figment of the Thing
> That dazzled, Yesterday,
> No Ring—no Marvel—
> Men, and Feats—
> Dissolved as utterly—
> As Bird's far Navigation
> Discloses just a Hue—
> A plash of Oars, a Gaiety—
> Then swallowed up, of View.

This poem constitutes a remarkable moment in American poetic (and artistic) history. Here, two Americas are twined: an America of religious and perhaps utopian vision, and a secular America of spectacle, flashiness, entertainment, pop culture excitation and, one suspects, implacable loneliness—after the excitement fades, after the show is over, when one is left with one's conflicted self. For the poem's form, Dickinson takes her cue from what was then a pervasive art form in her area—the Protestant hymns that were sung in every church on every Sunday, but subjects that familiar model to an amazing array of transformations. She uses dashes, which interrupt the rhythm and make everything seem a lot more choppy and unsettled. Other subtle, yet jarring, alterations of sound and rhythm create gaps and surprising twists of thought in the poem, and make it seem not a poem about consciousness, but a profound rendition of consciousness altogether, with all its fits and starts, bursts of enthusiasm, and moments of faltering. Rather than relying on standard rhymes, Dickinson uses off-rhymes (boards/yards, disappear/carpenter, stare/America) that fit, but not exactly, and suggest a curious process of cohesion and fissuring: the poem holds together, but it is pulling apart at the same time. Throughout, Dickinson is decisively personal ("I've known a heaven") and implicates herself in some of the largest, most far-reaching, and disturbing human questions: an aptitude for faith, and a visceral experience of loss and bewilderment; a desire for joy contradicted by sadness and disappointment. Her looming "miles of stare" is an extraordinary image, conjuring not only an outward gaze into great distances, but also an inward investigation into the tangled, most unfathomable depths of the psyche. And at the center of it all is this strange, but apt, comparison: heaven and a traveling carnival, both of which purport to offer respite from human troubles, the one eternal and the other for a night or an afternoon.

Carnivals, circuses, traveling road shows, amusement parks, and theme parks have long had a powerful impact on American culture, including American literature and art. While he was still a journalist, Walt Whitman wrote enthusiastically and sympathetically about a local Brooklyn circus, at a time when circuses were generally considered morally suspicious and perhaps dangerous. In Whitman's 1856 article in *Life Illustrated* (an anonymous article, but one which has been convincingly attributed to him), he noted that circuses and carnivals reach deeply into history (especially European history), and are by no means an American invention, but nevertheless he called them "a national institution," because of their vitality, broad appeal transcending social classes, and promise of available wonder, which fitted with a nation grounded in an ethos of democracy and optimism.

When it comes to Whitman's poems, notably "Song of Myself," it becomes clear that he is, by far, the most circuslike and carnivalesque of any major

American poet or writer to date. As the poem's protagonist, Whitman adopts many guises and personas, which fits with a carnival interest in masks, costumes, and identity exchange. Near the beginning, he writes of his desire to "lean and loafe at my ease observing a spear of summer grass," and to be "undisguised and naked" at the edge of the woods: both versions of what he would call the "Me myself." Later he identifies himself as a nonchalant Southern farmer, a Northern shipping merchant, a Kentucky frontiersman walking about "in deer-skin leggings," a mariner in a deadly sea fight, a prisoner in a jail, and an escaped slave chased by pursuers with rifles and snarling dogs. Much of "Song of Myself" seems to occur simultaneously and not narratively, akin to the multiple acts happening at once in a three-ring circus, and indeed Whitman functions as a kind of voluble ringmaster, calling attention to and orchestrating the swirling activity around him. The great Section 33, for example, features a single sentence, stretching over four pages, that moves across the continent and shifts between city and country as Whitman encounters log huts, lumbermen, a panther, an alligator, a black bear and buckwheat, a quail and a bat, a hot air balloon, a wrecked ship, a noisy printing press, a shark fin, a copulating cock and hen, a Quaker woman, a moccasin print, a Methodist preacher and a baseball game, among others. Near the end of this section, Whitman steps outside at midnight into his backyard for a breath of fresh air, but instead is transported far away and back into history, in fact to the origins of the Judeo-Christian tradition:

> Walking the old hills of Judaea with the beautiful gentle God by my side.

Exactly then, Whitman rockets from religion to science and science fiction; from past and present to a speculative future of space travel and exploration; from this world to a universe filled with splendors, immensities, and mysteries, when he finds himself:

> Speeding through space, speeding through heaven and the stars,
> Speeding amid the seven satellites and the broad ring, and the
> diameter of eighty thousand miles.

As Whitman moves across the continent noticing and absorbing everything, and rockets into deep space to frolic with the stars, he fills his poem with inflated and exalted rhetoric, adventures, excursions, sideshows, energetic crowds, and dazzling visuality, which very much conjure a raucous carnival milieu.

Both Dickinson and Whitman were writing at a time when circuses, carnivals, and road shows, largely inspired by the famous showman P.T. Barnum, were fast becoming a major form of pop culture entertainment in America. In a few decades, all of these traveling shows would lead to amusement parks nationwide, both big and small, including the most famous American amusement park of all, Coney Island in New York City, which in turn would lead to the behemoth theme parks of our era. In these days, when American theme park culture and a corresponding massive entertainment industry have flooded the world, it's worth recalling that Disney World and Disneyland, with their weird mix of instruction and entertainment, real and fake animals, and both actual and simulated nature, are heirs to the nineteenth-century circuses of Barnum, as well as to Barnum's American Museum, his natural history museum/art museum/entertainment mecca in New York City.

It is also interesting to note that any number of American artists and writers through the years have been steeped in circus themes and carnival tropes, very likely because carnival realities have long been part of the aesthetic and ideational vernacular in the country. When the nineteenth-century painter Frederic Church unveiled his masterpiece *The Heart of the Andes* in 1859, at the Tenth Street Studios in New York City, it was an immediate popular sensation, for which the public was charged admission and provided with opera glasses (the hype drove up the eventual purchase price of the painting to $10,000, at the time a whopping figure). This conflation of art, spectacle, celebrity, notoriety, entertainment, and frank commercialism perfectly fitted with Barnum's various enterprises of the same era. In terms of current or recent art, clowns, carousels, jugglers, and brazen neon signs figure prominently in the pioneering work of Bruce Nauman, while Mike Kelley's last big exhibition at the Gagosian Gallery in New York, based on extracurricular activities described in highschool yearbooks, resembled nothing so much as a cross between a pulsating arcade and an amusement park's midway jam-packed with attractions. Diane Arbus's photographs are linked to the freak shows which were a staple of Barnum's spectacles, Paul McCarthy's sculptures and installations are linked to cheesy Southern California roadside attractions, and Dan Flavin's minimalist sculptures made of illuminated fluorescent tubes connect with bright and alluring amusement park signage. Andy Warhol's studio/meeting ground The Factory was often described as a circus, with all sorts of eccentric characters coming and going all the time, while the promotional poster for *Andy Warhol's Exploding Plastic Inevitable Show*, one of Warhol's multimedia extravaganzas held at Poor Richard's in Chicago in June 1966, looks amazingly similar to the nineteenth-century posters for *P.T. Barnum's Great Travelling Museum Menagerie* and *P.T. Barnum's Greatest Show on Earth—Season of 1878*. Vito Acconci's groundbreaking work from the early 1970s features a deal of slapstick antics and clowning around, for instance when he was clownish and ridiculous with a mouthful of grass (or hair, or saliva); or blindfolded and with his hands bound at the edge of a pier, depending on someone that he hasn't previously trusted to save him from falling and drowning; or hunched in a cluttered enclave while decorating his penis with doll's clothes and talking and cooing to it; or sprinting past someone on the sidewalk, racing to the next corner, and timing how long it took that person to reach the same corner. At the same time, these clownish actions resonate and tap into a richly human territory where fears, doubts, anxieties, exhilaration, curiosity and wonder are all intertwined. Cindy Sherman's photographs involve elaborate costumes and makeovers, which are once again a staple of the carnival, while part of the appeal of Robert Smithson's *Spiral Jetty* is the fact that this paramount example of Land Art is also a sort of spectacular Western roadside attraction (in choosing the location for *Spiral Jetty*, Smithson was well aware of its proximity to the Golden Spike National Historic Site, a tourist attraction commemorating the 1869 completion of the first transcontinental railroad). These are just a few examples, among many, and they suggest that a carnival impulse in American art extends across eras, movements, and media.

"Carnival Within – An Exhibition Made in America" acknowledges the impact carnival realities and appearances have had on American culture and art, yet the exhibition does not seek to gather contemporary versions of "carnival artists." Instead, as curators we have chosen artists and artworks that together form a temporary, and highly unusual, version of a traveling carnival, complete with costumed figures, acrobatic acts, amusement park rides, and attention-grabbing signage. Rather than fashioning an exhibition about carnival art, we have fashioned an exhibition that itself functions as a kind of traveling carnival, in which artworks which have and will be shown in decidedly non-carnival settings temporarily function as extremely idiosyncratic versions of carnival gear and attractions. At a carnival you would expect to find a carousel, but you wouldn't expect one that moves excruciatingly slowly and that features only one chair, such as Karyn Olivier's special carousel. At a carnival you would expect to see bright and alluring signs, but you wouldn't expect to find such signs made by Lawrence Weiner, who is likely the foremost practitioner of Conceptual art. At a carnival, circus, or Disney theme park you would expect to find an American flag flying proudly above the spectacle, but you wouldn't expect to find a tiny, exquisite, hand-drawn flag, about the size of a postage stamp, such as is contributed by Peggy Preheim—a flag which seems fragile, dear, beleaguered, and almost overwhelmed by the surrounding whiteness of the page.

The unorthodox exhibition design of "Carnival Within" includes five free-standing rooms for the display of videos, which are interspersed at irregular angles through the space. Rather than entering dark, curtained-off rooms, one can see big, enthralling, luminous videos from a distance, which become a central component of the "landscape" of the exhibition; when the viewer moves closer and enters the enclosures he or she then has a much more intimate experience with the works. Sounds from these works blend and merge, just as they do from the several attractions in an actual carnival, yet when one enters the video enclosures the specific sounds of that particular work are accentuated. At all points the individuality and singularity of each work is emphasized, yet the exhibition's layout allows for all sorts of unusual juxtapositions and correspondences, especially between works that one wouldn't normally think of as belonging together at all. From certain perspectives one sees Lawrence Weiner's textual wallwork directly through Karyn Olivier's largely empty carousel, and from other perspectives one sees Joan Jonas's enigmatic and entrancing performances (on video) in relation to a huge and looming Superman sculpture by David Herbert suspended from the ceiling. There are few right angles in the exhibition, and even though many of the works are rather large the exhibition feels open, uncluttered, and inviting: more like an excursion than a display.

For the purposes of this exhibition it is important to acknowledge that "carnival" is an expansive term, as revealed in the dictionary definition presented above. It refers to annual pre-Lenten celebrations and rituals such as Fasching in Germany, Carnevale in Venice, and Carnival in Trinidad and Tobago (among many others), but also to road shows, traveling circuses, vigorous festivals, roadside attractions, and amusement parks. Moreover, as the great Russian writer Mikhail Bakhtin pointed out, carnival situations can also arise in the midst of normal, daily life. In Bakhtin's terms, the "carnivalized moment" or the "carnivalized situation" are those moments when the normal rules, values, hierarchies, and modes of apprehension are temporarily suspended in favor of a brand new freedom, which can be simultaneously ungainly and exhilarating, bewildering and liberating. These carnivalized moments do not seek to transcend normal life; they don't try to substitute a keen new consciousness for an enervated one. Instead, both mundane and carnivalized life exist together, and one moves between the two, entering the carnivalized situation in order to be tested and transformed and then returning to one's normal life—perhaps shaken, perhaps deepened—with some of the wisdom that one has gained. An eccentric carnival impulse—one which involves free-spirited play and buffoonery, hyperbole and exaggeration; which, in Bakhtin's terms, "combines the sacred with the profane, the lofty with the low, the great with the insignificant, the wise with the stupid," and which temporarily replaces normal life with all its rules, categories, hierarchies, and stratification, is essential for the works in "Carnival Within," and indeed is a major reason why these works are so unusual and cathartic.

There are many carnival attractions in this exhibition: a tightrope act, a big illuminated star made of over 500 blazing light bulbs, flying figures, performing bears, enthralling signage on the walls, a functioning carousel. The exhibition is meant to be fun, enticing, and entertaining, just like the road shows that have been crisscrossing America since the early nineteenth century, and its layout loosely suggests the inviting attractions at an actual carnival. While entertaining, the exhibition is also filled with serious and probing questions about life in these hopeful yet precarious times. There is, for instance, considerable loneliness in this carnival, as well as unease and a sense of impending danger. Far from being happily utopian, this artistic carnival is suffused with fractious issues of race, ecology, amok political power, and human vulnerability. There is whimsy and joy in the exhibition, but there is also sadness, anxiety, and sharp political and social critique. In effect, this carnival becomes our trope for America in a time of crisis and transition; we use a principal aspect of the culture to focus attention freshly on artworks, and through those artworks on a complex society in a time of both wavering optimism and stark upheaval. Moreover, while this is an exhibition of American art, it hardly remains beholden to the United States. In fact, "Carnival Within – An Exhibition Made in America" far transcends a national focus to become an exhibition imbued with humanity: our collective aspirations and frustrations, our aptitude for wonderment and frequent consternation, our interest in freedom and our painful experience of limitations and restrictions. After all, the carnival, in its many incarnations, is something shared by all cultures, and something that surmounts all national borders.

2. The Artists

Joe Amrhein has a unique position in the New York City art world. He is the owner of Pierogi Gallery in Williamsburg, Brooklyn, which began as an experimental and freewheeling artist-run gallery in 1994, and has since become a beloved and enormously influential venue with broad international recognition. Amrhein is also an accomplished artist with a flourishing career; he is both a visionary gallerist and a trailblazing artist known for idiosyncratic and visually stunning combinations of painting, signage, and found texts. While lots of acclaimed gallerists began their careers as artists, very few have maintained their artwork as a driving force over time.

Amrhein's own background in California as an expert commercial sign painter inspires his work. He collects fragments of found texts, for instance hyperbolic phrases from published art reviews, essays, and articles; paints them by hand on different materials (notably Mylar), and then arranges these multiple panels in overlapping layers on the wall. In *Willing Suspension of Disbelief* (2009), the title cites the famous dictum on fiction and art coined by British poet Samuel Taylor Coleridge in 1817; this is then translated into several languages, making for a polyglot work that addresses how we both see and describe art, and also connects to Amrhein's dual roles as artist and gallerist. One can literally read Amrhein's works, but only partially, because of the way words and phrases adjoin and blend, yet they also have a tremendous visual power, with all their shapes, vibrant colors, and shifting fonts. Amrhein's textual fragments and phrases (along with numbers, currency symbols, and place names) suggest the information overload of the present day, but also make reference to nineteenth-century circus posters, early to mid-twentieth-century amusement park signage, and decades-old advertisements on building facades.

Janine Antoni has long been recognized as among the preeminent artists of her generation, ever since her iconic sculptures of the early 1990s—such as *Gnaw* (1992), for which she used her teeth as a chisel. To the point of nausea she doggedly gnawed on a 600 lb chunk of chocolate and a 600 lb chunk of lard, and then made "products" from what she had chewed: 27 heart-shaped packages of chewed chocolate and 130 lipsticks made out of chewed lard, beeswax, and pigment. Routine bodily actions, such as chewing, are essential in Antoni's art, including sleeping, bathing, and walking, but these are always fundamentally transformed and thus become richly evocative. For *Touch*, Antoni learned how to tightrope, after contacting an expert from New York City's Big Apple Circus, arranging for private lessons, and practicing for hours and hours. Once she was proficient, she strung up a tightrope between two tractors on the beach in front of the house in the Bahamas where she grew up, and proceeded to walk not on the beach but a slight height above it: a woman at the borders between ocean and sand, sky and earth. In the video she also magically appears to be walking along the line of the horizon.

Touch is all about balance, as a purely physical condition, and also as a psychological and spiritual state. It is also about risk and overcoming the fear of falling or losing control; as Antoni put it, it is about becoming "more comfortable with being out of balance." As she walks on the tightrope, Antoni evokes a way of maintaining gracefulness and concentration in an often tumultuous and unnerving world. The artist's body and vast distances, a familiar beach and the big world beyond the horizon, the daily adventures of childhood and the questing experiences of adulthood all fuse in a homemade circus act performed for no audience one morning on a Bahamian beach.

Throughout her career, **Tracey Baran**'s locus (and indeed her muse) was the small upstate New York town where she grew up, including friends and family members living there, familiar houses, and the surrounding landscape. As a photographer, Baran excelled at discovering evocative, visually lush, and oftentimes unsettling potentials in gritty around the house or around the town settings. Two photographs in "Carnival Within" were taken at a local demolition derby, where drivers in rugged cars attempt to smash each other to bits; the last car still functioning and moving is the winner. In *Crushed* (2005), a car done up in brilliant carnival colors is mashed, dented, and covered with mud; trying for splendor it wound up as a demoralized loser. In *The Winners* (2005), with cars resembling nocturnal silhouettes and eerie white smoke billowing above them against a black sky, the whole scene looks like a war zone, or perhaps an apocalyptic dream. Both images, and this is something that holds true throughout Baran's work, take what could be cheesy Americana and turn it into a profound meditation on cycles of living and dying, aspirations and disappointment, vitality and damage.

Although formally exquisite and visually riveting, Tracey Baran's photographs are connected to the common and accessible genres of family snapshots, pictures of friends, and road shots. What is most uncommon is how otherwise mundane circumstances become startling, marvelous, and imbued with a complex humanity that can be lovely but also harrowing. Willfully goofy Halloween shots of Baran's mother in Native American garb and herself as a pregnant dead bride are haunting and unnerving, while a photograph of her friend partially veiled by the colorful mists near a geyser at Yellowstone National Park seems downright magical.

Spanning sculpture, installation, performance, and video, **Sanford Biggers**'s work is marked by jarring, yet apt and compelling combinations and juxtapositions. He is at home in and energized by black urban culture, and he both accesses and startlingly transforms America's fraught, racially charged history, including blatantly racist symbols. He is also deeply familiar with Japanese and other Asian cultures, and he is especially attentive to Buddhist thought and aesthetics. Often, these two seemingly antithetical milieus fuse in unprecedented works that make surprising connections across cultures and eras. Biggers's *Lotus* (2007), made of hand etched glass surrounded by a steel hoop, is at first glance a lovely and meditative rendition of a lotus flower, prized in the Buddhist tradition as a spiritual symbol. On closer inspection, you see that its intricate glass leaves are etched and decorated with a pattern based on a drawing of an eighteenth-century slave ship carrying its human cargo.

For "Carnival Within," Biggers's grinning aerial sculpture *Cheshire* (2007) has the bright lights and vivid colors of a carnival sign: you could easily imagine it outside a raucous attraction on an amusement park's midway. It is based on caricatures of black people in nineteenth-century advertisements for minstrel shows, for instance perpetually grinning with bulbous, bright red lips, and this is one of many times when Biggers appropriates and utterly transforms notoriously racist stereotypes. Cheshire also alludes to the philosophically minded, parable-spouting Cheshire Cat in Lewis Carroll's *Alice in Wonderland*, who disappears leaving only its disembodied smile behind.

Shuffle (2009), Biggers's new video installation, prominently features a costumed black man who is alternately free-spirited and rambunctious, and bound to a tree with rope, perhaps a reference to both the Buddhist Tree of Life and horrific lynchings. At times the man applies white clown makeup to his face (a reversal of blackface, the theatrical makeup that white performers used to feign being African American, usually with blatantly racist connotations), as does a child. The video shifts between a street car, nature scenes, and other sites, with a rapid vitality reminiscent of hip hop music videos, while the accompanying music was recorded by the artist on site in various Indonesian villages, making for a remarkable blend of cultures, ethnicities, and locations. This video also concerns our own perception of self versus what others project onto us, as well as the various ways we mask our insecurities, pain, and longing. While Biggers's work involves a fierce critique of racist tropes and images, it deftly fuses a myriad of both contemporary and historical references, and does so with humor, blazing anger, eccentricity, and breathtaking freedom.

In complex and varied work, largely accomplished over the past 17 years while she has lived as an American expatriate in Berlin, **Laura Bruce** has explored and excelled at paintings, sculptures, videos and, in a couple of instances, performances. This wide-ranging art reveals a distinct, highly idiosyncratic sensibility; from her vantage point in Berlin, Bruce revisits, with intensity and humor, brooding seriousness and obvious delight, a middle-class America that retains strong working-class roots, and this includes suburban houses, backyards and front lawns; recreation rooms in the basement of those houses; kitchens cluttered with knickknacks; country music on the radio; the family car in the driveway.

Now Bruce has pared her complex art down to a seemingly rudimentary basis: large black and white graphite drawings on paper. These drawings of quintessentially American houses and yards, and of people outside those houses, are visually enthralling, with all their intricate texturing, nuances of color (in a palate that is black and white), and juxtapositions of plenitude and emptiness. Throughout, fractious activity abuts moments of beatific serenity, while scruffy and unruly zones merge with areas that are delicate and ethereal. Often, foliage, towering trees, and expansive skies are powerful and dynamic, and suggest the outsized splendor, enchantment, bedazzlement, and thrilling adventure of carnival attractions. Bruce's unexpectedly wild and spectacular backyard environments posit heightened consciousness, possible ecstasies, and palpable catharsis, and invest routine scenes in suburban New Jersey or exurban Atlanta with a nature-based wonderment that connects, however subtly or implicitly, with the spiritually charged, nineteenth-century paintings of European Romanticism, the Hudson River School in America, and American Luminism.

New York-based Brazilians **Rosane Chamecki** and **Andrea Lerner** constitute the acclaimed choreographic duo **chameckilerner** which has been presenting remarkable dance performances for the past 15 years. They are known for choreography that is at once cerebral and intricately physical, and that oftentimes explores ever-shifting relationships between people, including questions of power, eroticism, bewilderment, tenderness, and violence. Their last full-length piece was called *Exit* (2007), and it purported to be a farewell to chameckilerner altogether, including reconstituted excerpts from past performances, video commentary from dance professionals and board members, and a "suicide note" printed in the evening's brochure. At once elegiac and hopeful, sorrowful and hilarious, *Exit* was among the most riveting dance performances presented in New York in recent years.

Part of this performance featured a magical, captivating, and frankly tear-inducing film *Flying Lesson* (presented as a projected video). In the film, two women (Chamecki and Lerner, it turns out) wearing ersatz angels' wings, repeatedly, and futilely, jump up and try to take flight, while chanting "Um, dois, três!" With whimsical music, and rickety wings such as a child might wear at a costume party, the whole scene is willfully cheesy and comical, until, that is, the two women are suddenly aloft, miraculously flying down an exterior corridor and out into the brilliant sunlight. This startling flight (actually accomplished by meticulous film editing) becomes a wonderful expression of human restrictions and aspirations, doubt and hope. *Flying Lesson* is presented in "Carnival Within," where it functions as a logic-defying marvel, an aerial acrobatic act that inspires amazement and rapt joy.

There is a long tradition of performing bears in circuses and carnivals, and "Carnival Within" has two impressive bears of its own; both are exquisite sculptures by **Anne Chu**. At first glance, their materiality is deceptive. With their lumpy surfaces, sunken eyes, and knobby ears they look like massive versions of miniature clay figurines fashioned by hand, although they also seem very light, made, perhaps, of paper-mâché covering chicken wire structures. In fact, one is made of bronze and the other of wood, which means they are classic, hard, and heavy, and this solidity, once you discover it, is startling and at odds with all their whimsy and loveliness. At once quizzical, attentive, expectant, and painfully self-conscious, these bears also seem so complex and humane as to be almost ridiculously touching. Nor do they appear to perform; instead they merely stand, but as they do they seem at once regal and deeply thoughtful: public figures glimpsed in a vulnerable moment of privacy and introspection. Even though made of tough materials, Chu's bears also appear fragile and a little awkward, yet they are full of strange, alluring grace, like ancient and magical animal deities suddenly transported into and bewildered by a confusing modern world.

Anne Chu is among the most accomplished, and surely one of the most idiosyncratic, figurative sculptors of her generation, and her works, which expertly utilize multiple materials and techniques, allude to a broad array of world influences. The life-size terra-cotta soldiers excavated from the tomb of the third-century BC Chinese emperor Qin Shi Huangdi, folkloric masks and costumes from many cultures, various forms of puppetry, canonical European art history, Chinese Tang dynasty ceramics, and American pop culture knickknacks are just a few of her eclectic sources. What is remarkable is how Chu's expertly crafted figures, including both animals and humans, seem simultaneously playful, solemn, and psychologically raw. They are enchanting but they also deal in complexities: our aspirations and anxieties, our ungainliness and aplomb.

There is a distinct note of the sublime or transcendent in **Spencer Finch**'s works, which function as cathartic encounters with highly mediated, blatantly artificial renditions of nature. Finch's marvelous *Sunlight in an Empty Room (Passing Cloud for Emily Dickinson, Amherst, MA, August 28, 2004)*, a central sculpture in his recent acclaimed mid-career survey exhibition at MASS MoCA, uses a wall-mounted bank of precisely calibrated fluorescent tubes as a stand-in for blazing sunlight, which illuminates a suspended "cloud" made of blue, gray, and violet filters. Finch went to great lengths to engineer and replicate the exact light he experienced on a single day in Amherst, Massachusetts (home of the visionary poet Dickinson), yet his elemental work effectively conjures the kind of borderless visual and mental transport that one sometimes experiences outdoors, when alone with the sun, clouds, and sky: a free-flowing condition which the transcendentalist poet/philosopher Ralph Waldo Emerson once referred to as becoming, "a transparent eyeball."

If Finch has his eye on the heavens (skies, clouds, galaxies, stars, and the sun have all figured prominently in his work) his feet are squarely on the cultural ground, in a cheesy America of UFO obsessions, rhinestones, Astroturf, synthetic breakfast drinks, and fading amusement parks, all of which have appeared in recent works. With *Sky (Over Coney Island, November 21, 2004, 1:14 pm)*, balloons fitted into other balloons and then filled with helium replicate the exact color of the sky above New York City's Coney Island at a particular moment. Suddenly, a jaunty and familiar amusement park plaything is implicated in vastness: the immense sky, vicissitudes of light, the passage of time. Finch's other work for "Carnival Within," involving a fluorescent light and filters, evokes neon signs (like those outside bars, motels, some churches, and all Las Vegan casinos) but also precisely, and stunningly, replicates the various hues of moonlight in rural New Mexico.

David Herbert, who began his career as a video artist before moving into sculpture, is a hands-on artist with an extraordinary aptitude for materials who can basically make anything out of anything, and do so convincingly. He devises exquisite, yet seemingly rickety and precarious versions of iconic historical objects, architecture, and figures (many of them recognizably American), as well as eccentric sculptural versions of famous movie props. Herbert's towering *Beautiful Superman* (2007) made of wood, Styrofoam, fabric, Plexiglas, and paint, presents a pop culture superhero in tremendous distress. Here Superman is skeletal, absurd, abject, and entirely drained of power, as he hovers just a few inches off the floor. References abound: to Jesus on the cross, hanged men dangling from lone trees in innumerable Hollywood Westerns, and sad-faced clowns in outlandish garb subject to mishaps and punishment. Herbert's version of a mortal and emaciated Superman, wearing a drooping cape and boyish shorts, and at the cusp between life and death, also perfectly fits with an America facing limits, restrictions, anxiety, and waning confidence.

Throughout Herbert's work, mighty and enduring American symbols, including the Empire State Building and a Mississippi River riverboat, are vulnerable, exposed, and poised for disaster. His version of the Empire State Building, while intricate and meticulous, seems corroded and defiled, like an elegant suit three-quarters devoured by moths or a charred relic of a building after a terrible fire, while his riverboat (called the Mark Twain, which could be either an old-time boat from the nineteenth century or a twentieth-century Disneyland facsimile of such a boat) ominously tilts as if about to slip under a river. Nevertheless, Herbert's comical impending disasters are visually stunning, and mark him as one of the very top artists of a new generation. His *Mickey* (2009) is a marvelous conflation of fun-loving exuberance and desperate alarm. With spindly arms and legs, chunky and cumbersome feet, and exaggerated hands held up as if futilely trying to ward off big troubles, this *Mickey*, like Herbert's *Superman*, is a pop culture icon updated for a turbulent and anxious new era.

Right back to crucial earlier works from the late 1960s and early 1970s, **Joan Jonas** has long been and remains one of the foremost practitioners of video and performance art.

For her video *Waltz* (2003) a small group of friends (and a prominent white dog) go down to the beach and out into the woods in Nova Scotia, dress up in odd costumes, arrange and rearrange several objects, and make an improvised, strangely magical performance, like an amateur theater troupe in the middle of nowhere. It is a playful and exuberant video, but it is also deeply touching, and seems haunted by immensities. You hear a lilting waltz played on a fiddle, and this music blends with the rough sounds of wind moving through the trees, the surging ocean, and clicking stones. The proceedings, with costumes and props, evoke eccentric carnival processions, while the work functions as a transformative excursion into nature, a major theme for Jonas through the years.

Mirror Improvisation (2003) is another such excursion. Jonas, a young woman, and the same prominent dog frolic in an open field, but also seem to be enacting arcane rituals and fantasies. Reflected in a concave mirror, these goings on, accompanied by piano music, meld realism, abstraction, and delirious psychedelia. Throughout, Jonas expertly uses reflections and odd angles to make an otherwise prosaic natural setting seem dreamlike and wondrous, while the whole work easily traverses and combines several media, including live performance, video, music, and sculpture.

Nina Katchadourian's intelligent investigations of our orientation to the surrounding, ultra-mediated world often reveal an eccentric (and sometimes nutty) streak, which makes them all the more memorable. In the past, she has mended torn spider's webs with a needle and thread, separated thousands of cars in the vast parking lot of a Southern California community college according to color (all the red cars in one lot, white in another, blue in another, and so forth), and fashioned car alarms in New York that sounded like jungle birds. Katchadourian is an original, with a sensibility that is at once antic and profound, and her offbeat conceptualism spans sculpture, photography, sound works, video, and other media.

Several years ago Nina Katchadourian noticed that a large banner heralding the grand opening of a new local deli in her Brooklyn neighborhood had been misspelled as *GRNAD OPENING*. On one level, her photograph of this unfortunate but hilarious spelling mistake, and her recreation of the original banner memorialize a comical linguistic mishap. But these two humorous works have a subtle complexity. It is likely that the owners of this deli are (or were) foreigners, with perhaps not the greatest command of English, meaning that such a spelling mistake could easily have been a common occurrence. Katchadourian's works are suddenly imbued with potent societal issues, involving immigration, the difficulty speakers of other languages have adapting to a dominant new language, and even how big dreams oftentimes falter in the "land of opportunity." Endless utopianism and optimism, followed by disappointment, mistakes, and unforeseen difficulties, is a recurring motif in America, leading back to Puritan times. When an intrepid band of early-seventeenth-century Puritans fled Europe to establish their New Jerusalem in the New World, what they expected to find was a land of milk and honey, but what they got instead was a forlorn, wintry, inhospitable, windswept coast in what is now Massachusetts, and this bleak arrival was their GRNAD OPENING moment. In "Carnival Within," Katchadourian's red, white, and blue banner is a cross between a commercial advertisement and an alluring circus sign, and it evokes endless cycles of expectation and error.

Yvette Mattern's text-based light sign *Mulatta* (2007), with its many blinking light bulbs, has the garish, yet exciting and alluring look of amusement parks, street festivals, 1930s and 1940s Broadway marquees, and cheesy boardwalk attractions. Together with a musical score by the renowned jazz musician and composer Don Byron, it also evokes a whole lost milieu of circa 1950s Puerto Rican dance halls in New York and elsewhere, which helped to inspire the famous 1957 Broadway musical (and later film) *West Side Story*, with its tale of transcendent biracial love tragically enmeshed with racial and ethnic conflict. Mattern's term "mulatta" refers to a woman of both black and white ancestry, and while no commentary is provided, this illuminated word seems imbued with longstanding stereotypes: excessive sensuality, dangerous beauty, exoticism, emotional turmoil linked to not fitting in with "normal" racial categories, parental rejection, and social ostracization, to mention but a few. With dazzling lights and wonderful music, Mattern's work is attractive and compelling, yet its single brazen word seems rife with fractious matters of identity, in a world which still has enormous troubles dealing with those who do not easily fit into readily understandable and identifiable racial categories. It is likely that Mattern's own experience as someone born in Puerto Rico to mixed-race parents, and who grew up with an ambiguous racial and cultural identity, infuses *Mulatta*, but the work goes much further than autobiographical concerns, inspiring a fresh reappraisal of what this oftentimes pejorative word really signifies and evokes. In a remarkable time when the new president of the United States is himself of mixed-race heritage, with an African father from Kenya and white American mother from Kansas, Mattern's work is especially apt.

Mattern's *Mulatta* combines sculpture, music, and installation, and working in a combinatory way across media is her forte. Now based in Berlin, Mattern is also an acclaimed video artist and video designer involved with avant-garde opera, theater, and performance, including providing the video stage design for a production of Wolfgang Rihm's opera *Jakob Lenz* at the National Opera House in Riga, Latvia.

Many of **Karyn Olivier**'s sculptures evoke routine and familiar objects like gymnastic equipment and playground apparatus. However, these mundane objects are decisively transformed, and invested with powerful metaphorical import. Olivier's *Seesaw* (2005) is a radically elongated, forty-foot metal seesaw. It is a riveting sculpture, but it also suggests functional playground equipment used by two people, typically with a mixture of hesitation and exuberance, ungainliness and grace. But because this sculptural seesaw is so long, the two "playmates" would seem very distant indeed. Connection and alienation, togetherness and startling solitude all coalesce. This is one of numerous times when Olivier accesses a girlish arena of playtime and fun, but for adult purposes of questioning both our drive toward and distance from others.

For "Carnival Within," Olivier presents a working carousel, complete with a bright blue tented top and red and yellow trim. Unlike normal carousels, this one has no prancing horses, lions, ornate benches, or calliope music. Instead, it features a single simple chair, and the user can either sit or stand as it revolves in an achingly slow circle. Olivier's stripped down, rinky-dink carousel, titled *It's not over 'til it's over*, evokes sadness and loss, as well as stark questions of racial discrimination and economic privation, and it is worth noting that some of Olivier's sculptures referencing playground equipment are based on photographs of run-down segregated playgrounds that black kids once used. This idiosyncratic carousel is also delightful, suggesting stubborn magic, wonderment, and celebratory joy as forces for sustenance and renewal. Karyn Olivier is originally from Trinidad, and her deep affinity for the annual carnival celebrations there is an important source for her complex work, which also involves excess, exaggeration, social sculptures, and aspects of performance.

As the child of a Sicilian immigrant father and an Italian-American mother living in Brooklyn, **Joyce Pensato** was steeped in the rhythms of an ethnic neighborhood clinging to age-old traditions while absorbing the new, a neighborhood in which Catholic iconography and imagery abutted and melded with pop culture jetsam, and in which religious processions easily segued into street fairs and cheesy carnivals. Years later, Pensato radically transforms some of that pop culture jetsam, in black and white paintings of iconic cartoon figures that have a marked psychological intensity and an arresting mix of both exuberance and unease.

While hardly nostalgic, many of Pensato's paintings (notably of Mickey Mouse, who debuted in 1928, Donald Duck, who debuted in 1934, and Felix the Cat, who predates both to 1922) evoke a more innocent America at mid-century and before, and send that milieu careening into contemporary conflicts, anxieties, and desires, both personal and national. At first glance Pensato's paintings, which include contemporary references to The Simpsons and South Park, look casual, perhaps dashed off in a few minutes, but that casual look was patiently achieved, and the complex behavior of paint is a key to the work. Gradations of thickness, splatters, tangential mini-streaks that jet at odd angles, and borders that fray into particles and gaps occur in a painterly style that freely mixes abstraction and representation. Pensato's portraits of cartoon figures, rendered with a mix of wildness and precision, are intricately human, imbued with our ridiculousness and profundity, our ungainliness and grace, yet they also respond to the country in this era of uncertainty and crisis. For "Carnival Within," Pensato presents a two-sided temporary wallwork, painted on site over three weeks. On one side is Pensato's spectacular, yet rough, version of a clown's face, complete with a wide grin and black bulbous nose. Black and white drips cascade down the painting, and the clown seems at once innocent and beleaguered. On the other side are two huge eyes, loosely based on a small statuette of Felix the Cat. Like Pensato's clown, these eyes suggest innocence and whimsy, but also harrowing fears, bewilderment bordering on shock, and palpable anxiety.

In his eccentric trailblazing work, **William Pope.L** has consistently used and transformed willful buffoonery and carnivalesque spectacle, including sideshows, freak shows, enticing signage, costumes, masks, and marvelous feats of derring-do. For *The Great White Way*, one of several daring and provocative street performances Pope.L has devised through the years, he intermittently crawled up New York City's Broadway over five years, wearing a Superman suit with a skateboard strapped to his back. In the video of this action, he is a wacky, antic figure, but one evincing real suffering, endurance and resistance, and he also suggests a soldier crawling across a battleground with a rifle strapped to his back. With this work, Pope.L confronts and upends a great host of assumptions and power relations predicated on race: a black man in superhero garb (worn by a fantasy figure who is the most powerful white man of all) inching his way by choice up a famous New York City street which is also called The Great White Way. Pope.L's installation featuring this video, which includes an enigmatic glass of water and carefully calibrated sight lines and dimensions, reveals the ingenuity and formal precision that the artist consistently brings to his works.

William Pope.L's video installation is wonderfully multi-layered, and this includes his own position as a performer; he is energetic and courageous undertaking his oddball private voyage through a public sphere, but also exposed, vulnerable and isolated, and subject to ridicule and danger. The remarkable thing is how Pope.L's unflinching, racially charged works are also gleefully absurdist and richly human, evoking aspirations and frailties, connection to and alienation from others, solitude and the conflicted public arena. With works spanning performances, sculptures, videos, and drawings, William Pope.L is a hard-hitting eccentric and also, very likely, one of the most significant American artists of the past several decades.

In a country known for its outsized endeavors and interest in bigness, **Peggy Preheim** is a brilliant, against-the-grain miniaturist working in drawing, sculpture, and photography, and her intricate graphite drawings are especially compact, some measuring a mere 1 x 1 inch. Most of these drawings are faithfully based on found nineteenth and early twentieth-century photographs of anonymous people, usually, but not only, women and children. Preheim's project could easily connote a worldwide drift of unstable information and imagery, shorn of context and unmoored from any recognizable meaning, but in fact exactly the opposite occurs. Her works are deeply meaningful and evocative, and her transformations of old materials seem utterly current and fresh, dealing not with the distant past but with complicated human matters right here and now.

In the diptych *Little Princess* (2008) what looks at first like a dot or jot from a distance is actually a drawing of a limp American flag on a flagpole. This symbol of mighty nationhood suddenly seems fragile, precarious, and almost overwhelmed by the surrounding whiteness of the paper, which seems comparatively vast. As Russian critic Mikhail Bakhtin points out, an important aspect of carnival life involves exaggerating, parodying, and distorting otherwise revered political and religious symbols, not in order to make fun of them, but so that they temporarily cannot hold us in their thrall, and so that we might approach them with freshness and freedom. In Preheim's adjacent drawing, a pensive, circa 1910 woman in white bloomers and a bowler hat seems to be gazing at the flag with sadness, wavering hopefulness, tenderness, and concern. Reaching deeply into the past, Preheim's images subtly illuminate a convulsive present, with all its troubles, tarnished ideals, and renewed hope.

In the New Testament's *Book of Revelation*, Wormwood is the name of the "great star" that falls from heaven to earth, poisons "the third part of the waters," and kills many people. **Nadine Robinson**'s *Wormwood* (2005), a large, seven-pointed star featuring over 500 incandescent light bulbs, alludes to this dire prophesy but also conflates impassioned religiosity and apocalyptic terrors with razzle-dazzle entertainment and eye-catching advertisements, since it loosely suggests a glittering electric sign at an amusement park or outside a Las Vegas casino. At once alluring and frightening, Robinson's blazing sculpture gives off intense light and heat and has an overwhelming presence. While it alludes to an epic catastrophe predicted in the Bible, it also connects with current crises: our wastefulness and over consumption, grinding wars, a near-collapse of the international financial system, global warming, mounting environmental havoc in many parts of the world, and the tremendous disaster of Hurricane Katrina which destroyed so much of New Orleans, among others.

Working with eclectic materials including light and sound, Robinson is known for visually (and aurally) stunning works that involve a dense overlay of cultural information, and that also have pronounced religious connotations. In *alles grau in grau malen* (2005), hundreds of speakers set in an 11-foot tall x 45-foot wide wall construction mix Roman Catholic funeral chants and Rastafarian music with samples of film scores from apocalyptic movies such as *Rosemary's Baby* (1968) and *The Matrix* (1999). The arrangement of the speakers is based on the figural layout of Michelangelo's fresco *The Last Judgment* (1536–41) at the Sistine Chapel, and also refers to c. 1980s boom boxes, while the whole work, combining many sources, is a sonic mélange of doomsday scenarios. Robinson's *Tri-Christus* (2008), recently exhibited at Site Santa Fe, features three dazzling steel and light fixture structures atop the museum which could either be crosses or X's; the central Christian symbol, graveyard memorials, a 2002 movie having to do with a nefarious plot to end the world, X-rated pornographic movies, logos for several brands of beer, and various examples of Minimalist sculpture all intersect. While incorporating Christian iconography and evoking apocalyptic visions, Robinson's remarkable sculptures equally delve into a secular world of dance music, Hollywood films, electric carnival and advertisement signs, and pulsating street parties.

"Art is about material objects," **Lawrence Weiner** once declared in a 1989 interview, which is an interesting assertion from an artist who has largely been working with language since the late 1960s, and who is widely known as a foremost figure of Conceptual art. In Weiner's case, material objects are represented by general nouns and straightforward descriptions devoid of embellishments or any trace of subjectivity (*A WALL BUILT TO FACE THE LAND & THE WATER AT THE LEVEL OF THE SEA*, 2009) as well as by equally straightforward actions (*ONE QUART EXTERIOR GREEN INDUSTRIAL ENAMEL THROWN ON A BRICK WALL*, 1968). Substituting language for actual objects, physical materials, and physical procedures, Weiner's works are marvelously and radically open-ended, while they stick to empirical facts. It is likely, for instance, that every alert viewer will form a different mental image of Weiner's *BALLS OF WOOD/BALLS OF IRON* (1995) presented in "Carnival Within," while his *A PURSUIT OF HAPPINESS ASAP* (2006) with its reference to a famous phrase in the American Declaration of Independence, also allows for maximum interpretive freedom, including what happiness is and how one pursues it. With their spare yet vivid colors, and the way in which their constituent words are positioned on the wall, both of these works also loosely suggest the exuberance and dynamism of circus posters and ads.

Starting with his succinct, provocative, and much-repeated manifesto on the nature of artworks, their ownership, and modes of realization (*1. THE ARTIST MAY CONSTRUCT THE WORK 2. THE WORK MAY BE FABRICATED 3. THE WORK NEED NOT BE BUILT*) Weiner has explored myriad ways of presenting his work. Wallworks involving different materials such as paint or vinyl lettering coexist with posters, books, drawings, films, stencils on building facades, and many other forms. While it has long been recognized that Weiner is a pioneer of Conceptual art, his works also have a pronounced, and amazingly prescient, visuality. Weiner's graphic presentation of words, begun in the 1960s and continuing until now, anticipated and probably influenced our contemporary orientation toward words and texts altogether, including advertisements, magazine layouts, computer desktop environments, and website designs.

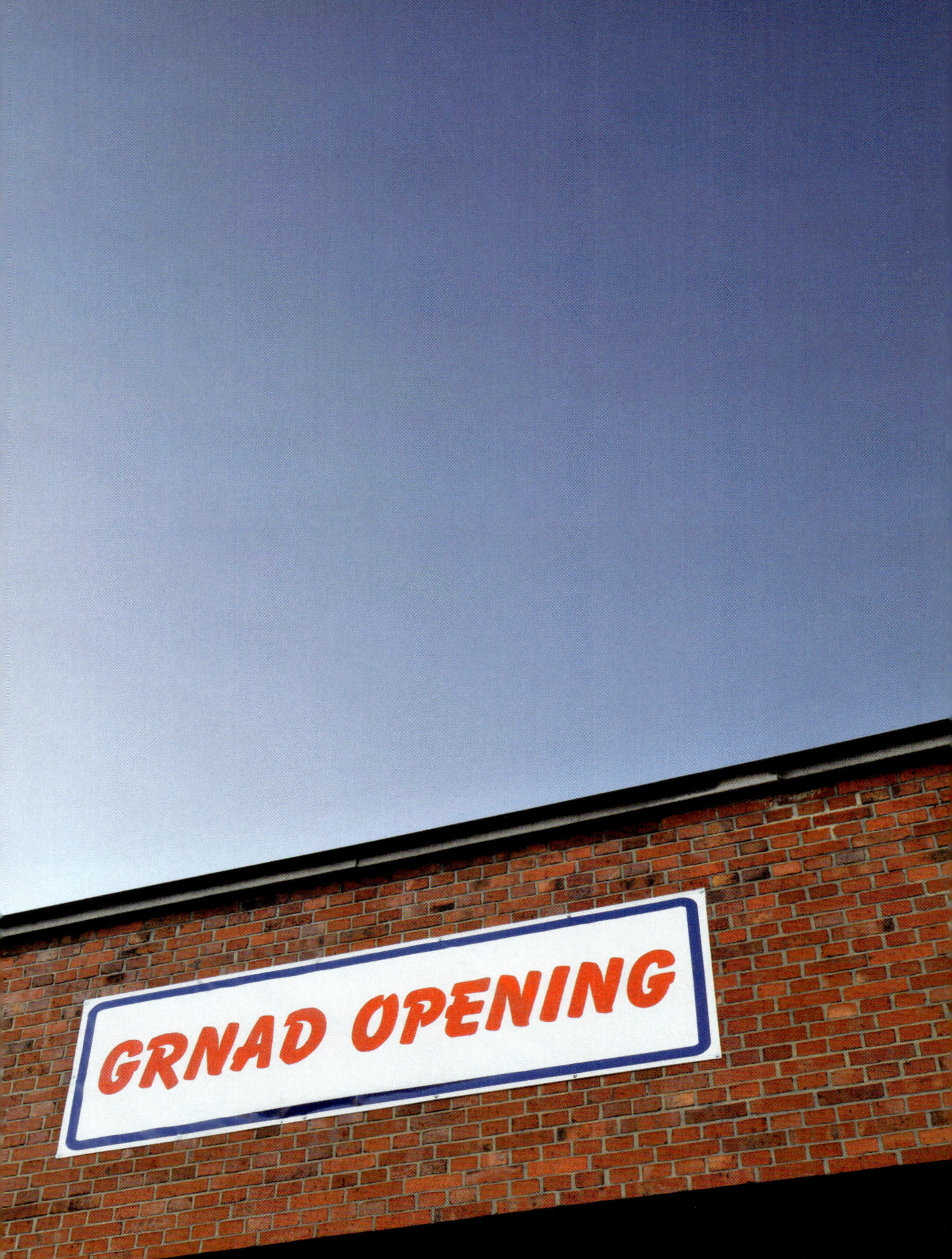
GRNAD OPENING

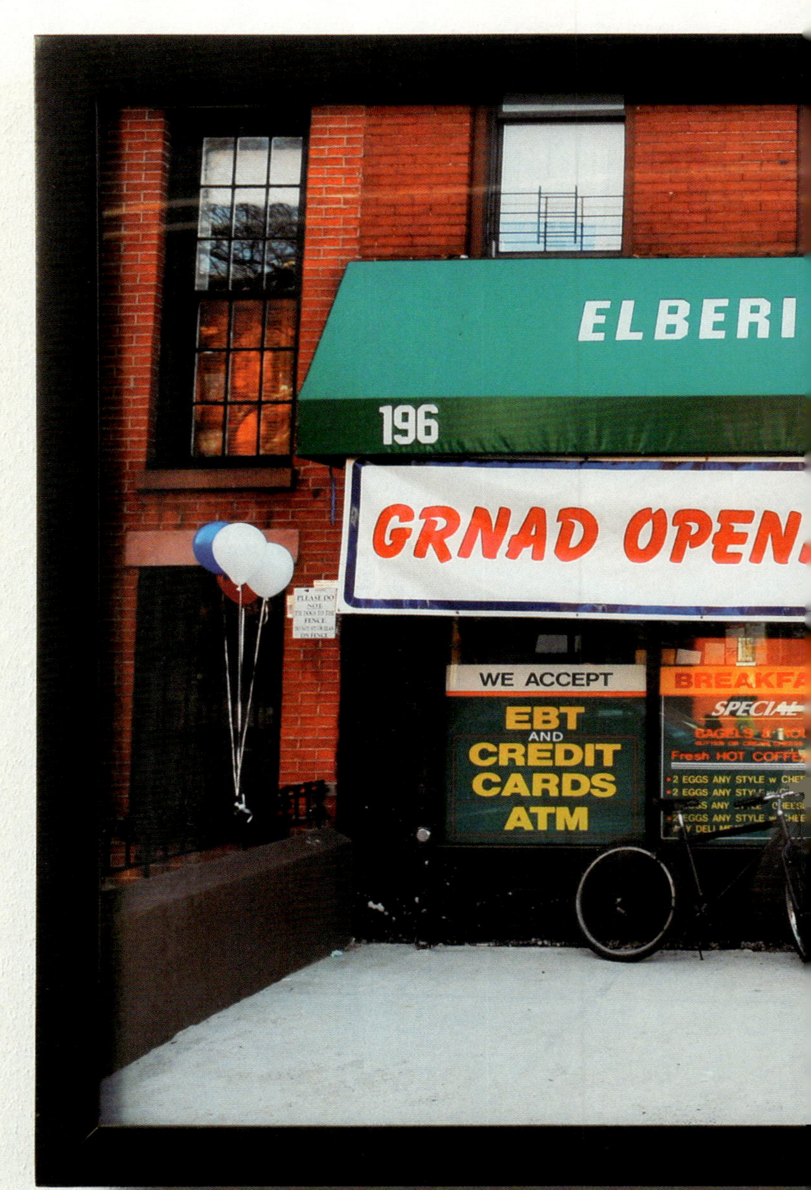
196
WE ACCEPT
EBT
AND
CREDIT
CARDS
ATM

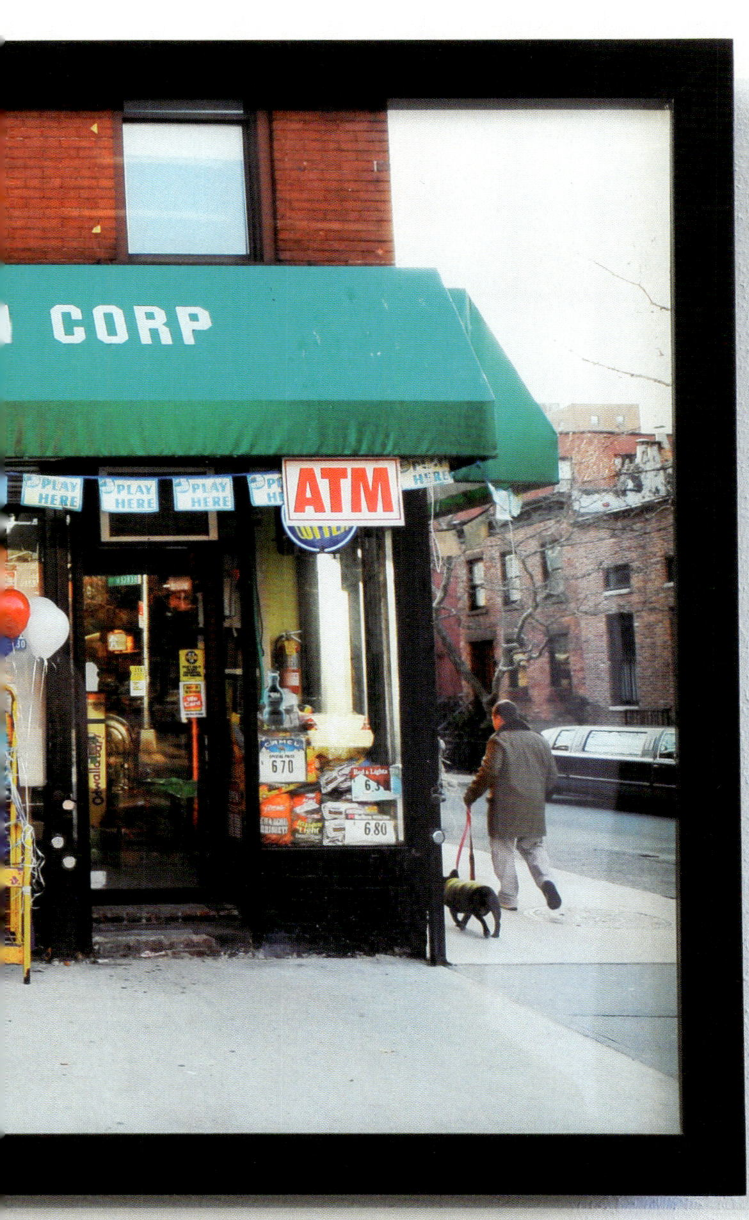
CORP
PLAY HERE
PLAY HERE
PLAY HERE
ATM
670
6.80

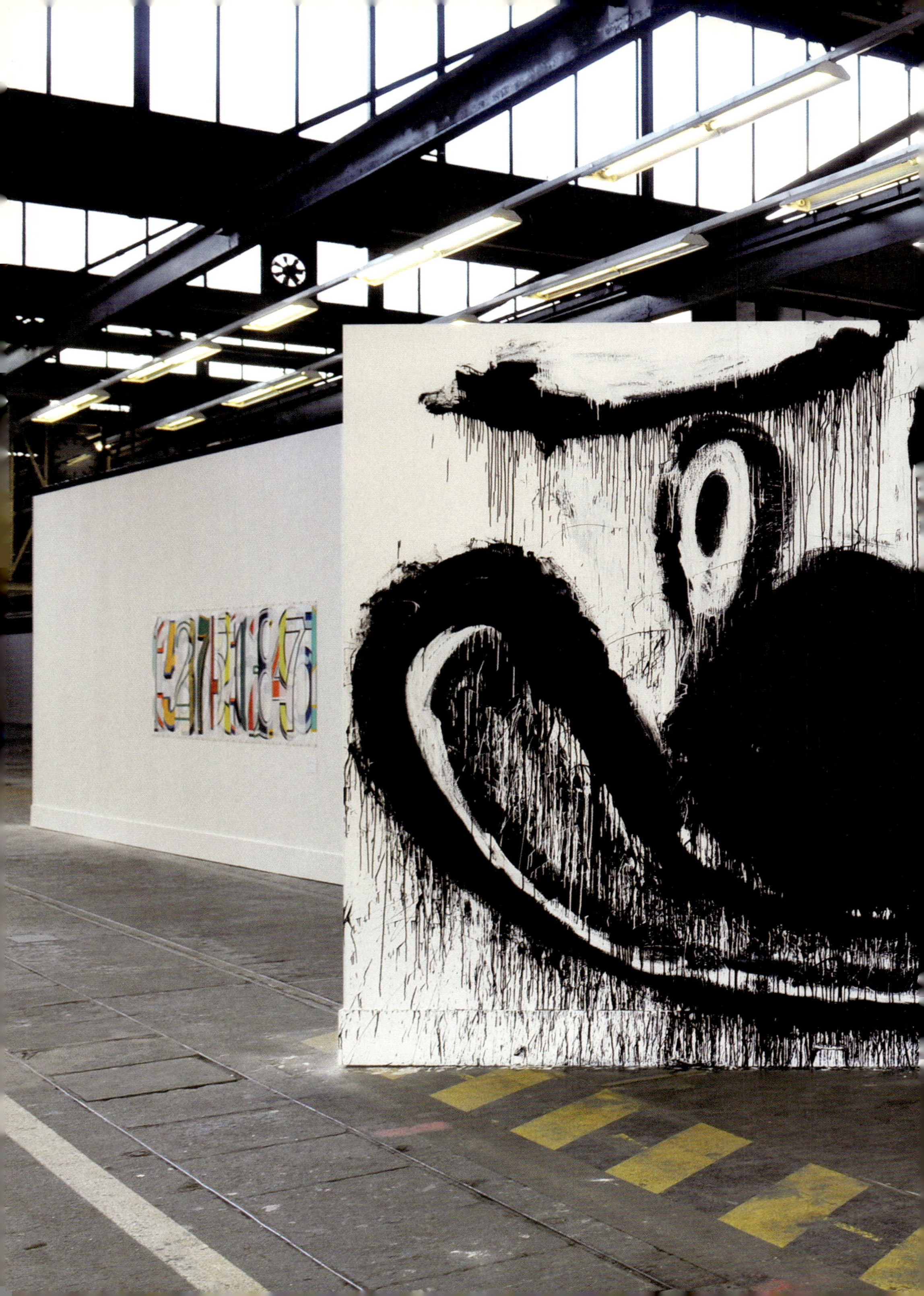

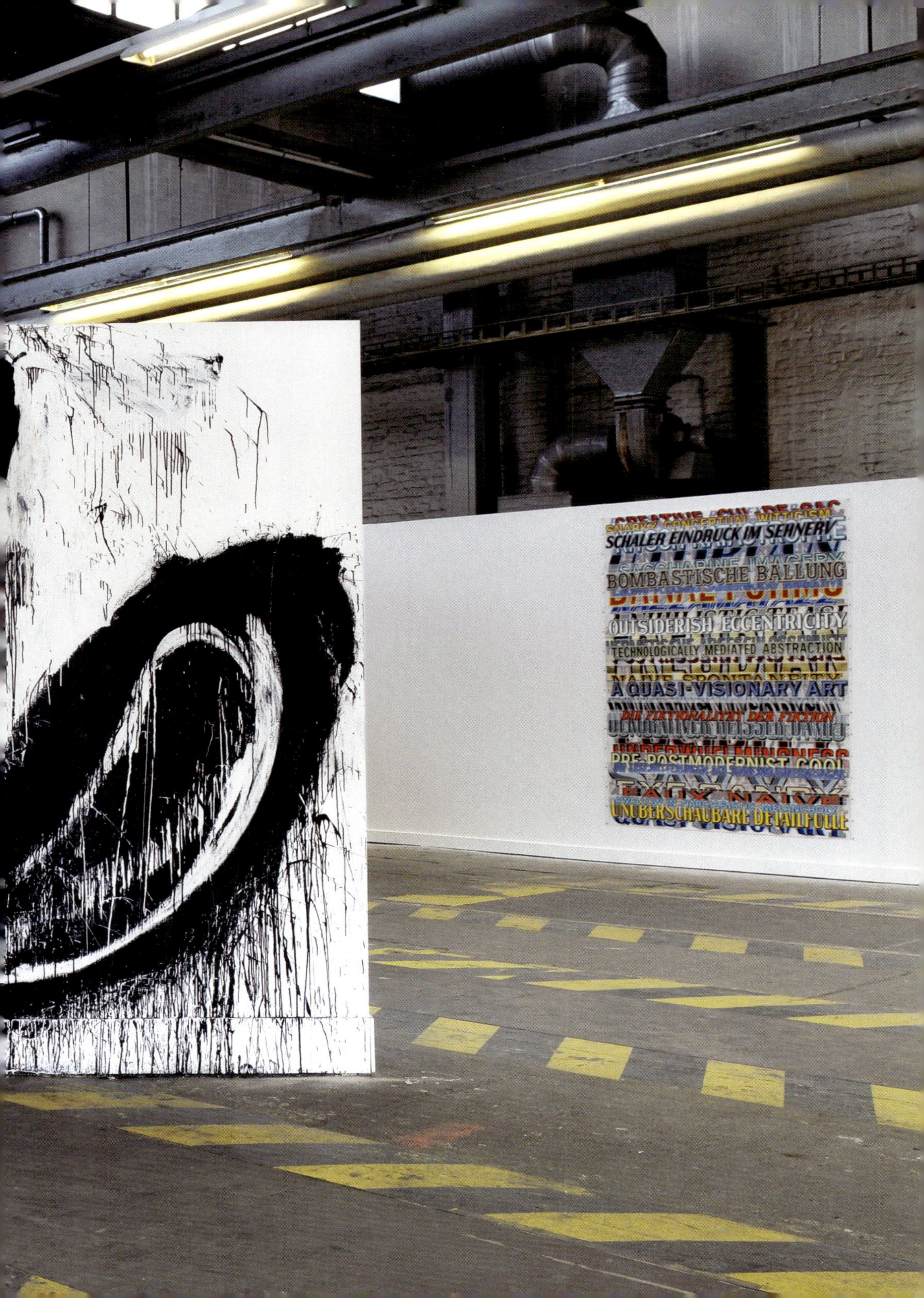
SCHALER EINDRUCK IM SEHNERV
BOMBASTISCHE BALLUNG
OUTSIDERISH ECCENTRICITY
TECHNOLOGICALLY MEDIATED ABSTRACTION
A QUASI-VISIONARY ART
DIE FIKTIONALITAT DER FIKTION
PRE-POSTMODERNIST COOL
FAUX NAIVE
UNUBERSCHAUBARE DETAILFULLE

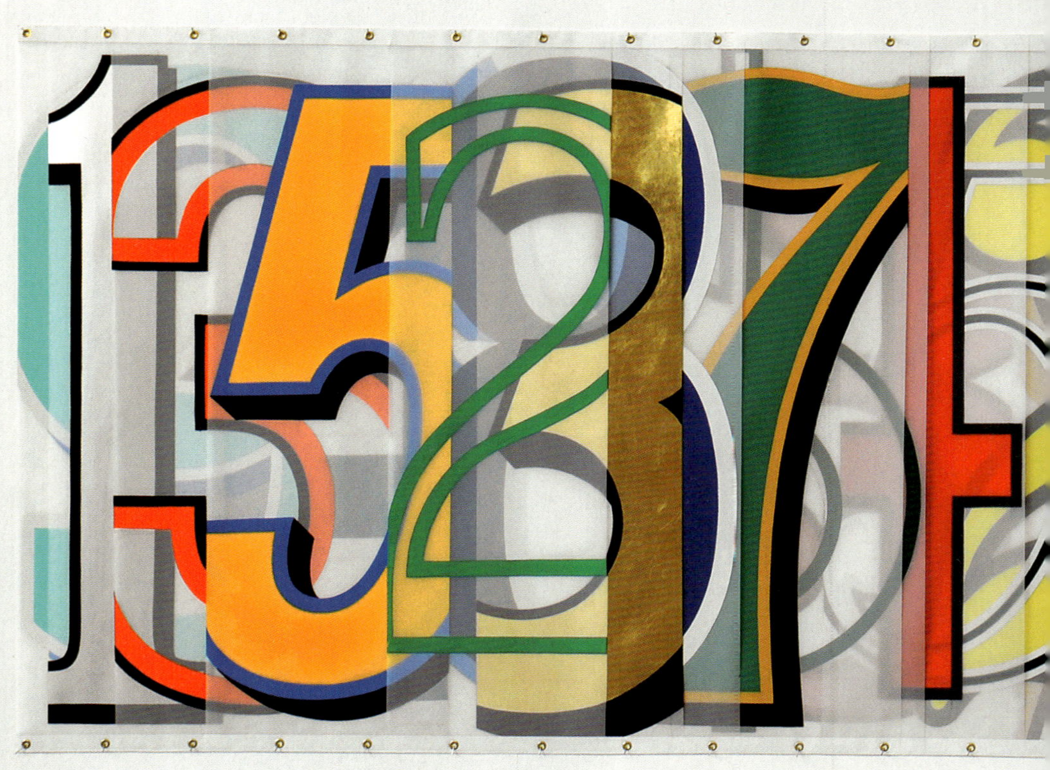

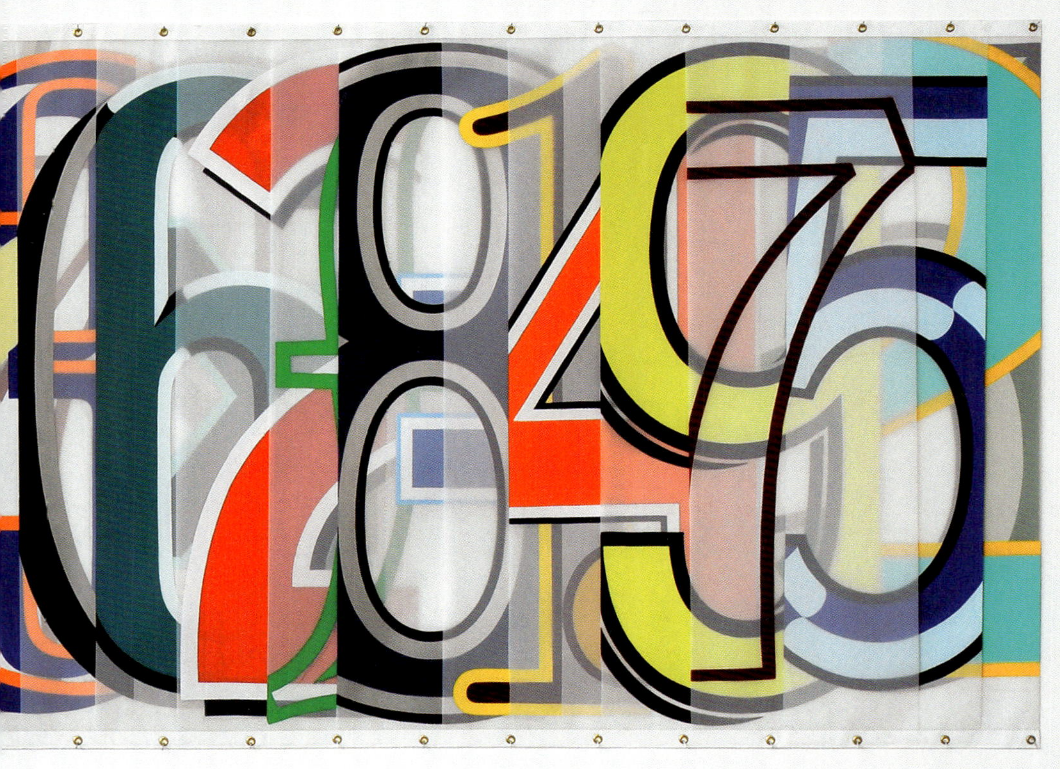

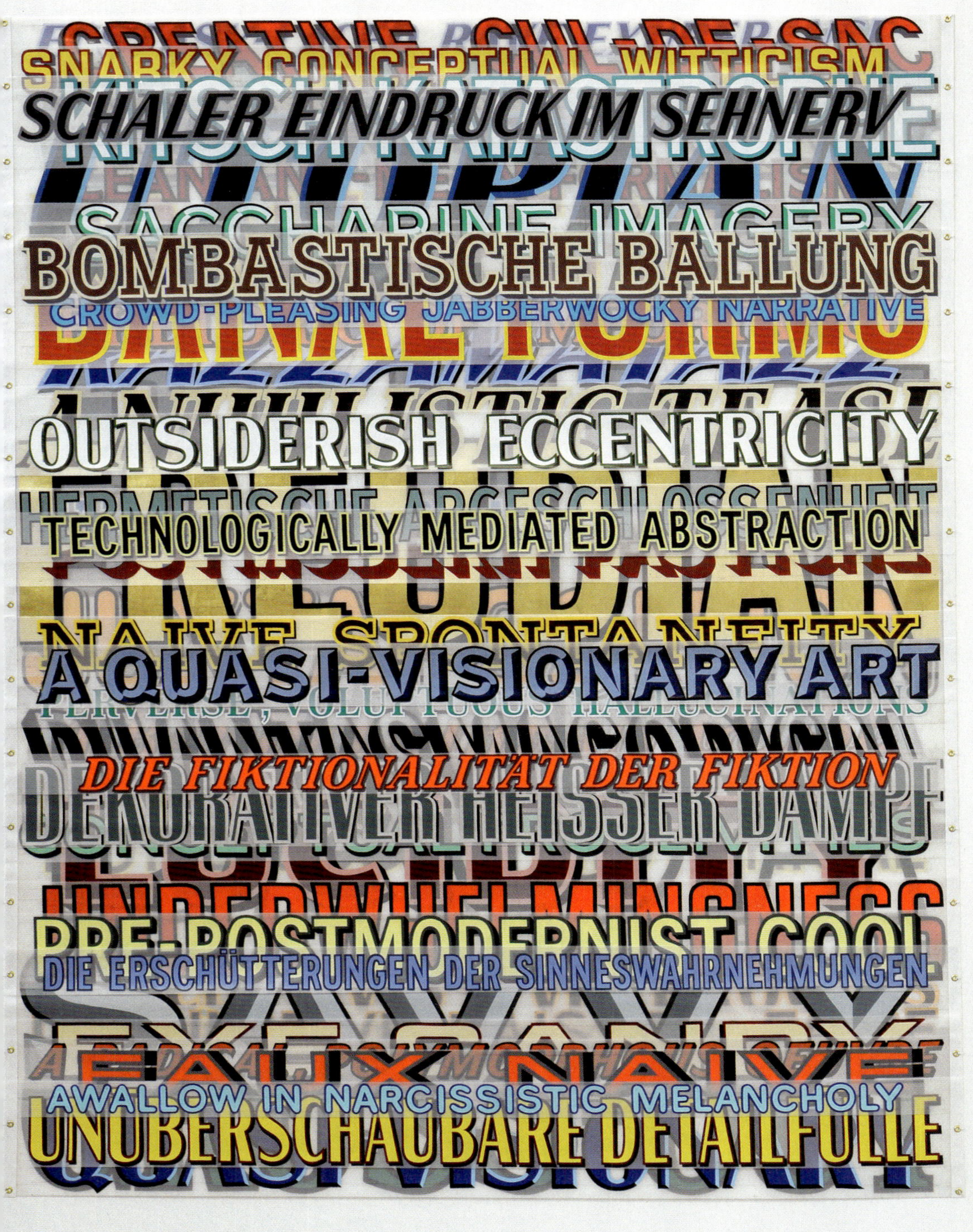
SNARKY CONCEPTUAL WITTICISM
SCHALER EINDRUCK IM SEHNERV
SACCHARINE IMAGERY
BOMBASTISCHE BALLUNG
CROWD-PLEASING JABBERWOCKY NARRATIVE
OUTSIDERISH ECCENTRICITY
TECHNOLOGICALLY MEDIATED ABSTRACTION
A QUASI-VISIONARY ART
DIE FIKTIONALITÄT DER FIKTION
DEKORATIVER HEISSER DAMPF
PRE-POSTMODERNIST COOL
DIE ERSCHÜTTERUNGEN DER SINNESWAHRNEHMUNGEN
FAUX NAIVE
AWALLOW IN NARCISSISTIC MELANCHOLY
UNUBERSCHAUBARE DETAILFULLE

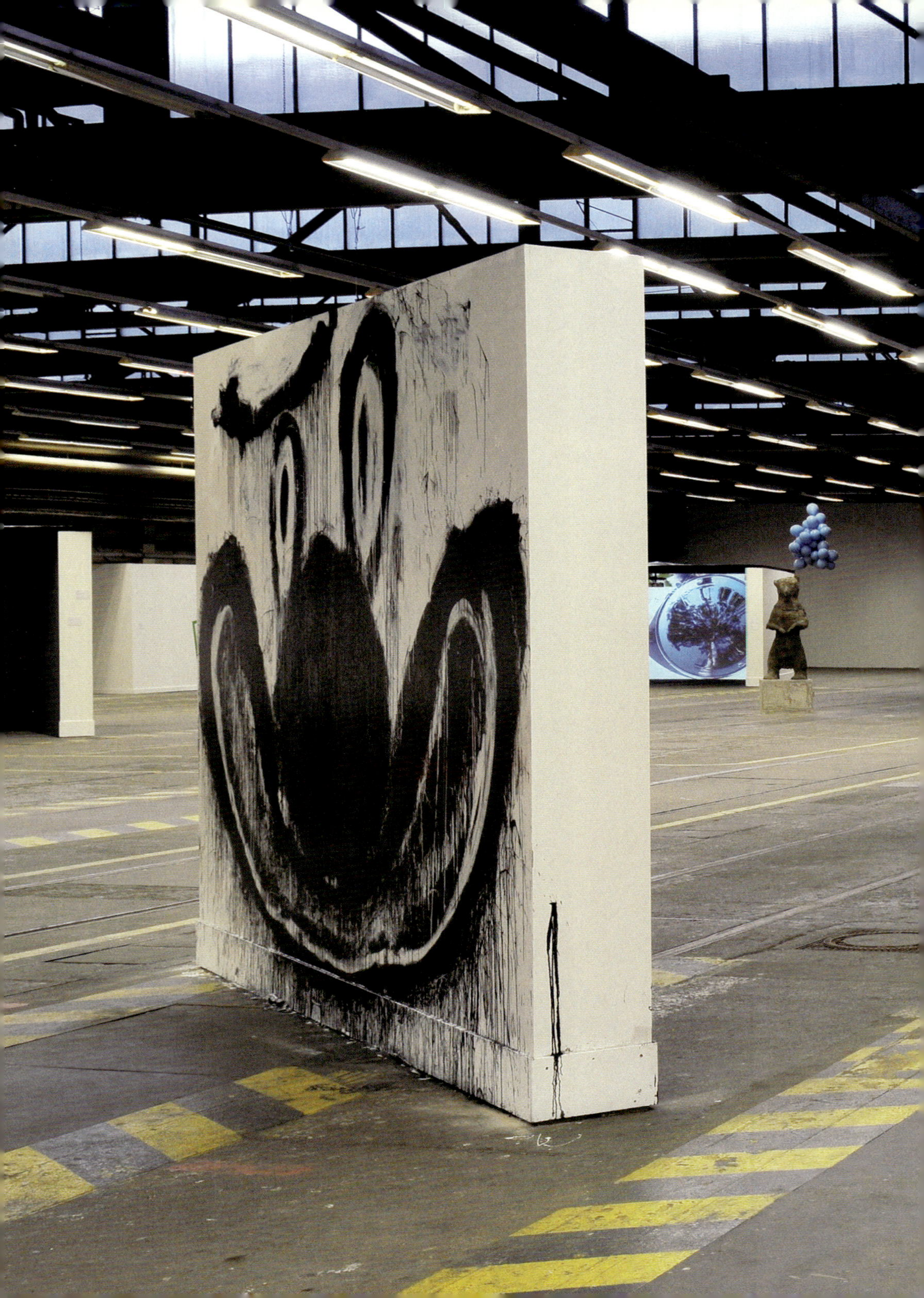

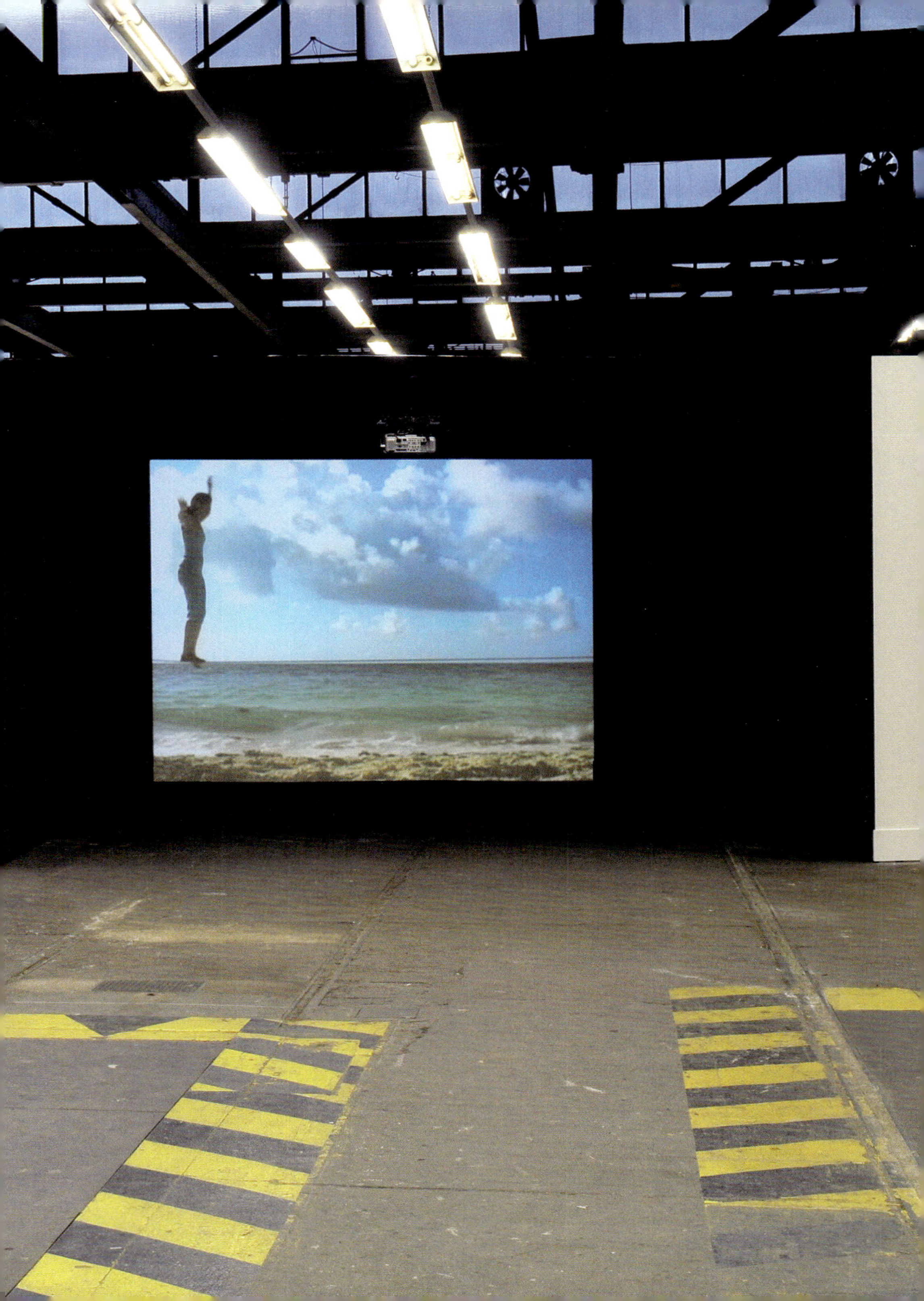

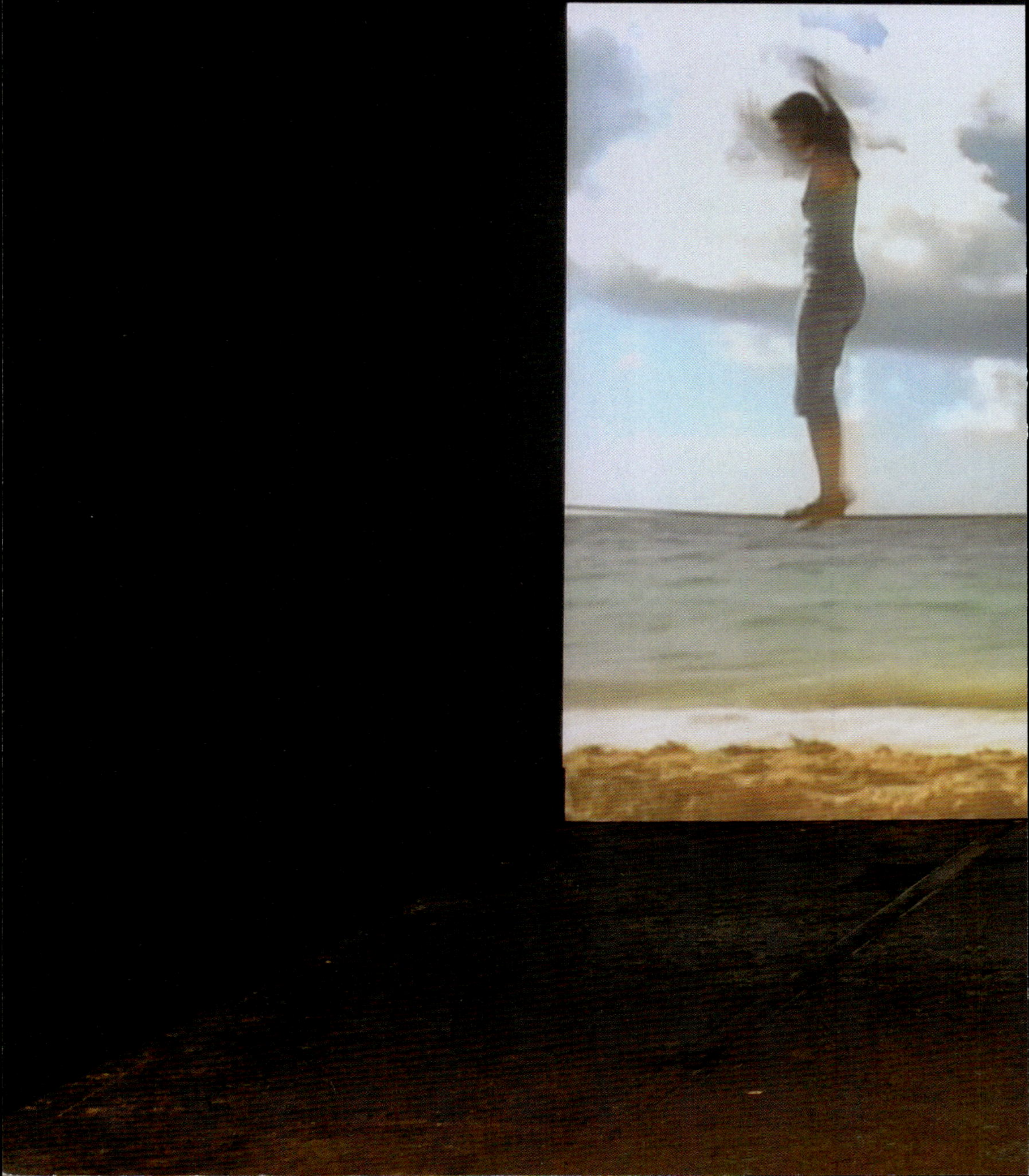

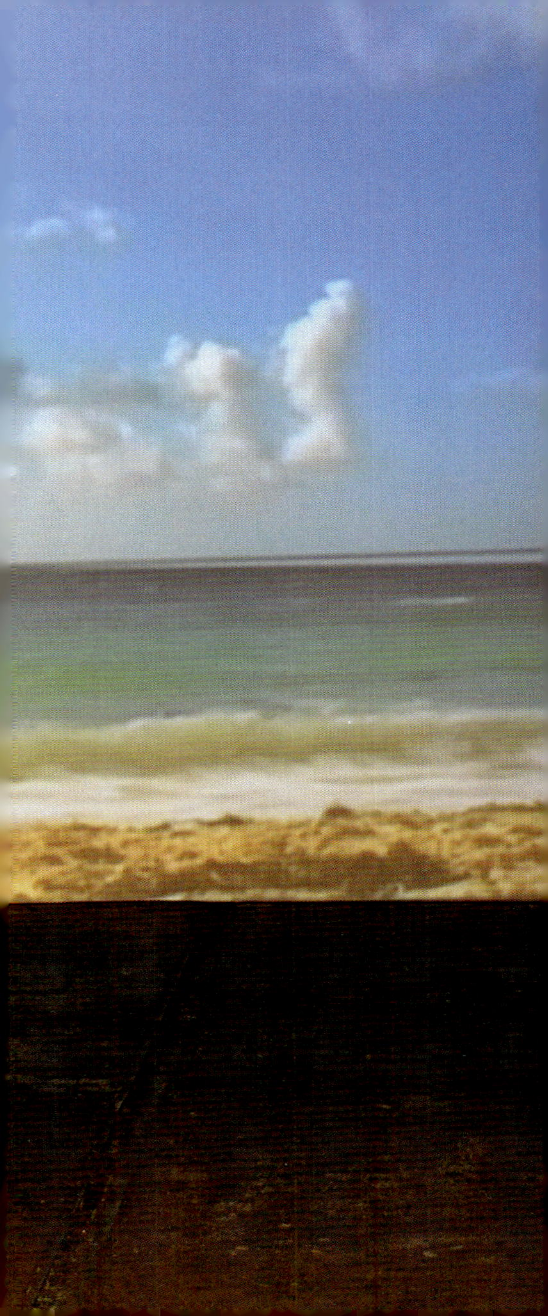

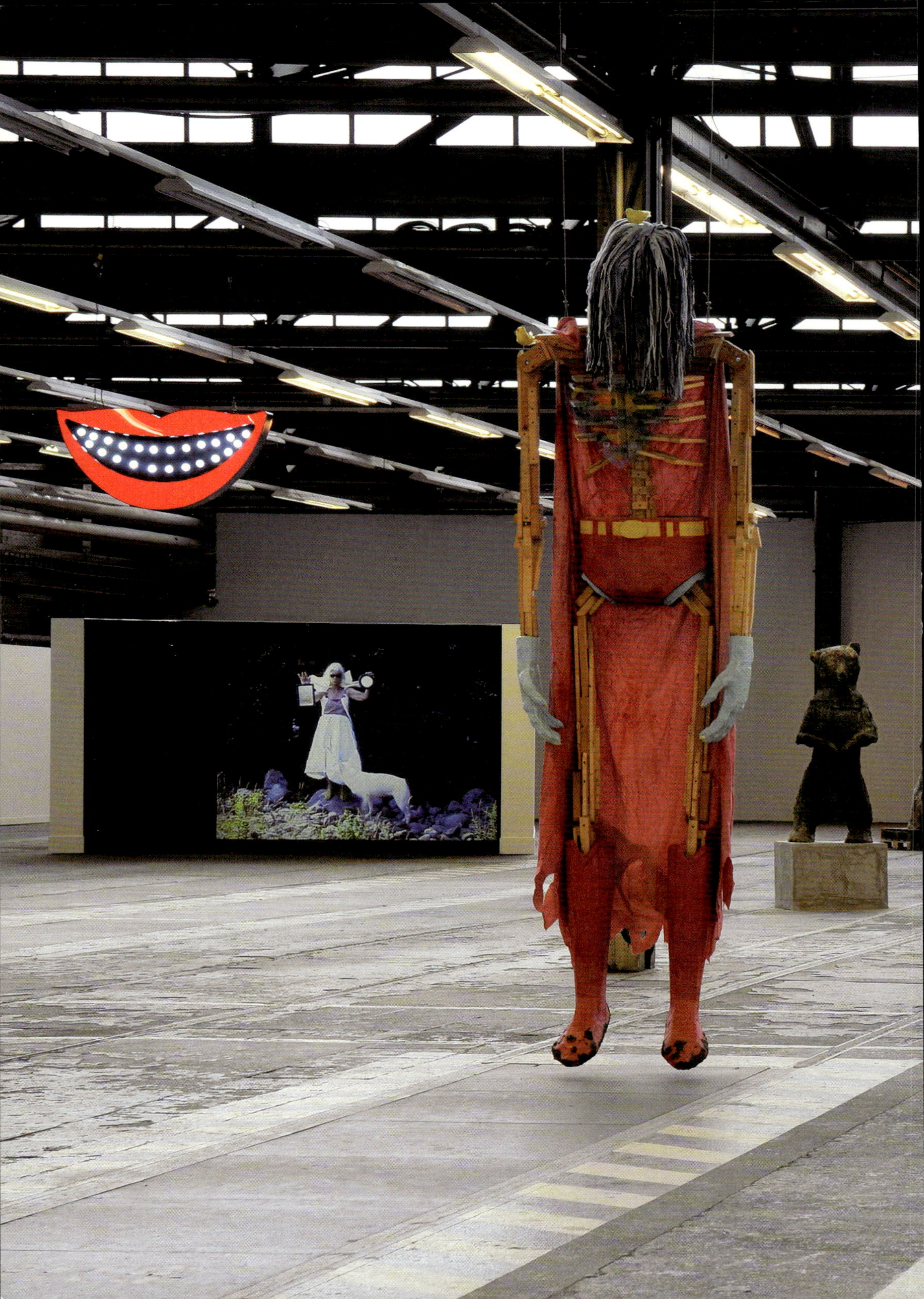

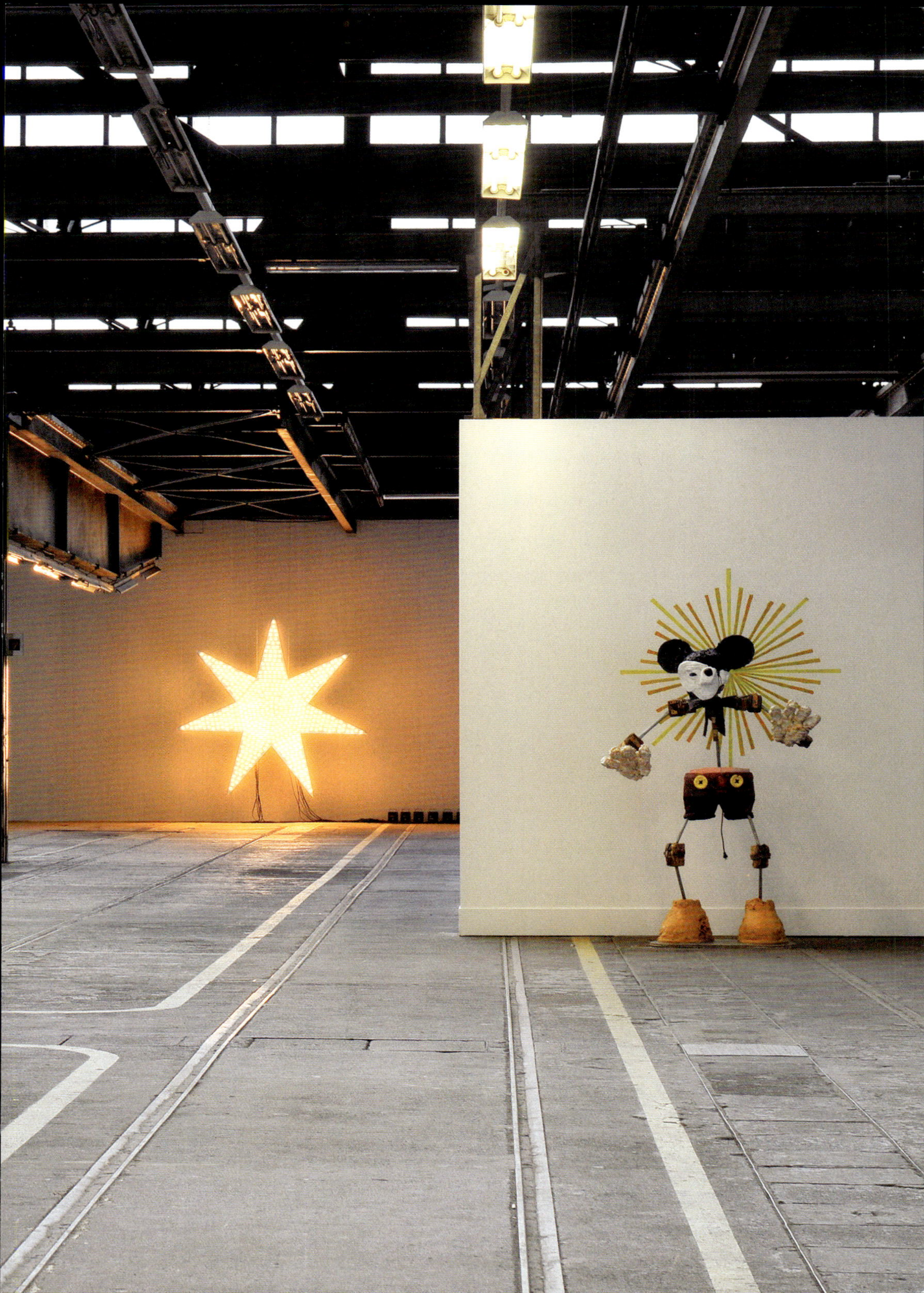

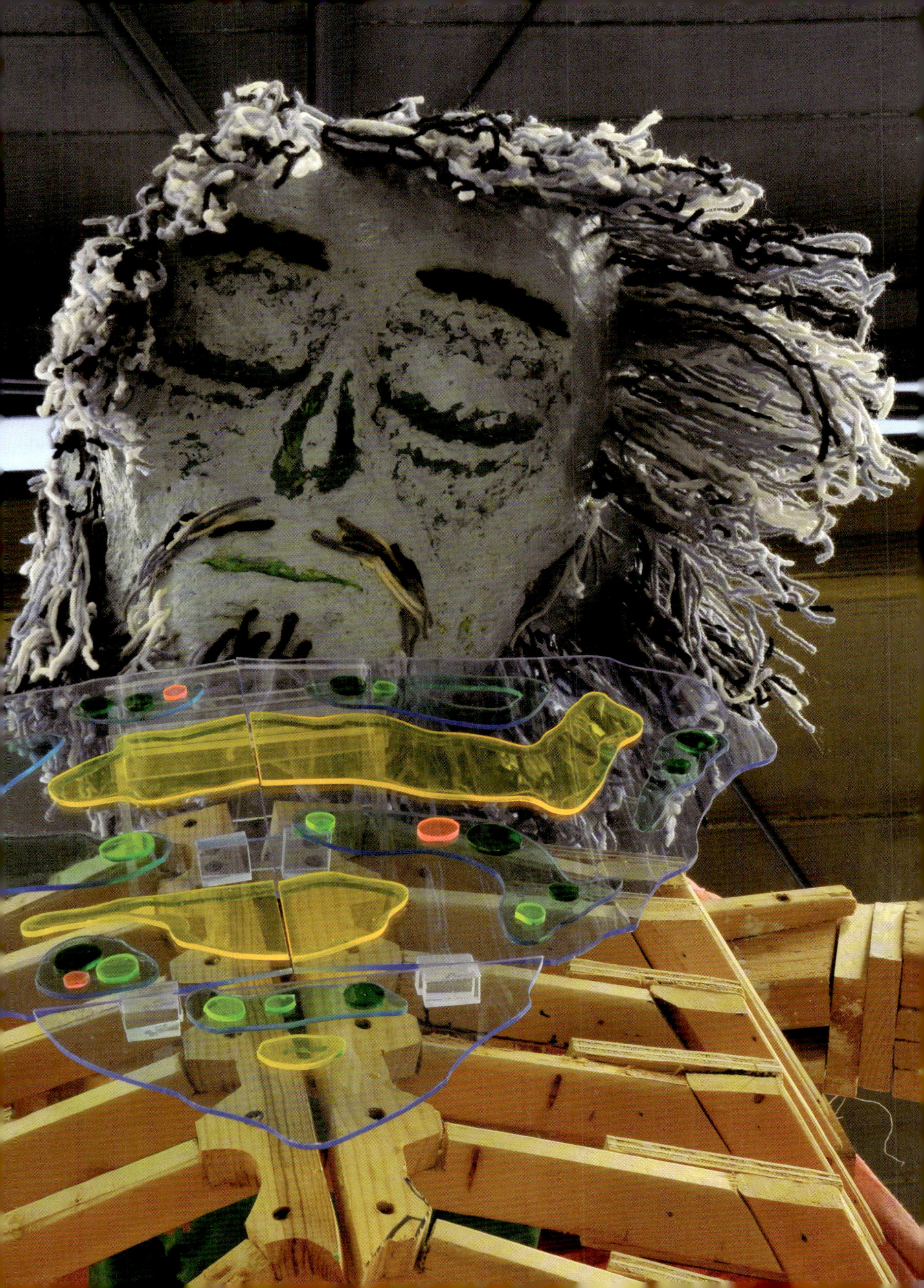

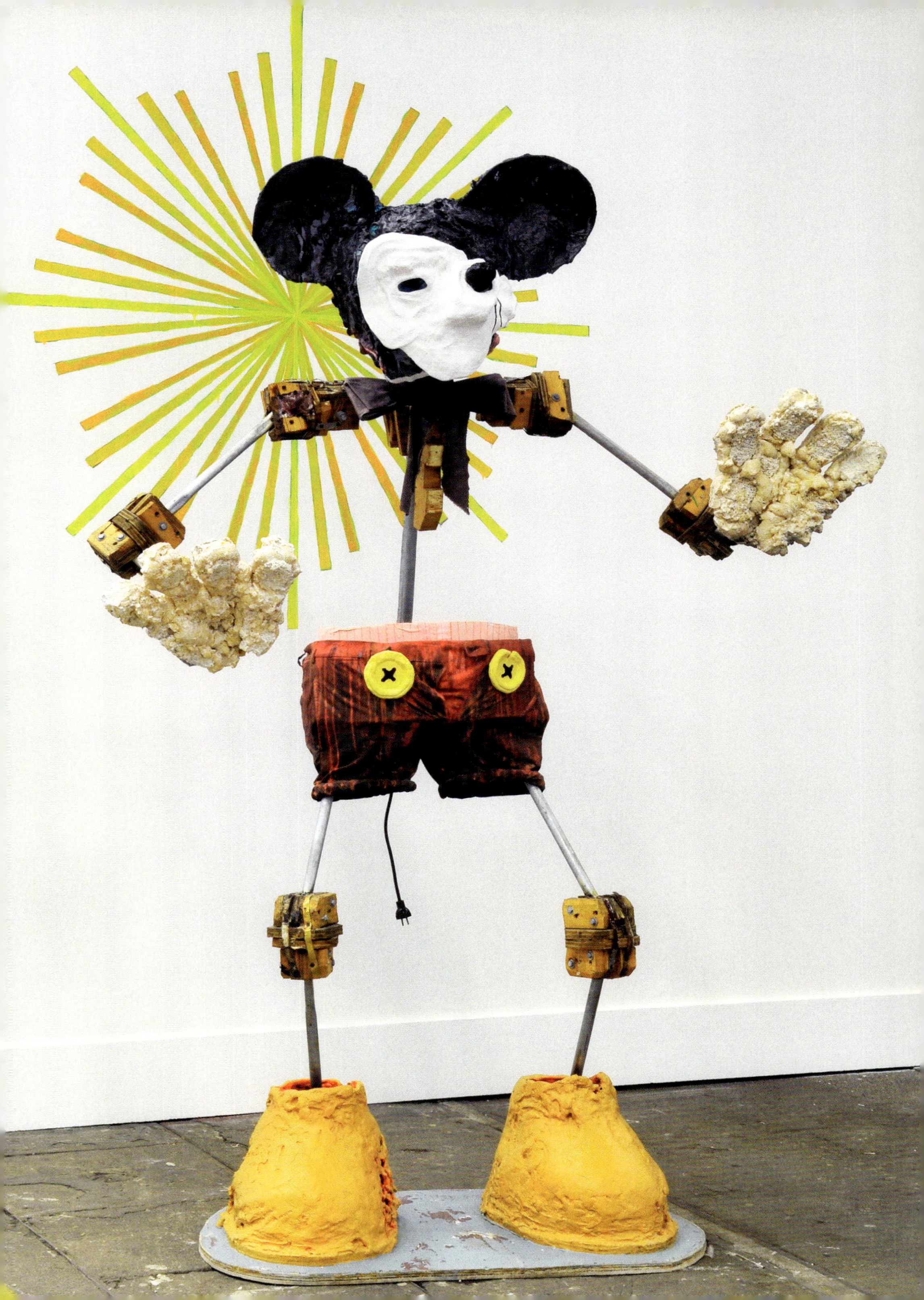

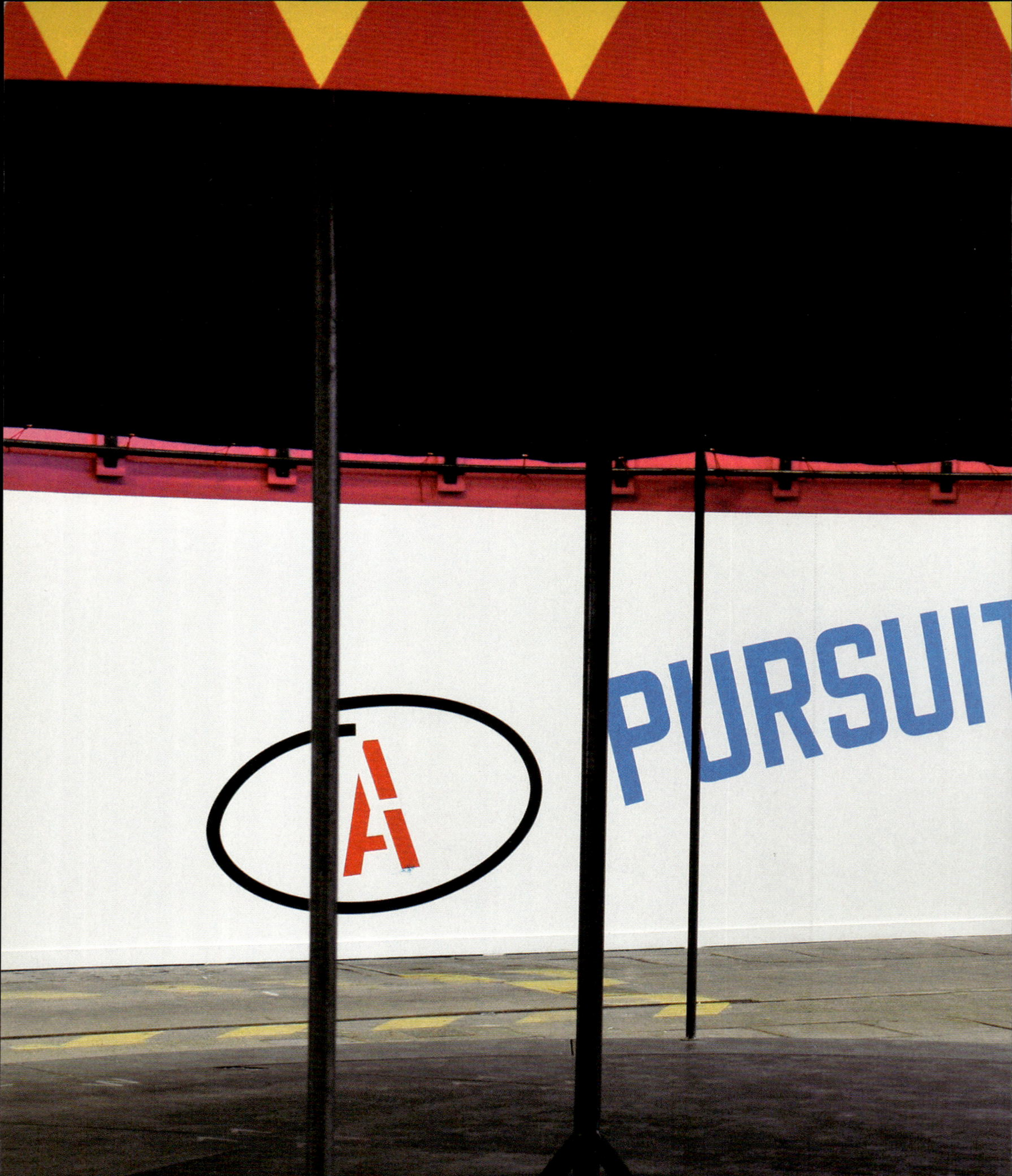

PURSUIT

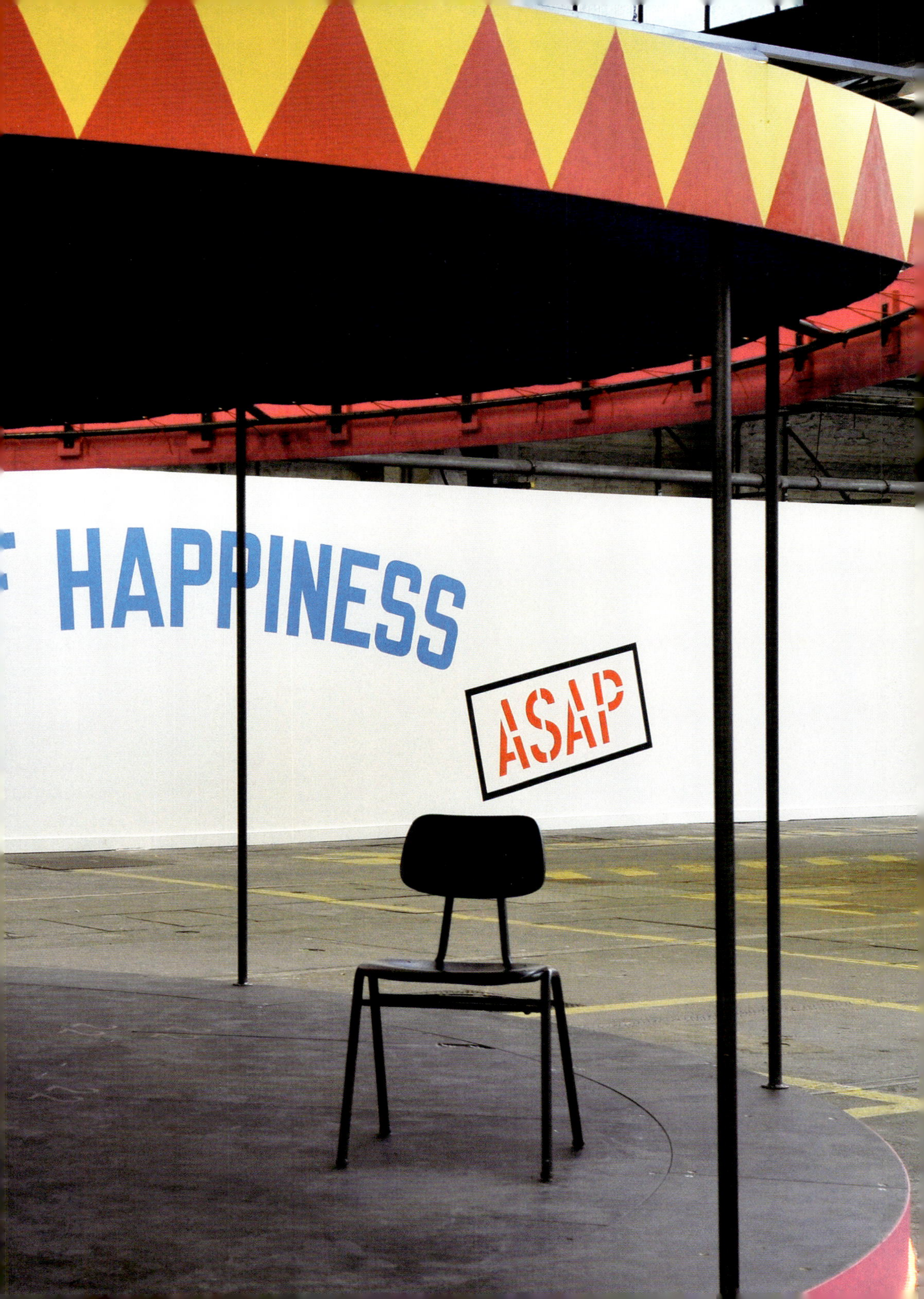
HAPPINESS
ASAP

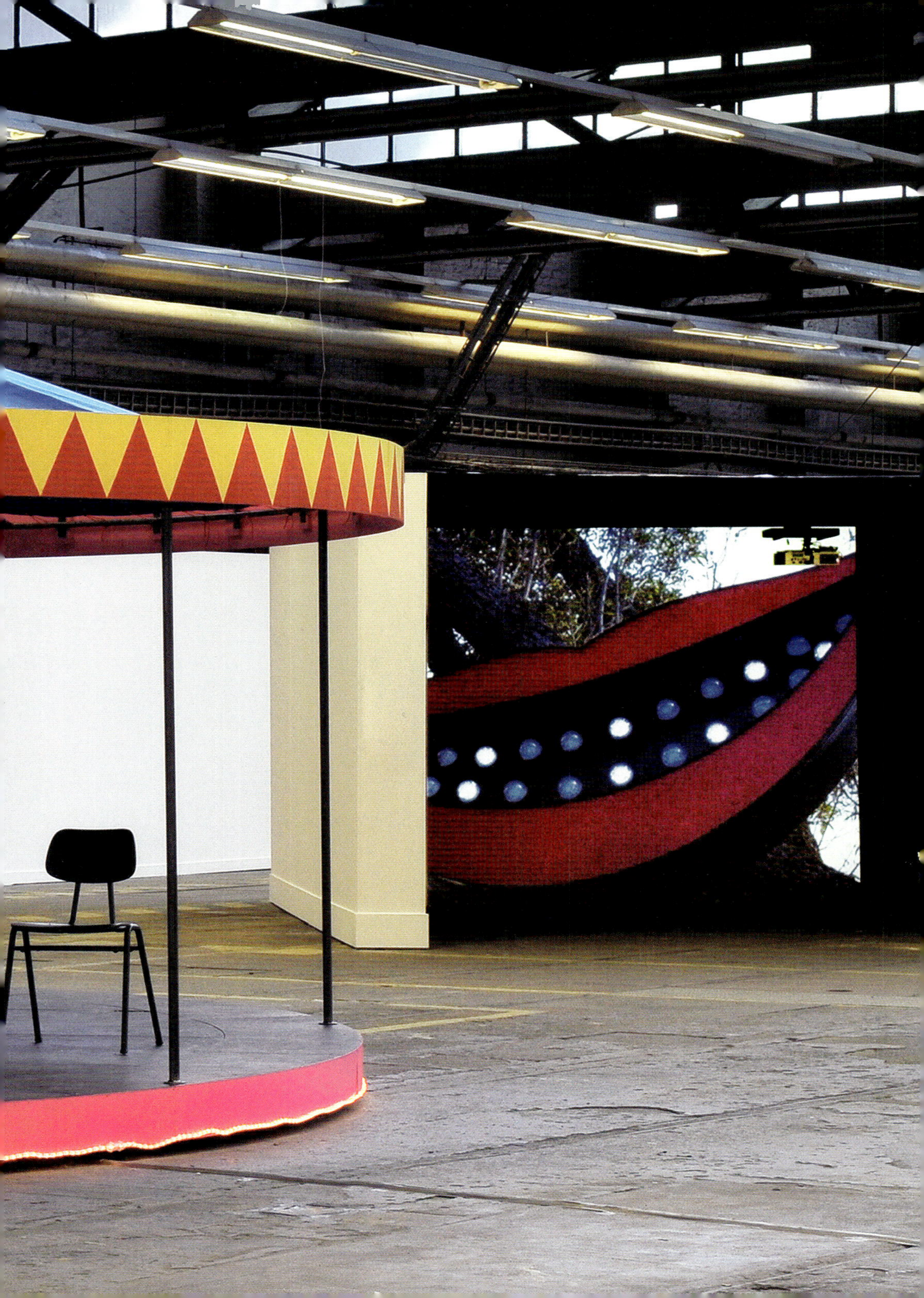

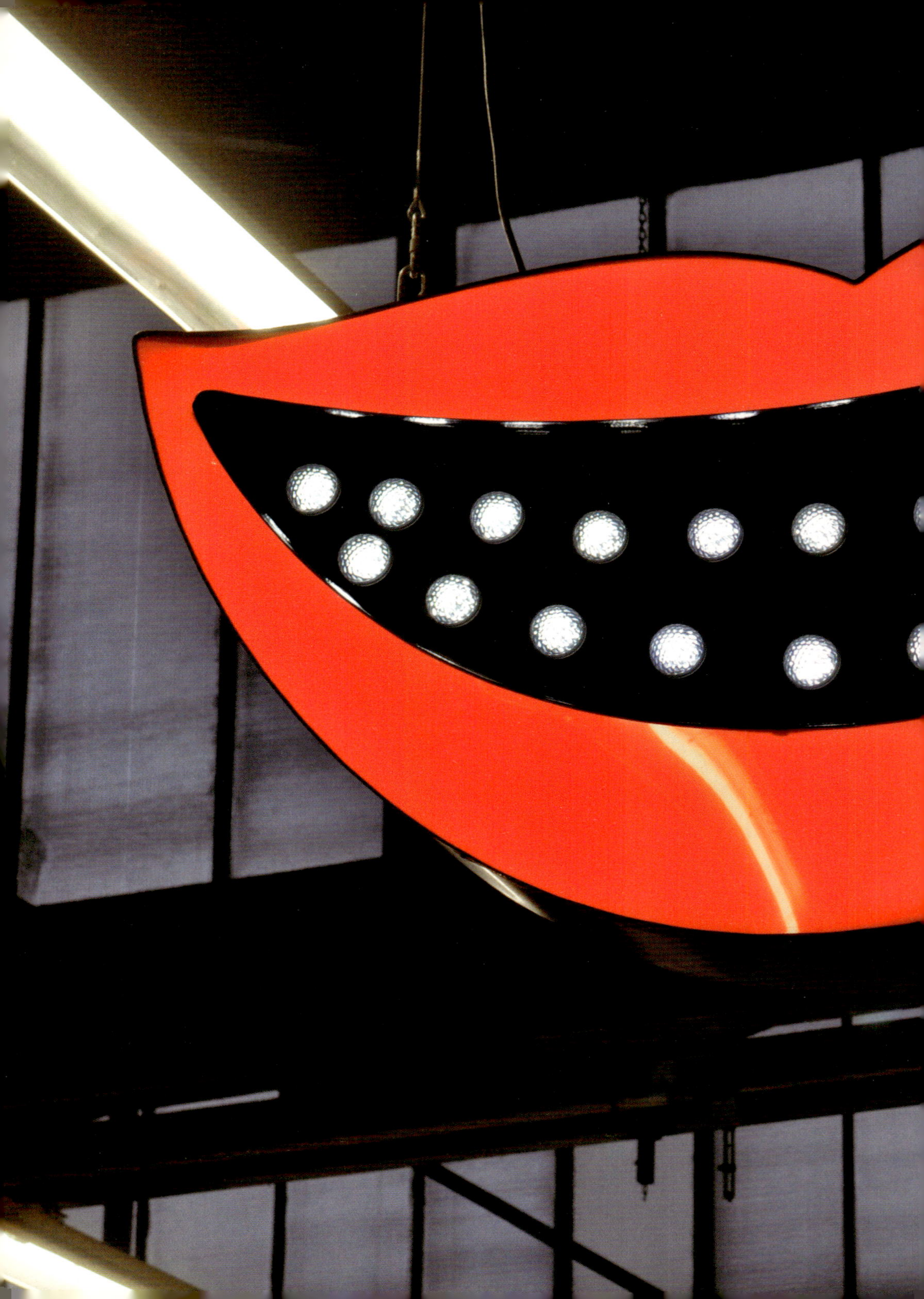

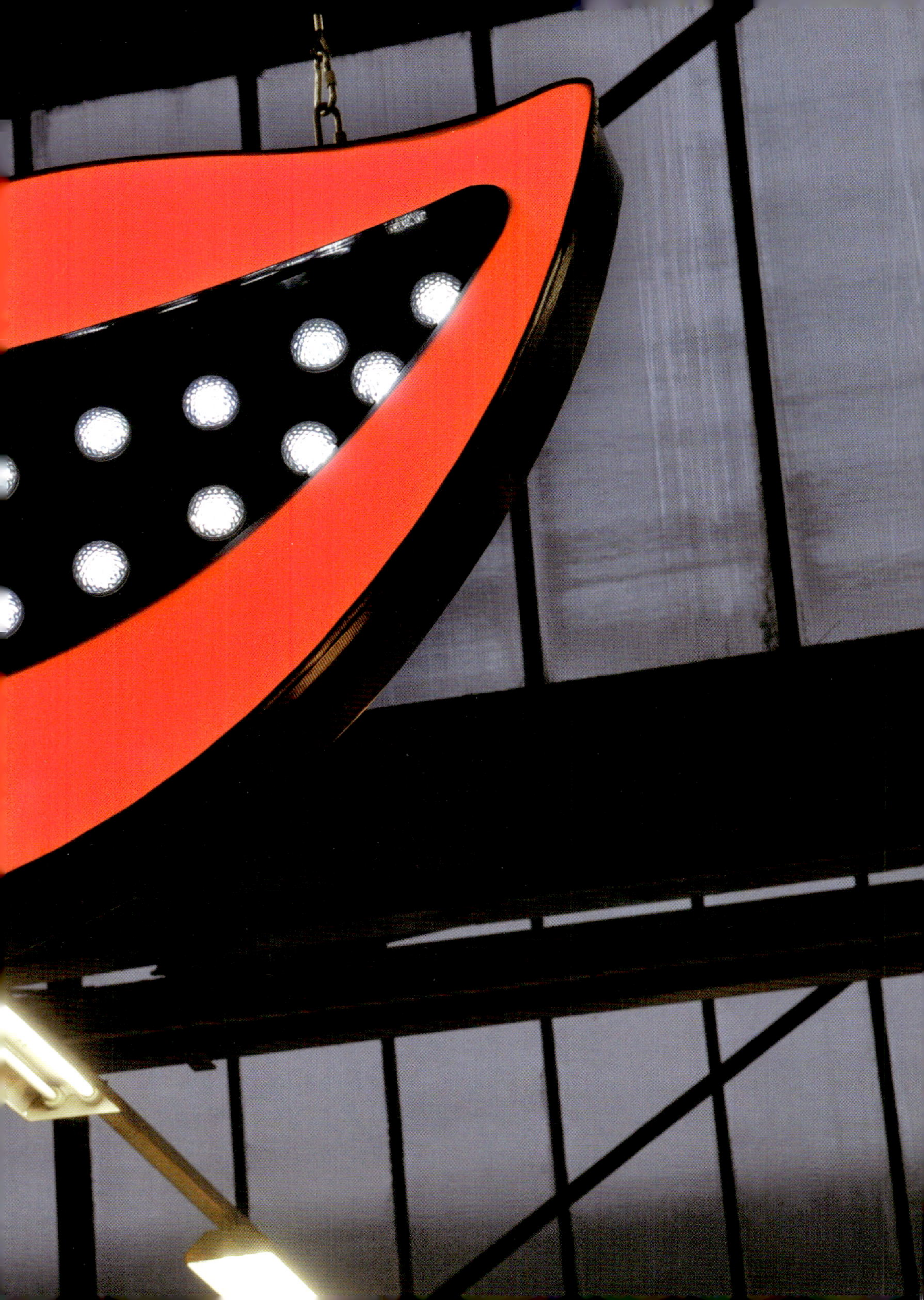

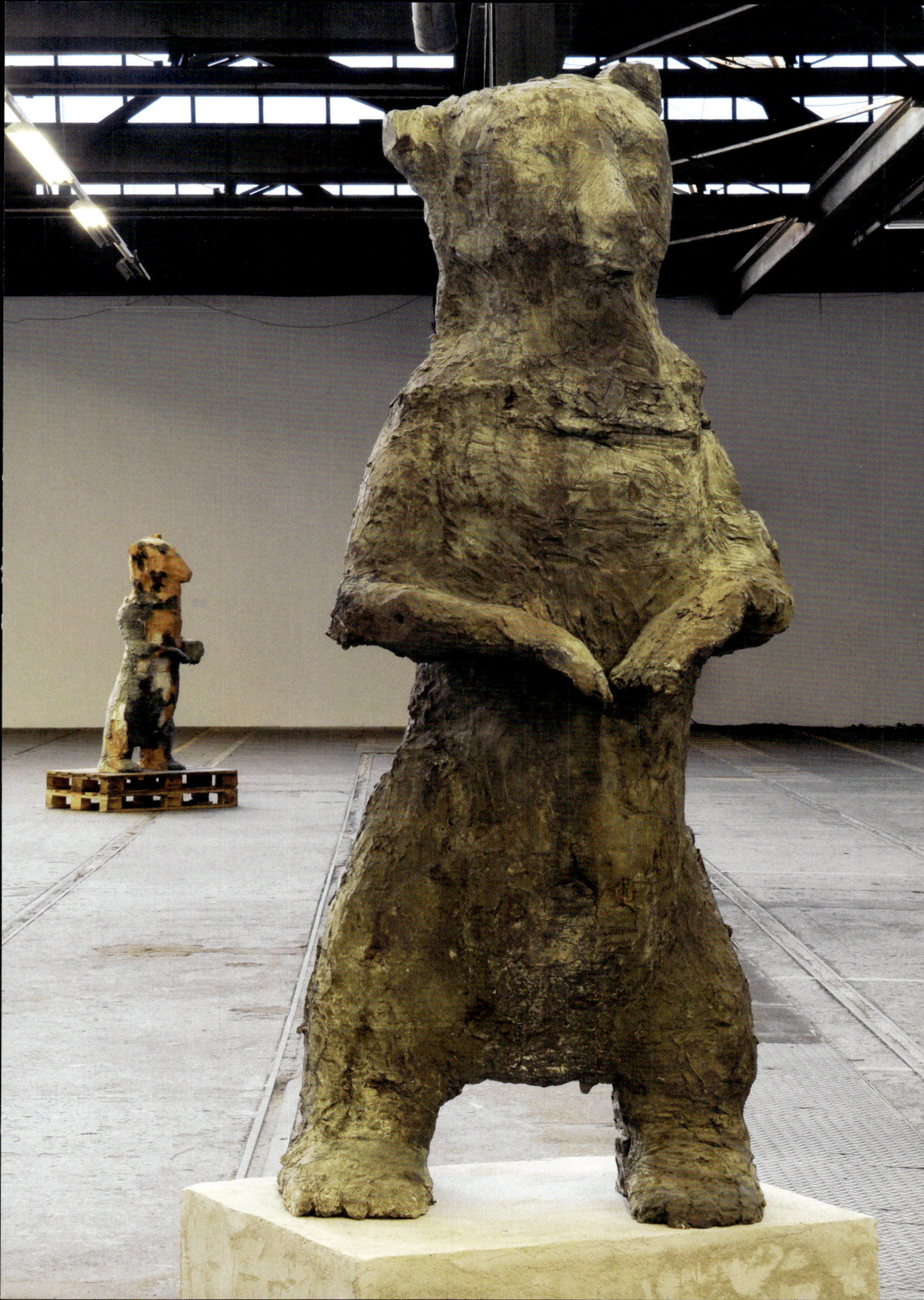

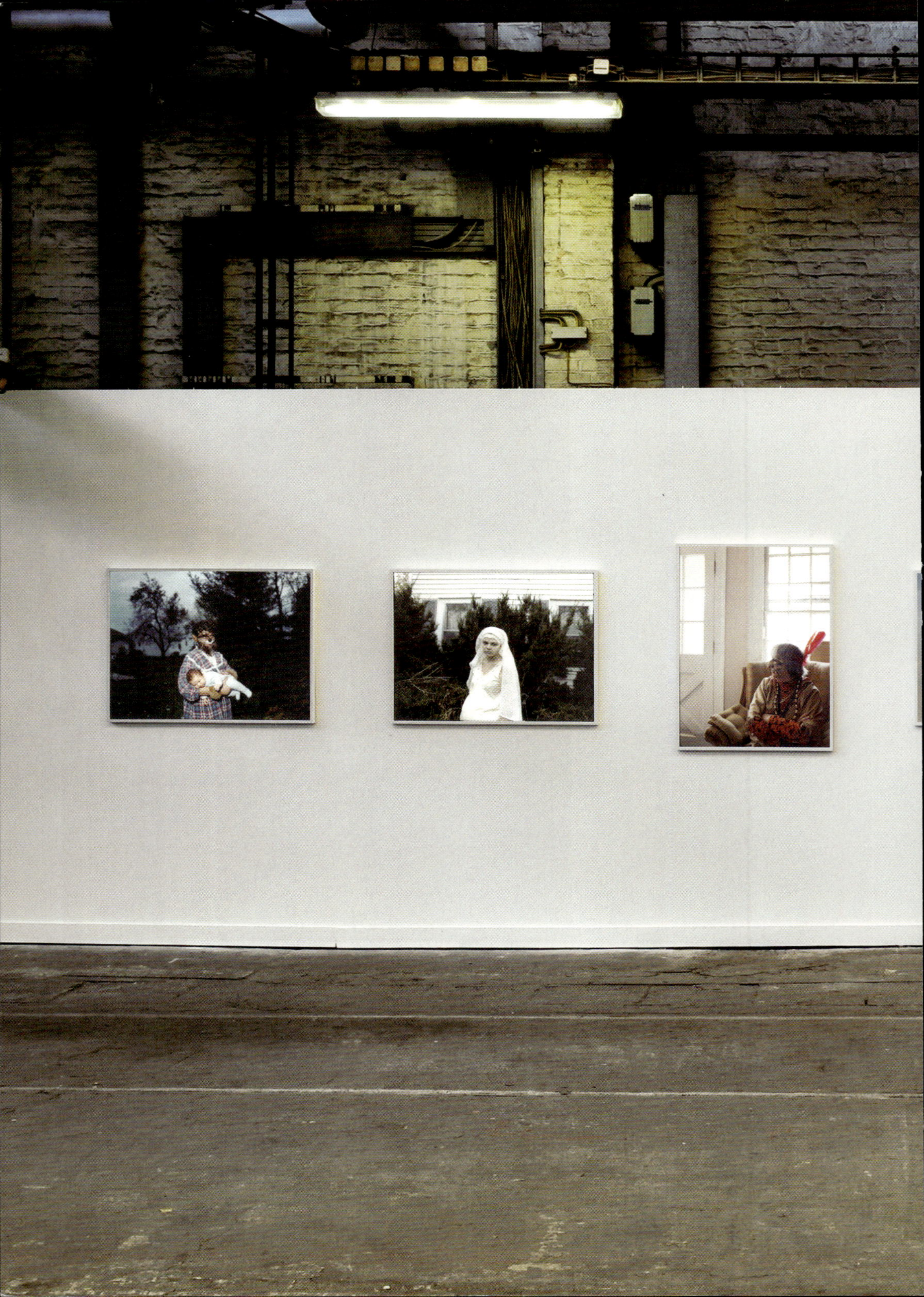

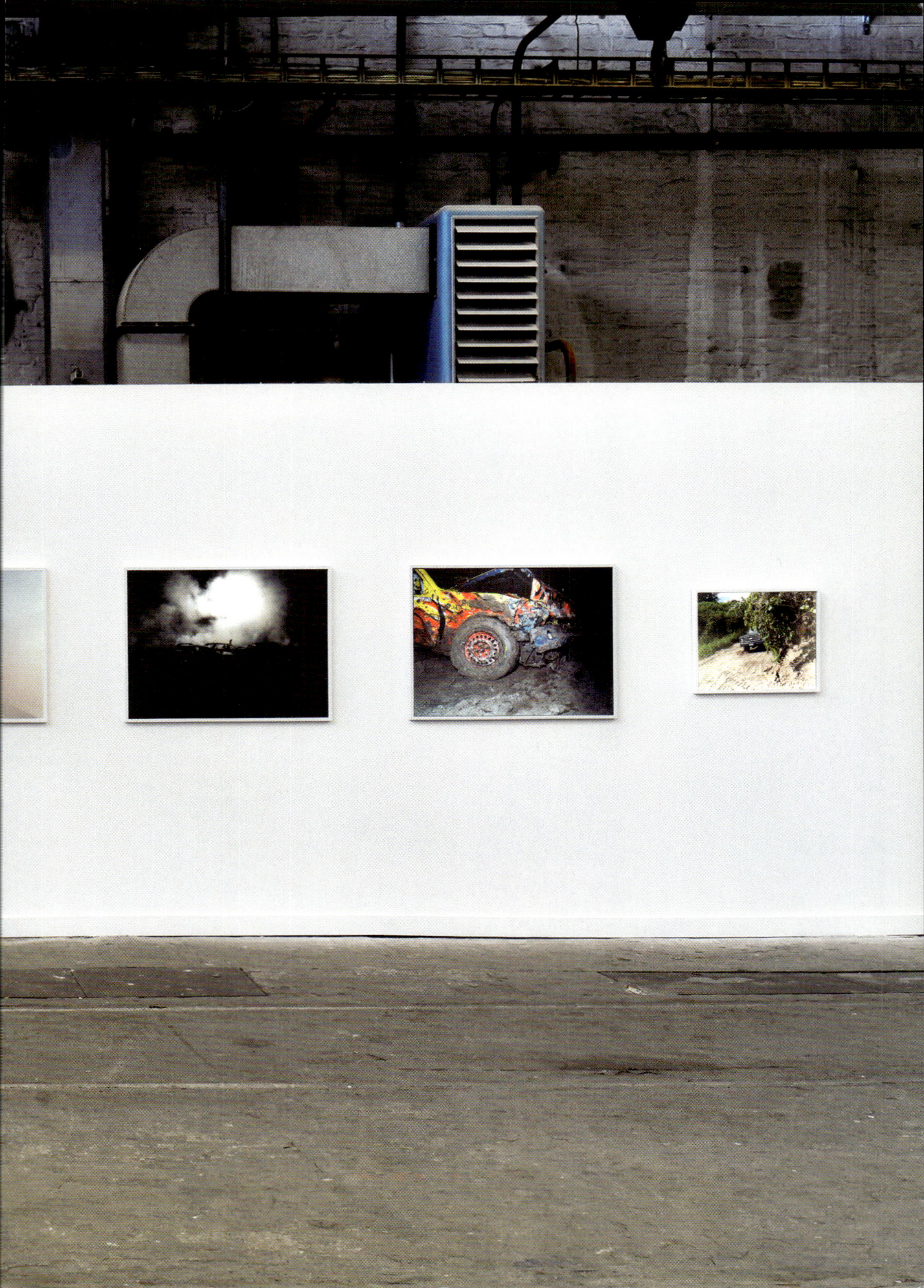

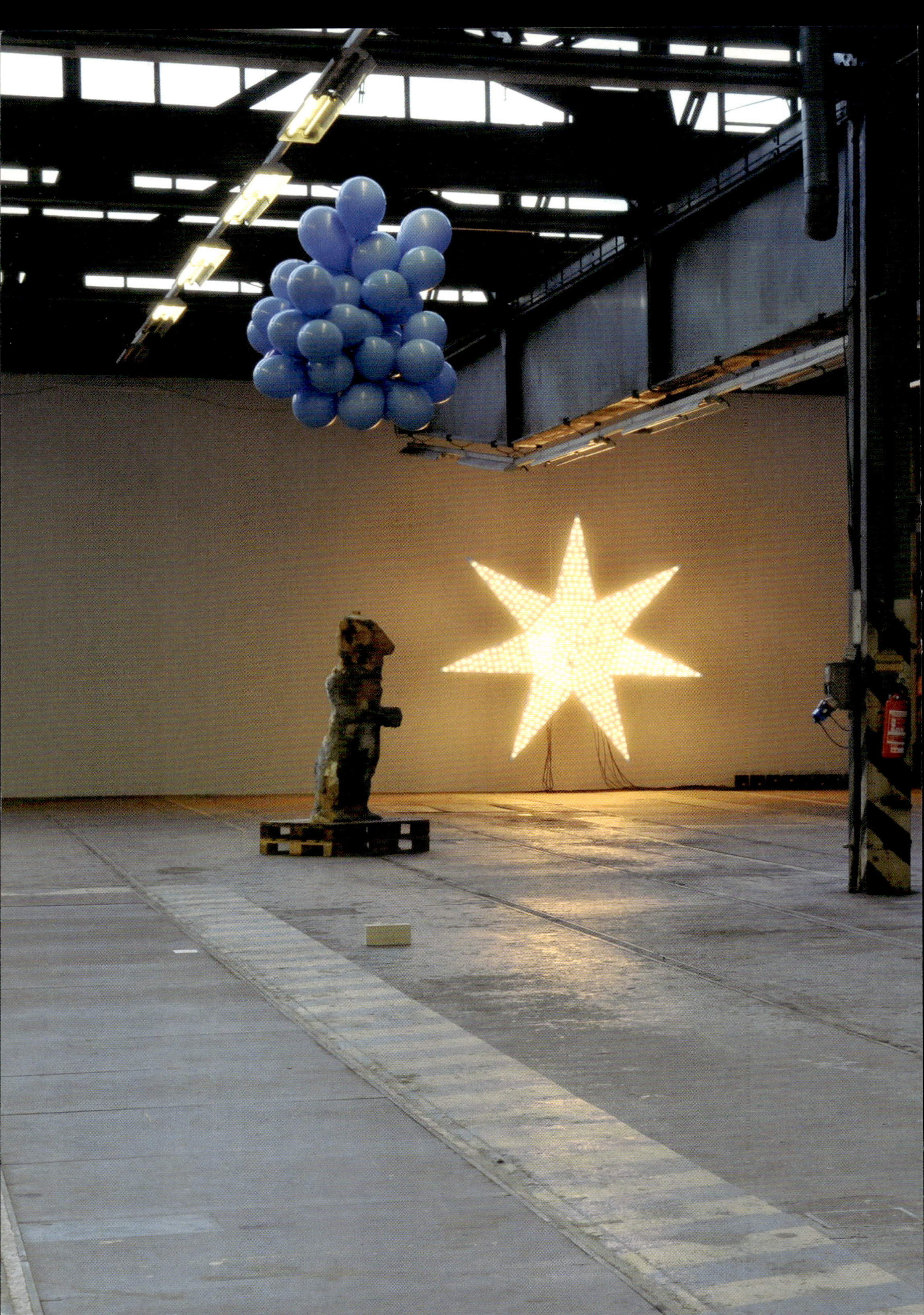

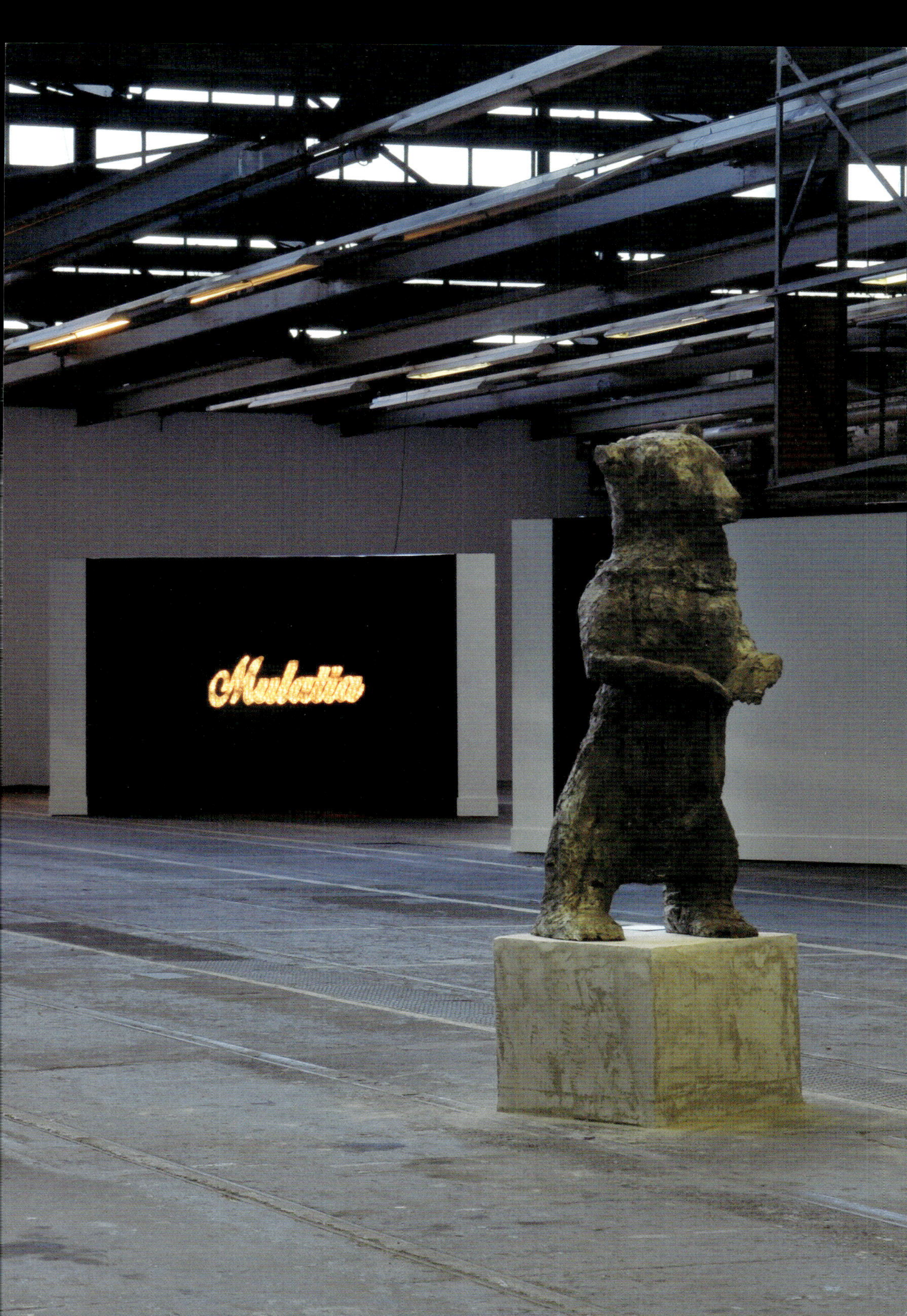

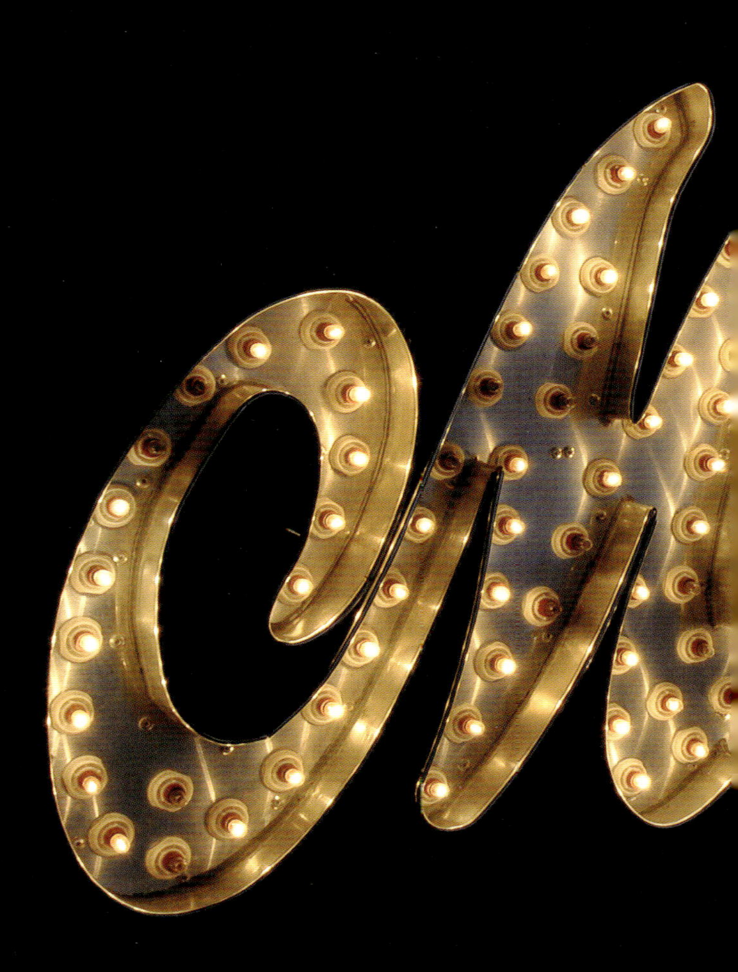

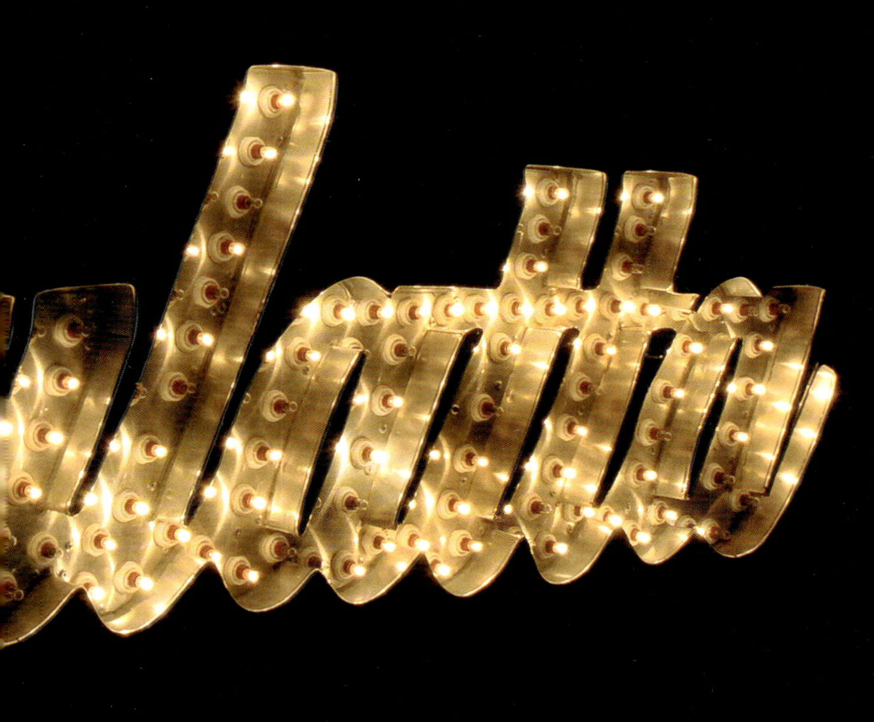

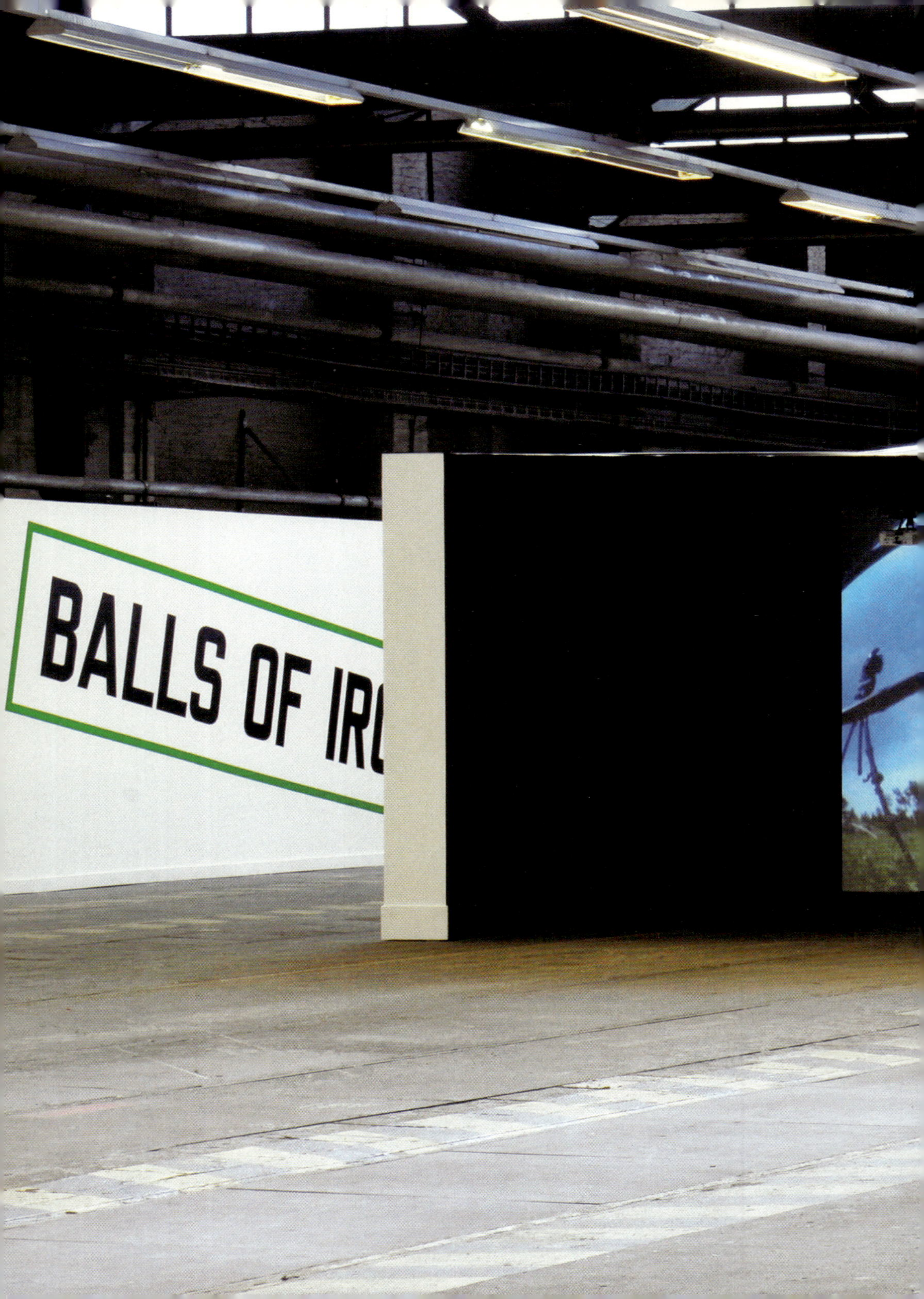
BALLS OF IR

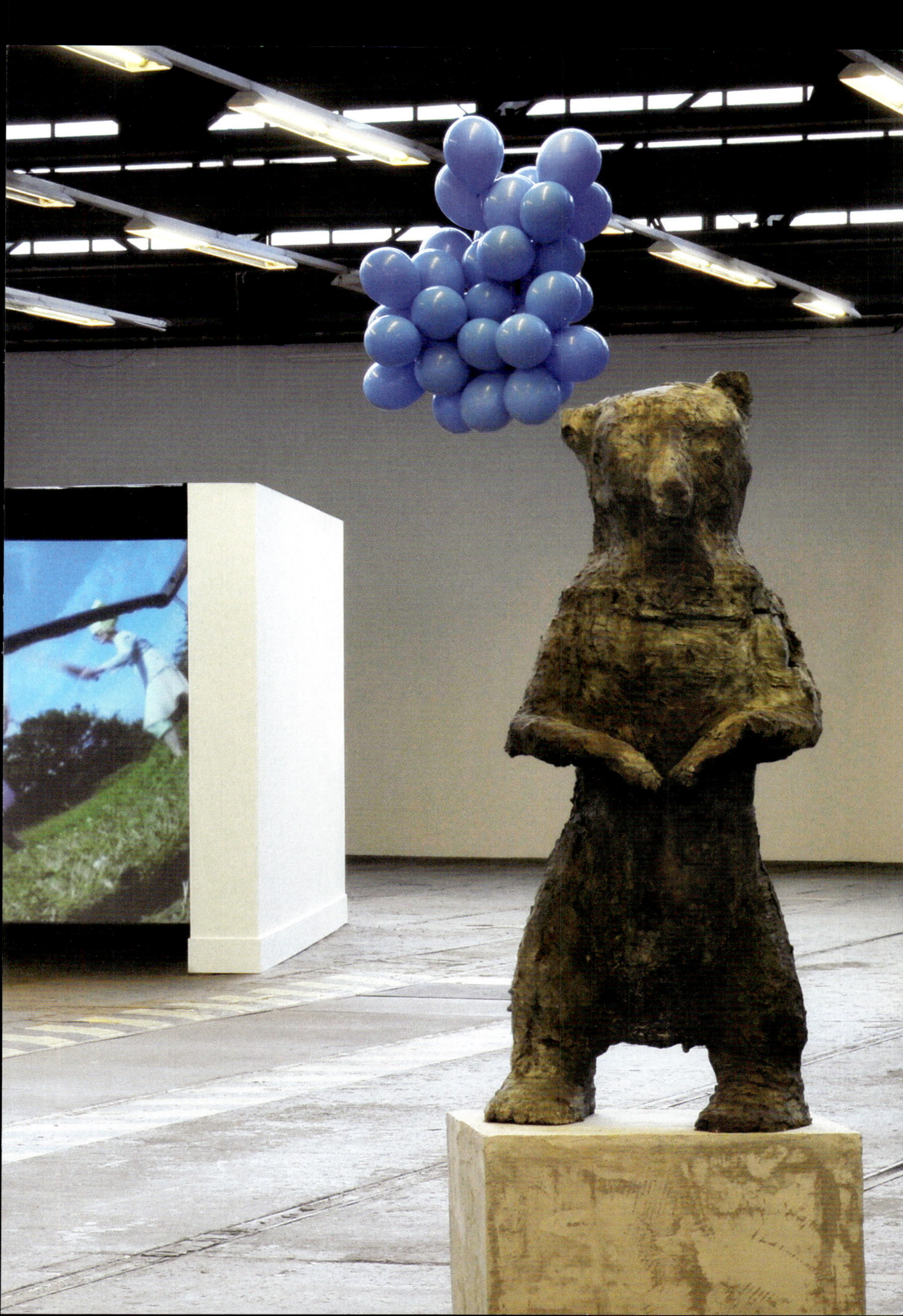

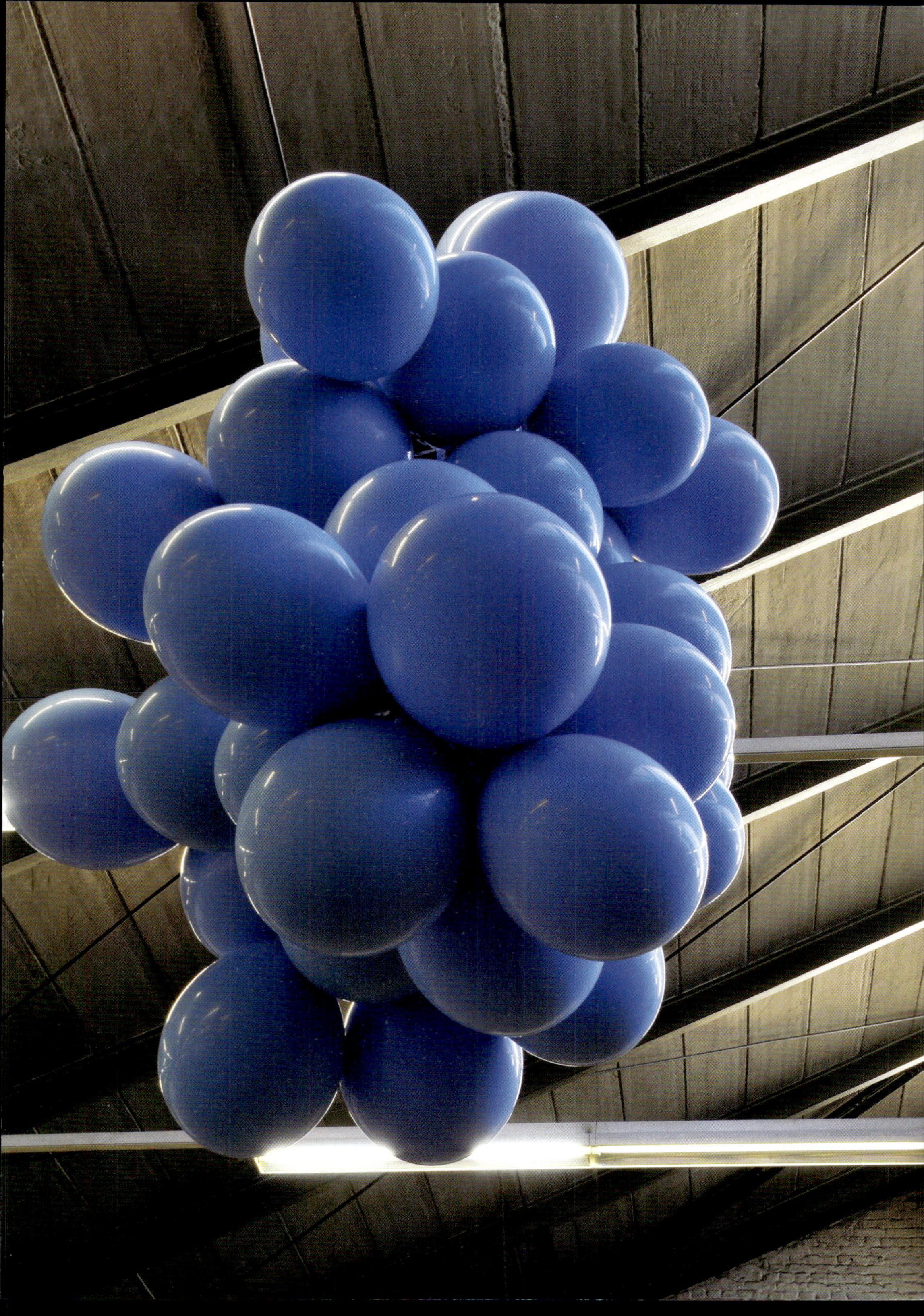

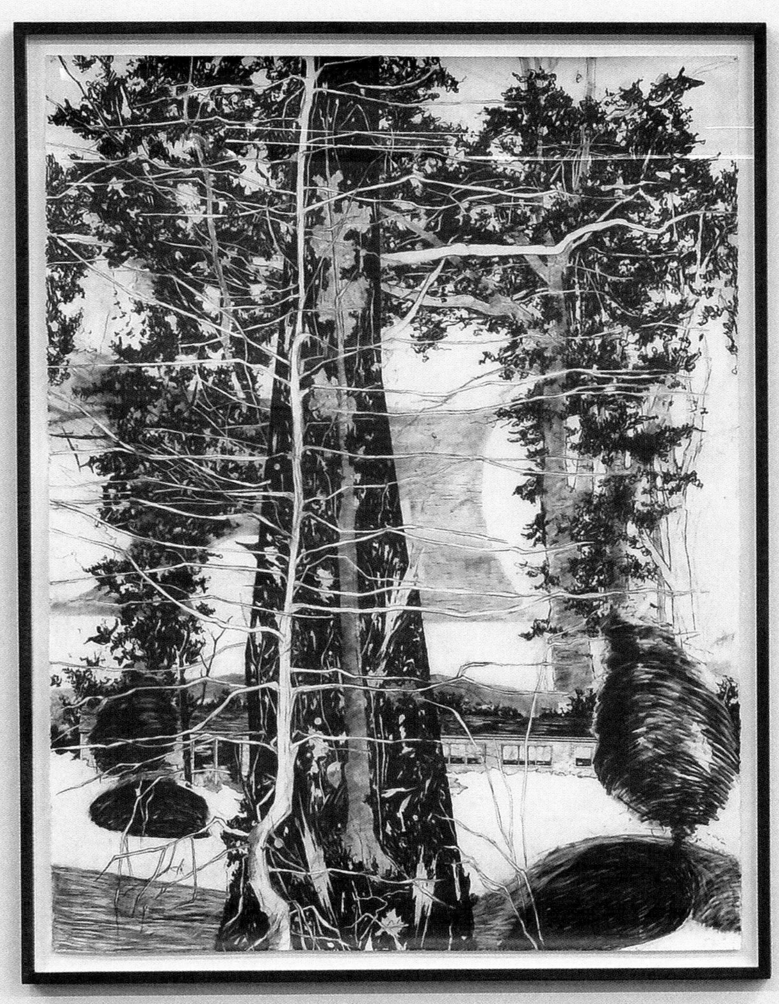

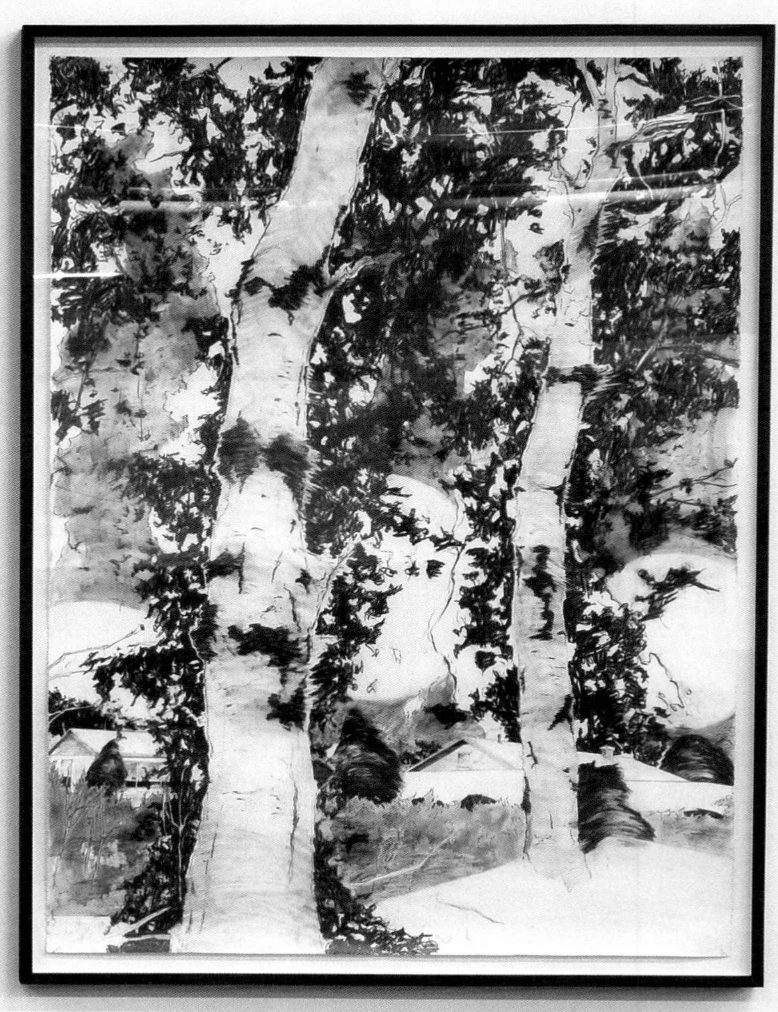

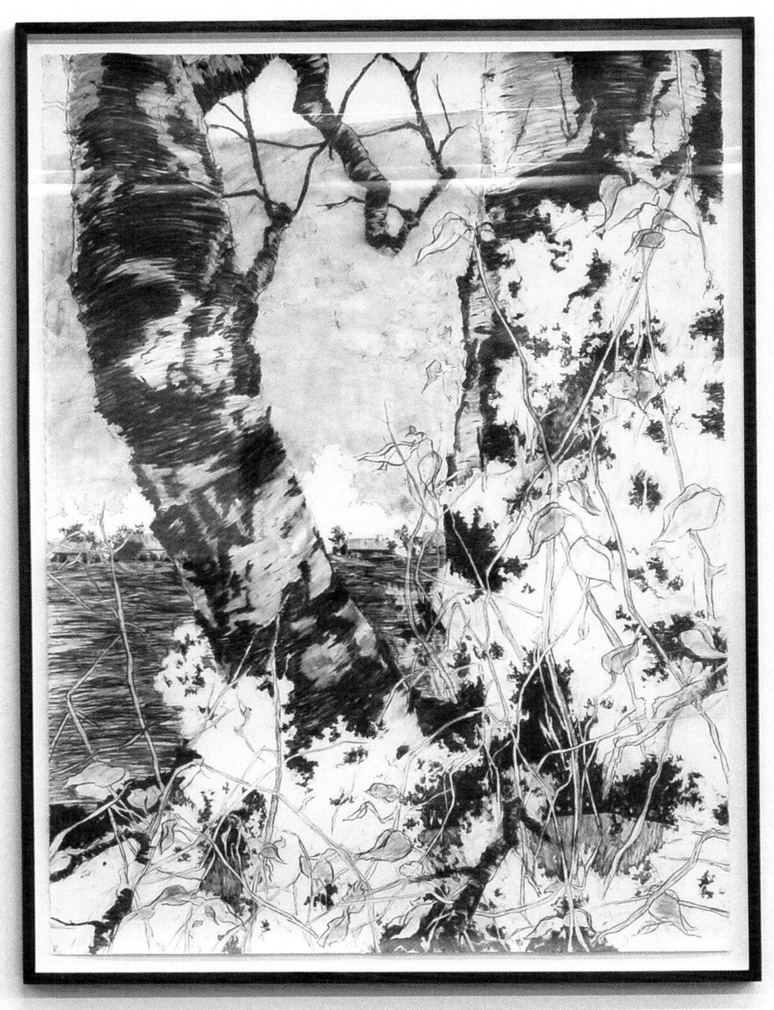

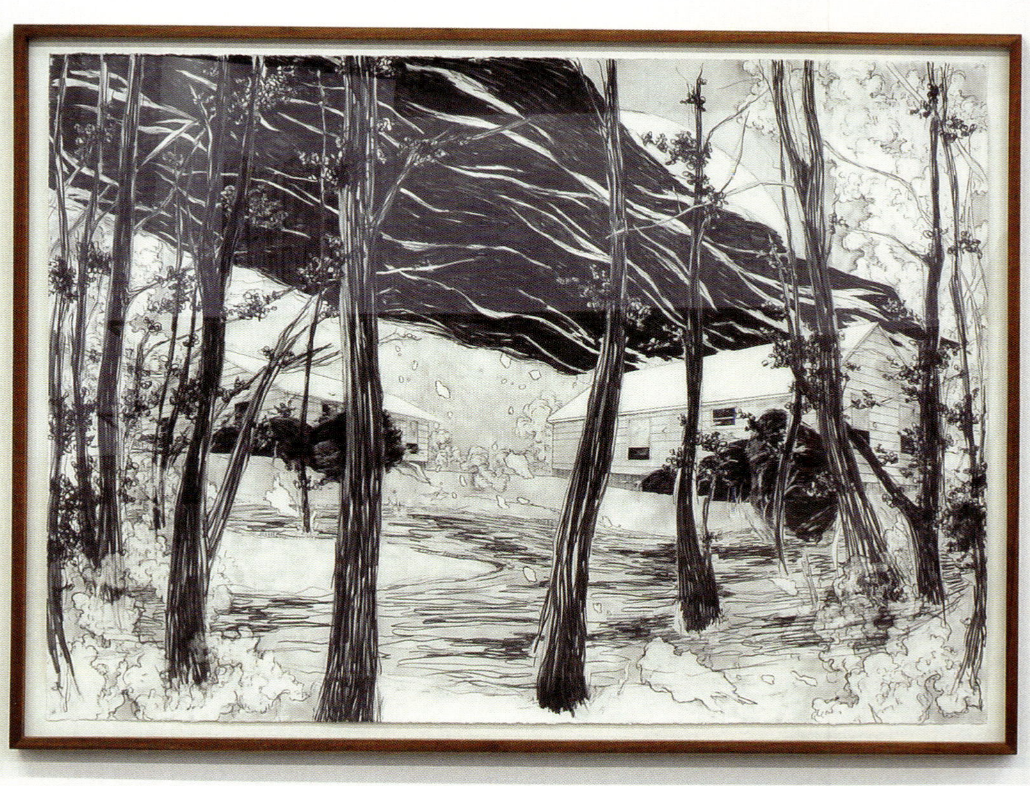

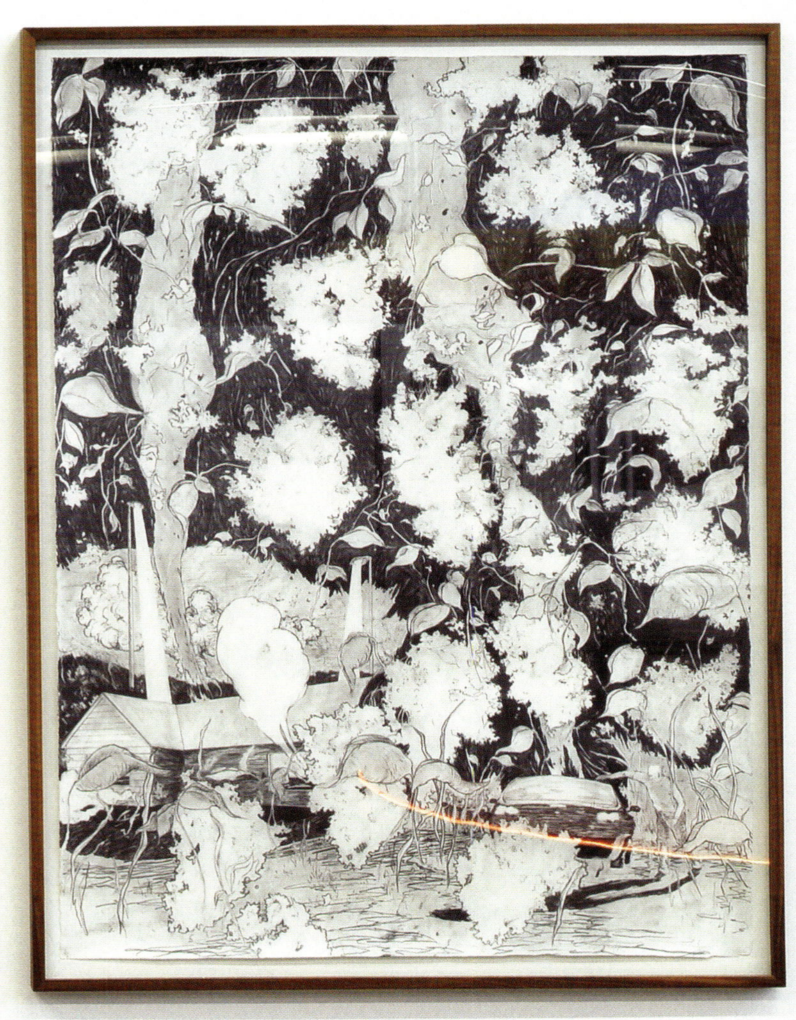

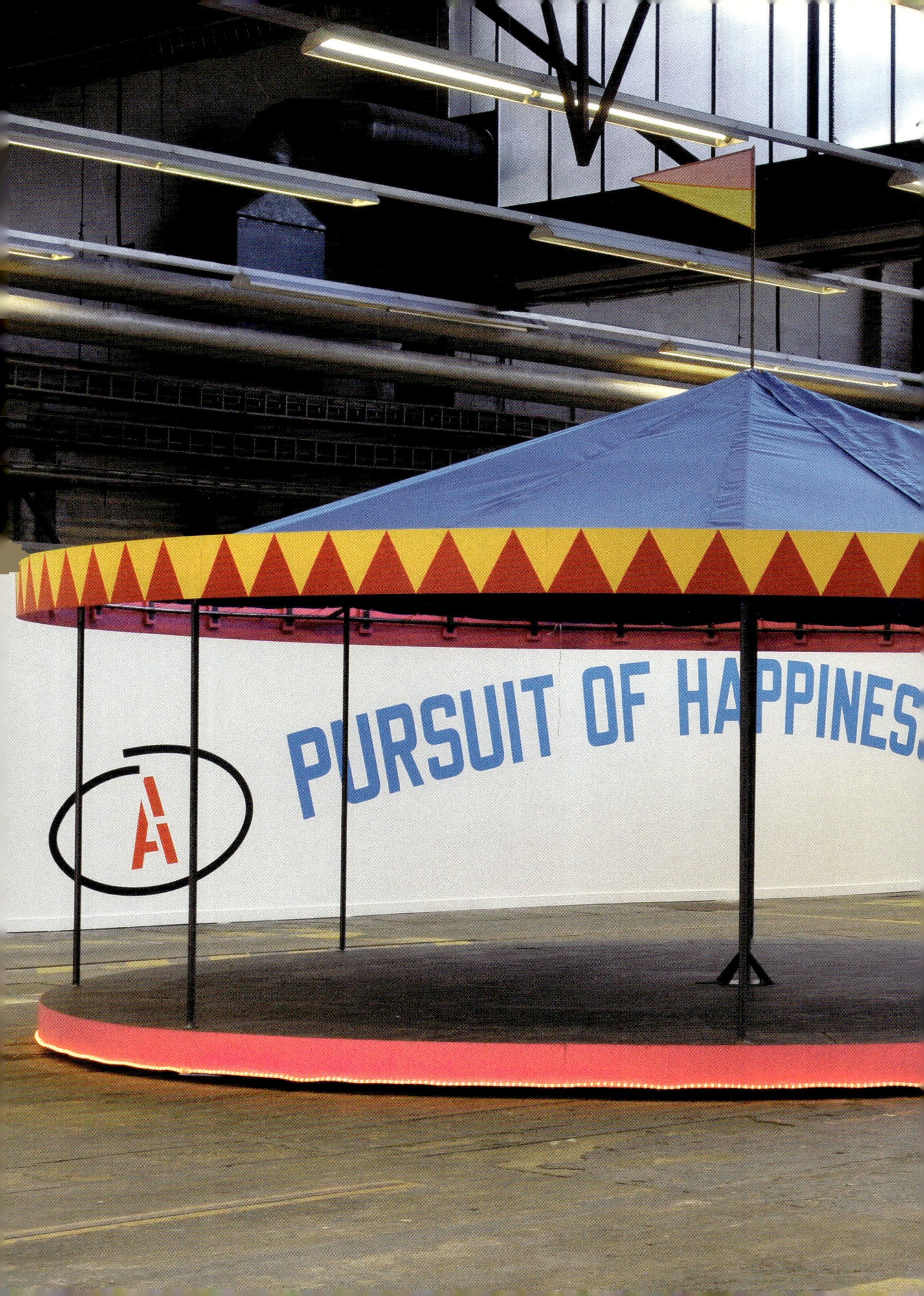
PURSUIT OF HAPPINES

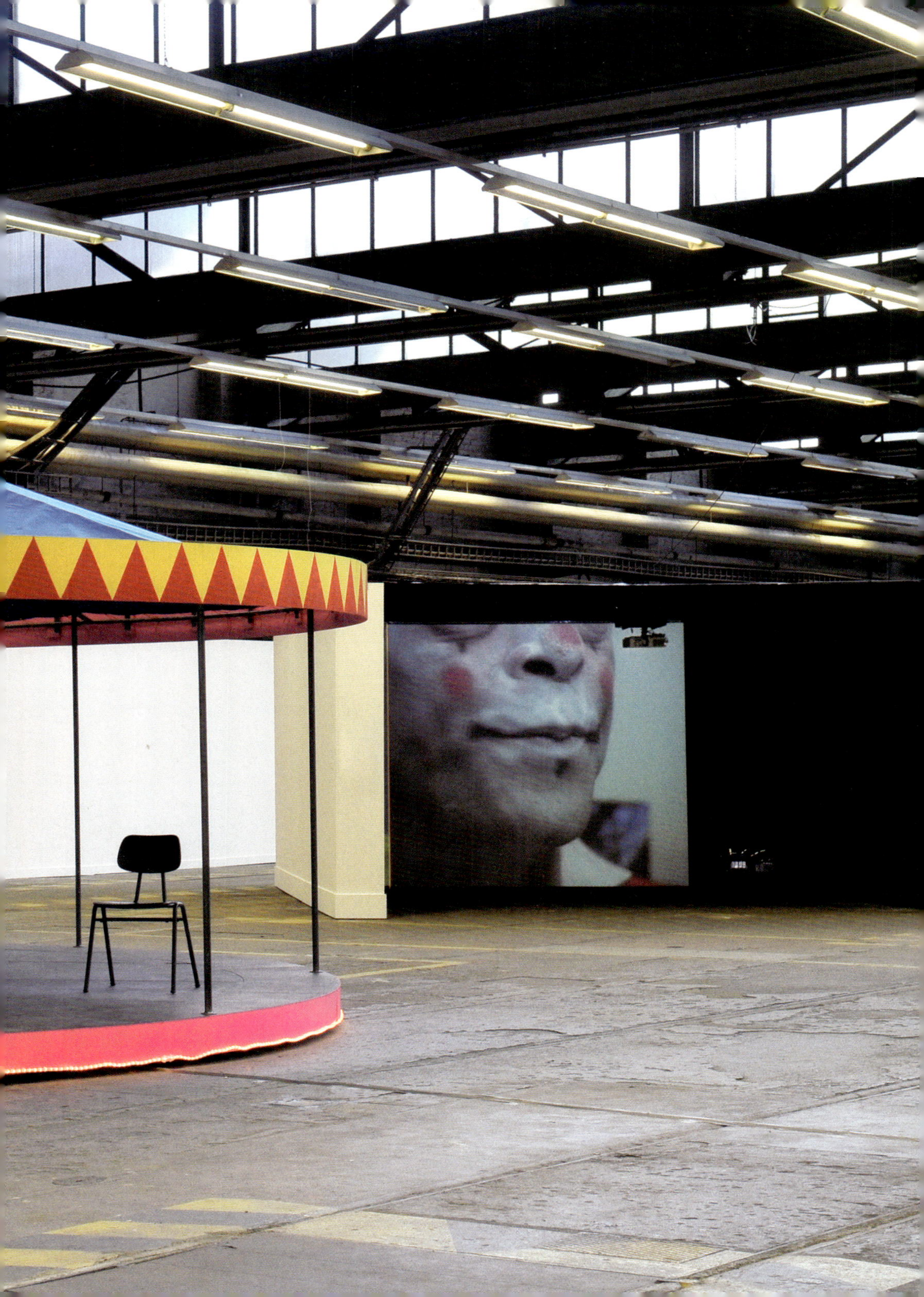

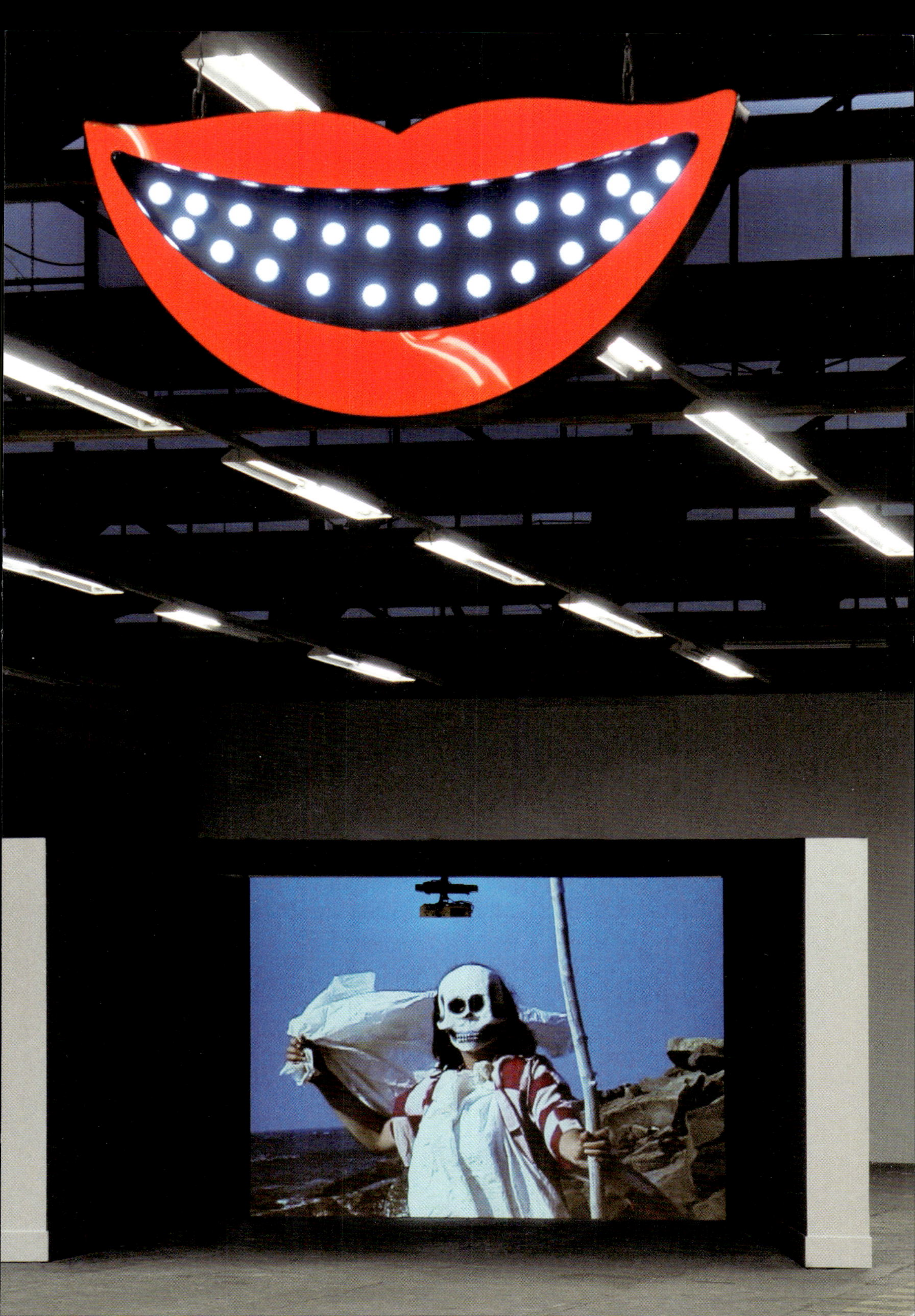

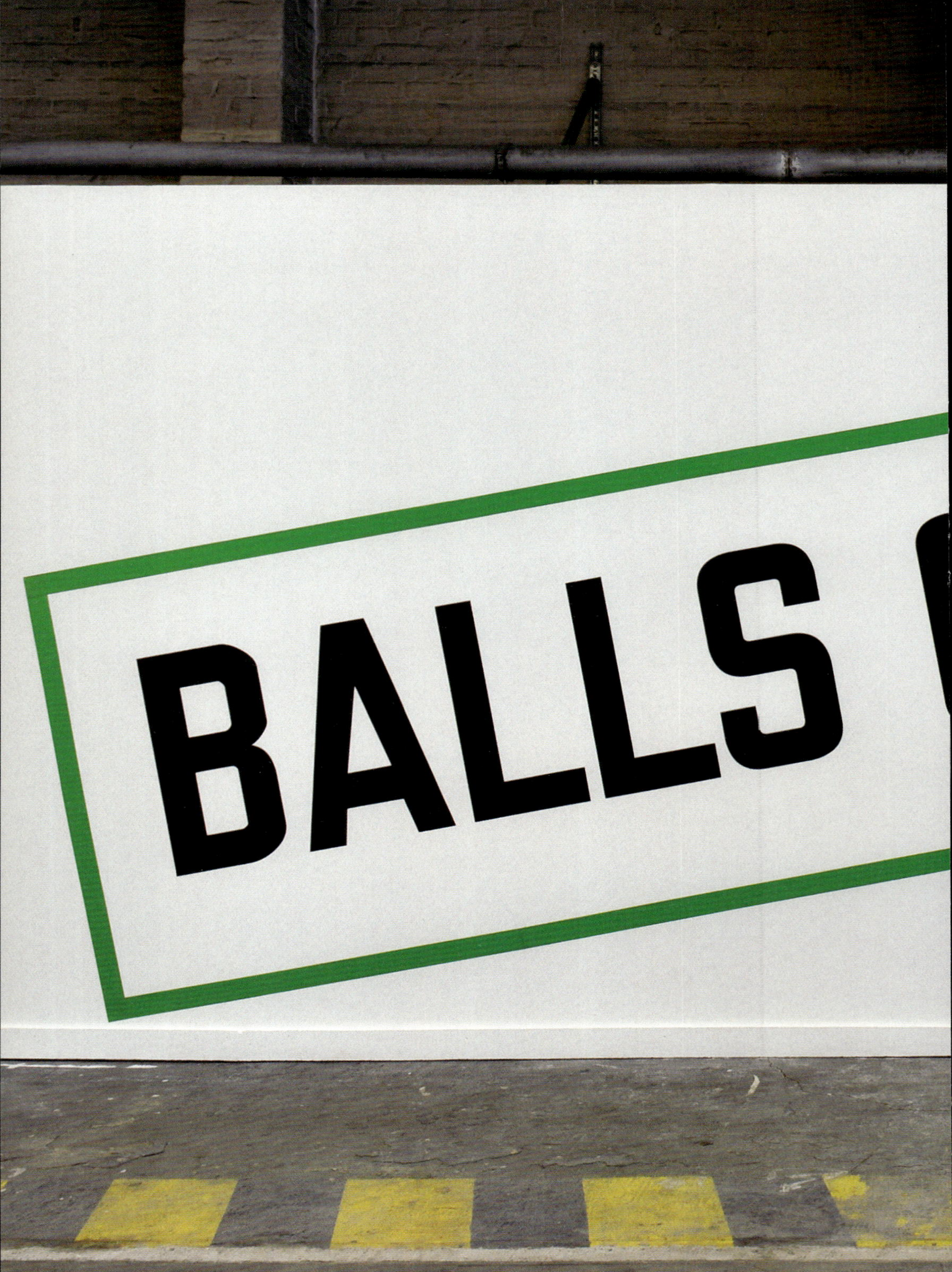
BALLS

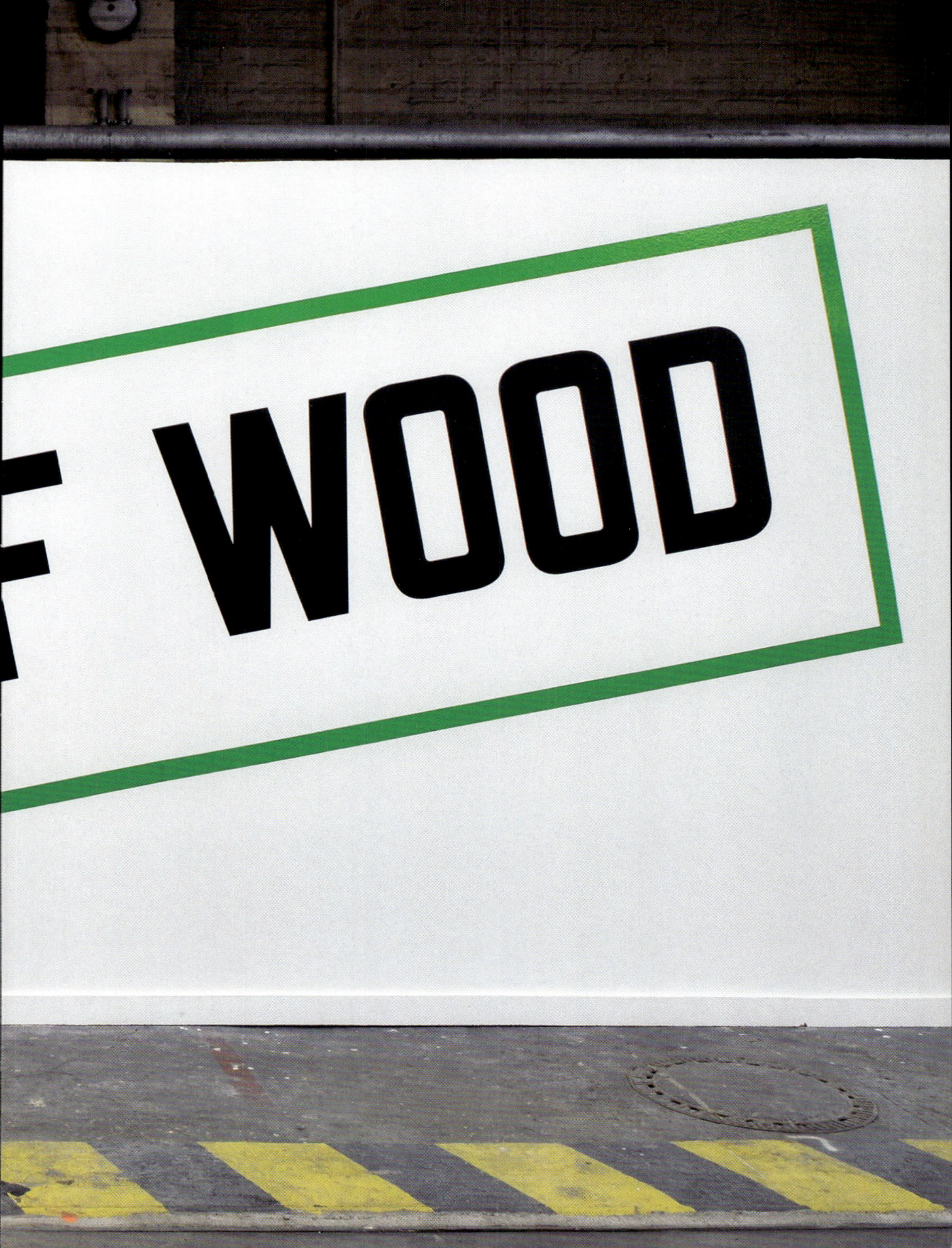
WOOD

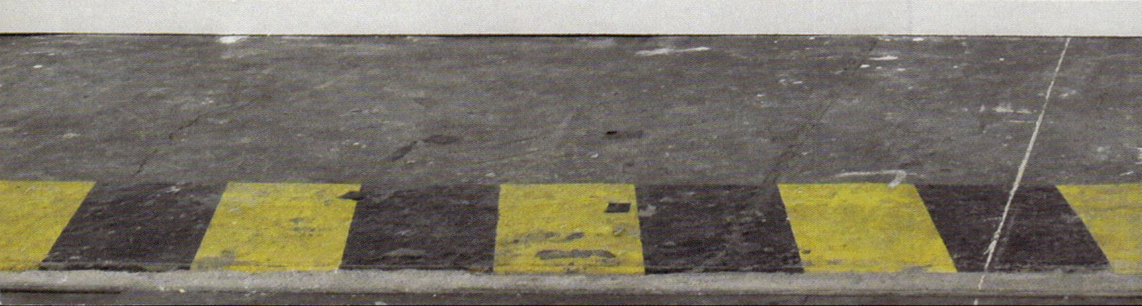
BALLS

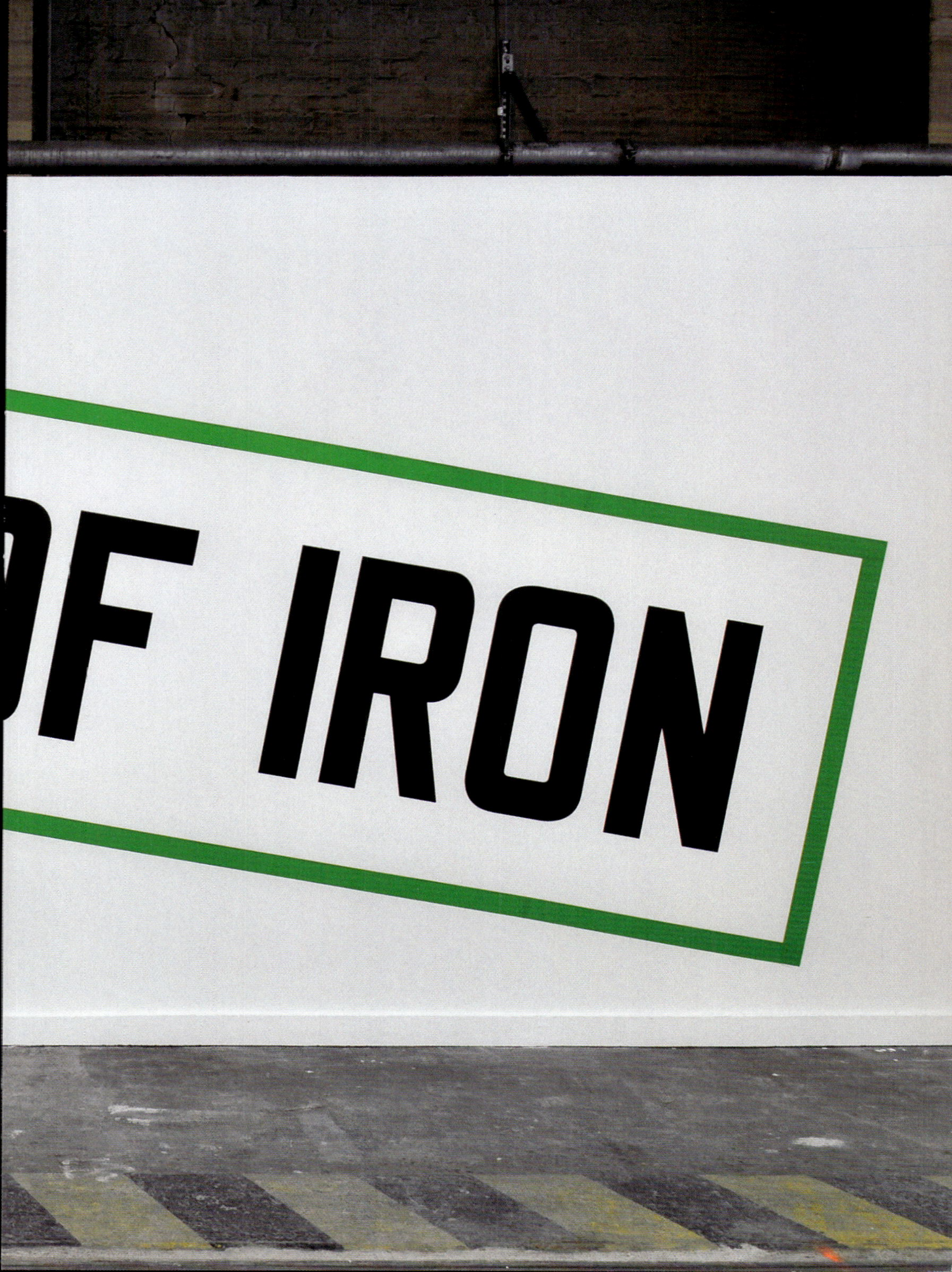

F IRON

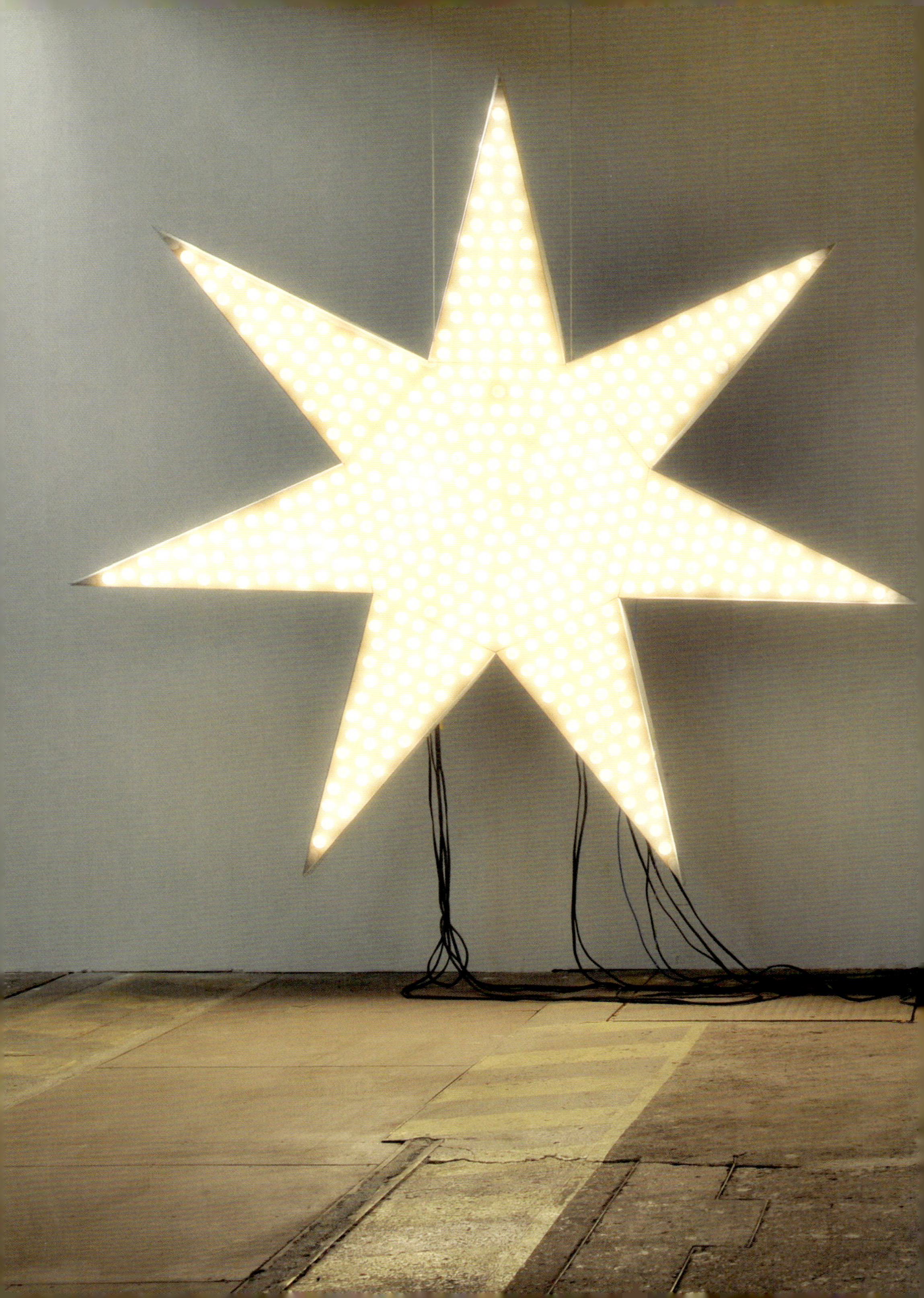

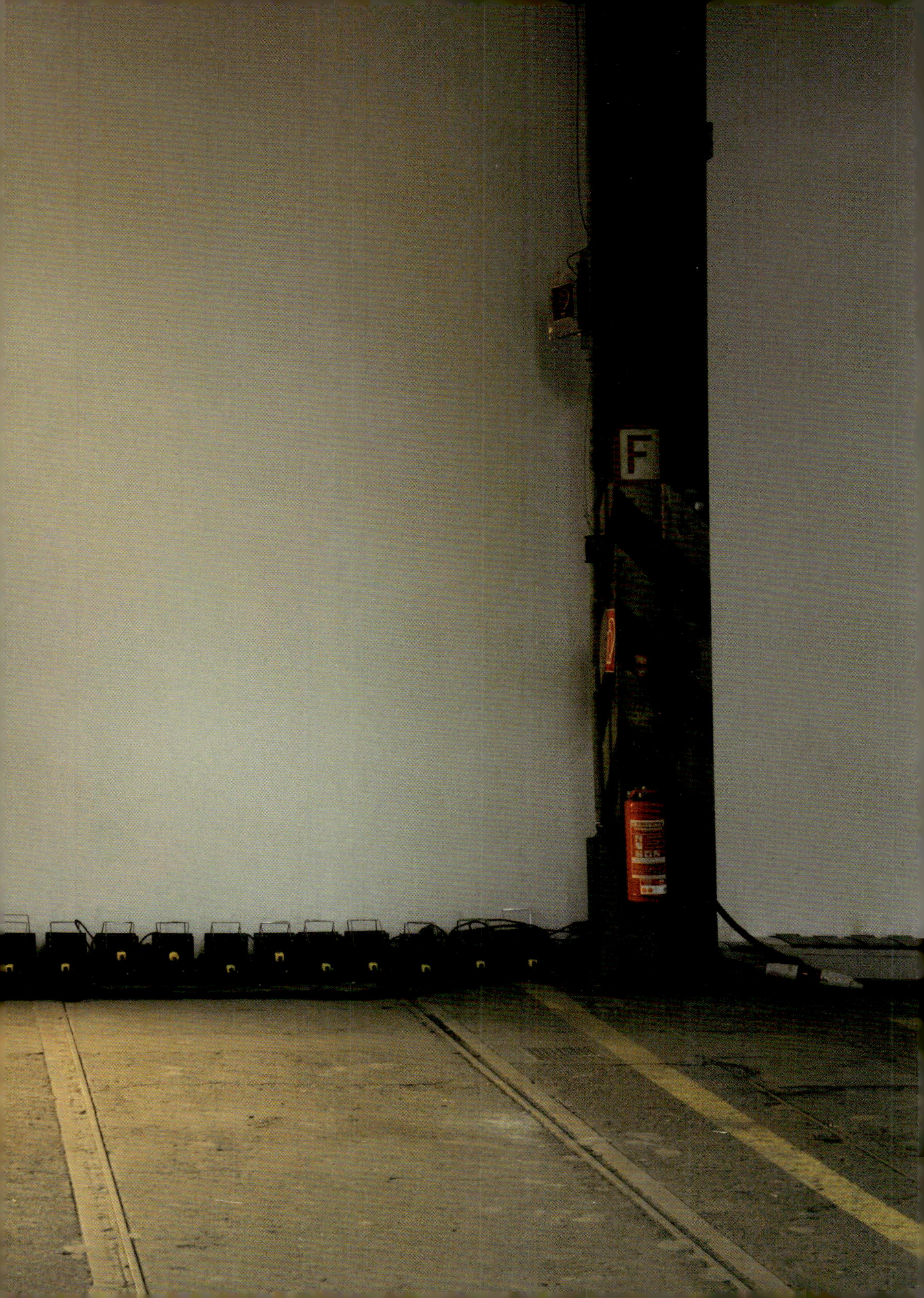
F

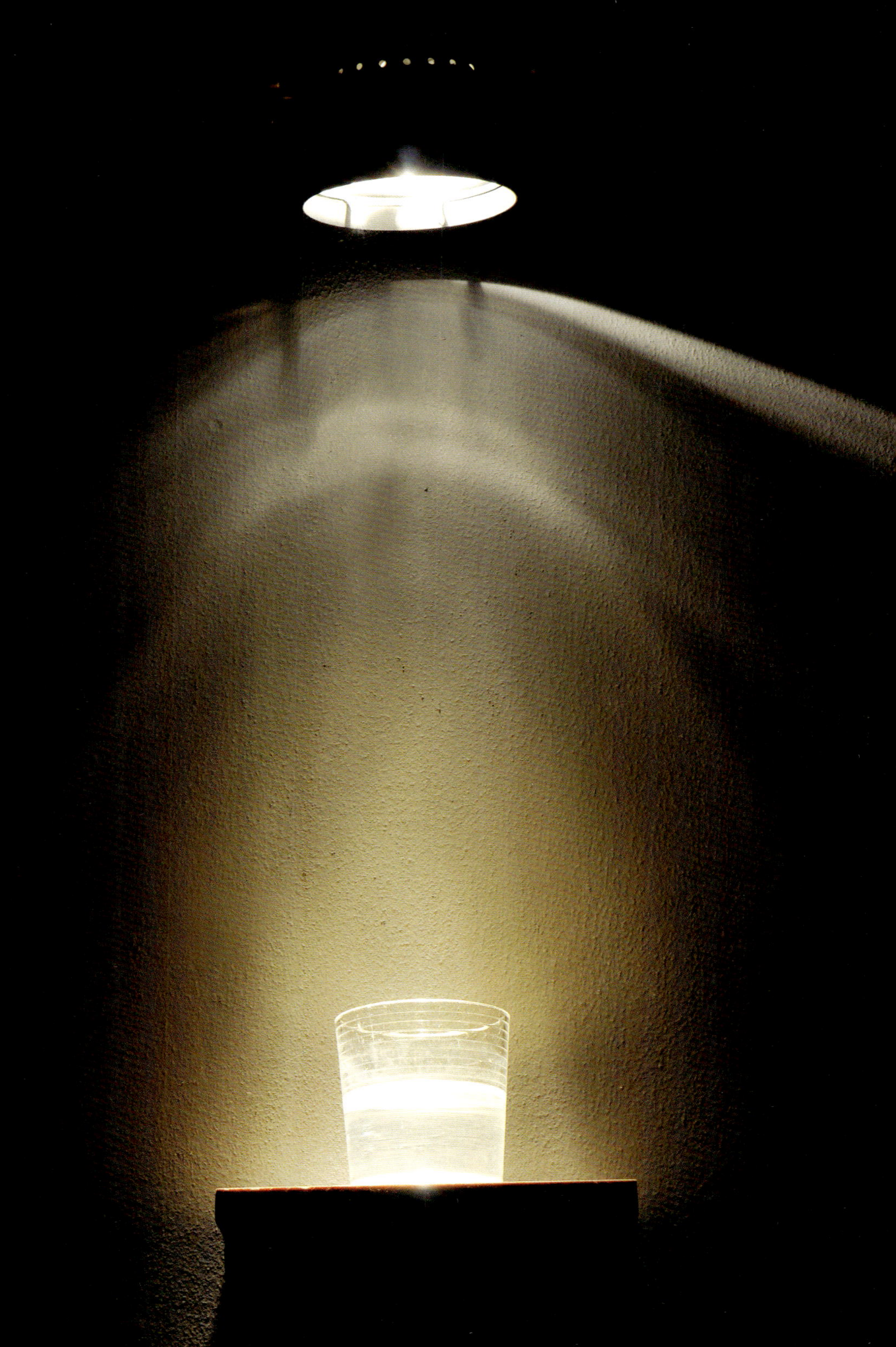

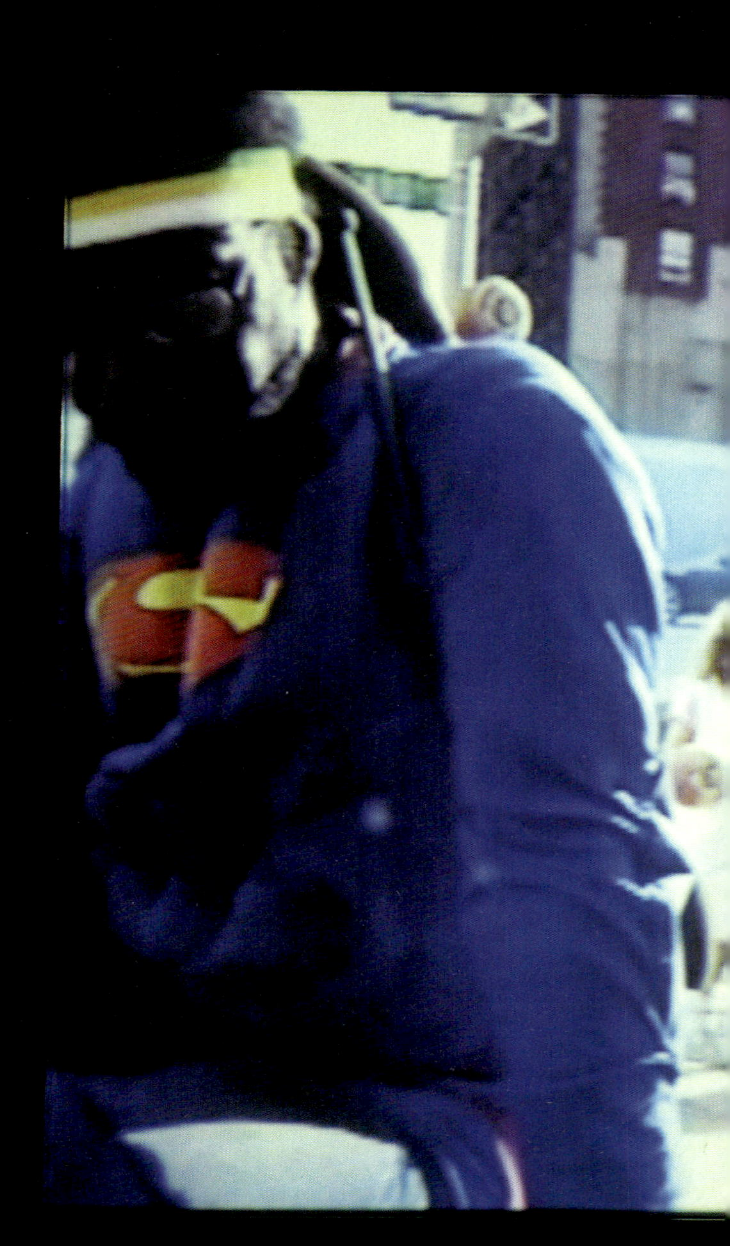

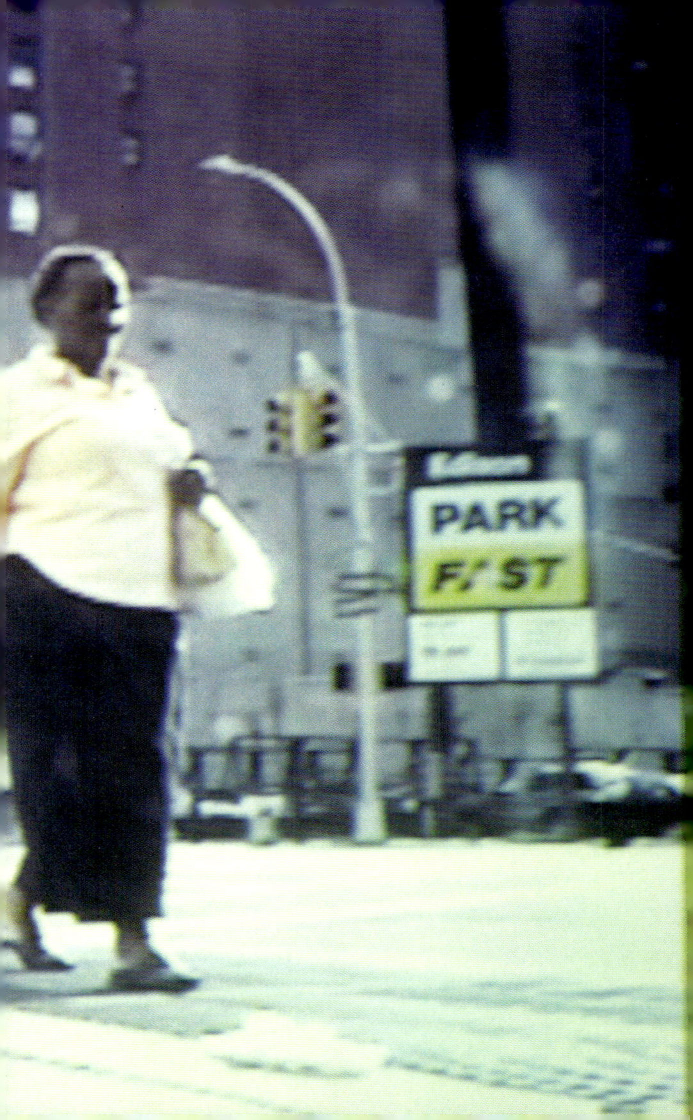
PARK

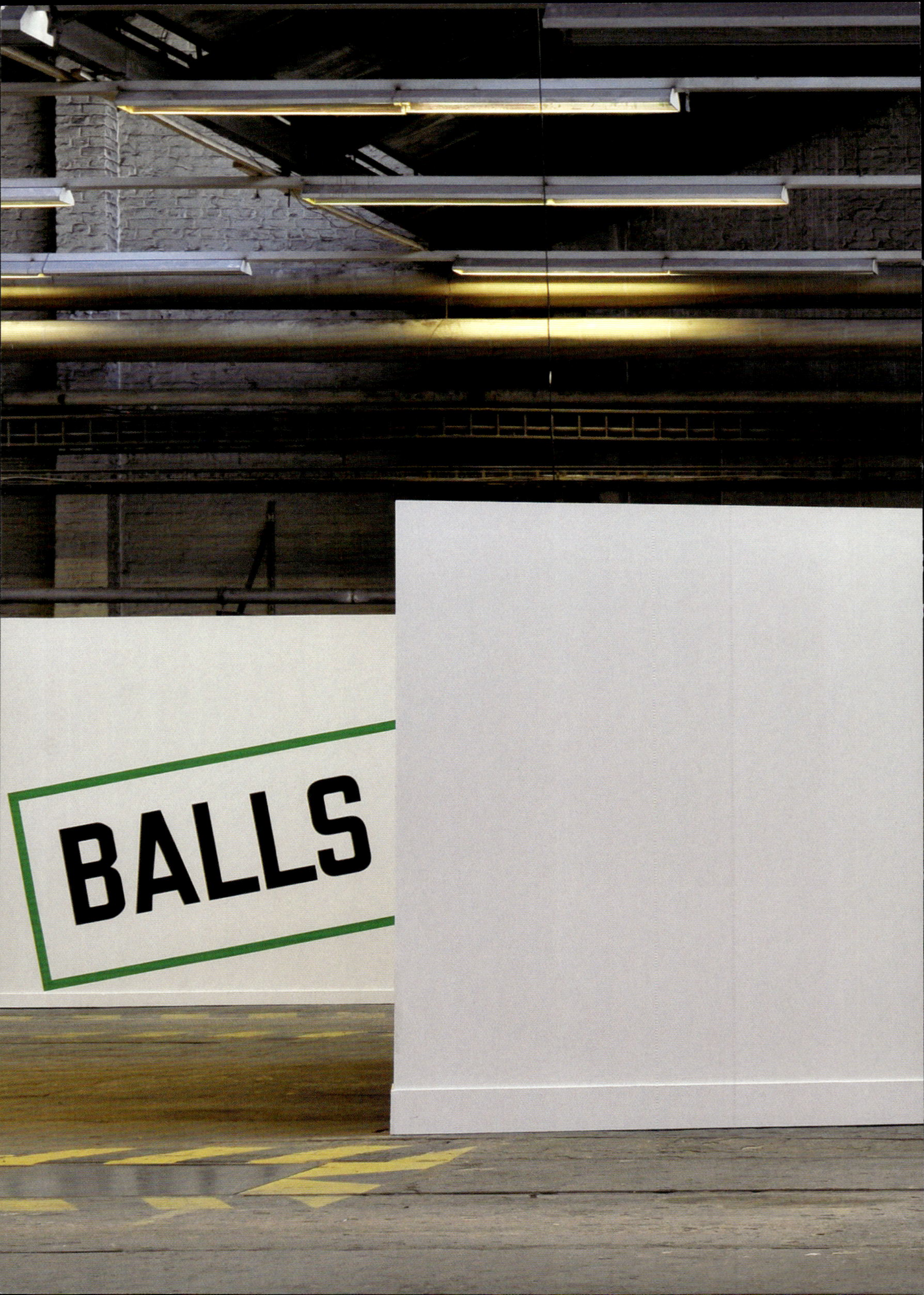
BALLS

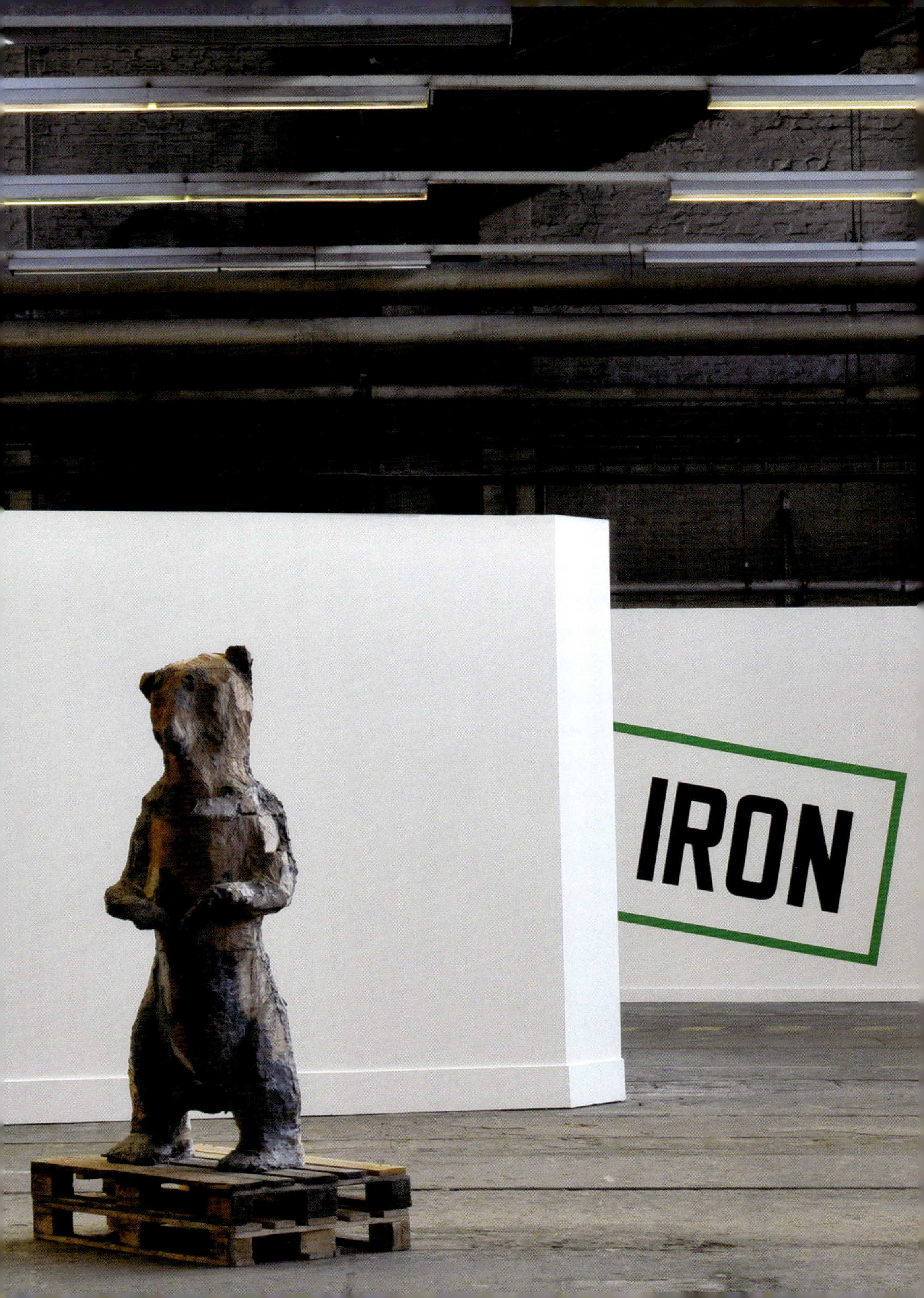
IRON

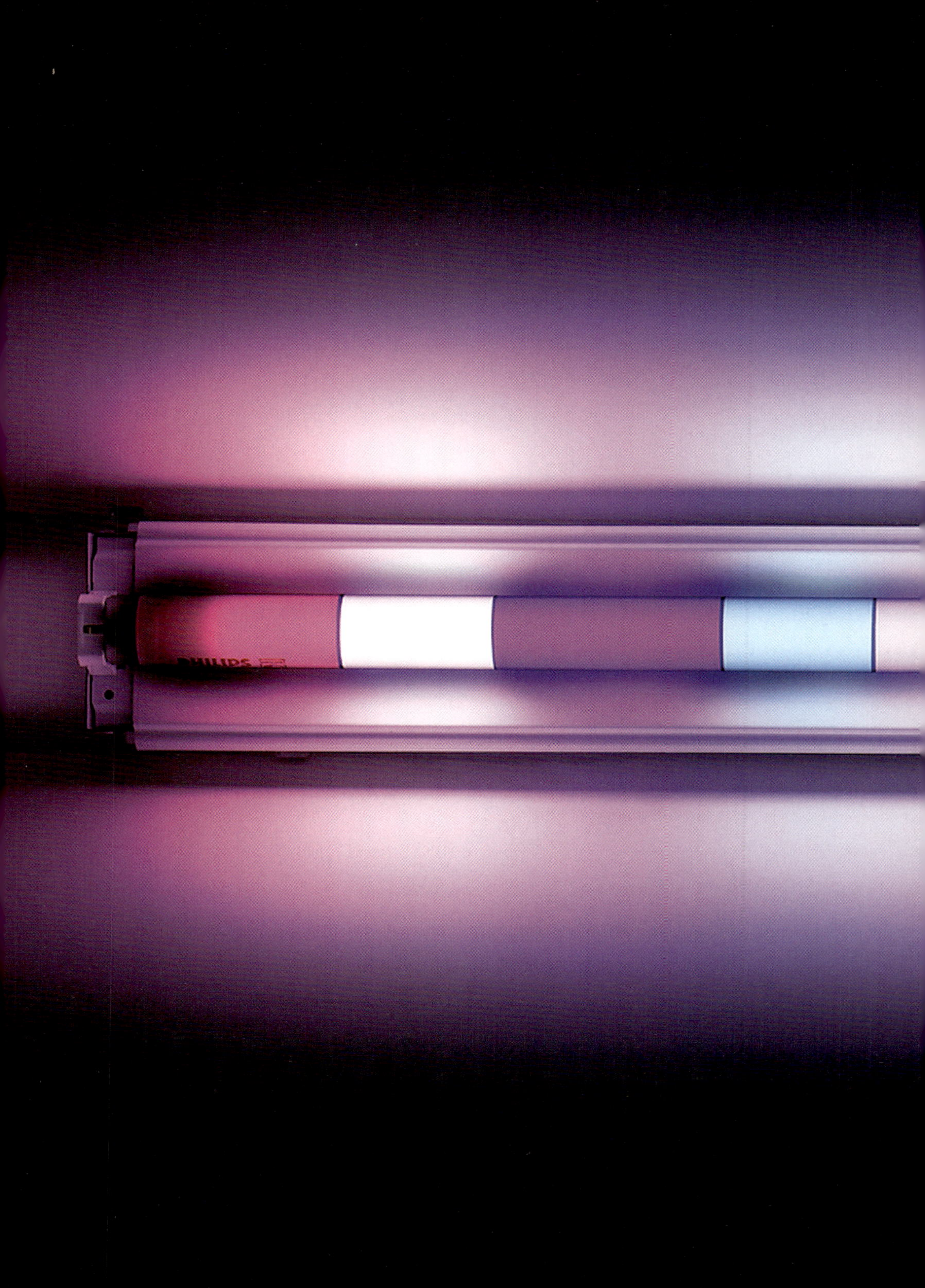

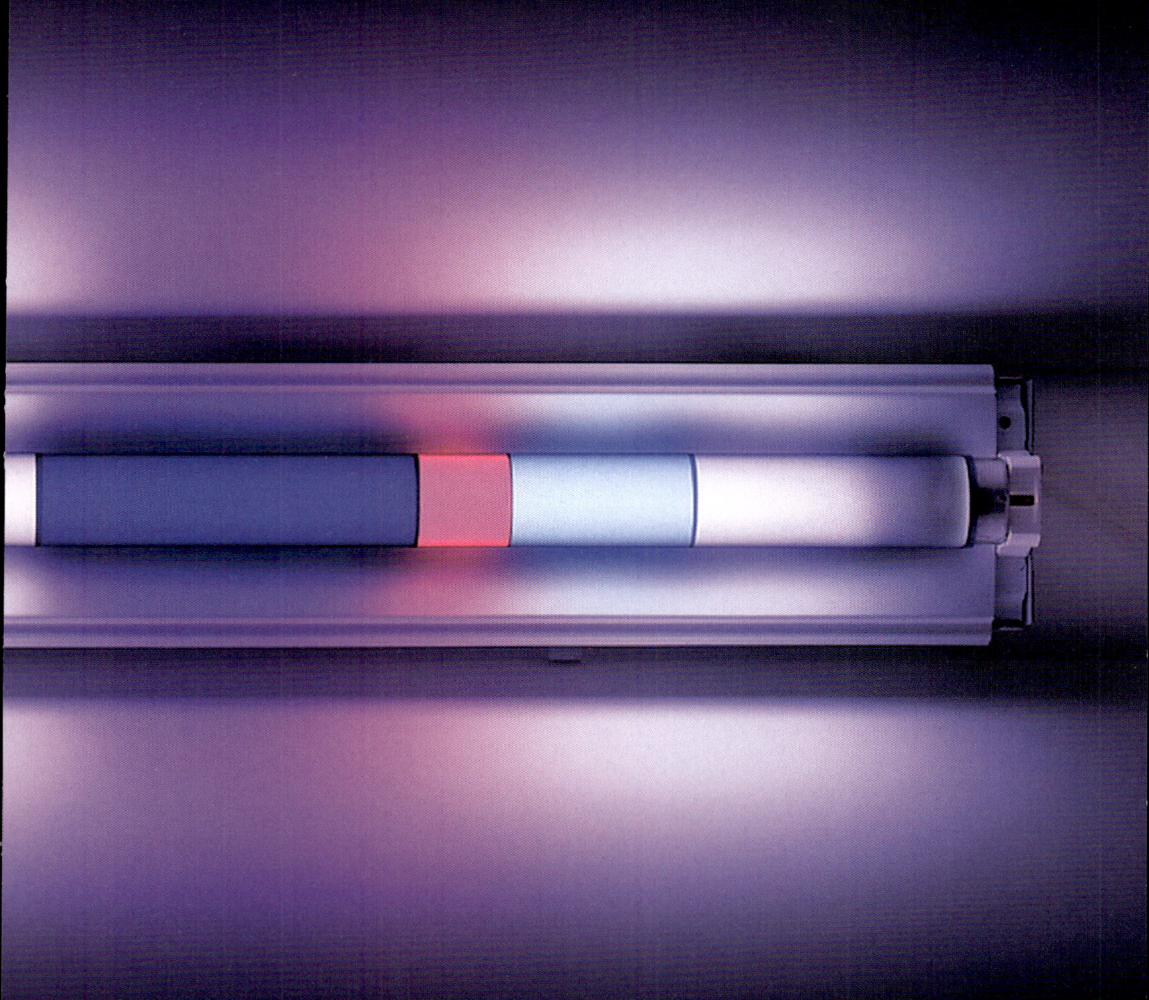

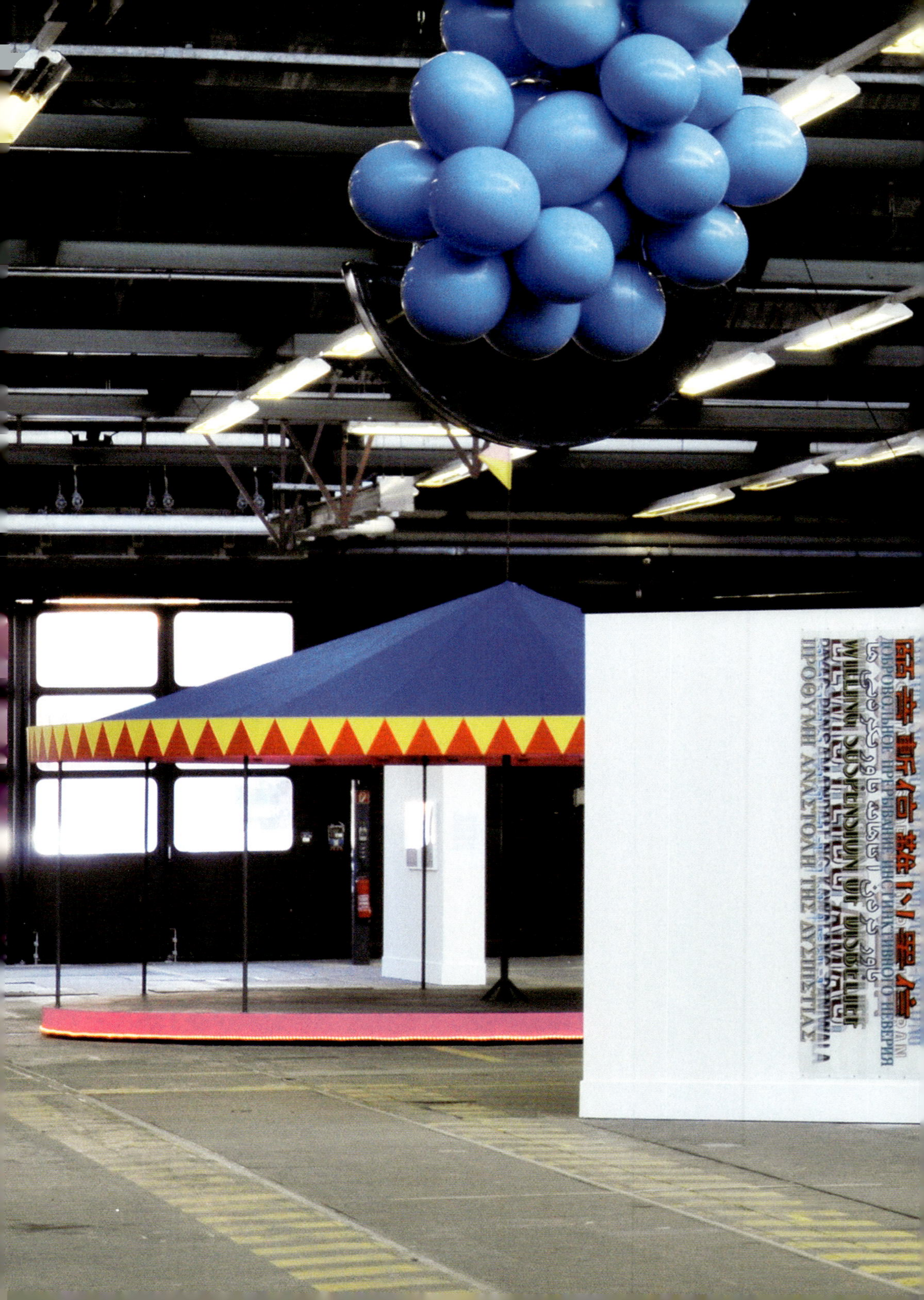
ДОБРОВОЛЬНОЕ ПРЕРЫВАНИЕ ИНСТИНКТИВНОГО НЕВЕРИЯ
WILLING SUSPENSION OF DISBELIEF
ΠΡΟΘΥΜΗ ΑΝΑΣΤΟΛΗ ΤΗΣ ΔΥΣΠΙΣΤΙΑΣ

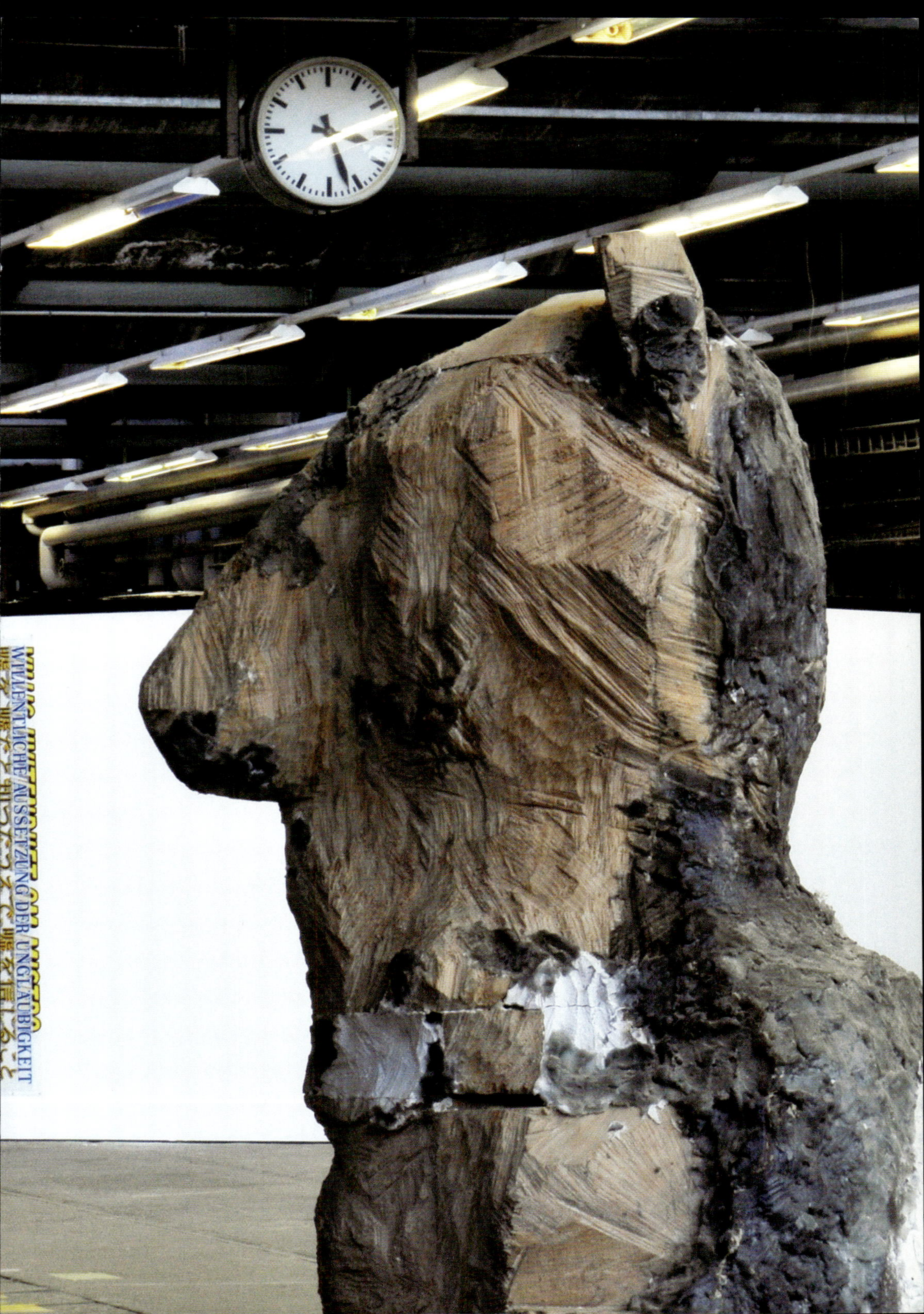
WILLENTLICHE AUSSETZUNG DER UNGLÄUBIGKEIT

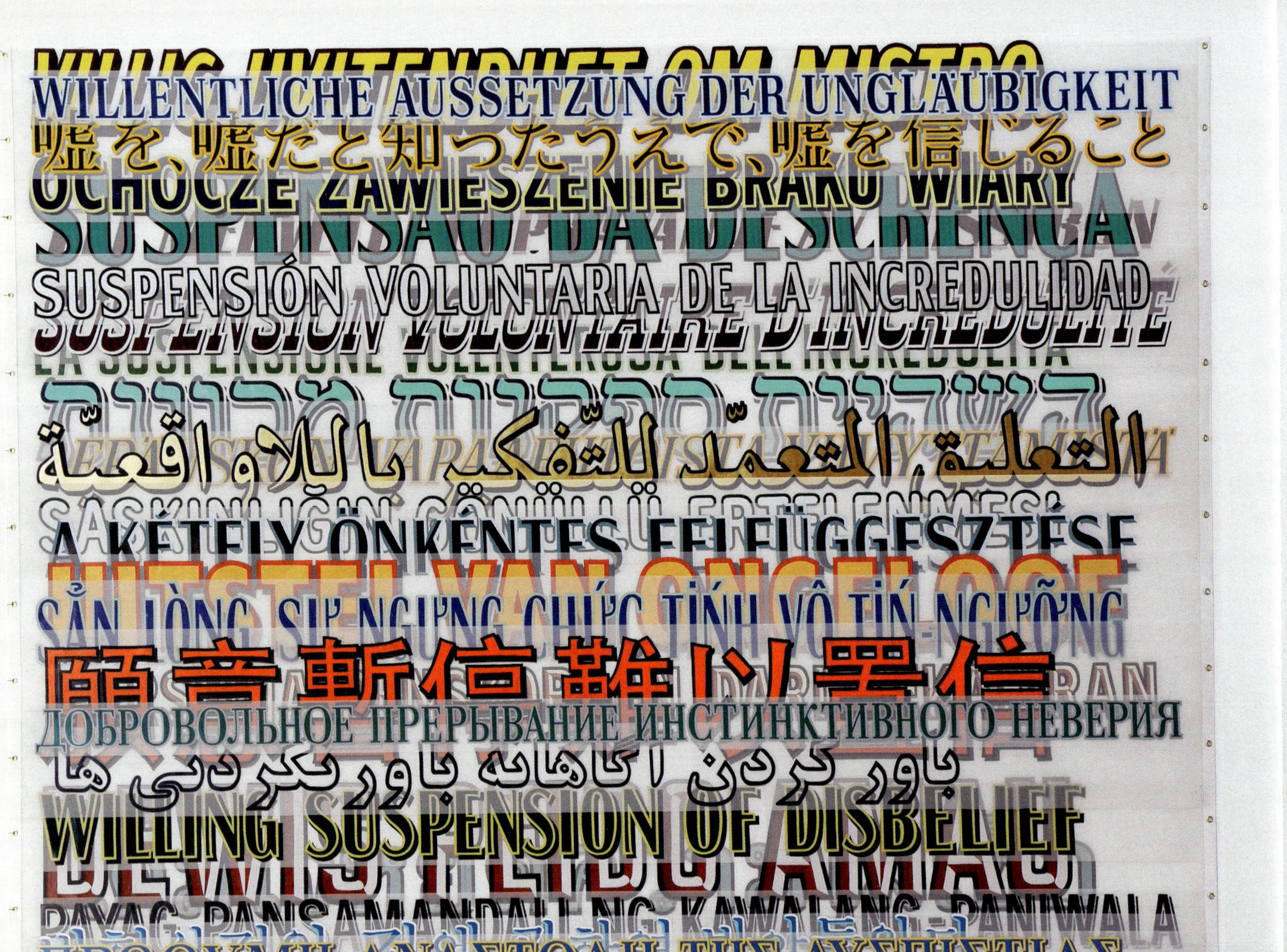
WILLENTLICHE AUSSETZUNG DER UNGLÄUBIGKEIT
嘘を、嘘だと知ったうえで、嘘を信じること
SUSPENSIÓN VOLUNTARIA DE LA INCREDULIDAD
ДОБРОВОЛЬНОЕ ПРЕРЫВАНИЕ ИНСТИНКТИВНОГО НЕВЕРИЯ
WILLING SUSPENSION OF DISBELIEF

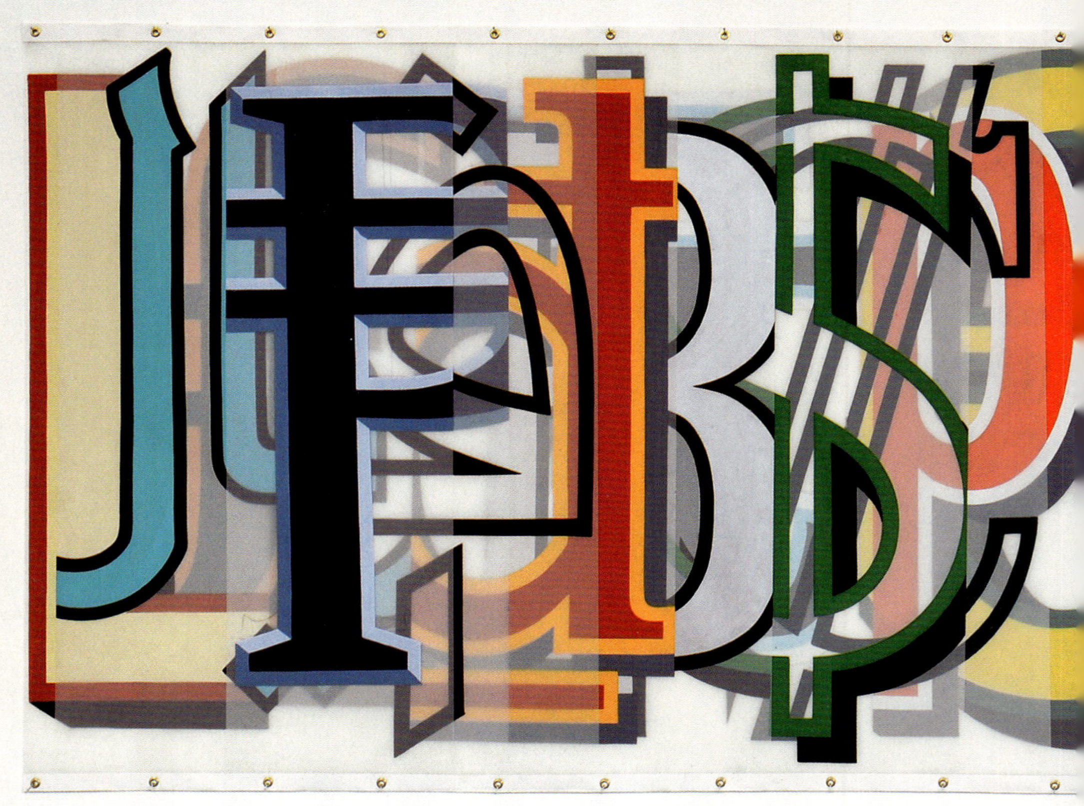

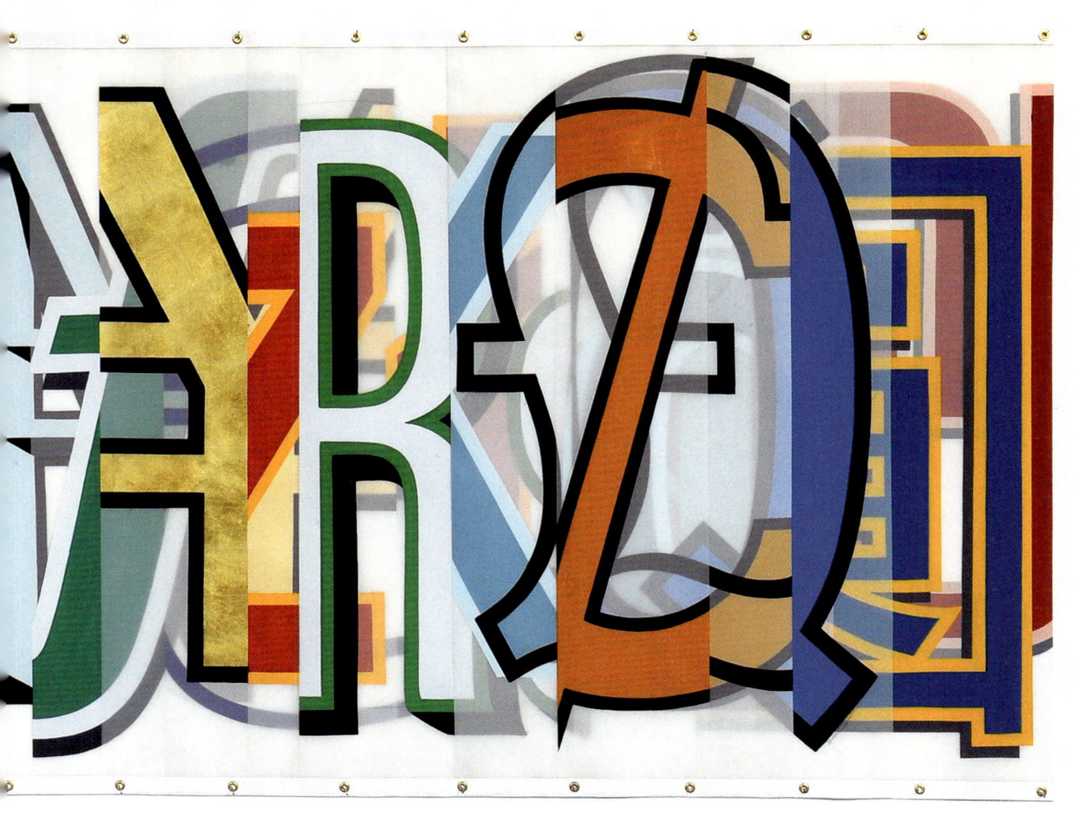

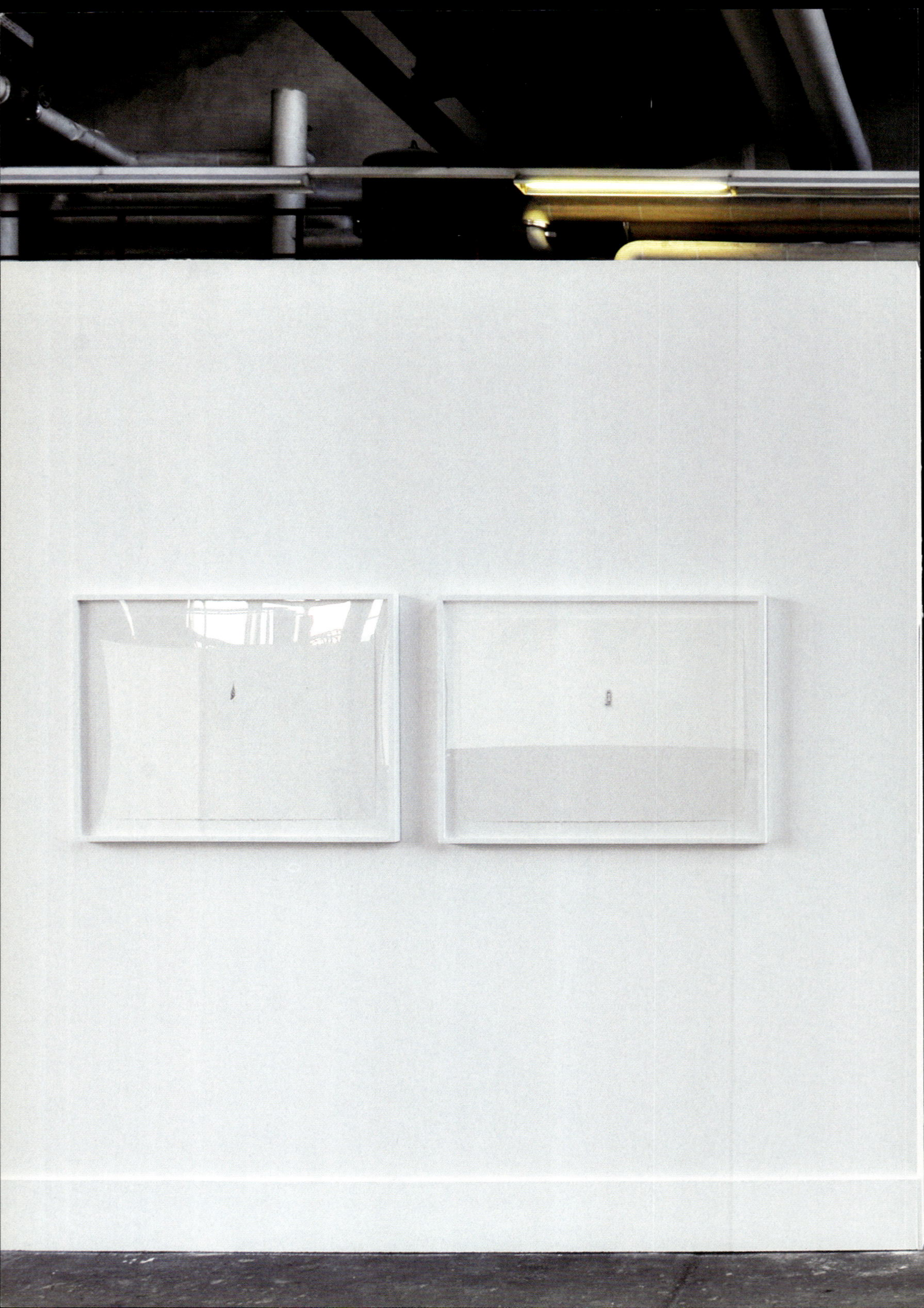

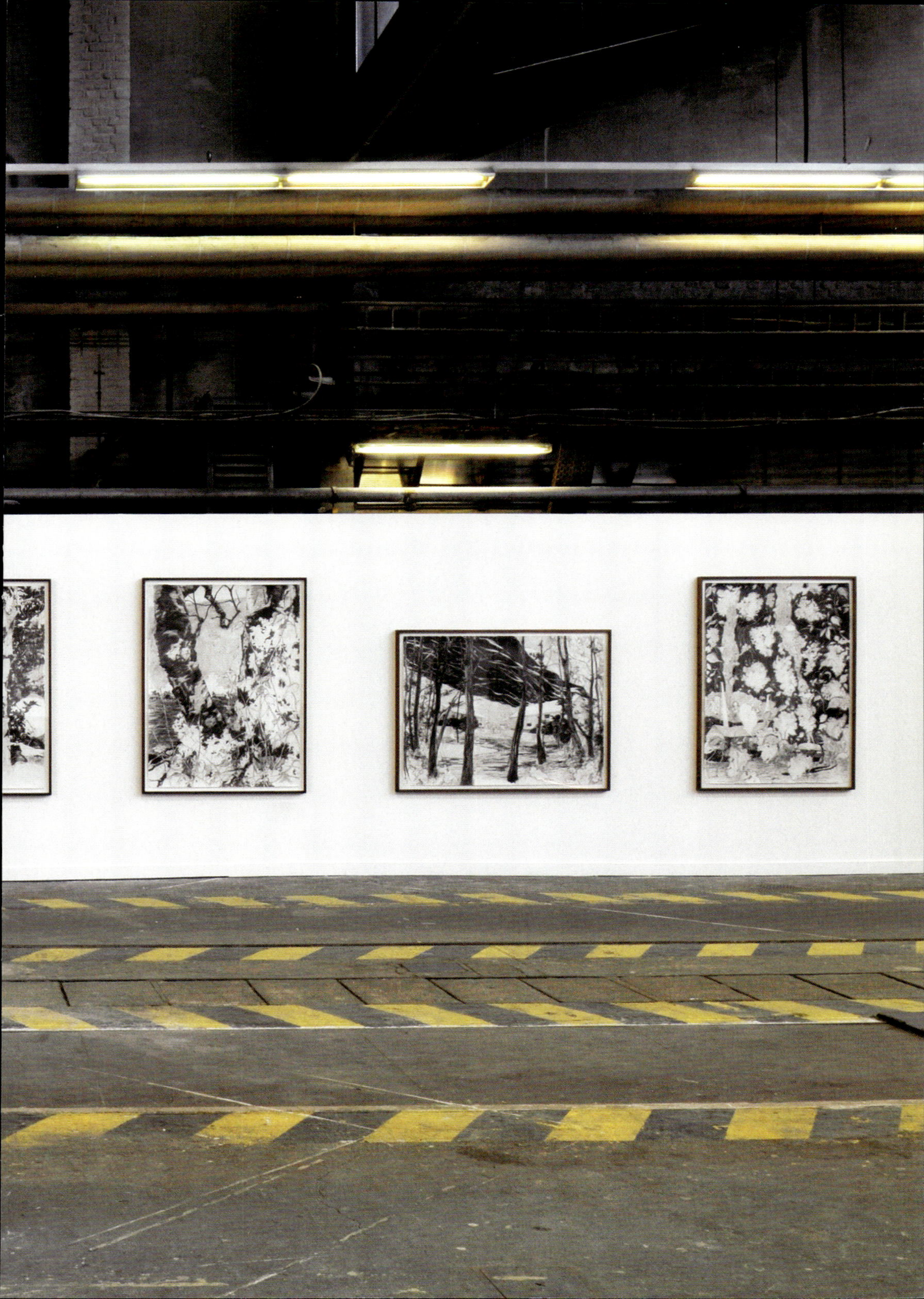

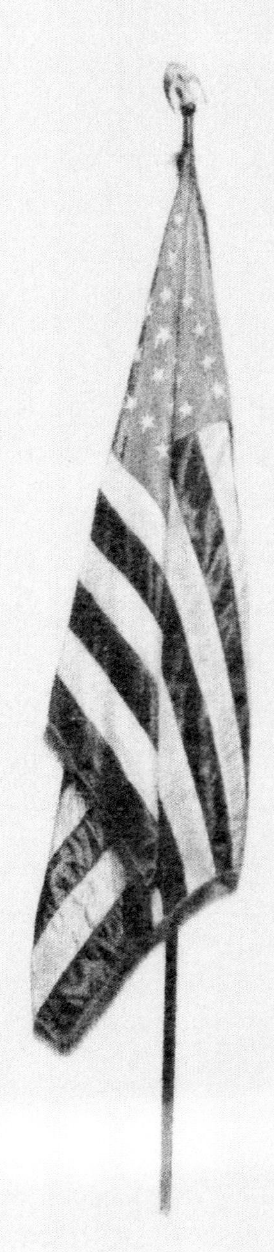

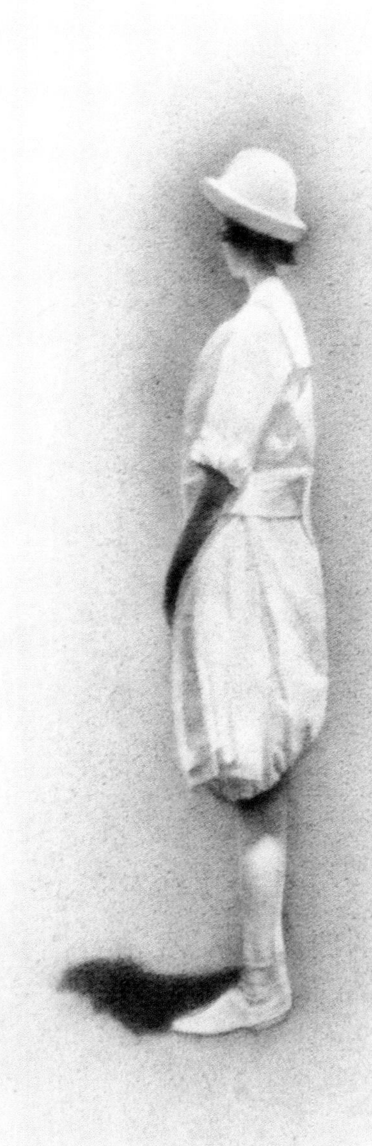

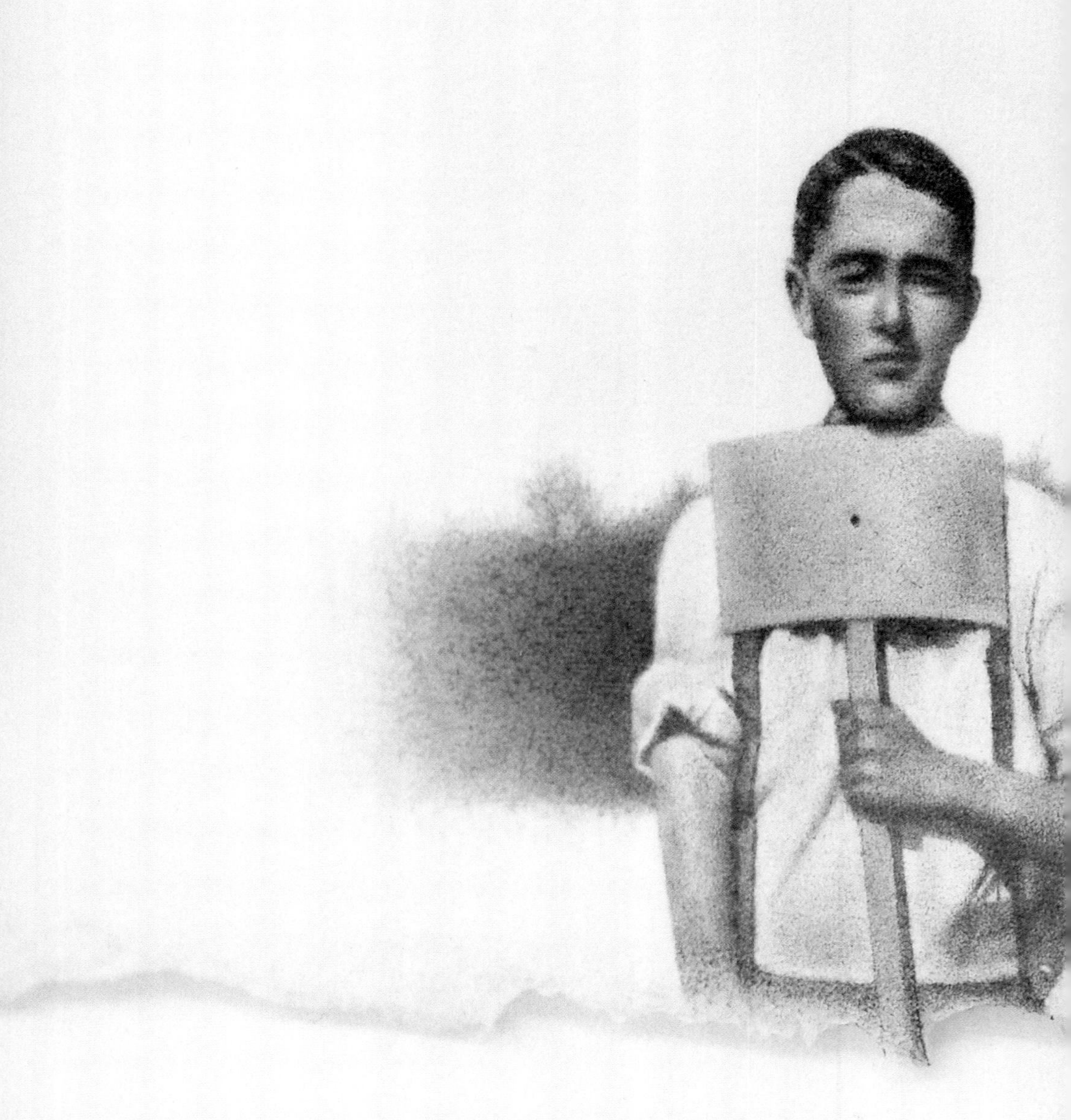

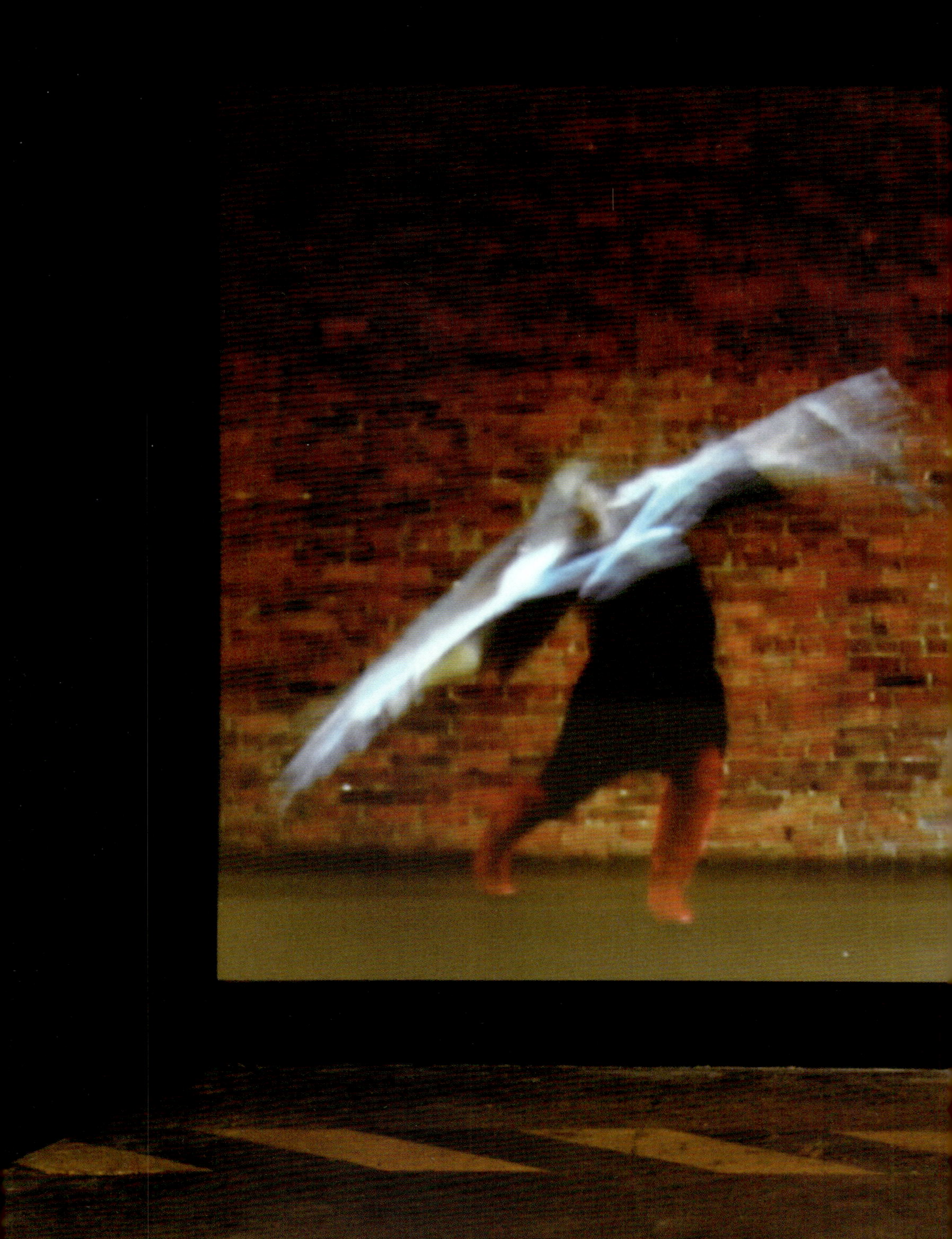

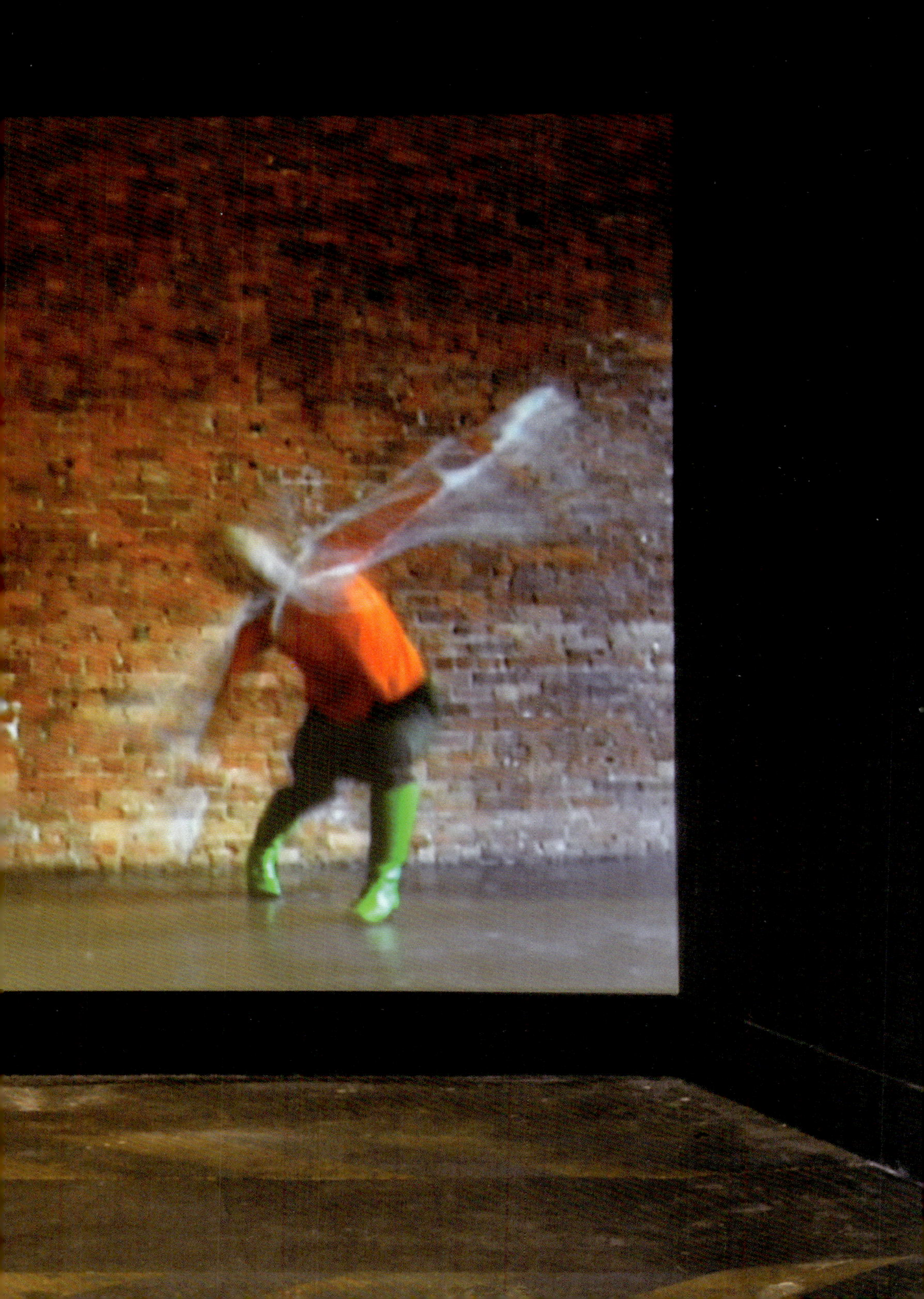

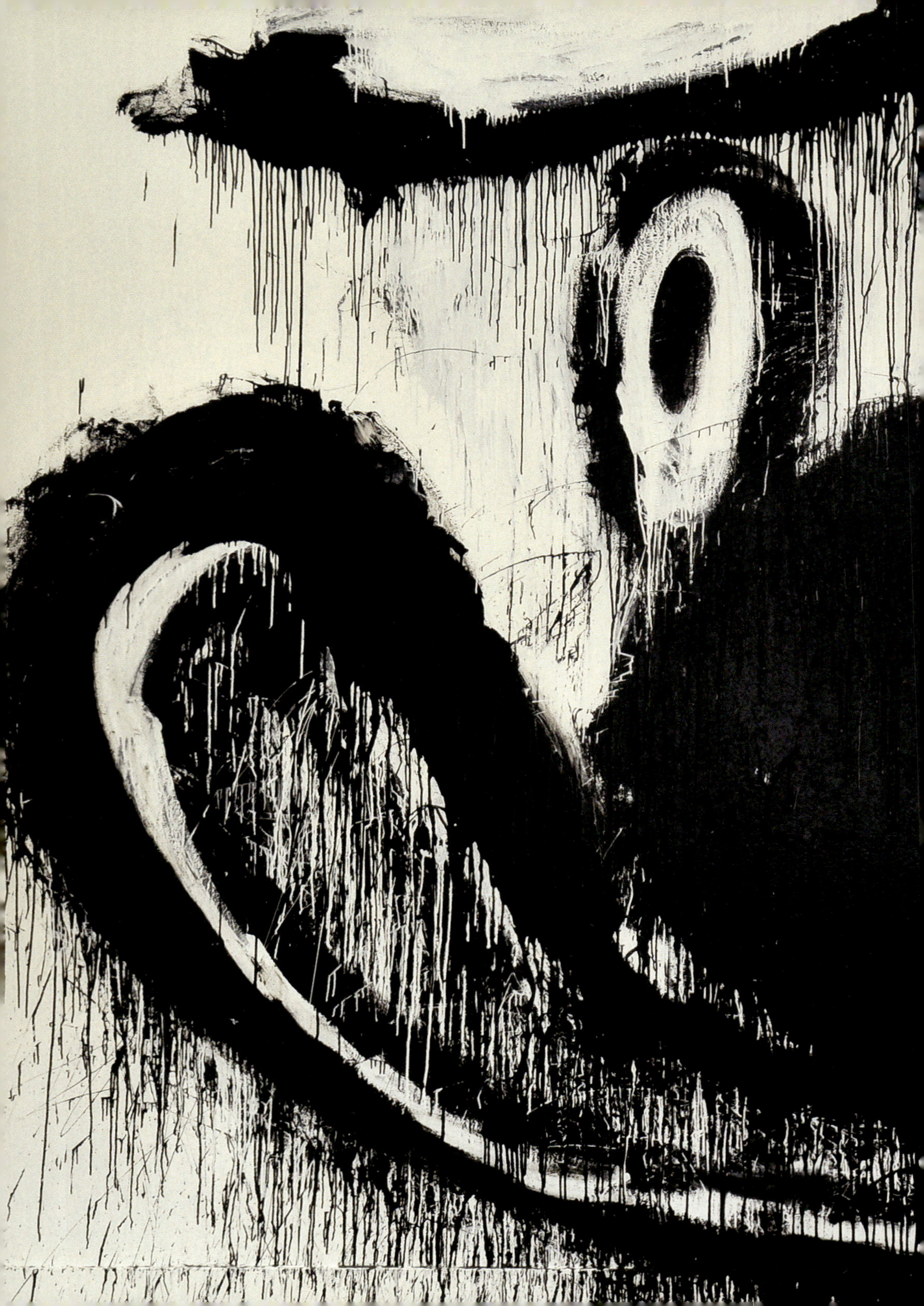

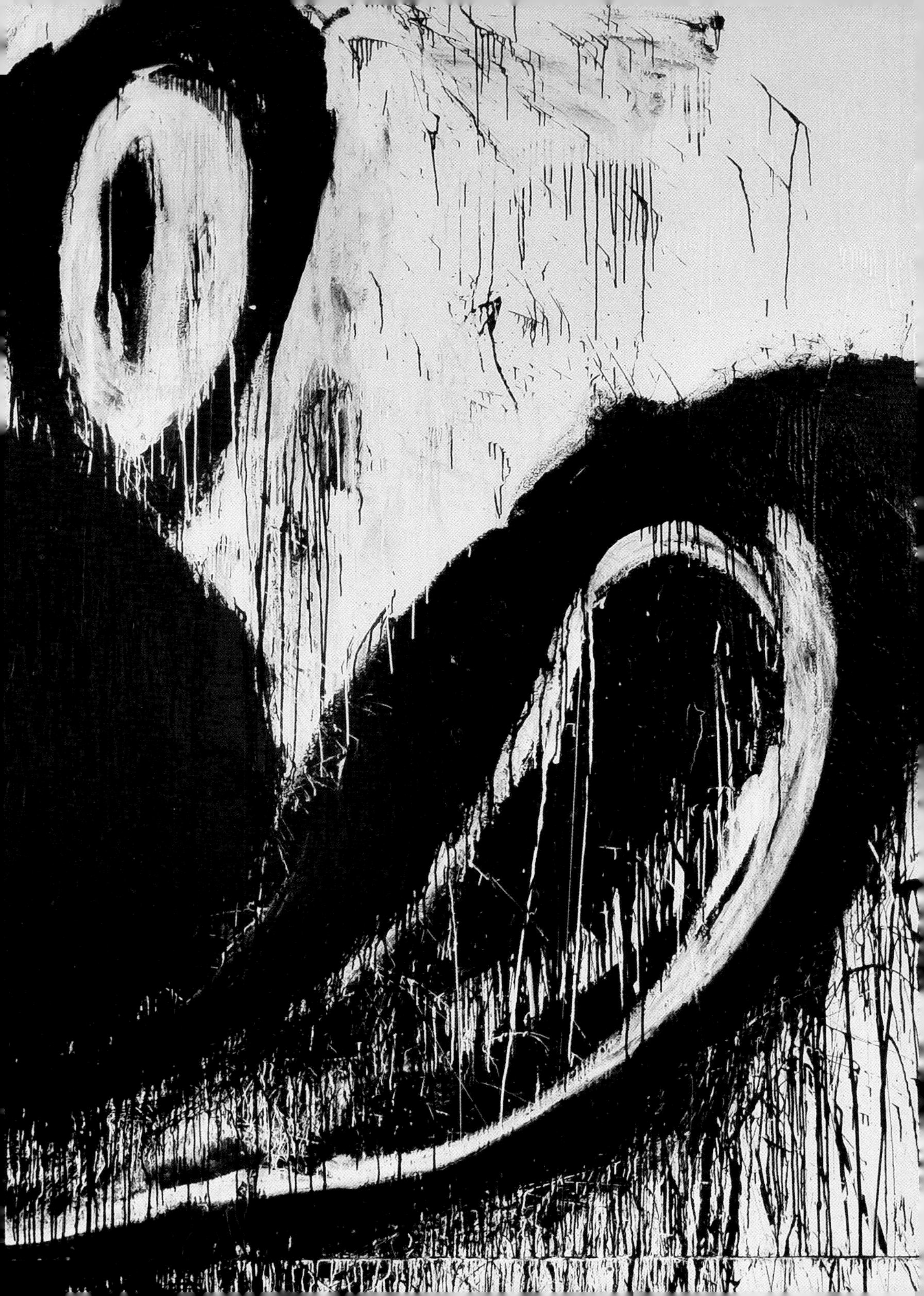

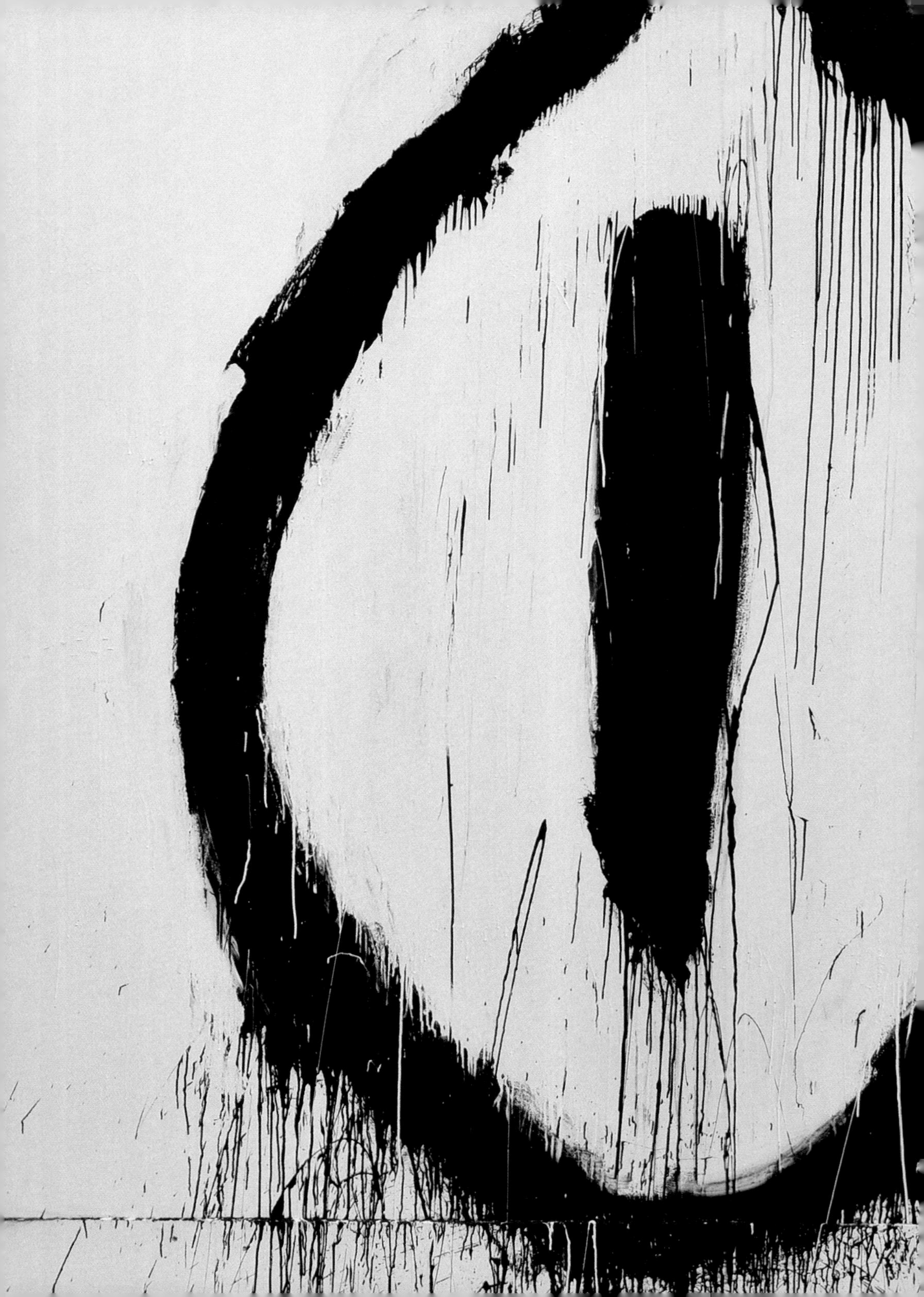

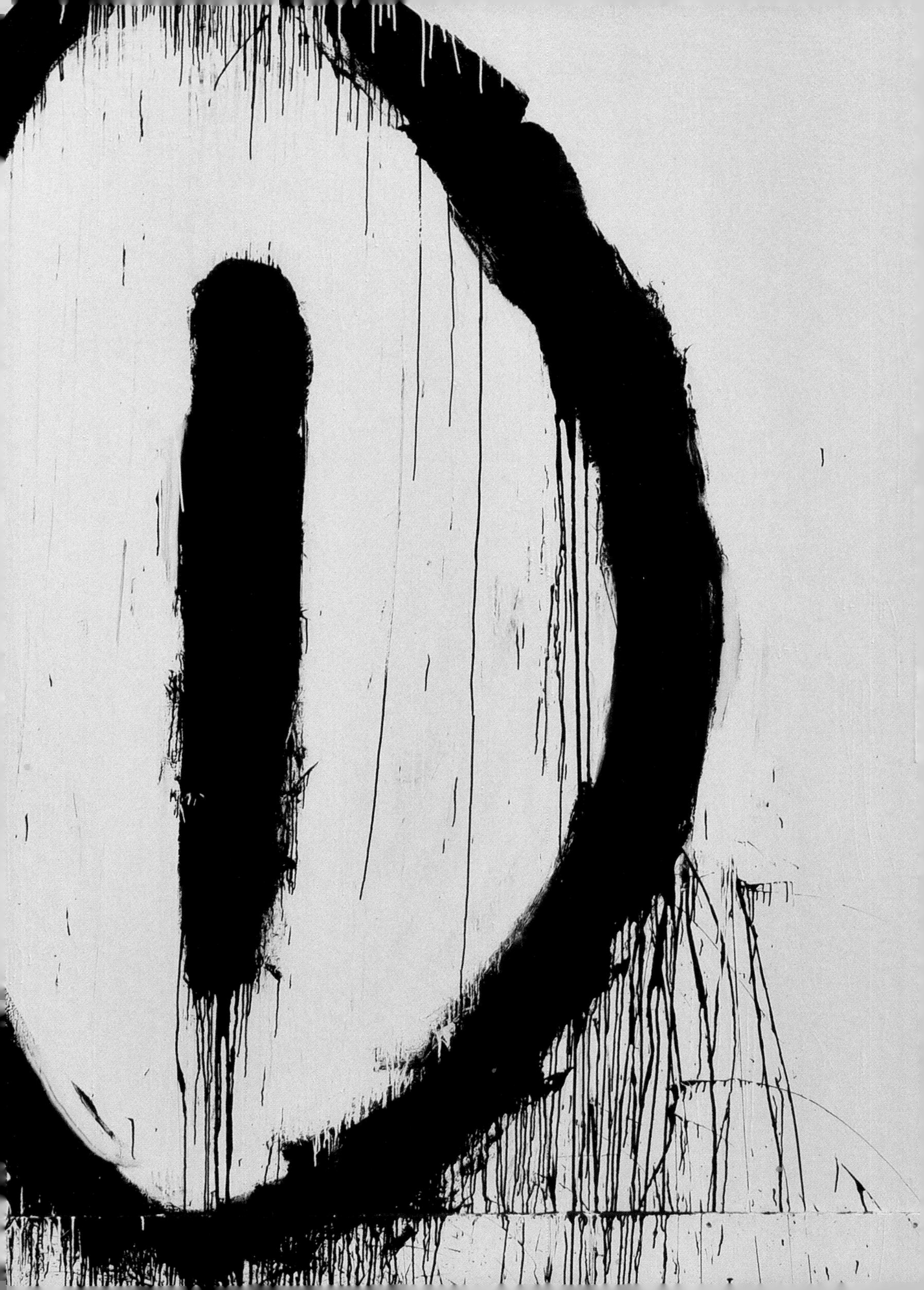

Martina Siebert

Die monströse Gabe der freien Rede

Über das Hissen des Jolly Jumpers für eine Falschmünze der leeren Form

Die Gabe

Ein schnelles Erscheinen und Verschwinden, ein für die Sprache der Kritik lächerliches Unnennbares, ein *Hier* weniger des Raums als der Inkonsistenz und des Übergangs in die Distanzierung vom Referenten, deshalb ein auf dieses hin ohne bezeichnenden Inhalt Stattfindendes, ein ausgedehnter stumpfer Winkel, ein Sinn, den man nicht beschreiben kann, ein Leser oder Betrachter, der an diesem kleben bleiben muss – all das ist Roland Barthes' *Dritter Sinn*, der als Supplement der Intellektuation einem „dahintreibenden Blitz" gleicht, dessen Wirkung er mit dem Bachtinschen Dialogismus assoziiert. Der *stumpfe* Sinn und das aufspießende *punctum* öffnen wie der Karneval Kultur und Wissen durch das Paradoxon des Sprechens, das die Praxis der Sinngebung kartätscht. Denn die Sprechgemeinschaft gibt sich, nach Michail Bachtins *Ästhetik des Wortes*, nicht nur Kommunikation, sondern produziert Inkongruenz, die gegen die dialogische Wechselwirtschaft als Akzent und Bruch auftritt.

Ohne Kommensurabilität erscheint auch die Welt des frühen Ralph Waldo Emerson, wenn er sie in ihren Geschenken (*Gifts*) vom Paradoxon der Gabe zwischen Gläubigern und Gläubigen zur Paulinischen Perspektive fortheben will. Anders als der Verlust im Absurden ist der Verlust des Machens hier als Sein der Liebe vorgestellt, die in einem weiteren Schritt zur Reflexion von „Ich und Nicht-Ich", von Abhängigkeit und Dominanz, respektive von Absichtlichkeit und Erwartung fortschreitet, um die Vision einer radikalen Demokratie vor dem Hintergrund einer weiten amerikanischen Landschaftssicht auszubreiten, deren Natur jenseits von immanenten Zielen existiert, während sich die Verzeitlichungsprozesse des Seins – ausgedörrt zum Beispiel vom Kampf mit der Malaria – im Sinne einer ästhetischen Funktion des Nützlichen denken lassen sollen. Denn: „Necessity does everything well" (*Gifts*).[1]

Der Jolly Jumper

Was in Andrej Belys Glossolalie-Poetik dem flüssigen Zustand des Rhythmus gemäß explosionsartig ausbricht, ist der glühende Strom des automatischen Sprechens und eine Häretik, die sich dem Tanz der Zunge, der armlosen Tänzerin, überlässt, damit die Position des Aussagens gänzlich im Bild von einer sich windenden Luftsäule aufgehen kann. Insofern ihre gleichsam geschlossene Schleife für die spätere „Vereinigung der Realen Kunst" als ein Sich-Verwickeln in Aporien erscheint und sich zum Ritual des spielerischen Ernstes entwickelt, wird das karnevaleske Sprechen nach der Tragödie des Begehrens zum Umwandeln, Ersetzen und Sich-Zuwerfen von Wörtern und setzt sich als komisches Spiel an die Stelle der politischen Ökonomie.

Das Spiel ist ohne Repräsentant zu denken, als das aus Code und Maske, Geld und Freiheit oder Geld und Bild, Gewalt und Repräsentation nach unten umgeschlagene Reale der Realität des Spiels. Das Spiel spiegelt die Sphäre des Erscheinens, den Schein, den Geldschein, die Illusion, die Geldillusion und übersteigt gleichzeitig den fiskalischen Liturgos. In ihm ist die menschliche Maske des Kredits die Wirksamkeit des Ersetzens. Es setzt sich anstelle des gerechten Preises (Luther) und dann der französischen Herzfahne des Jolie Rouge, Jolly Roger (Jolly Jumper) des roten Piraten ...

Als Ende November 1773 Unbekannte als Indianer verkleidet drei Teeschiffe in Boston angriffen, um die Ladung ins Hafenwasser zu schütten, setzten sie auch jener Mischung aus Wirklichkeitssinn und Ethos, Frivolität und Ergriffenheit ein lebendiges Denkmal, die man stellvertretend für die Vielen einem William Penn oder James Oglethorp nachsagte, deren weitaus allgemeinere Fähigkeit darin bestanden hatte, „den Sabbat ebenso halten zu können wie alles, worauf sie ihre Hände legten".

1770 waren in Boston sechshundert Schiffe beheimatet. Reederei und Fischerei erwirtschafteten beträchtliche Vermögen, die, in diesem beinahe Kirchenstaat des protestantischen Geistes, mit dem Stolz einhergingen, auch das reinste Englisch hervorgebracht zu haben und es sprechen zu können; wohingegen New York, als dessen Gegenteil, den parvenühaften Reichtum des schrillen und schnellen Luxus ausstellte, der einer Handlungsvielfalt entsprang, die sich damit schmückte, von derselben wilden Art zu sein wie das ungezähmte Dunkel der Wälder, die sich westlich von dieser städtischen Vielfalt ausbreiteten.

So gesehen, erlaubten sich die in Boston nach englischem Vorbild gegründeten „Joint Stock Companies" über die schon verankerte Pflicht zur öffentlichen Meinung oder die Reinheit der Sprache als *News Letter*[2] in der Maske des Wilden den Gründungsakt der Amerikanischen Revolution. Die Sprechgemeinschaft suchte in der Flexibilisierung und hinter der Maske Ausdruckskanäle für Konfliktformen und performierte einen paradoxalen Akt, indem sie sich einer „falschen" kupferroten Haut mit blauen Tätowierungen bediente, weil England, um es kantisch auszudrücken, kein Recht hatte, die Wahrheit gesagt zu bekommen.

Damit war die große Larve als Inkarnation eines Geistes aufgetreten, der als *A Monumental Inscription on The Fifth of March* (1770) in Form von extrem farbigen Flugblättern die Arbeit der Korrespondenz-Komitees[3] unterstützte und die Strategie der Illustrierung erweiterte, damit das „Massaker von Boston" in allen Kolonien bekannt gemacht werden konnte. Anders als die *stamp tax* als solche oder die Townshend-Gesetze[4] blieb die Darstellung der niedergemetzelten Bürger, welche die britischen Schildwachen mit Schmähungen und Eiszapfen lächerlich zu

1 Vgl. Ralph Waldo Emerson, „On Gifts", in: ders., *Essays*, New York 1980 sowie ders., *Die Natur. Ausgewählte Essays*, Stuttgart 1982.

2 Die erste Zeitung, die seit 1704 in Boston publiziert wurde.

3 Lokale Debattierclubs, die, mit Ausnahme in Pennsylvania und North Carolina, als Sprachrohr radikaler Separatisten fungierten und deren Arbeit darin bestand, Ereignisse oder Nachrichten und Taktiken auszulegen.

4 Lord Townshend, Schatzkanzler im Kabinett Chatham. Er brachte ein Gesetz durch, das Farben, Glas, Papier und Tee auch in Amerika mit Steuern belegte. Gegen seine Steuereinnehmer demonstrierten die vorwiegend proletarischen *Sons of Liberty* unter der Führung des Reeders Samuel Adams mit ihren in Vermummung ausgeführten Teer-und-Feder-Aktionen und zwangen die Regierung in London, die Besteuerung der Kolonien zurückzunehmen – mit Ausnahme der 3-Penny-Teesteuer.

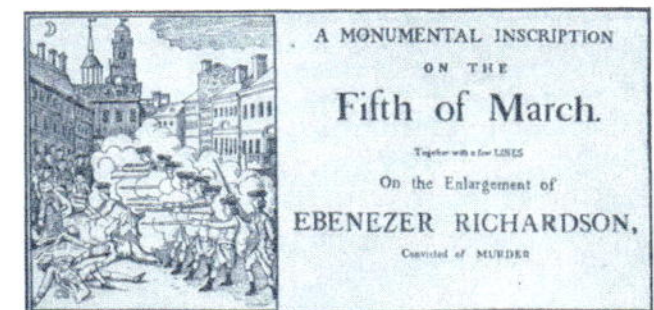

machen gesucht hatten, das gültige Bild für ein wüstes Morden inmitten von friedliebenden Amerikanern.

Was sich also als eine Art des Agitprop auch allen daran anschließenden Konsequenzen öffnete, operierte mit grassfarbigen Bildern einer vorrevolutionären Stimmung und mit einer Idee der affektiven Erweckung des Individuums, das bis hin zum Begriff des „Minuteman“[5] Beschleunigung und Individualität zum Spiegel eines rationalen Traums machte, der Wendigkeit und Handlungsbereitschaft oder das Streben nach Glück mit Taktiken des Bandenkriegs verband. Vor diesem Hintergrund des Willens zur Handlung erhob sich ein ebenso emotionales wie kalkulierendes Subjekt und machte sich zum Gegenstand des leeren Gesetzes, von dem Kant in Hinsicht auf die Amerikanische Revolution gewissermaßen *post factum* zu bedenken gegeben hatte, dass die Ethik als rein praktische Philosophie der inneren Gesetzgebung nur moralische Verhältnisse des Menschen gegen den Menschen begreiflich mache, hingegen das, „was [...] zwischen Gott und dem Menschen hierüber für ein Verhältnis obwalte, [...] uns schlechterdings unbegreiflich ist“ (*Metaphysische Anfangsgründe der Tugendlehre*). Anders gesagt, die objektive Idee der sittlichen Stärke war „in der Tat jede Menge derselben“, in der der Mangel an Selbsterkenntnis nie hinreichend Einblick gewährte, wie die Triebfeder der Pflichterfüllung vom menschlichen Herz gefühlt wird und „ob sie gänzlich aus der Vorstellung des Gesetzes hervorgehe, oder ob nicht manche andere, sinnliche Antriebe mitwirken“.

Für Kant blieb der „negative Widerstand“ *I can't* trotz seiner Begeisterung für die Amerikanische und Französische Revolution mit jenem rechtlichen Prinzip verbunden, dessen reine Form kein Verhältnis mit einem empirisch politischen Bild eingehen konnte, das mit dem erhabenen Taumel entfesselter Kräfte umzugehen wusste. Stattdessen insistierte er auf seiner *tour de force* der ethischen Ästhetik, das heißt, auf einer Ruhe der Tugend, die jedoch in den metaphysischen Anfangsgründen seiner Tugendlehre allein aus Hindernissen geboren war; Hindernissen, die in der liberalen Konstruktion des amerikanischen Unternehmergeistes als unternehmungslustiger Erfindungsreichtum auf eine notwendig popularisierte innere Freiheit Bezug nahmen, welche auf unterschiedliche Weise immer wieder mit der Ausdehnung der Landschaft korrelierte und mit dem Glücksspiel. Denn nur wer verlieren kann, kann auch gewinnen.

5 Freiwilliger, der mit griffbereiter Flinte und Pulverhorn eine Minute nach einem Alarm kampfbereit sein sollte.

6 Vgl. Mark Twain, „Das Privileg der Toten“ (1905), in: *Frankfurter Rundschau*, 20. April 2009 (Übersetzung: Adrian Widman).

Die große Landschaft des *play* and *please* brachte dementsprechend schon in Chateaubriands Beschreibung der amerikanischen Wälder das Unbekannte, Unruhige, Aufregende dieser Wälder mit einem darin verborgenen Objekt der Stille zusammen, das später in Henry David Thoreaus wilden Nächten von *Concord* alle Exotik arabischer Nächte bei Weitem übertreffend diese Natur als *wizard* zum Vorbild eines Beleuchtens machte, das Bewegung und Zauberkraft in der menschlichen Vorstellung über den Begriff der *imagined community(ies)* zu vermitteln trachtete. Ein Entwurf, der sich wohl kaum besser anschauen lässt als in Jackson Pollocks „I am nature“ und Andy Warhols „I am society“, und mit dem sich gleichzeitig die ganze Zwangslage eines mächtigen Beweggrunds deutlich machte.

Die eigentliche Zwangslage des mächtigen Beweggrunds und des Handelns nahm sich Mark Twain als „Privileg der Toten“[6] zu Herzen und beschrieb das Objekt der Stille, die leere Formalität der freien Meinungsäußerung als vollständig virtuellen Besitz beziehungsweise vor dem eigentlich stets geleugneten Hintergrund eines populären Willens, der andererseits zur Furcht vor Konsequenzen führte, weil, wie er sagte, die Äußerung der eigenen Ansicht einen teuer zu stehen kommen kann. Es besteht die Gefahr, dass das Haus des Tüchtigen „ein von allen gemiedener, einsamer Ort wird“. Doch die eigentlich schwere Last der unpopulären Meinung hinterließ zwischen den Fruchtständen des Religiösen und des Politischen ihr Gespinst der „in Ehren gehaltenen unliebsamen Überzeugung“, anders gesagt, die Geisterlandschaft des nicht einzusehenden geheimen Fundus der Nationen, in dem sich das Gespenst der Maske mit der Gewalt eines Naturgesetzes (*law of*

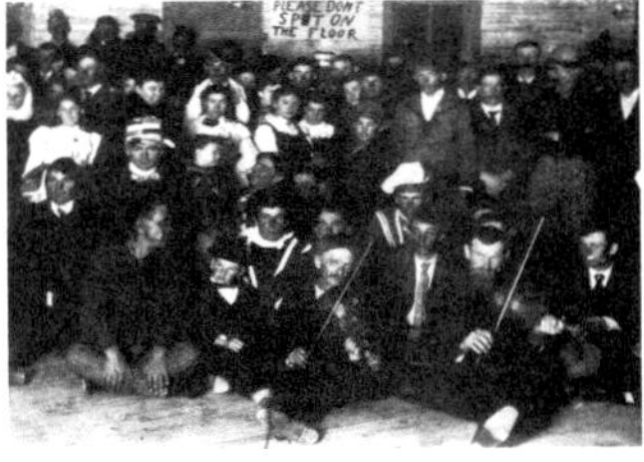

Maskerade | Masquerade party and dance, Englewood, Kansas
Foto: Kansas State Historical Society

7 Joanna L. Stratton, *Pioneer Women Voices From The Kansas Frontier*, New York 1982, S. 35f.

nature) einführt, sodass die Nationen wie die Durchschnittsbürger nie das sind oder sein werden, als was sie erscheinen.

Allerdings bringt genau dies das Spiel wieder in Gang – ein Spiel, welches Begehren heißt, um den geschlagenen Sprecher und die heißen Gefühle einer vom Wetter gegerbten Seele dazu zu zwingen, für das Grab zu denken: „Ich werde es jedoch der Nachwelt hinterlassen. Im Grabe herrscht die Redefreiheit, und die Nächsten bleiben unbeschadet." Vom unbeweglichsten Punkt der größten Macht, von Willa Cathers absolutem Liebhaber Wind/Tod der *Great Plains* erhebt sich also ein synthetisiertes Lust/Angst-Verhältnis in die Understatement-Technik des Absurden, und das ästhetische Spiel wendet sich über das Populäre in die Geschwindigkeit, welche schon von der jungen Pionierfrau Carrie Stearns Smith 1867 anlässlich ihrer Reise mit der Coast-to-Coast-Postkutsche „Vermont Sanderson" als berauschender Überfluss der Sensation schneller Bewegung beschrieben wurde, die in Emporhebung übergeht: „Die Postkutsche kam in einem großen Kreis um die Ecke gefegt, acht Schimmel ausgerüstet in Pferdegeschirr und Schmuck, soweit das Auge reichte. Ich bin schon oft darauf angesprochen worden, ob es wirklich acht Pferde gewesen sein können, aber ich täusche mich nicht; acht mögen wie Überfluss klingen, aber *es waren acht*. Mag sein, dass ein Extra-Gespann eigens unten zu einer Poststation gefahren worden war, um dort für künftige Ablösungen bereitzustehen. […] Fort ging es mit uns, kaum dass ich den Atem halten konnte und die Stange hinter meinem Sitz. Aber die schnelle Bewegung und ein Gefühl der Erhabenheit, die schneidende Luft eines frühen Oktobermorgens, das Ungewöhnliche und Unerwartete dieses Abschnitts meiner Reise – es war berauschend."[7]

Wie ein Herkules der Herkunftslosigkeit meldet sich hier die Erinnerung als mystisches Danach und ist ein ebenso Ungewisses wie die Situation davor, die, zwischen Ethos und Pathos, die Reinheit der großen Landschaft im Segel der Luft entgegennimmt; ein Segel, welches über ein Jahrhundert später in Laurie Andersons *Electronic Home Of The Brave* als Ausdehnung der fiktionalen Energie und Wiederaufführungspraxis einer „idealen Geografie Huck Finns" (Barnett Newman) den Sound „des Davonrasens" noch intensiviert, um dem schwimmenden Theater elektronischer Signale eine neue „Nerve-Bible"[8] zu geben, deren Gegenstück die Maske der Vergrößerung und Verzerrung ein Gesicht, ihr Gesicht, in der

Brechung einer Fresnel-Linse ist. In der neuen Larve erscheint das Optische als Intensität der Musik, die als Evokation des Bildes individuell und kollektiv die kybernetische Transformation über einen Kostümballeffekt ins Subjekt zurückholt – ein Subjekt, dessen Originalität Rem Koolhaas in *Delirious New York* als Wunsch nach Individualität in der begrenzten Suspension von Kollektivität zur Voraussetzung kollektiver Performanz machte, welche als solche durch jene in keiner Weise gefährdet ist.

Die Gefährdung, die dennoch, aus Spieltheorie und Regelhaftigkeit der Demokratie gemacht, in den Ganzkörpermasken eines Ward, Ponzi oder Madoff anwesend bleibt, wird begleitet von der fast fleischlich zu nennenden Kunst des „Marktschreiers, der dafür sorgt, dass sich das große Zelt füllt“[9], das, in einer endlosen Präsenz gedacht, sich wieder und wieder auf die *townsites* in Kansas bezieht. Deren Promoter versprachen schon damals in ihren Werbefeldzügen Vitalität, Handel und beständiges Wachstum, das so schnell in Heuschreckenschwärmen untergehen konnte, wie es sich gleichzeitig als ungebrochene Schule der Freiheit – noch in einer Kinderkutsche mit Truthähnen bespannt – in jenem Flug begriffen wusste, der zur Abwehr des strengen Monologs der öffentlichen Rede seine „dwarted saint's crown story“ erfindet, in der das, was wirklich zu wünschen ist, ein Sound bleibt:

„behald Unheard!   the luve of change
endis nocht indures and deid
man dance in sepulture“[10]

8 Vgl. dazu Rose Lee Goldberg, *Laurie Anderson*, New York 2000, S. 127: „Wenn Fernsehsignale ausgesendet werden, gibt es kein Zurück. Sie bleiben nicht stehen. Sie werden immer schneller [...] es sind die ersten wahren Reisenden [...] sie segeln immer weiter. Und wir lauschen mit unseren Instrumenten [...] und mit wachsender Empfindlichkeit unserer Instrumente können wir sie auch immer besser verstehen [...] ein Geräusch des Davonrasens.“

9 „Jedes große Schneeballsystem benötigt ein Netzwerk von Mitwirkenden – Marktschreier, die dafür sorgen, dass das Zelt sich füllt – und Madoff setzte solche Leute an strategischen Stellen wie Greenwich, Connecticut, und Palm Beach, Florida, ein.“ Vgl. dazu Ron Chernow, „Madoff and His Models“, in: *The New Yorker*, 23. Mai 2009, S. 28–33.

10 Robert Fitterman, „Ulysses On The High Seas“, in: *Ameresque: the snap wyatt poems*, Washington 1994.

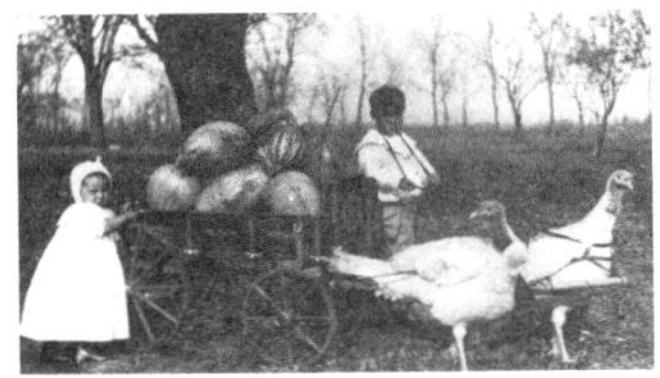

Foto: Kansas State Historical Society

Martina Siebert

The Monstrous Gift of Free Speech

On the Hoisting of the Jolly Jumper for a Counterfeit of the Empty Form

The Gift

A swift appearance and disappearance, which is, for the language of critique, laughably unnamable. A *Here* less of space than of unevenness, a transition to a distancing-from-the-referent; thus, a happening with neither marking nor characteristic content, presenting a wide, obtuse angle and a consciousness that resists explanation. This is Roland Barthes's *The Third Meaning*, which traps a reader/observer and is, as a supplement for intellectuation, a "drifting lightning," invoking in its effect Bakhtinian dialogism. It is a carnival of obtuse meaning, bringing on a piercing notation and the skewering *punctum* which open up culture and knowledge by giving the practice of interpretation a good whack; therefore: the Paradox of Speech, because the "speaking community," according to Mikhail Bakhtin's *aesthetics of the word* does not just endow itself with communication, it also produces incongruence, cutting into the exchange of dialog and bringing about *aporia*: a flaring up of accent, fraction, and break.

In the early work of Ralph Waldo Emerson, the world is adrift and incommensurable, when he hopes to define its "gifts," apart from the paradox of a gift, apart from *believers* and *creditors* (in German both: Gläubige/r), in the Pauline perspective, as a universality of Love. Unlike the rendered gap in the Ridiculous, the loss suffered by realization shall then be transformed by Love. A love, which, as a unitary good, springs back to the reflection upon I and Not-I, dependence and dominance, receptiveness and deliberate act, in order to illu-

1 Ralph Waldo Emerson, "On Gifts," in *Essays* (New York 1980), and *Die Natur. Ausgewählte Essays* (Stuttgart 1982).

minate a broad vision of a radical democracy that correlates to the expanse of the American landscape, the nature of which has no inherent purpose. Though the deliberate expeditions into, variously, fantastic hopes, sobriety, and even moderation, demarcate the lifespan of a being that is diminished by fighting—for example, the battle against malaria—although such a fight has to be understood as the moment of incarnation, as an aesthetic function of what is useful. Because: "Necessity does everything well" (*Gifts*).[1]

The Jolly Jumper

What erupts from the liquid form of rhythm, in Andrei Bely's poetics of "glossolalia," is the red hot stream of automatic speech and heresy which loosens that armless dancer, the tongue, allowing the positional predicate to spiral up in a column of air. The image of its apparently closed loop suggests to the later "Union of Real Art" a self-entanglement in aporia; it invokes the ritual of lighthearted solemnity, an earnestness of ease by which the carnivalesque speech becomes, after the tragedy of yearning, a conversion, a substitution and a throwing of words; it becomes the game of the odd and puts itself in place of political economy.

The game is to be thought of as played without representation, as the violently capsized Real of the reality of the game: the equation of code/mask, money/freedom, money/image, force/representation. The game mirrors the sphere of appearances—the glitter, the glow, the sham and shine of the counterfeit and the bill (German: Schein/Geldschein), the entire belief-system of money—and simultaneously oversteps the fiscal liturgy. In this game, the humane mask of credit is a displacement and a substitution; it replaces Martin Luther's "fair price" and then ... the French Jolie Rouge, the Jolly Roger (Jolly Jumper) of the red pirate.

At the end of November, 1773, anonymous figures disguised as Indians attacked three ships and dumped their cargo of tea into Boston Harbor. By doing so they created a living memorial to this mixture of qualities, combining common sense with ethos, frivolity with emotion, and the spirit of the many personified by William Penn and James Oglethorp, whose broader skills consisted of the ability "to observe the Sabbath as well as everything else they laid their hands upon."

In 1770, six hundred ships were registered in Boston. Shipping and the fisheries had generated a considerable wealth for this virtual church-state of Protestantism, which prided itself on knowing and speaking the purest English. In contrast, New York displayed the nouveau-riche affluence of a false/ glamorous luxury rooted in a plethora of choices, and prided *itself* on stemming from the same wild spirit as the untamed darkness of the forests that spread westward from the urban diversity.

It could be claimed that the joint-stock companies "founded on the English model," in Boston, donning the mask of the Untamed, could take upon themselves the act of initiating the American Revolution because of the already deep-set obligation to freedom of speech and purity of Language as exemplified in *The News Letter*.[2] The "speaking community," in its developing flexibility, looked for a way to embody forms of conflict and performed a paradoxical act by making use of fake copper-red skin and blue tattoos; because England, as per Kant, had no right to hear the truth.

Thus the great Domino appeared as the incarnation of a spirit, which, as in *A Monumental Inscripton on The Fifth of March* (1770), supported the work of the Correspondence Committees by pursuing the strategy of illustrating the event of the Boston Massacre, so that it might be made known across the colonies.[3] Instead of the Stamp Tax or the Townshend Acts,[4] it was the representation of the massacred citizens, who had sought to ridicule the British guards with taunts and icicles, which became the icon, the effective image for a senseless murder of "peace-loving" Americans.

What unfurled was a sort of agitprop, with subsequent ramifications; it fielded grotesquely-colored proto-revolutionary images with an idea to the affective awakening of the individual, culminating in the concept of the Minuteman,[5] welding acceleration and individuality to a rational dream, binding mobility and a readiness to act on the pursuit of happiness to the tactics of gang warfare. Framed in these tactics but with a willingness to act, a subject as emotional as he was calculating made the value of action an object in itself. Kant, in regard to the American Revolution and its aftermath, remarked, that ethics as a purely practical philosophy of inner legislation could render only the external relations of people to one another comprehensible, however that "which [...] exists between God and man, if there is such a thing [...] is utterly beyond us." In other words, the objective idea of the moral strength of mind is indeed the sheer quantity (*a good many*) of the same. The subject, lacking self-awareness, could never be afforded adequate insight, since the impulse to do one's duty is felt in a human heart, whether such an impulse "completely emanates from the idea of the Law or whether many another sensual incentive is at work" (*Metaphysical Principles of Virtue*).

For Kant, in spite of his enthusiasm for the American and French revolutions, the "negative resistance" I can't was bound to the purity of moral will whose pure form prohibited rapport with an empirical politics that involved the drive to realize unleashed powers of sublime fury. Instead, he insisted upon his *tour de force* of ethical aesthetics, i.e. upon the quieting *indifference* of moral will. This *indifference* was, however, born in the metaphysical beginnings of his "doctrine of virtue" out of obstacles; obstacles that, liberally constructed, the spirit of American entrepreneurship met with adventurous ingenuity, linked to a necessarily populist style, one that referred to an inner freedom as well as to the dimensions of the landscape and to a gamble; because only someone who can lose can also win.

In Chateaubriand's description of the American forests, the great landscape of Play and Please carried an obscured object, a quietness which gathered the unknown, unsettling, thrilling force of these forests, which later reappeared as Henry David Thoreau's wild Nights from Concord, exceeding by far all exotic Arabian Nights. Thoreau called the provocative quiet of this nature "wizard"

2 The first newspaper to be published in Boston, since 1704.

3 Local debate clubs, that, with the exception of those in Pennsylvania and North Carolina, served as a mouthpiece for radical separatists and whose work consisted of interpreting events or news and tactics.

4 Lord Townshend, Chancellor of the Exchequer, under Chatham. He introduced a law that paint, glass, paper, and tea would also be taxed in America. The predominantly proletarian Sons of Liberty demonstrated against his tax collectors under the leadership of the ship-owner Samuel Adams with their tar-and-feathers campaign carried out in disguise, and forced the government in London to lift the tax on the colonies—with the exception of the three-penny tea tax.

5 Volunteers who were to be ready for battle with muskets and powder horns handy one minute after an alarm was sounded.

and made it the model of an illumination which led, in an anamorphic way, from movement to magic, to the powers of imagination, to the concept of "imagined community(ies)." A community that attempts to re/claim the real effects of powerful impulses, best illustrated by Jackson Pollock's "I am nature" and Andy Warhol's "I am society."

Mark Twain took the true dilemma of the powerful impulse, the duress of action, and described it as a *privilege of the grave,*[6] a silent object, an empty formality, freedom of speech as a virtual possession. In respect to an always denied (f)actuality of popular style/will this was an irreconcilable antagonism that led to fear of the consequences that bore down upon the house of the brave as "the cost of utterance" ("it can make his house a despised and unvisited solitude"). However the undeniably heavy burden of unpopular opinion floats its gossamer of "cherished unpopular conviction" between cropstands of the Religious and the Political, leaving behind the haunted wasteland of the unobservable, secret props of nations, the specter of the mask that establishes itself with the force of the laws of nature, so that the nations, quite like average citizens, never could have been or were what their symbolic stature suggested. But this revives the game—a game defined by desire and named *desire proper*—in order to force a defeated speaker and the hot emotions of a weatherbeaten soul to think twice; for and towards the grave: "I leave it behind and utter it from the grave. There is free speech there and no harm to the family."

From the immobile point of the greatest power, from Willa Cather's absolute lover wind/death of the Great Plains (as notion of the Real) the now synthesized desire/fear proportion lifts itself up and away from the Real to the understated technique of the Ridiculous, which turns the earnestness of playing a game, the aesthetic game, over to the popular and on to swiftness and speed to gain momentum. Distortion and revelation, the exhilarating overload of rapid movement culminating in elation, was described by the young pioneer woman Carrie Sterans Smiith in 1867 on the occasion of her voyage with the coast-to-coast, postal Stage Coach Vermont Sanderson: "The stage swung around a corner with a great circle sweep of eight white horses, accoutred in all of harness and ornament that could catch the eye. I have often been quizzed as to this statement of eight horses, but I cannot be mistaken, eight seems a superfluity but *there were eight*. It might have been an extra span was being driven to some station below to anticipate a future need of relays. [...] Away we dashed, I fairly holding my breath and the railing at the end of my seat. But the sensation of swift motion and aloftness, the keen air of the October morning's dawn, the unusualness and the unexpectedness of that phase of my journey—it was intoxicating."[7]

Like a motherless Hercules, memory here appears as a mystical afterthought and as insecure as the prior situation, which catches, between ethos and pathos, the purity of the vast landscape in the sail of the air. A sail which echoes "the sound of speeding away" over one hundred years later in Laurie Anderson's *Electronic Home of the Brave*. She expands on the fictional energy and the practice of re/producing the "ideal geography of Huck Finn" (Barnett Newman), in order to give *the swimming theater* of electronic signals a new "Nerve-Bible,"[8] whose corresponding piece is the mask of enlargement and contortion of a face, her face, in the breaking of a Fresnel lense.

The new electronic Domino allows for the Optical to happen as intensity of music, evoking an individual as well as a collective image, retrieving the cybernetic transformation through a masquerade effect onto the subject—a subject, whose originality Rem Koolhaas (*Delirious New York*) makes a precondition for collective performance as a wish for an individuality in limited suspension of collectivity, which as such is in no way endangered by the latter.

But the danger—created of the combination of game theory and definitiveness of democracy, revealing itself in the full-body masks of Ward, Ponzi, or Madoff, is epitomized by the very artistry of "carnival barkers who pull people into the big tent"[9] as presentation in action, which, repeated again and again,

6 Mark Twain, "The Privilege of the Grave," *The New Yorker*, December 22/29, 2008, 50–51.

7 Joanna L. Stratton, *Pioneer Woman Voices from the Kansas Frontier* (New York, 1982), 35–36.

8 See also Rose Lee Goldberg, *Laurie Anderson* (New York, 2000), 127: "When TV-Signals are sent out. They don't stop. They keep going. They pick up speed [...] they are the first true voyagers [...] they sail further. And we listen with our instruments [...] and as our instruments become more sophisticated, we can hear them better [...] a sound of speeding away."

9 "Every large Ponzi scheme needs an active network of agents—carnival barkers who pull people into the big tent—and Madoff strategically deployed people in places such as Greenwich, Connecticut, and Palm Beach, Florida." See Ron Chernow, "Madoff and His Models," *The New Yorker*, May 23, 2009, 28–33.

10 Robert Fitterman, "Ulysses On The High Seas," in *Ameresque: the snap wyatt poems* (Washington, 1994).

refers back to the townsites in Kansas. These hucksters already back then promised vitality, business, and consistent growth which could suddenly go under in a swarm of locusts, simultaneously understanding itself, still in a child's coach drawn by turkeys, to be another consequence of the unbroken school of freedom that invents its "dwarfed saint's crown story" in opposition to the strict monologue of public speech, in which, one hopes and wishes, a sound remains:

"behald Unheard!   the luve of change
endis nocht indures and deid
man dance in sepulture"[10]

Uta Grundmann

Von Caligari zu Tarantino

Deutschland und Amerika im Doppelspiegel der Geschichte

„Geschichte zerfällt in Bilder, nicht in Geschichten."

Walter Benjamin

I

Unser Verständnis dessen, was in der Gegenwart geschieht, kommt relativ immer zu spät – Norbert Elias hat das den „Nachhinkeffekt" der Geschichte genannt, indem sich geschichtlicher Wandel „aus Plänen wachsend, aber ungeplant" und „bewegt von Zwecken, aber ohne Zweck" vollzieht.[1] Deshalb können Ereignisse, die die Nachwelt als historische Einschnitte betrachtet, im Augenblick ihres Auftretens als solche wahrgenommen werden, was sie aber bedeuten und welche Veränderung von Wahrnehmung und gesellschaftlichen Werten sie nach sich ziehen, ist erst im Wissen darum, wozu diese Ereignisse geführt haben, zu begreifen. Betrachten wir die Geschichte Deutschlands und Amerikas im 20. Jahrhundert, so gilt dies für die Machtergreifung Hitlers 1933 ebenso wie für die Ermordung John F. Kennedys 1963, für den Zweiten Weltkrieg wie den Vietnamkrieg, den Untergang des sozialistischen Imperiums 1989, den Terrorangriff auf das World Trade Center am 11. September 2001 und den Zusammenbruch der Finanzmärkte vor einem Jahr oder die Wahl Barack Obamas zum amerikanischen Präsidenten. Alle diese Ereignisse sind mit Bildern als „kulturellen Figurationen" verbunden, die Auswirkungen auf das kollektive Gedächtnis haben und die jeweiligen Vorstellungen prägen.

1 Norbert Elias, *Die Gesellschaft der Individuen* (*Gesammelte Schriften*, Bd. 10), Frankfurt am Main 2001, S. 281.

Die Beziehungen Deutschlands und Amerikas sind von den Anfängen deutscher Einwanderung an von gemeinsamer Geschichte getragen. Doch während Deutschland eine historisch gewachsene Gesellschaft des „alten Europa" ist, erscheinen die Vereinigten Staaten als ein Land, das sich ständig neu erfindet, weil es die Zugehörigkeit des (fremden) Einzelnen zum amerikanischen Volk durch die Neutralisierung seiner Herkunft definiert. Schon die Einwanderer im 17. Jahrhundert verstanden sich als „Auserwählte", denen Gott Amerika als „unverdorbene Wildnis" geschenkt hatte, um ein „neues Jerusalem" zu bauen. Hinter dieser Vorstellungswelt stand die kulturell tief verwurzelte Dramaturgie des puritanischen Erweckungserlebnisses, das die Nation dazu anhielt, sich dem Neuen einer von Visionen und Fortschrittsglauben vorgezeichneten Zukunft zuzuwenden und die Vergangenheit hinter sich zu lassen. Darum ist es die jedem Einzelnen zugesprochene höhere Instanz Gottes, die bis heute für den zivilen Zusammenhalt der amerikanischen Gesellschaft sorgt und die Unterscheidung zwischen Gut und Böse lehrt. Gleichzeitig verkörpert die „Inkarnation der Neuen Welt" aber auch das „älteste Gemeinwesen der Moderne", indem es eine universelle Ordnung beheimatet, in der sich die den demokratischen Prinzipien „der Freiheit und Gleichheit verpflichteten Institutionen zuerst herausbildeten".[2] Beides begründete den Glauben an die gesellschaftliche Ausnahmestellung Amerikas.

Vieles spricht dafür, dass Amerika jenseits aller Begeisterung in Deutschland aufgrund seiner bloßen Existenz Ressentiments hervorruft. Amerika steht für den Ursprung der Herrschaft von Geld, Konsum und geistloser Massenkultur. Verfolgt man beispielsweise die Debatten um den Film als *das* visuelle Medium der Moderne und den Einfluss Hollywoods auf die deutsche Kultur seit Anfang der 1920er Jahre, so wird deutlich, dass damals das Kino mit all dem gleichgesetzt wurde, was der konservativen deutschen Kulturkritik an der Moderne – und folglich Amerika – verwerflich erschien, weil es die traditionelle deutsche Hochkultur als Hort nationaler Identität bedrohte. Noch heute erzeugt die mittlerweile allgegenwärtige amerikanische Unterhaltungsindustrie ein subtiles Empfinden des Widerspruchs zwischen dem davon infizierten Begehrten, das zum Teil der eigenen Identität geworden ist, und einem durch das amerikanisierte Verlangen hervorgebrachte Unbehagen, das an den Verlust der kulturellen Authentizität erinnert. Warum das so ist, erklärt vielleicht die Tatsache, dass erst der Film Amerika zu dem gemacht hat, was es heute ist: Im Film wuchsen die Amerikaner unterschiedlichster Herkunft und Sprache zu einer Nation mit einer gemeinsamen Geschichte zusammen. Das gelang, indem das Medium ikonografische Versatzstücke aus ihren Kulturen internalisierte und zu universellen Mythen und Heldensagen formte, die wiederum jenseits der topografischen Grenzen Amerikas verinnerlicht werden konnten.[3]

Die in den letzten Jahren zum Vorschein gekommenen Animositäten haben darüber hinaus eine zweite Entstehungsgeschichte: Vor allem der Zweite Weltkrieg und der Holocaust haben die politischen Beziehungen beider Länder, das kulturelle Selbstverständnis und die gegenseitigen Vorstellungen bis in die Gegenwart nachhaltig bestimmt, wenn nicht untrennbar miteinander verbunden. Auf beiden Seiten des Atlantiks existiert nach wie vor eine paradoxe Rhetorik der direkten oder verschobenen Metaphern, die sich auf den Zweiten Weltkrieg und den Holocaust beziehen. Insofern ist das Verhältnis von Deutschland und Amerika – wie das von Deutschland und Israel – symbolischer Art: Beide Staaten sind „Entitäten, die nicht dadurch definiert werden, was sie tatsächlich sind oder tun, sondern durch das, wofür sie stehen".[4] Es erscheint daher an der Zeit, den Versuch zu unternehmen, die Dynamik der Aufeinanderbezogenheit, das Symbolhafte der jeweiligen Vorstellungsbilder und ihre visuellen Manifestationen einer eingehenderen Betrachtung zu unterziehen. Schließlich gilt es in unserem Kontext einige aktuelle Fragen zu klären, zum Beispiel jene nach dem Zusammenhang der unbewussten Besetzung unserer visuellen Welt durch die amerikanische Kultur und dem Unbewussten einer Politik, die in andere Länder einmarschieren lässt, und wie sich die Besetzung der visuellen Welt und eines

2 Dan Diner, „Vorreiter der Moderne. Warum sind die Vereinigten Staaten vielen Menschen so suspekt", in: *SPIEGEL online*, 21. Oktober 2008.

3 Wie die Fotografie entwickelte sich der Film als globale Kommunikationsform im Kontext einer aufstrebenden kapitalistischen Weltordnung. Der amerikanische Fotograf und Kritiker Allan Sekula zeigt in seinem Essay „Der Handel mit Fotografien" von 1981 am Beispiel der 1955 vom New Yorker Museum of Modern Art ausgerichteten Fotografieausstellung „The Family of Man", dass mit dem technologisch begründeten Verständnis der Fotografie als universeller Sprache der Menschheit der unerbittliche Wille zur Durchsetzung von kapitalistischen Herrschaftsinteressen verbunden ist. Diese Einsicht lässt sich auch auf den Film übertragen. Vgl. A. Sekula, „Der Handel mit Fotografien", in: *Paradigma Fotografie. Fotokritik am Ende des fotografischen Zeitalters*, hg. von Herta Wolf, Frankfurt am Main 2002, S. 255–290. Die Aneignung des Themen- und Motivschatzes der Weltkultur durch die amerikanische Populärkultur untersuchte zum Beispiel die Ausstellung „Walt Disneys wunderbare Welt und ihre Wurzeln in der europäischen Kunst" (Kunsthalle der Hypo-Kulturstiftung, München 2008).

4 C. K. Williams, „Das symbolische Volk der Täter", in: *DIE ZEIT*, Nr. 46, 7. November 2002.

Landes zur vielzitierten „Geschichtslosigkeit“ Amerikas verhält. Oder wie sich der Wandel des amerikanischen Blicks auf die deutsche Geschichte beziehungsweise der hiesigen Wahrnehmung von Amerika offenbart.

II

Wir können längst davon ausgehen, dass das Visuelle die Herrschaft über den sozialen Erfahrungsraum des Menschen übernommen hat und die technischen Bildmedien zu Instrumenten der Welterzeugung geworden sind, die unsere kulturelle Wahrnehmung lenken und unsere Erinnerungen wie unsere Emotionen affizieren. Seit der Antike haben eine Vielzahl symbolischer Erzählungen und Mythen das Weltwissen ihrer Zeit und ihres Kulturraums gesammelt und in der Fiktion die Komplexität der Wirklichkeit zu verstehbaren Einheiten geordnet. Heute haben die technischen Bilder der Massenmedien diese Funktion der „weltdeutenden Orientierungshilfe“ übernommen. Der deutsche Publizist, Filmkritiker und Phänomenologe der modernen Massenkultur Siegfried Kracauer hatte es sich bereits in den 1920er Jahren zur Aufgabe gemacht, die „Oberflächenerscheinungen“ und Alltagsphänomene der modernen bürgerlichen Gesellschaft – besonders aber den Film – als „Sinnbilder“ für die „Gesamtverfassung der Zeit“ zu dechiffrieren und durch erfahrendes Erklären ihren gesellschaftlichen und geschichtsphilosophischen Stellenwert zu bestimmen.[5] Kracauer deutete den Film, dem er anfangs ein emanzipatorisches Potenzial der Sichtbarmachung von Zusammenhängen „leibhaftiger Wirklichkeit“ zugestanden hatte, als „Tagträume der Gesellschaft“, deren typische Motive Vorstellungen repräsentierten, wie die Gesellschaft sich selbst zu sehen wünschte.

1947 veröffentlichte Siegfried Kracauer, der 1941 über Frankreich in die USA emigriert war, in Princeton seine Studie *Von Caligari zu Hitler. Eine psychologische Geschichte des deutschen Films*, in der er bildlichen und erzählerischen Motiven der deutschen Geistesgeschichte nachspürte, die ohne Zweifel eine Rolle für das Entstehen des Nationalsozialismus gespielt haben. Die zentrale These des Buches ist, dass die Filme des deutschen Expressionismus von Friedrich Wilhelm Murnaus *Nosferatu – Eine Symphonie des Grauens*, Fritz Langs *Dr. Mabuse* und *Metropolis*, Paul Wegeners *Golem* bis zu Robert Wienes *Das Cabinett des Dr. Caligari*, deren bizarre Dekors und sonderbare Charaktere von Identitätsspaltung und höheren

5 Siegfried Kracauer, *Das Ornament der Masse*, Frankfurt am Main 1977.

Mächten erzählen, vom Verlust des Ich, von versklavten Massen und Schicksalen, die sich im Bösen verlieren, die „Tiefenschichten der Kollektivmentalität" der deutschen Gesellschaft reflektierten, „die sich mehr oder weniger unterhalb der Bewußtseinsdimension erstreck[t]en". Den Deutschen hätten sich über den Konsum dieser Filme innere psychische Dispositionen eingeschrieben, die der faschistischen Ideologie und der Tyrannei des Nationalsozialismus den Weg ebneten.

Beispielhaft für seine Interpretation steht Wienes *Das Cabinett des Dr. Caligari*, den er mit Erfahrungen der Autoren im Ersten Weltkrieg und im Nachkriegsdeutschland in Verbindung bringt: Die Originalhandlung des Drehbuchs von Hans Janowitz und Carl Mayer spielt auf einem Jahrmarkt, auf dem ein Dr. Caligari mit seinem Medium, dem Schlafwandler Cesare auftritt. Der Einzug der Schausteller in die Stadt ist auch der Beginn einer Serie von Morden, die in der Bevölkerung Unruhe hervorruft. Im Zuge der Nachforschungen eines Studenten stellt sich heraus, dass der Verdächtige Caligari, der Zuflucht in einer Irrenanstalt sucht, gleichzeitig Psychiater und deren Direktor ist und Cesare als „Tötungsmaschine" instrumentalisiert. Der Regisseur Wiene fügte der Geschichte eine Rahmenhandlung hinzu, die die Erzählung in die Fantasie eines Geisteskranken verwandelte und, wie Kracauer feststellt, damit zugunsten des angenommenen Publikumsgeschmacks entschärfte, das lieber einen unbequemen Mitbürger für geistesgestört erklärt als sich der Frage des Zusammenhangs von Herrschsucht, Autoritätsglaube und Wahnsinn zu stellen. Gleichzeitig bleibt dies für Kracauer das Thema des Films: Er lege eine kollektive Seele bloß, die zwischen zwei Polen – der Tyrannei und dem Chaos – hin und her gezerrt würde. Tyrannei, „Autoritätssucht" und

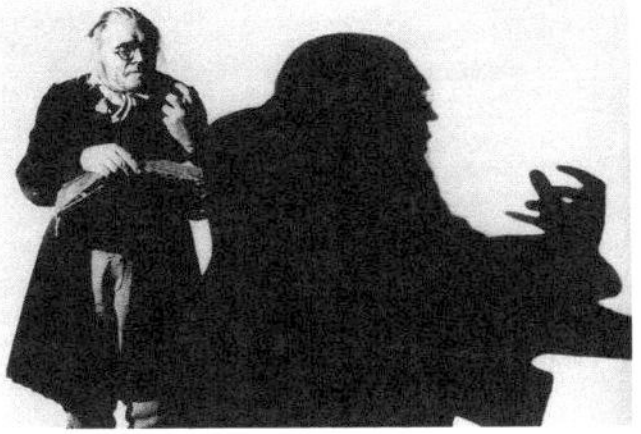

Robert Wiene, *Das Cabinett des Dr. Caligari* | *The Cabinet of Dr. Caligari*, 1919
Foto: Bibliothèque du Film et de l'Image, Paris

„Herrschtrieb“ seien durch die Person des Caligari – in der Kracauer die erste Präfiguration Adolf Hitlers zu erkennen glaubt – verkörpert, während das plebejische Medium des Jahrmarkts den Gegenpol symbolisiere, der aber nicht Freiheit verheiße, sondern als „Enklave der Anarchie“ verstanden werden müsse, die „Chaos brütet“. Die expressionistische Ausstattung und Lichtführung diene der Verwandlung von Materialität in „emotionale Ornamente“ und habe die Funktion, „Phänomene auf der Leinwand als Phänomene der Seele zu charakterisieren“. Auf diese Weise spiegele der Film durch die Verkopplung von Wirklichkeit und Halluzination den Rückzug der Deutschen in die Innerlichkeit.

Die Motive der Filme seiner Analyse – den Doppelgänger, die immer wiederkehrenden Spiegel und Schattenwelten, die Traumszenen und gespaltenen Charaktere – verortet Siegfried Kracauer in der fantastischen Tradition der deutschen Romantik von Chamisso bis E.T.A. Hoffmann als die dunkle Seite der Moderne. Mithilfe der Freudschen Psychoanalyse tastet er sich an den psychischen Mechanismus heran, der „eine solche innere Spaltung und Projektion“ als Duell zwischen Wahrheit und Lüge, Gut und Böse, Dr. Jekyll und Mr. Hyde erzeugt.[6] Aber erst in der Strukturanalyse des filmischen Materials findet er seine These bestätigt, dass der ästhetische Effekt der Filme ein neues Machtdispositiv visueller Programmierung des Menschen trainiert, zumal im Medium selbst die historische Eskalation von Gewalt angelegt ist – wo sonst könnte der Doppelgänger des realen Körpers unsterblich sein. Kracauer schreibt: „Wie die Naziwelt, so quillt die des *Caligari* von […] Terrorakten und Ausbrüchen der Panik über. […] Sadismus und Zerstörungslust [sind] an der Tagesordnung.“ Und: „Das wiederholte Vorkommen solcher Züge auf der Leinwand zeugt von der Rolle, die sie damals in der Kollektivseele spielten.“

III

Kracauers Buch, das im Auftrag der Rockefeller und der Guggenheim Foundations entstanden war und damals zu den profiliertesten Studien über die psychologischen Ursachen des deutschen Faschismus zählte, erfuhr in Amerika große Resonanz. Sein Diktum vom „traditionell deutschen Hang“ zum „antirationale[n], mythologische[n] Denken“, der sich im „kollektiven Unbewussten“ niedergeschlagen habe, bestimmt mitunter bis heute die amerikanische Sicht auf das hie-

6 Vgl. Friedrich Kittler, „Romantik – Psychoanalyse – Film: eine Doppelgängergeschichte", in: ders., *Draculas Vermächtnis. Technische Schriften*, Leipzig 1993, S. 83.

sige Kino, obwohl gerade in Deutschland seit 1945 ein eher gebrochenes Verhältnis zu jeder Form des romantisch-fantastischen Erzählens besteht. Nachhaltige Wirkung entfaltete *Von Caligari zu Hitler*, weil es die seinerzeit vieldiskutierte These von der Kollektivschuld der Deutschen am Faschismus zu bestätigen schien. Die Interpretation entlastete zudem von der Auseinandersetzung mit den Schattenseiten des eigenen Antisemitismus und dem Versagen, den Genozid an den europäischen Juden wissentlich nicht verhindert zu haben. Die unbewusste Einsicht in dieses Versagen mag dazu beigetragen haben, dass das amerikanische Kino sich selbst den Auftrag erteilte, die Geschichte des Holocaust zu erzählen und dafür zu sorgen, dass sie verstanden wurde.

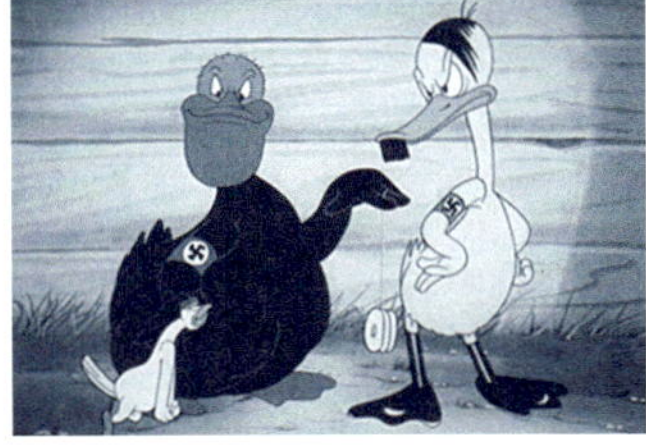

Norman McCabe, *The Ducktators*, 1942

Das Deutschlandbild Hollywoods blieb allerdings bis weit nach der „Reichskristallnacht" 1938 von einer Naivität gekennzeichnet, die in düsterem Kontrast zu den Nachrichten über die Konzentrationslager und seit 1939 über den Krieg stand. Davon zeugen lustige Comic-Adaptionen wie *The Ducktators* von 1942, die Hitler lediglich als Witzfigur imaginieren. Auch wurde der bedeutendste Antinazifilm dieser Zeit nicht von Hollywood produziert und von der amerikanischen Öffentlichkeit äußerst kontrovers aufgenommen: Charlie Chaplins Hitler-Parodie *Der große Diktator* von 1940.

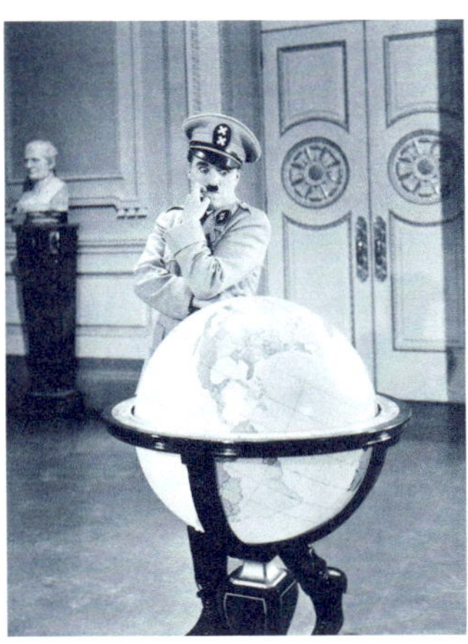

Charlie Chaplin als | as Adenoid Hynkel in *Der große Diktator* | *The Great Dictator*, 1940

Erst seit dem Überfall der Japaner auf Pearl Harbor im Dezember 1941 und dem Eintritt der USA in den Krieg entstanden ausschließlich Filme, die das nationalsozialistische Deutschland als erklärten Feind bezeichneten. Die Thematisierung des Antisemitismus wurde dagegen gänzlich gemieden, obgleich das amerikanische Außenministerium bereits im August 1942 über die Pläne zur „Endlösung der Judenfrage" informiert war – Grund dafür mochte sein, dass die Studios selbst antijüdischen Anfeindungen ausgesetzt waren. Nach Kriegsende waren es Filmteams aus Hollywood, die als Angehörige amerikanischer Einheiten die Befreiung der Konzentrationslager mit der Kamera festhielten, während Präsident Eisenhower die Studiobosse nach Europa fliegen ließ, um ihnen das Grauen der Vernichtungslager unvermittelt vor Augen zu führen. Es sollten zukünftig Filme entstehen, die Zeugnis ablegten und Aufklärung verhießen, da im Angesicht des Massenmords nicht „länger eine Leinwand [zu] verantworten [sei], auf der nur eine Fantasiewelt dargestellt wird“ (Jack Warner). Die Wochenschauen in Deutschland und Amerika zeigten in den folgenden Wochen und Monaten authentische Aufnahmen aus den Lagern, doch bald wurde – von wirtschaftlichen Interessen diktiert – ein kollektives Schweigen über die Verbrechen verhängt. Schließlich sollte sich Deutschland zur Demokratie amerikanischer Provenienz entwickeln, die offen war für amerikanische Ideen, Werte – und Waren.

Dabei hatten die Bilder der Gräuel des Krieges und der Lager längst das Nachkriegskino in Amerika infiziert: Vor allem aus Deutschland emigrierte Filmregisseure thematisierten mit dem *Film Noir* nicht nur die Traumata der jüngsten Geschichte, sondern auch die dunklen Seiten des amerikanischen Traums. Siegfried Kracauer verwies 1946 in seinem Aufsatz „Hollywoods Greuelfilme“ auf die Brutalität und die autoritären Tendenzen dieser Filme. Für ihn hatten die Darstellung des Krieges und nicht zuletzt die Berichte der Wochenschauen über die Konzentrationslager den Zuschauer an ein bislang nicht gekanntes Maß der Gewalt auf der Leinwand gewöhnt, das offenbar nun der prophylaktischen Abhärtung der Psyche diente. Die Gewalt als solche hatte Einzug im amerikanischen Kino gehalten.[7]

Mit dem Aufkommen der Bürgerrechtsbewegungen in den 1960er Jahren entstand nicht nur in Deutschland ein neues Bewusstsein für die Verbrechen des Nationalsozialismus. In Stanley Kramers *Urteil von Nürnberg* von 1961 mit Spencer Tracy, Maximilian Schell und Richard Widmark in den Hauptrollen wurden erstmals wieder Dokumentaraufnahmen gezeigt – als Film im Film. Siebzehn Jahre später brachte die Fernsehserie *Holocaust* von Marvin Chomsky das unvorstellbare Ereignis der Vernichtung der europäischen Juden dem Massenpublikum – jedem zweiten Amerikaner und zwischen 10 und 15 Millionen Deutschen – als melodramatisches Familienepos nahe. Die Ausstrahlung führte zu kontroversen Debatten in Deutschland und Amerika über die Frage, ob nicht allein die Überlieferung von Geschichte in der oberflächlichen Fiktionalisierung einer Wirklichkeit, die jenseits aller Erfahrung liegt, die Erinnerungen der Überlebenden löscht und das Ereignis – den Holocaust – aus dem historischen Zusammenhang trennt. Die Diskussion erreichte einen neuen Höhepunkt mit Steven Spielbergs *Schindlers Liste* von 1993 über die „wahre Geschichte" des deutschen NSDAP-Parteimitglieds und Fabrikbesitzers Oskar Schindler, der etwa 1100 Juden aus dem Krakauer Ghetto und einem nahegelegenen Zwangsarbeiterlager rettet, indem er sie für seine Fabrik als Arbeiter rekrutiert. Sein Gegenspieler ist der unberechenbar bösartige Lagerkommandant und SS-Offizier Amon Göth, der wie ein tollwütiger Hund vom Balkon seiner Villa jüdische Häftlinge wie Freiwild erschießt. Von Film zu Film – die erwähnten Beispiele sind jene, die das Bild vom Holocaust am eindrücklichsten geprägt haben – wurde das Grauen des Massenmords realistischer, das heißt drastischer, visualisiert. Gleichzeitig äußerte sich in ihnen Hollywoods Wunsch nach Erlösung in einer sinnstiftenden, konkreten Geschichte von Gut und Böse, die es ermöglichte, dem Zuschauer eine Botschaft der Hoffnung zu hinterlassen und sich auf diese Weise im „Erlebnisraum" der nationalsozialistischen Gewaltverbrechen aufhalten und verhalten zu können.

Schindlers Liste ist aber auch ein Film, der sich nicht mehr direkt auf die historischen Ereignisse bezieht, sondern auf die überlieferten medialen Bilder und Geschichten von diesen Ereignissen. Er stellt eine Geschichtsfiktion her, die dokumentarischen Charakter besitzt und durch die Verwendung von Bildzitaten die Ikonizität der Bilder vom Holocaust für das kollektive Gedächtnis festschreibt. Mit diesem Film war der Holocaust endgültig zum Bestandteil der amerikanischen Kultur geworden – als das „negative Absolutum", der Maßstab, an dem das Böse

7 S. Kracauer, „Hollywoods Greuelfilme", in: ders., *Kleine Schriften zum Film, 1932–1961* (*Werke*, Bd. 6.3), S. 369–378. Die englische Originalfassung erschien in der Bearbeitung von Clement Greenberg unter dem Titel „Hollywood's Terror Films. Do They Reflect an American State of Mind?" in der Zeitschrift *Commentary*, die damals inoffiziell von der CIA finanziert wurde. Nach dem Krieg hatte die amerikanische Regierung ein geheimes Programm zur Kontrolle des gesamten westlichen Kulturbetriebes im Kampf gegen den Kommunismus beschlossen. Der CIA benutzte Organisationen wie den „Kongress für kulturelle Freiheit" und die Finanzierung von Radiosendern, Zeitungen und Zeitschriften, Konzerten und Kongressen, um bis in die 1960er Jahre vor allem die westeuropäische nichtkommunistische Linke für dieses Vorhaben einzuspannen. Vgl. Frances Stonor Saunders, *Wer die Zeche zahlt ... Der CIA und die Kultur im Kalten Krieg*, Berlin 2001.

zu messen ist.[8] Ähnliches gilt für die Darstellung des Deutschen in Filmen über den Zweiten Weltkrieg sowie den Krieg selbst: Weil Hollywood sich verpflichtet sah, die Erzählung des Krieges und die Vorstellung vom Nationalsozialismus für die ganze Welt ins Bild zu setzen, geriet der Nazi zum Stereotyp der „Kategorie des Bösen", hinter dem sowohl das menschliche Medium als auch die Geschichtlichkeit der Untaten verschwand und das den individualistisch gezeichneten Gegner in den gerechten Krieg für das Gute trieb.[9]

IV

Dass sich Kracauers *Von Caligari zu Hitler* jenseits der inhaltlichen Analyse als Phänomenologie des Films über das der ästhetischen Struktur des Mediums inhärente Potenzial zur Einübung in Gewalt und Unterwerfung lesen lässt, reflektiert der 1991 erschienene, fulminante Roman *Schattenlichter* des amerikanischen Historikers und Soziologen Theodore Roszak, dessen berühmtestes Buch *Gegenkultur* zu den Standardwerken über die Protestbewegungen der 1960er Jahre zählt. *Schattenlichter* ist ein intelligenter Weltverschwörungsthriller über das Kino als „Widerhall einer kosmischen Konfrontation" und einer „neue[n] Art der Prophezeiung, die unserer Zeit entspricht". Es ist die Geschichte des Filmstudenten und Kinofreaks Jonathan Gates, der in den 1950er Jahren in einem heruntergekommenen Undergroundkino in Los Angeles zum ersten Mal auf einen Film des deutschen UFA-Regisseurs Max Castle stößt – einen Film über Hypnotismus, Wahnsinn und Mord in der Nachfolge des *Dr. Caligari*. Gates gerät die Anziehungskraft dieses an sich billigen Streifens zur Besessenheit von Castle: Er entdeckt in dessen Filmen, die er nach und nach auf abenteuerlichsten Wegen auftreibt, einen immanenten technischen Effekt, der auf das Unterbewusstsein wirkt und den Zuschauer dem reinen Terror, dem Blick in die eigene Seele, auszusetzen vermag. Je mehr Gates von den Geheimnissen des Filmemachers erfährt, dessen Biografie trickreich in die Kinogeschichte eingeflochten ist, desto deutlicher wird, dass er der gigantischen Verschwörung einer geheimen Brüderschaft auf der Spur ist, die bis weit in die vorchristliche Zeit zurückreicht und deren Bestreben es ist, nicht nur die Weltherrschaft zu übernehmen und jegliche Form von menschlicher Loyalität zu zerstören, sondern das „Ende der Geschichte" herbeizuführen. *Schattenlichter* schließt unaufgelöst düster auf einer einsamen Insel am Rande der Welt mit einem

Bunker voller Filme und – neben einer Sammlung von Klassikern der deutschen Romantik, Joseph Conrad und Raymond Chandler – einem Buch über den Film: Siegfried Kracauers *Von Caligari zu Hitler.*[10]

V

Der Zweite Weltkrieg und der nachfolgende Kalte Krieg hatten die Militarisierung der amerikanischen Gesellschaft und damit einen radikalen Wandel ihrer ökonomischen Grundlagen zur Folge. Beides bedeutete eine weitreichende Veränderung der politischen Kultur Amerikas, das aus seinem Sieg über das nationalsozialistische Deutschland ein starkes Gefühl kultureller Identität bezog. Die Universalität seiner Werte, die sich aus der Heterogenität seiner Kulturen entwickelt hatte, schrieb von nun an der amerikanischen Politik den Missionsgedanken des weltweiten Kampfes für diese Werte ein – insofern war der Zweite Weltkrieg der erste „Kreuzzug für die Freiheit und Demokratie". Durch den Sieg waren die USA endgültig zur Weltmacht aufgestiegen, die nationale Interessen überall in der Welt verfolgte und für die ein Rückzug auf den nordamerikanischen Kontinent nicht mehr in Frage kam.

Im Westen Deutschlands[11] überwogen nach dem Krieg zwiespältige Empfindungen gegenüber dem amerikanischen Sieger und Retter: Dem einen hatte man sich zu unterwerfen, dem anderen schuldete man Respekt. Dazu kam ein zutiefst verunsichertes kollektives Bewusstsein, das nicht nur eine Niederlage und bedingungslose Kapitulation zu verarbeiten hatte, sondern auch den Vorwurf der kollektiven Täterschaft an den nationalsozialistischen Gewaltverbrechen. Das eine wie das andere begünstigte die Bereitschaft der Deutschen, für Einflüsse von außen empfänglich zu sein: Amerika begründete die Abkehr von autoritärer Herrschaft als schicksalhaftem Verhängnis und verpflichtete zum positiven Denken, das auf die Zukunft gerichtet war – auch weil der Sieger sich als äußerst großzügig erwies, indem er den Besiegten die Verwirklichung des „amerikanischen Traums" in Aussicht stellte. Die alte kulturelle Ordnung wurde so durch das Freiheitsversprechen und die demokratischen Gewissheiten des Retters ersetzt. Mit John F.

8 Zur Darstellung des Holocaust im Film vgl. Daniel Anker, *Hollywood und der Holocaust*, Dokumentation ARTE/ZDF 2004 sowie Peter Reichel, *Erfundene Erinnerung. Weltkrieg und Judenmord in Film und Theater*, Frankfurt am Main 2007.

9 Georg Seeßlen, „Schwarze Stiefel, kalter Blick. Über Hollywood und die Nazis", in: *der Freitag*, Nr. 34, 20. August 2009.

10 Theodore Roszak, *Schattenlichter*, München 2005.

11 Zum Amerikabild in der DDR vgl. den Text von Thomas Irmer in diesem Band.

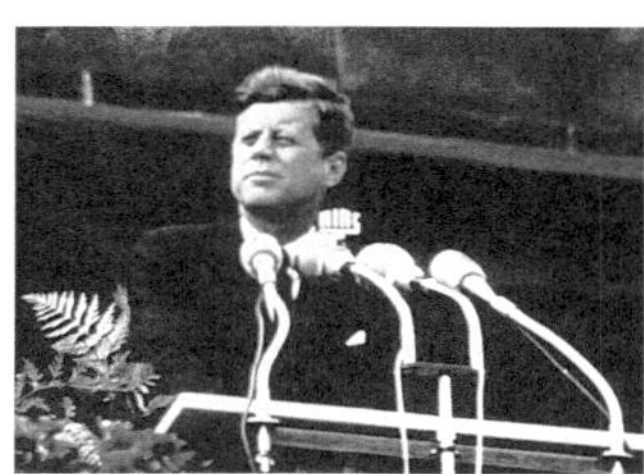

John F. Kennedy vor dem Schöneberger Rathaus | John F. Kennedy in front of Schöneberger Rathaus, Berlin 1963, Foto: Keystone Pressedienst

Kennedys Auftritt 1963 in Berlin und dessen Satz „Ich bin ein Berliner" – der das Volk der Täter zum Volk der Opfer machte – schien sich dann die vollständige Integration Deutschlands in die „westliche Wertegemeinschaft" vollzogen zu haben.

Das Jahr 1963 markiert aber auch den Bruch in der Wahrnehmung voneinander und im jeweiligen Selbstbild beider Nationen: Die Ermordung Kennedys am 22. November traf die amerikanische Öffentlichkeit wie ein Schock und erschütterte das Vertrauen der Amerikaner in die Demokratie. Das Aufkommen der Bürgerrechtsbewegung – ihr bekanntester Sprecher Martin Luther King bezog sich in seinen Reden gegen den Rassismus mehrfach auf den Holocaust – verunsicherte das amerikanische Selbstverständnis seiner zivilisatorischen Attraktivität. Aber die eigentliche Zäsur in der Vorstellung von der „guten" Großmacht USA ist dem Vietnamkrieg und den damals noch unzensierten Kriegsbildern geschuldet, die allabendlich auf den Bildschirmen der westlichen Welt zu sehen waren. Der Vietnamkrieg war ein militärischer Konflikt, der mit dem Vorsatz begann, einen „Eckpfeiler der freien Welt" in Südostasien zu verteidigen, und in eine brutale Entgrenzung der Gewalt eskalierte, die den gesamten Wertekanon in Zweifel zog, auf den sich das kriegswillige Amerika stützte.[12] Es mag eine gewagte These sein – aber die Erfahrung des unvorstellbaren Grauens im Zweiten Weltkrieg, die sich in Bildern der Gewalt im kollektiven Gedächtnis festgesetzt hatte, dürfte für die brutalen Exzesse im Vietnamkrieg eine große Rolle gespielt haben. Begreift man Bilder nämlich als historische Ausweitung von Gewalt, so ist es aufschlussreich, dass sich Eliteeinheiten der amerikanischen Truppen wie die US-Marineinfanterie zum Kämpfen nur unter der Bedingung bereit

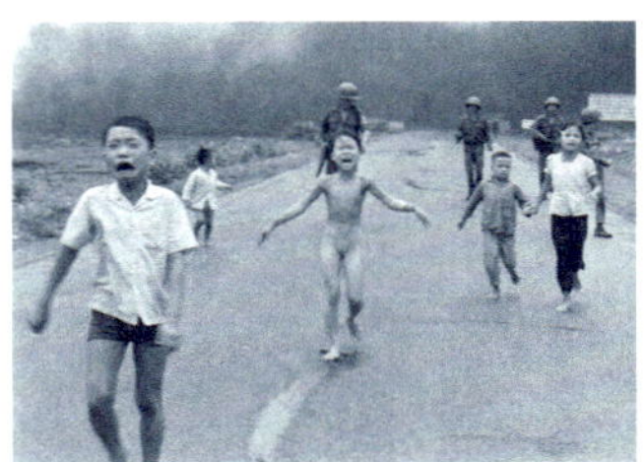

Nick Út (Huynh Cong Út), Tráng Bàng, Vietnam 1972
Foto: Associated Press

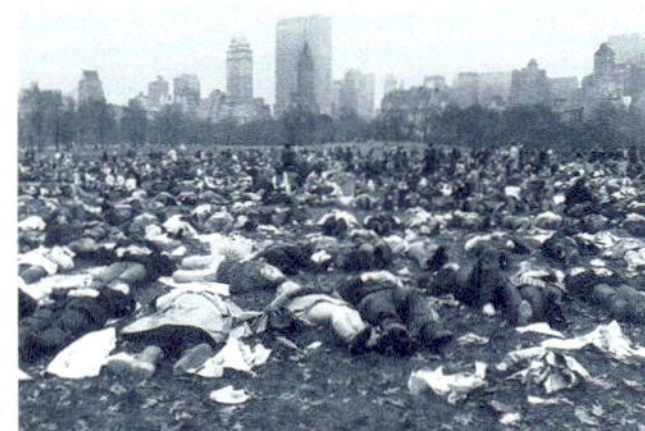

Demonstration gegen den Krieg in Vietnam | Demonstration against the Vietnam War, New York 1969

erklärten, wenn Kamerateams der Nachrichtenkanäle ebenfalls am Einsatzort wären.[13]

Bilder wie das des AP-Fotografen Nick Út von einem vietnamesischen Mädchen, das, mit Napalm übergossen, nackt, die Arme erhoben, vor Angst und Schmerz schreiend, auf den „Betrachter" zuläuft, oder die Fotografien des amerikanischen Armeefotografen Ronald Haeberle von My Lai, einem vietnamesischen Dorf, in dem eine US-Einheit am 16. März 1968 fast die gesamte Bevölkerung ermordete, sind zu Symbolen dieses Krieges geworden. Als am 5. Dezember 1969 der erste ausführliche Artikel von Seymour Hersh über das Massaker mit den schockierenden Fotos Haeberles im *Life Magazin* erschien, bezeichnete das die Wende in der öffentlichen Meinung über den Konflikt. In den Filmen New Hollywoods spiegeln sich diese Bilder äußerster Brutalität im permanenten Ausnahmezustand als vollkommenem Widerpart der Zivilisation – in extremen Gewaltszenen, paranoidem Wahnsinn und absoluter Willkür des Tötens und Getötetwerdens. Das Gangsterepos *Bonnie und Clyde* (1967) von Arthur Penn oder der Western *The Wild Bunch – Sie kannten kein Gesetz* (1969) von Sam Peckinpah, Michael Ciminos *Die durch die Hölle gehen* (1978) und Francis Ford Coppolas *Apokalypse Now* (1979) mögen Beispiele dafür sein. Sie erzählten zum ersten Mal von der uramerikanischen Geschichte der Gewalt, der gesellschaftlichen Realität jener Jahre und den Erschütterungen des Krieges in Vietnam.

Die Protestbewegung gegen den Krieg ließ erstmals auch das Doppelantlitz Amerikas erkennen: den imperialistischen Missionsdrang und die urdemokratische, in seiner

12 Über die Kriegsverbrechen der USA in Vietnam vgl. Bernd Greiner, *Krieg ohne Fronten. Die USA in Vietnam*, Hamburg 2007.

13 Vgl. F. Kittler, vgl. Anm. 6, S. 93. Friedrich Kittler, einer der einflussreichsten, aber auch umstrittensten deutschen Medientheoretiker der Gegenwart vertritt die These, dass der Krieg die eigentliche Triebkraft für die Entwicklung von Medientechnologien ist. Kittler weist zu Recht darauf hin, dass Medien den Menschen nicht nur auf ein Machtdispositiv hin programmieren (S. Kracauer), sondern dass das zur Selbstreflexion fähige Individuum der Moderne das Produkt einer umfassenden psychischen „Mobilisierung" durch Medien ist. Vgl. F. Kittler, *Grammophon Film Typewriter*, Berlin 1986.

Tradition tief verwurzelte Protestkultur, die sich auf das Prinzip des zivilen Ungehorsams berief. Im Laufe der Jahre weitete sich die Opposition gegen die amerikanische Regierung zur Rebellion großer Teile der jungen Generation gegen die technokratische Gesellschaft als solche,[14] und sie wanderte mit unterschiedlichen Bestimmungen um die Welt. Die deutschen „Achtundsechziger" übernahmen die Slogans und Protestformen ihrer amerikanischen Vorgänger, wendeten sie jedoch ins Ideologische: Sie forderten öffentlich die Auseinandersetzung mit der nationalsozialistischen Vergangenheit und begriffen sich seither als Begründer einer moralisch geläuterten Nation. Gleichzeitig verdächtigten sie Amerika faschistischer Tendenzen und bedachten es mit antikapitalistisch umgedeuteten Klischees der konservativen Kulturkritik – es sei rassistisch, nicht mehr als oberflächlich zivilisiert, zwar demokratisch, aber nur im Interesse kapitalistischer Profitinteressen. Der gesellschaftliche Ausdruck des amerikanischen Protests – die Literatur und die Kunst, der Film und vor allem die Musik – wurde gleichwohl ganz selbstverständlich in das eigene Selbstbild und Lebensgefühl integriert.

Der Zerfall des Mythos „Amerika" begann in Vietnam, er spielte freilich so lange keine Rolle, solange die Wirtschafts- und Sicherheitsinteressen der Alten Welt mit denen Amerikas identisch blieben. Zum Inbegriff deutsch-amerikanischer Interessensübereinstimmung geriet das Auseinanderfallen des sowjetischen Imperiums: Deutschland Ost und West bekam seine Vereinigung, Amerika den Sieg im Kalten Krieg. Allerdings hatte diese Auflösung im Westen einen „fatalen Triumphalismus" zur Folge. Das „Gefühl, weltgeschichtlich Recht bekommen zu haben"[15], verführte nicht nur den amerikanischen Politikwissenschaftler Francis Fukuyama zu dem Schluss, das Ende der Geschichte (der Gewalt) sei angebrochen und der Weltgeist persönlich habe das amerikanisch-europäische Gesellschaftsmodell zum Sachwalter von Markt, Freiheit und Demokratie bestimmt.[16]

VI

Der Anschlag auf *das* Sinnbild der Globalisierung und des Marktfundamentalismus – die Zwillingstürme des World Trade Center – folgte etwas mehr als zehn Jahre später und symbolisierte nicht nur den Niedergang der nach dem Zweiten Weltkrieg entstandenen Weltordnung westlicher Dominanz, sondern auch das Ende der Geschichte der Moderne und des Kapitalismus als Geschichte des amerikanischen Aufstiegs zur einzigen Weltmacht. Der französische Philosoph Jean Baudrillard interpretierte die Anschläge damals als Reaktion auf die hegemoniale Machtdemonstration der Vereinigten Staaten nach der Implosion des sowjetischen Machtbereichs, die den Wunsch nach ihrer Zerstörung geweckt habe, weil sie eine gewaltsame Kolonisierung aller Lebensbereiche durch ihre ökonomische Einheitslogik beinhalte. Diese verwandele selbst universelle Werte in einen verhandelbaren, bezahlbaren Tauschwert, der „auf eine Vereinheitlichung als Idealzustand [abzielt], in dem alles Einzigartige, jede Singularität, mithin auch jede andere Kultur und letztlich jeder nichtmonetäre Wert aufgehoben“ wird.[17] Für Baudrillard wurde das ökonomische Paradigma der Allgegenwart und Universalität des sinnentleerten Tauschprinzips in einer für das westliche System unerträglichen Weise durch die Sinnhaftigkeit des „Opfertodes“ der Selbstmordattentäter symbolisch durchbrochen. Dass sieben Jahre später, ausgehend von der Wall Street, die Finanzmärkte kollabierten, was in seinen geopolitischen Konsequenzen mindestens ebenso folgenreich sein wird wie der Untergang der Sowjetunion, erscheint da gewissermaßen als Ironie der Geschichte: Der Systemabsturz wiederholte die menschliche Tragödie des Anschlags als monströse Farce.[18]

Der 11. September 2001 bezeichnete auch die Rückkehr der apokalyptischen Weltbilder. Das Ereignis entsprach dem Charakter und der Ästhetik eines seit zweitausend Jahren vorgeprägten apokalyptischen Verständnismusters „himmlischer Kataklysmen, qualvollen Massensterbens und panischer Flucht“[19]. Die Symbole geistlicher wie weltlicher Macht, gegen die sich in der biblischen *Offenbarung des Johannes* die Strafe Gottes ebenso richtet wie gegen die sündige Menschheit, wurden im kollektiven Bewusstsein des Westens von alters her als Doppeltürme von Stadttoren und Kathedralen gedacht. Die Zerstörung der Zwillingstürme in New York als Repräsentation all

14 Theodore Roszak, *Gegenkultur. Gedanken über die technokratische Gesellschaft und die Opposition der Jugend*, Düsseldorf/Wien 1971.

15 Jürgen Habermas, „Nach dem Bankrott. Ein Gespräch über die Notwendigkeit einer internationalen Weltordnung“, in: *DIE ZEIT*, Nr. 46, 6. November 2008.

16 Francis Fukuyama, *Das Ende der Geschichte*, München 1992.

17 Jean Baudrillard, „‚Das ist der vierte Weltkrieg.‘ Ein Gespräch über Amerikas Feldzug gegen den Terrorismus, den Widerstand gegen die Globalisierung und die Unbesiegbarkeit des Bösen“, in: *SPIEGEL online*, 15. Januar 2002; vgl. auch Jean Baudrillard, „Der Geist des Terrorismus“, in: *Lettre International*, Nr. 55, Winter 2001.

18 Slavoj Žižek, „Hoffnungszeichen. Doch die eigentliche Auseinandersetzung beginnt nach dem Sieg Obamas“, in: *Lettre International*, Nr. 83, Winter 2008.

19 Otto Karl Werckmeister, „Ästhetik der Apokalypse“, in: *Krieg und Kunst*, hg. von Bazon Brock und Gerlinde Koschik, München 2002, S. 196.

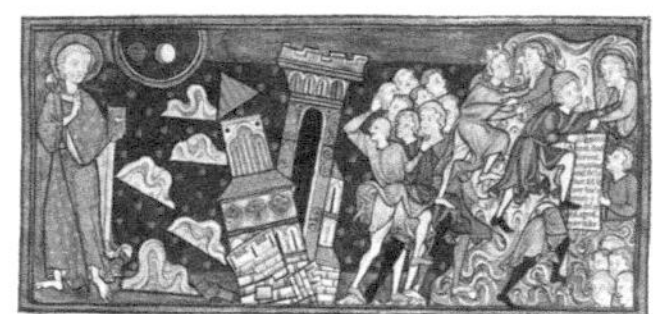

Trinity Apokalypse, 1250–1255,
Trinity College Library, Cambridge

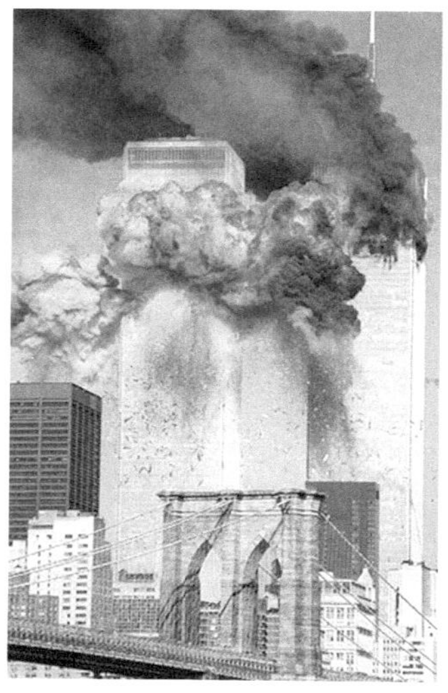

New York, 11. September 2001
Foto: The New York Times

dessen, was Amerika in der Vorstellung charakterisiert – Modernität und Fortschritt, Erfindungsreichtum und Wirtschaftskraft, Zivilisation und Freiheit –, steht daher in einer langen Tradition, die von den Attentätern in der Wahl des Ziels und der Mittel, den Bildern der Tat und ihrer kalkulierten Umsetzung in eine Bildsprache, die der westliche Zuschauer verstand, reflektiert wurde.

Dass sich Baudrillards äußerst umstrittener Gedanke, die USA habe diesen Widerstand herausgefordert, schon lange vor seiner Äußerung im kollektiven Unbewussten Amerikas festgesetzt hatte, davon zeugen die unzähligen Visionen imaginärer Katastrophen, in denen Hollywood seit 1945 den Untergang Amerikas (und der Welt) fantasierte.[20] Die Bilder der Anschläge wirkten wie ein Déjà vu, weil sie sogleich die babylonischen Untergangsfiktionen vormaligen Kinoerlebens evozierten – *Flammendes Inferno* (1974) mit Steve McQueen und Paul Newman, besonders aber Jack Golds *Der Schrecken der Medusa* (1978) mit Richard Burton als John Morlar, der Katastrophen allein durch seine Gedanken herbeiführt und der, um seiner ungläubigen Psychologin diese Fähigkeit zu beweisen, ein vollbesetztes Passagierflugzeug willentlich in ein Hochhaus lenkt. Auch in diesem Film wird der Bildschirm des Fernsehapparats zum Medium der Selbstvergewisserung, denn Morlars Psychologin glaubt das, was sie mit eigenen Augen gesehen hat, erst, als sie die Bestätigung der Katastrophe durch die Nachrichten erfährt. Am Ende ist es also immer ein Bild beziehungsweise „das Kino", so Siegfried Kracauer in seiner *Theorie des Films*, das „uns die Welt er-

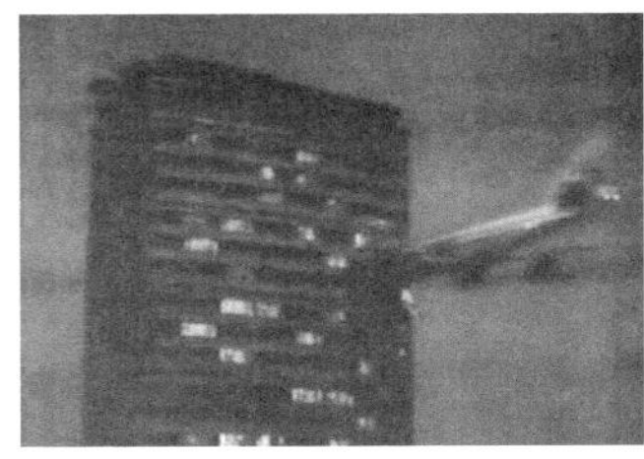
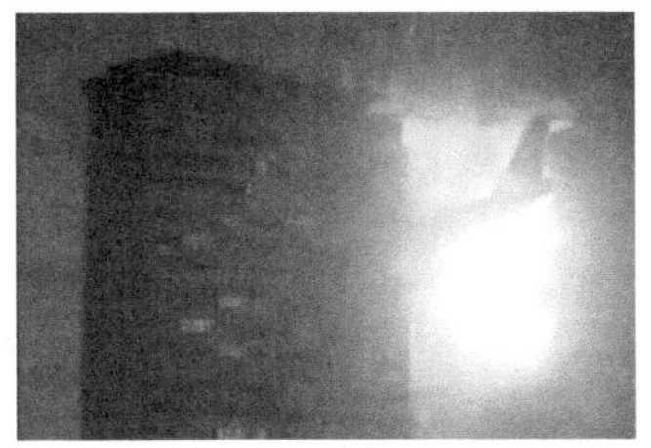
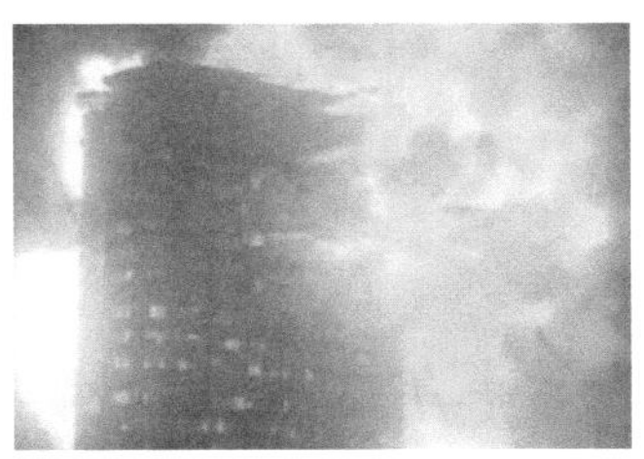

Jack Gold, *Der Schrecken der Medusa* | *The Medusa Touch*, 1978

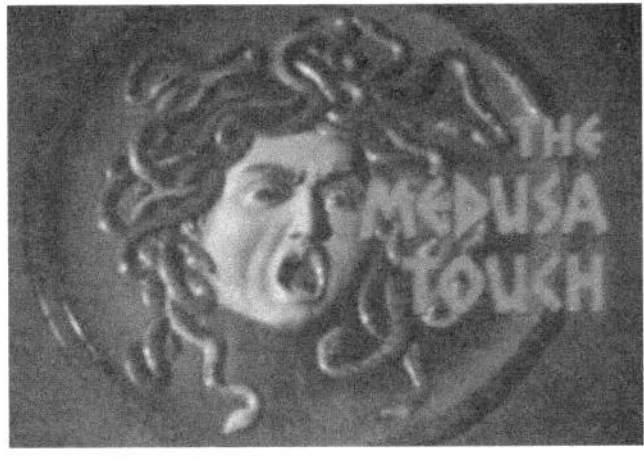

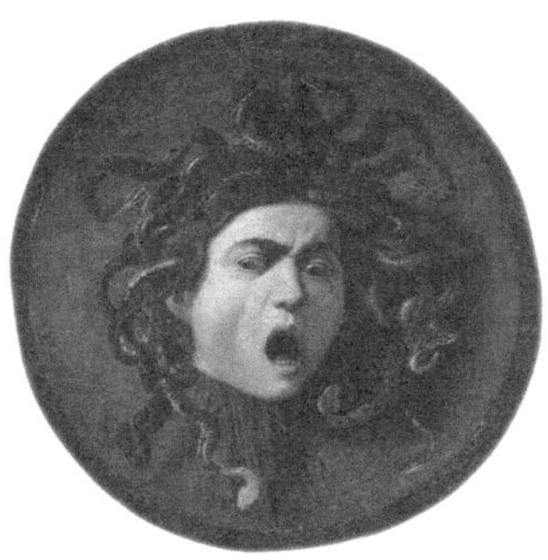

Carravagio
Das Haupt der Medusa | *Head of Medusa*, 1597, Öl auf Leinwand auf Holz | Oil on canvas on wood, 60 x 55 cm, Uffizien, Florenz

schließt, in der wir leben", weil es „Phänomene zutage [fördert], deren Erscheinen im Zeugenstand folgenschwer ist. Es bringt uns Auge in Auge mit Dingen, die wir fürchten. Und es nötigt uns oft, die realen Ereignisse, die es zeigt, mit den Ideen zu konfrontieren, die wir uns von ihnen gemacht haben."[21] Das gilt im Besonderen für die Bilder des 11. September.

Nicht von ungefähr verbindet der erwähnte Film das Bild der Medusa in der Nachbildung eines Caravaggio mit dem Bildschirm des Fernsehers – Kracauer fährt fort: „Wir haben in der Schule die Geschichte vom Haupt der Medusa gelernt, deren Gesicht mit seinen Riesenzähnen und seiner heraushängenden Zunge so schrecklich war, dass bei seinem Anblick Mensch und Tier zu Stein erstarrten. Als Athene Perseus beauftragte, das Ungeheuer zu erschlagen, warnte sie ihn, er dürfe niemals das Gesicht selber ansehen, nur sein Spiegelbild im blanken Schild, das sie ihm gab. Perseus folgte dem Rat der Athene und enthauptete die Medusa mit einer Sichel, die Hermes zu seiner Ausrüstung beigesteuert hatte. Die Moral des Mythos ist natürlich, dass wir wirkliche Greuel nicht sehen und auch nicht sehen können, weil die Angst, die sie erregen, uns lähmt und blind macht; und dass wir nur dann erfahren werden, wie sie aussehen, wenn wir Bilder von ihnen betrachten, die ihre wahre Erscheinung reproduzieren. Diese Bilder sind nicht von der Art jener, in denen künstlerische Fantasie unsichtbares Grauen zu gestalten sucht, sondern haben den Charakter von Spiegelbildern. Unter allen existierenden Medien ist es allein das Kino, das in gewisser

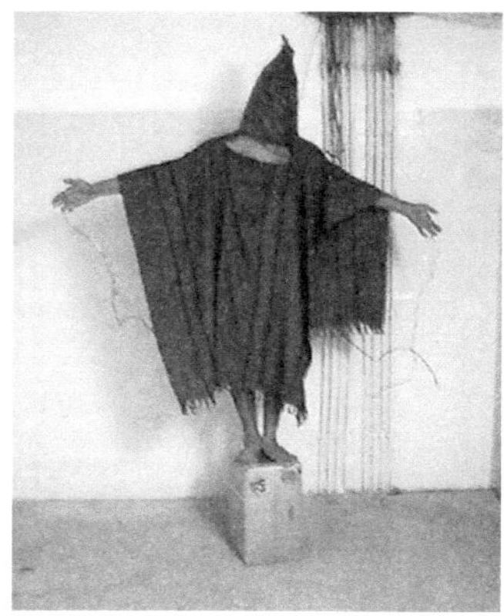

Das Bild des mit Elektroschocks gefolterten Satar Jabar wurde zum Symbol des Skandals von Abu Ghraib. An beiden Händen und am Penis waren stromführende Drähte befestigt. Ihm wurde angedroht, dass er durch Elektroschocks hingerichtet würde, falls er von der Kiste falle.

The picture of Satar Jabar tortured by electric shocks became a symbol of the Abu Ghraib scandal. Electric cables were attached to both of his hands and his penis. He was threatened with death by electrocution if he fell off the crate.

Weise der Natur den Spiegel vorhält und damit die ‚Reflexion' von Ereignissen ermöglicht, die uns versteinern würden, träfen wir sie im wirklichen Leben an. Die Filmleinwand ist Athenas blanker Schild."[22] Das Bild, das in Perseus' Schild – dem Bildschirm – zu sehen ist, erscheint als Spiegelbild des Betrachters, der sich im Wunsch nach immer neuen Katastrophendarstellungen im Fernsehen selbst erkennt.

VII

Die apokalyptische Ästhetik der Bilder des Anschlags trug dazu bei, den anschließenden Krieg im Irak für zwangsläufig zu erklären. Sie entsprach einem apokalyptischen Denken, das den Kampf gegen den Terrorismus in die dialektische Teleologie von Gut und Böse einzupassen bestrebt war. Für die Weltöffentlichkeit blieb dieser Krieg im Gegensatz zu den früheren „Missionen" unsichtbar, bis sie von Abu Ghraib erfuhr. Die Bilder der Folterungen irakischer Gefangener durch amerikanische Soldaten gaben mit einem Schlag den „Sinn" des Krieges zu erkennen – die symbolische „Revanche" für die Symbolik der Anschläge. Die ihnen eingeschriebenen Inszenierungen knüpften an die christliche Ikonografie ebenso an wie an die jüngere Kunst- und Filmgeschichte. Es ist kein Zufall, dass das bekannte Foto des Gefangenen mit der schwarzen Kapuze, dessen Arme und Beine mit Stromkabeln versehen sind und der in einer „Kreuzigungspose" auf einem Hocker steht, an eine Art Tableau vivant der Performance-Kunst denken lässt, an Artauds „Theater der Grausamkeit", an Szenen in Filmen von Pasolini und David Lynch oder an Stanley Kubricks *Eyes Wide Shut* (1999). Die Folter wurde als ein Medienspektakel in Szene gesetzt, das bestimmten Spielregeln folgte: Es glich einem Initiationsritual in die allgegenwärtige „Kultur der Schamlosigkeit" und des „obszönen Genießens" von Brutalität, Sex und Gewalt, die „den American Way of Life aufrechterhält".[23]

Der russische Philosoph Boris Groys deutete die Bilder als einen Versuch, einer anderen Kultur die Ästhetik der westlichen Gegenwartskunst aufzuzwingen mit dem Ziel, sie der eigenen anzugleichen, das heißt, sie zu zerstören. Der Terrorist, so seine These, opfere sein Leben, sei aber nicht bereit, seine Würde zu opfern. Hingegen sei der westliche Mensch unter allen Umständen bereit, seine Würde zu opfern. Der Tod besitze für ihn keinen symbolischen Wert, weil er durch die Zivilisation selbst tabuisiert wird. Eben diese Entwürdigung, deren „programmatischer, kalkulierter Verlust" längst zum Eigentlichen der kommerziellen Massenkultur geworden ist, könne in den Bildern aus Abu Ghraib wiedergefunden werden.[24]

Die besondere Perfidie der Inszenierung liegt aber auch darin, dass sie die Wahrnehmung des Betrachters zum Ziel ihrer Realisierung erklärt. Mit anderen Worten: Der Zweck der Folter war das Betrachten der Bilder, das den Betrachter zum Komplizen werden ließ. Die Körper der Gefangenen wurden von ihren Folterern benutzt, um sich selbst im Bild als Ermächtigung und Wappnung zu dokumentieren. Dieser Fakten schaffende symbolische „Bildakt" ist dabei so wirksam wie der Waffengebrauch selbst, da er noch weit in der Zukunft das Bild Amerikas in der arabischen Welt bestimmen wird.[25]

VIII

Der Umgang der visuellen Medien mit den Ereignissen vom 11. September 2001 oder in Abu Ghraib hat gezeigt, dass der Krieg immer auch ein Kampf um die Hoheit über die Erzeugung und Vermittlung von Bildern ist. Die Be-

20 Vgl. Tom Engelhardt, „Ängste, Filme, Phantome. 9/11 – Terror und Kriegspolitik in einer medienimprägnierten Welt", in: *Lettre International*, Nr. 74, Herbst 2006; zu den Anspielungen auf Motive der antiken Mythologie und der jüdisch-christlichen Kulturtradition in amerikanischen Filmen vgl. Gabriele Werner, „Christliche Ikonografie. Glaubensbekenntnis, Kulturtradition oder Metapher", in: *WARUM! Bilder diesseits und jenseits des Menschen*, hg. von Matthias Flügge und Friedrich Meschede, Ostfildern-Ruit 2003.

21 S. Kracauer, *Theorie des Films. Die Errettung der äußeren Wirklichkeit* (*Werke*, Bd. 3), Frankfurt am Main 2005, S. 395.

22 Ebd.

23 Susan Sontag, „Endloser Krieg, endloser Strom von Fotos", in: *Süddeutsche Zeitung*, 24. Mai 2004, sowie Slavoj Žižek, „Die Amerikaner kontrollieren gar nicht! Nicht mal sich selbst!", in: *Berliner Zeitung*, 23. Juni 2004.

24 Boris Groys, „Die Körper von Abu Ghraib", in: ders., *Die Kunst des Denkens*, Hamburg 2008, S. 68–86.

25 Horst Bredekamp / Ulrich Raulff, „‚Wir sind befremdete Komplizen'. Triumphgesten, Ermächtigungsstrategien und Körperpolitik: Wie sind die Bilder der gequälten Gefangenen aus Abu Ghraib zu deuten?", in: *Süddeutsche Zeitung*, 28. Mai 2004.

26 Katja Nicodemus, „Mein Job im Irak“, in: *DIE ZEIT*, Nr. 34, 13. August 2009.

richterstattung über den Vietnamkrieg trug zum Verlust der öffentlichen Unterstützung bei und Hollywoods kritische Auseinandersetzung damit begann erst Jahre nach dem Rückzug der US-Truppen aus Vietnam. Dagegen gibt es vom „Krieg gegen den Terror“ in Afghanistan und Irak keine Bilder von Kampfhandlungen, Toten oder Verwundeten, während es sich eine Vielzahl amerikanischer Filme zur Aufgabe gemacht zu haben scheint, die Funktion der Nachrichtenmedien in der Berichterstattung zu übernehmen und dabei den Zustand der seelischen Verfassung Amerikas zu reflektieren – wie die als „Soldatentagebuch“ gedrehte Dokumentarfiktion *Redacted* (2007) von Brian de Palma über die Vergewaltigung und Ermordung eines irakischen Mädchens und ihrer Familie oder Paul Haggis' Film *Im Tal von Elah* (2007), in dem der Krieg bereits in Amerika angekommen ist und in der heimischen Kaserne weitergeführt wird. Der Krieg erscheint nicht mehr als antizivilisatorische Hölle wie in den Darstellungen über Vietnam, sondern als Arbeit und Routine aus der Innenperspektive „geostrategischer Todesarbeiter“ wie in Kathryn Bigelows Streifen *Tödliches Kommando – The Hurt Locker* (2009). Er erzählt die Geschichte einer Spezialeinheit, die in Bagdad Bomben entschärft. Die Nähe des Todes wird dort zum Lebenselixier, und die psychische Überforderung des Soldaten besteht darin, auf Heimaturlaub in den Supermarkt zu gehen und eine einzige Frühstückspackung im Angesicht endloser Regalreihen mit Frühstückspackungen auszusuchen. Die amerikanische Fernsehserie *Generation Kill* (2008), die ein Aufklärungsbataillon der Marines durch die ersten Wochen der Irakinvasion und jede Menge strategische Desaster begleitet, beschreibt den Krieg schließlich nicht mehr als das Gegenteil von Zivilisation, sondern als deren Fortführung mit anderen Mitteln. Auf die an sich selbst gestellte Frage eines Soldaten, warum sie im Irak seien, heißt die Antwort: „Damit auch hier lauter Starbucks-Cafés gebaut werden, mit Norah-Jones-Scheißmusik, einer Clique Highschool-Girls, die von Iced Latte superfett werden, einem Obdachlosen, der versucht, eine Kloschüssel zu klauen, und einer Schwuchtel, die ihren Roman auf einem Laptop schreibt.“[26]

Mehr noch als diese Filme über den „Krieg gegen den Terror“ gleicht das gegenwärtige amerikanische Kino über die Natur der Gewalt an sich einer Anamnese der Nation: *No Country for Old Men* (2007) von den Coen-Brüdern, Paul Thomas Andersons *There Will Be Blood* (2007) und nicht zuletzt Christopher

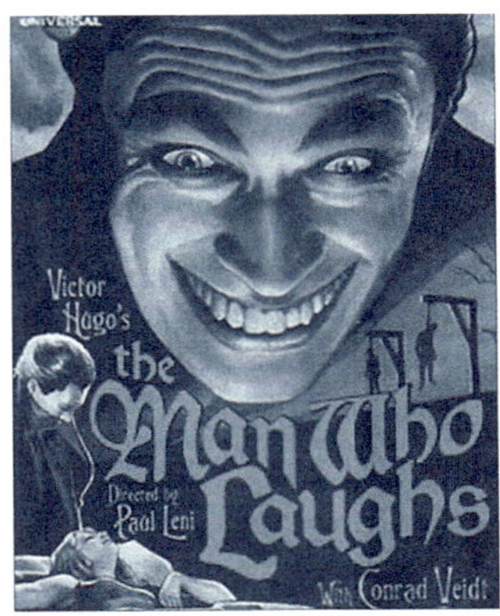

Der Joker wurde von den Batman-Zeichnern 1940 erfunden, wobei ihnen Conradt Veidt in *Der Mann, der lachte* von Paul Leni (1928) als Vorbild diente, der wiederum auf dem Roman *Die lachende Maske* von Victor Hugo beruht. Die Figur des lachenden Mannes als Projektionsfläche für die Zwiespältigkeit des Anarchischen taucht später bei J.D. Salinger in *The Laughing Man* und bei James Ellroy in *The Black Dahlia* wieder auf.
Foto: Universal

The Joker was founded by the Batman comic authors in 1940, using Conrad Veidt in Paul Leni's 1928 movie *The Man Who Laughs* as a model—in turn based on the novel of the same name by Victor Hugo. The character of the laughing man as a projection of the ambiguity of the anarchic recurs in J.D. Salinger's *The Laughing Man* and James Ellroy's *The Black Dahlia*. Foto: Universal

Nolans düsterer, völlig amoralischer Batman-Film *The Dark Knight* (2008) haben die Verrohung der ganzen Gesellschaft und die Ohnmacht gegenüber ihrer Tradition der Gewalt zum Thema.

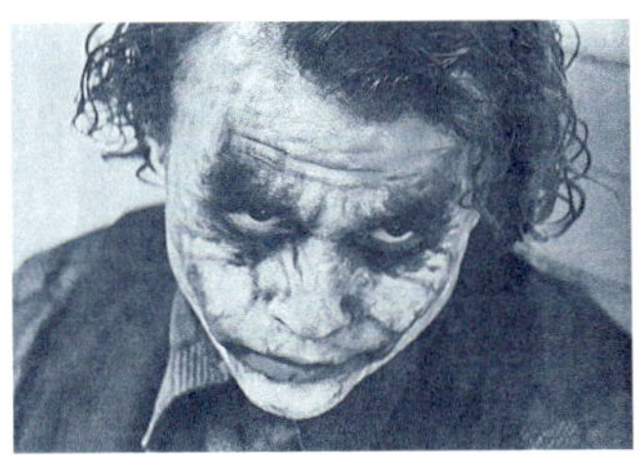

Heath Ledger als Joker in Christopher Nolans *The Dark Knight* | Heath Ledger as Joker in Christopher Nolan's *The Dark Knight*, 2008
Foto: Warner Bros. Entertainment

In *The Dark Knight* ist der Joker mit der Aura eines klinisch Schizophrenen die Hauptfigur. Gespielt von Heath Ledger, dem die Maske des Terrors als grausiges Grinsen ins Gesicht geschnitten ist, verkörpert er die Allegorie einer Welt, in der Gut und Böse zusammenfallen, Wahnsinn herrscht und Anarchie zu Hause ist. Erinnert sei an Siegfried Kracauers Interpretation des *Dr. Caligari*, der das Motiv des Jahrmarkts mit Anarchie und Chaos als Kehrseite der Tyrannei in Verbindung bringt. Mit teuflischem Sadismus stellt der Joker sein Gegenüber Batman immer wieder vor Entscheidungen, von denen eine grausamer ist als die andere – wie in Alan J. Pakulas Holocaust-Film *Sophies Entscheidung* (1982), in dem eine Mutter auf dem Weg ins Konzentrationslager wählen soll, welches ihrer beiden Kinder sie behalten darf. Auf diese Weise wird der Kampf gegen den äußeren Feind zum Kampf im Inneren der Seele gewendet, an dem der Held zerbrechen muss.

Comicfiguren wie Batman oder auch Superman – „Superman ist, wie die USA sich gern selbst sehen; und Batman ist, wie der Rest der Welt die USA sieht" (Michael

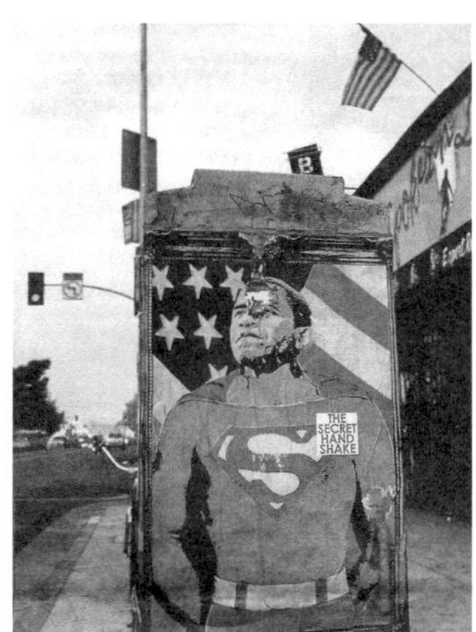

Wahlkampf in Amerika: Obama als Superman | Election Campaign in America: Obama as Superman, Melrose Avenue, Los Angeles, Oktober 2008, Foto: Alessandra Sanguinetti/Magnum

Caine) – spielen in der amerikanischen Kultur eine ähnliche Rolle wie die antiken Sagengestalten in der griechischen Mythologie. Wie die Götter haben die Superhelden Amerikas die Bürde zu tragen, die „unterhalb der Bewußtseinsdimension" ausgebreiteten Ängste in den „Tiefenschichten der Kollektivmentalität" (Siegfried Kracauer) zu besiegen, um so einen Moment der Hoffnung aufscheinen zu lassen. Bei Nolan gibt es diese Hoffnung nicht mehr. Im Dialog zwischen der selbstverzweifelten Ambivalenz seines Batman und dem amoralischen Nihilismus des Jokers manifestiert sich die vollkommene Hoffnungslosigkeit des Krieges gegen den Terror. Was bleibt, sind die Anarchie und das Chaos.

IX

Die wohl intelligenteste Parabel über das Kino an sich, das Kino und sein Verhältnis zur Gewalt, über die „Natur" und die „Kultur" des deutschen Faschismus, die Beziehung Amerikas zur Geschichte des Zweiten Weltkriegs und die im Laufe der Jahre entstandene große Erzählung davon, über deren visuelle Metaphern und das Einschreiben in die Erinnerung, über den veränderten Blick auf Deutschland in der Gegenwart – all das ist Quentin Tarantinos neuer Film *Inglourious Basterds*.[27] Er ist ein wildes, ironisches Märchenspektakel, in dem das Kino über den Faschismus triumphieren darf. Tarantino fügt den Erzählungen über den Zweiten Weltkrieg nicht eine weitere hinzu, sondern lässt seine Figuren unentwegt über Sprache und Bilder sprechen – gelegentlich unterbrochen von den für ihn typischen blitzartigen Szenen eher slapstickhafter Gewalt. Unterschiedliche Formen von Verrat und Terror, Machtspiel und Revolte finden in diesem Film auf jeder Seite statt, eingefahrene Vorstellungen werden enttarnt, Stereotype allesamt auf den Kopf gestellt: der Held, der Nazi, die Diva, der Jude, die Jüdin. Und wenn das Kino letztlich dazu da ist, dem Betrachter eine neue Perspektive auf Wirklichkeit und Geschichte zu ermöglichen, so ist die Tatsache, dass Tarantino als amerikanischer Regisseur in Deutschland mit überwiegend deutschen Schauspielern in den Hauptrollen einen Film über deutsche Geschichte dreht, der deutlichste Beweis dafür, wie sehr sich die amerikanische Wahrnehmung von Deutschland verändert hat.

Die Handlung dieser Fantasie einer Geschichtskorrektur in fünf Kapiteln ist schnell erzählt: Eine Gruppe amerikanisch-jüdischer Soldaten wird von den Alliierten im okkupierten Frankreich abgesetzt, um als „Basterds" möglichst viele Nazis zu töten. Anführer der Guerillatruppe sind der ungebildete und etwas rüpelhafte „Indianer"-Leutnant Aldo Raine (Brad Pitt) und Sergeant Donny Donowitz (Eli Roth) alias der „Bärenjude". Die französische Jüdin Shosanna Dreyfus (Mélanie Laurent) entkommt 1941 einem Massaker an ihrer Familie, das der ausgesprochen kultivierte, sprachmächtige und mit mephistophelischem Charme ausgestattete SS-Oberst Hans Landa alias der „Judenjäger" (Christoph Waltz) initiiert. Unter falscher Identität betreibt sie kurze Zeit später ein Pariser Kino und fasst den Entschluss, auf der deutschen Filmpremiere des Propagandafilms *Stolz der Nation* über den erfolgreichen Scharfschützen Fredrick Zoller (Daniel Brühl), der sich im Film selbst darstellt und ihr Verehrer

27 Georg Seeßlen, *Quentin Tarantino gegen die Nazis. Alles über* Inglourious Basterds, Berlin 2009.

Quentin Tarantino, *Inglourious Basterds*, 2009
Fotos: Universal Pictures/The Weinstein Company

Ein Zitat alter Filmplakate: Der Film im Film *Stolz der Nation* mit Daniel Brühl als Fredrick Zoller wurde inszeniert von Eli Roth, der auch den „Bärenjuden" spielt.

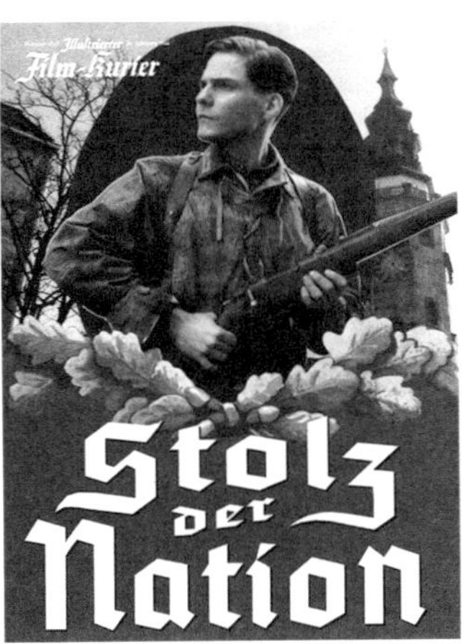

A quote from old film posters: The movie within the movie *Nation's Pride* with Daniel Brühl as Fredrick Zoller was directed by Eli Roth, who also plays "The Bear Jew."

Martin Wuttke als | as Hitler.

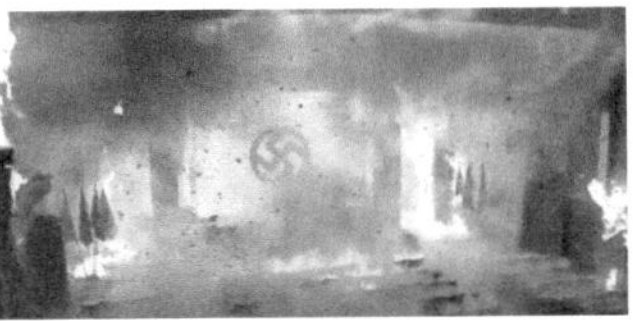

Die faschistischen Zeichen werden vernichtet. | The fascist symbols are destroyed.

ist, das Kino, sich selbst und das ganze Publikum mithilfe ihres gesamten Schatzes leicht entzündlicher Nitrofilmkopien in die Luft zu jagen. Auch die „Basterds" planen mit dem britischen Spezialagenten Archie Hicox (Michael Fassbender), der vor dem Krieg Bücher über den deutschen Film geschrieben hat, einen Anschlag, als sie von der deutschen UFA-Starschauspielerin und gleichzeitig Agentin der Alliierten Bridget von Hammersmark (Diane Kruger) erfahren, dass Hitler (als cholerischer Clown von Martin Wuttke gespielt) und Goebbels (grotesk inkarniert durch Sylvester Groth) samt Entourage die Ehrengäste der Filmgala sind. Am Ende geht das Kino beim doppelten Attentat in Flammen auf.

Wie Jonathan Gates, der Held in Theodore Roszaks *Schattenlichter*, verbrachte Tarantino seine Jugend in Los Angeles im Kino und sah dort jedes Genre europäischer Trashproduktionen und amerikanischer B-Movies, wie er machte auch Tarantino seine Leidenschaft zum Beruf. Und wo *Schattenlichter* ein Buch über den Film ist, dessen Macht zur Manipulation einer gigantischen – faschistische Züge tragenden – Verschwörung dient, ist *Inglourious Basterds* ein Film über den Film, dessen Macht das „Dritte Reich" besiegt. Tarantino beruft sich mit ihm auf Enzo G. Castellaris absurden Streifen *Ein Haufen verwegener Hunde* (*Inglorious Bastards*) von 1978, der wiederum eine Version von Robert Aldrichs *Das dreckige Dutzend* aus dem Jahr 1967 ist. Auch sonst spielt der Film mit unterschiedlichsten Kinotraditionen, die geistreich aufeinander bezogen werden: Die Namen seiner Figuren verweisen auf andere Filmfiguren und Namen von Schauspielern, Szenen und Einstellungsfolgen werden ironisch adaptiert und bedienen sich stilistisch verschiedenster Perioden und Genres – der UFA-Filme im „Dritten Reich" und Kriegspropagandamaterials, der *Nouvelle Vague*, des Italowesterns und der italienischen Weltkriegsfilme, der *dirty war movies* der 1960er und 1970er Jahre sowie an Tarantinos eigenem Fundus. Die Erzählstränge werden schließlich zusammengeführt im Kino, dessen Zerstörung die Welt nicht nur von den Nazis, sondern auch von ihrer Symbolik erlöst. Womit Tarantino deutlich macht, dass Bild und Sprache ebenso Teil des Verbrechens wie Teil des Widerstands gegen das Verbrechen sind.

Inglourious Basterds reagiert zudem auf die verdrängte Geschichte Hollywoods – die Blindheit der amerikanischen Juden gegenüber dem Schicksal ihrer europäischen Verwandten. Er verwirklicht den Traum des jüdischen Drehbuchautors Ben Hecht, der mit ungeheurem Engagement versucht hatte, die Finanzierung einer zu gründenden speziell „jüdischen" Partisanengruppe in Europa sicherzustellen, und der am Widerstand der führenden Juden in Hollywood gescheitert war. Dass es Einzelkämpfer dieser Art gegeben hat, war Tarantino vielleicht nicht bekannt. Zumindest aber schuf er mit dem österreichstämmigen Juden Corporal Wilhelm Wicki (Gedeon Burkhard), der nach Amerika emigriert und im Auftrag des amerikanischen Geheimdienstes OSS nach Frankreich zurückkehrt, eine „Basterd"-Figur, die bis in die Physiognomie dem Österreicher Rudolf Charles (eigentlich Karl Hugo) von Ripper (1905–1960) gleicht. Baron von Ripper war ein surrealistischer Maler und als rauschgiftsüchtiger Bohemien in den Künstlerkreisen von Berlin und Paris unterwegs, bis er 1933 von der Gestapo verhaftet und schwer misshandelt wurde. Er diente in der französischen Fremdenlegion und kämpfte im spanischen Bürgerkrieg auf der Seite der Internationalen Brigaden. 1938 emigrierte er in die USA und verlor 1939 die deutsche Staatsbürgerschaft, nachdem seine Hitlersatire *Vom unheiligen Organisten ein Lied des Hasses* aus dem Zyklus *Zerstört die Infamie!* auf dem Titelblatt des *Time Magazine* erschienen war. 1941 meldete er sich zum Dienst in der amerikanischen Armee und ging als Offizier des Geheimdienstes OSS mehrfach hinter die feindliche Front, um hohe nationalsozialistische Offiziere zu entführen oder zu liquidieren. Auf den internen „Nazi-hunting"-Listen des OSS nahm er Platz eins ein – sein Spitzname war „Jack the Ripper".

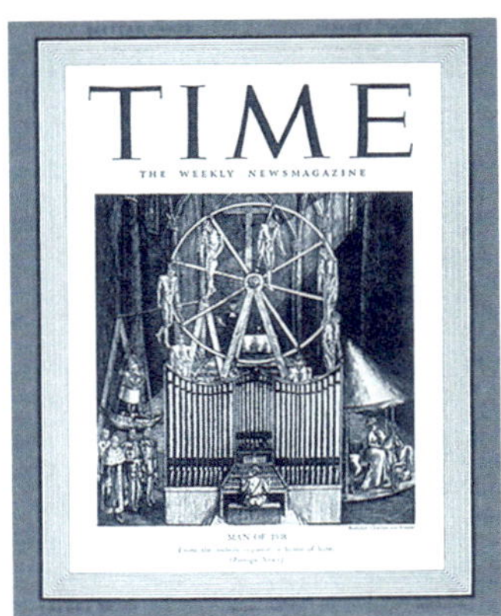

Rudolf Charles von Ripper
Vom unheiligen Organisten ein Lied des Hasses | *From the Unholy Organist, a Hymn of Hate*, aus dem Zyklus *Zerstört die Infamie!* | From the cycle *Ecrasez l'Infame!*, Titelblatt | Cover *Time Magazine*, 2. Januar 1939

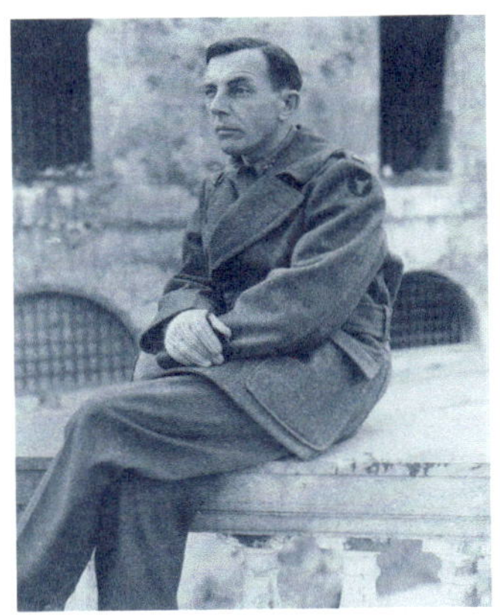

Rudolf Charles von Ripper, ca. 1942, Foto: Smithsonian Archives of American Art

X

Das Ende der zweigeteilten Welt im politischen wie moralischen Sinne scheint *das* Ereignis der letzten zwanzig Jahre zu sein. Betrachtet man die Geschichte Deutschlands und Amerikas seit Anfang des 20. Jahrhunderts im Spiegel ihrer medialen Vermittlung, wie das der vorliegende Text versucht, so lässt sich vor allem eines sagen: Es ist die Geschichte eines gemeinsamen politischen und wirtschaftlichen Erfolgs, zugleich aber steht sie als Geschichte der globalen Durchsetzung von Markt und Freiheit, von westlichen Lebensformen und westlicher Kultur in einem abgründigen Zusammenhang mit einer Geschichte der Gewalt infolge der Modernisierung.[28] Krieg und Gewalt und *das* visuelle Medium der Moderne, das Kino, sind offensichtlich als interferierendes Gleichzeitiges zu denken. Die militärische Besetzung eines Landes, die seit dem Zweiten Weltkrieg zum bevorzugten Mittel amerikanischer Politik geworden ist, und die Besetzung der visuellen Welt durch die amerikanische Kultur, die sich als Weltkultur versteht, weil sie sich des Schatzes der Imaginationen und Weltbilder „anderer" Kulturen versichert hat, sind deshalb zwei Seiten einer Medaille. Beides entspricht der Dialektik von triumphaler Selbstdarstellung und verdrängten Gewaltakten gegenüber anderen Kulturen, begleitet von der Vorstellung, dass sich die Nation jederzeit neu erfinden kann.[29] Über lange Zeit wurde der oft gewaltsame Prozess der Modernisierung nicht nur in Deutschland mit Amerikanisierung gleichgesetzt, heute gilt das für das Phänomen der Globalisierung. Doch diese Zurechnung der Verantwortung ist verfehlt. „Ich bin kein Monster", spottet der Joker in Nolans *The Dark Knight*, „ich bin nur allen anderen voraus." So lässt sich das auch von Amerika sagen: Amerika ist nicht das „Monster", das die Modernisierung oder die Globalisierung entfesselt hat, es ist lediglich der „Anfang" dieser Entwicklung.[30]

Walter Benjamin glaubte daran, dass sich die Vergangenheit ändern ließe durch das, was der Mensch in der Gegenwart tue. Er meinte damit, dass im Wissen um die Folgen vergangener Ereignisse die Geschichte neu geschrieben werden kann und durch heutiges Tun ihre verborgene Bedeutung ans Licht kommt und dass auf diese Weise Erneuerung möglich wird. Das heißt umgekehrt, wer die Vergangenheit löscht, läuft Gefahr, den Weg in die Zukunft zu versperren. Die Wahl Barack Obamas zum amerikanischen Präsidenten im letzten Herbst, die in der ganzen Welt als Bekenntnis Amerikas zu seiner multiethnischen Identität und zur Geschichte seines Rassismus gewertet wurde, war in diesem Sinne als Zeichen der „Erlösung" und Überwindung des im kollektiven Erleben des schwarzen Amerika vierhundert Jahre andauernden Bürgerkriegs zu begreifen. Dass auch die Aufteilung der Welt in Gut und Böse nicht mehr dem Selbstverständnis der Regierung Obamas entspricht, hat die Politik der letzten Monate gezeigt, die unter anderem das Verhältnis zu Deutschland und zur deutschen Geschichte neu bestimmte.[31] Vor allem der Holocaust als der identitätsstiftende Erfahrungsbestand der gemeinsamen Geschichte beider Staaten steht nicht länger für die Einzigartigkeit deutscher Schuld und deutscher Mission, sondern dient als moralische Universalie der weltweiten Ächtung einer Politik des Rassismus, der Ausgrenzung und des Völkermords – daran hatte seine massenmediale Verarbeitung in amerikanischen Filmen den größten Anteil.[32] Sowohl die Präsidentschaft Barack Obamas an sich als auch die neue Rolle Deutschlands im Bündnis mit Amerika bedeuten aber gerade nicht, dass die Auseinandersetzung mit den nationalen Katastrophen der Geschichte aufgegeben werden kann. Benjamins Thesen verwandt, besteht Siegfried Kracauers Konzept der „Erlösung" der Geschichte darin, bestimmte Erfahrungen im Bild freizusetzen, weil nur das Bild Wissen bewahrt und sich in ihm die Kraft des Perseus entfalten kann: „Der Mythos [der Medusa] gibt außerdem zu verstehen, daß die Abbilder auf dem Schild oder der Leinwand Mittel zu einem Zweck sind; sie sollen den Zuschauer befähigen – mehr noch: dazu antreiben –, das Grauen zu köpfen, das sie spiegeln. [...] Perseus' größte Tat bestand vielleicht nicht darin, daß er die Medusa köpfte, sondern daß er seine Furcht überwand und auf das Spiegelbild des Kopfes im Schild blickte. Und war es nicht gerade diese Tat, die ihn befähigte, das Ungeheuer zu enthaupten?"[33] Es geht nach wie vor darum, mit Perseus in den Spiegel zu sehen.

28 Thomas Assheuer, „Piraten der neuen Welt. Baudrillard, Enzensberger, Guéhenno, Rancière: Einige Theorien über den Ursprung von Gewalt und Terror in der Moderne", in: *DIE ZEIT*, Nr. 40, 26. September 2001.

29 Manfred Henningsen, *Der Mythos Amerika*, Frankfurt am Main 2009.

30 D. Diner, vgl. Anm. 2.

31 Die veränderte politische Rhetorik wurde bei Barack Obamas Besuch des Konzentrationslagers Buchenwald im Juni dieses Jahres deutlich. In seiner Rede sprach er nicht vom amerikanischen Triumph über den Nationalsozialismus, sondern von der Erschütterung der amerikanischen Soldaten bei der Befreiung, von der „Grausamkeit in uns selbst", vor der wir uns zu hüten haben, und trat auf dem Podium hinter dem jüdischen Überlebenden und Friedensnobelpreisträger Elie Wiesel zurück.

32 In ihrem Buch *Erinnerung im globalen Zeitalter: Der Holocaust* (Frankfurt am Main 2001) vertreten die Autoren Daniel Levy und Natan Sznaider die These, im Fall der Erinnerung an den Holocaust sei die globale Angleichung von Werten ein Fortschritt: Es bilde sich dadurch ein kosmopolitisches Gedächtnis heraus. Vgl. auch Anm. 7.

33 S. Kracauer, Theorie des Films, vgl. Anm. 21, S. 396.

Uta Grundmann

From Caligari to Tarantino

Germany and America in History's Two-Way Mirror

"History breaks down into images, not stories."
Walter Benjamin

I

We seem to always understand the here and now too late. Norbert Elias called this history lagging behind, since historical change, though arising from plans, takes place in an unplanned manner. Change may be induced by goals, but history has no goal in itself. This is why events that come to be seen by posterity as historical turning points may even be perceived as such in their own time, but it can only be possible to understand their real meaning and the true nature of changes in outlook and social values when we can look back on their results. If we look at the history of Germany and America in the twentieth century, then this observation is just as true of Hitler's seizure of power in 1933 as it is of the assassination of John F. Kennedy in 1963, of World War Two and of the Vietnam War, of the downfall of the communist empire in 1989 and the terrorist attack on the World Trade Center on September 11, 2001—and, today, of the collapse of the financial markets and Barack Obama's election to president of the United States. All of these events are linked with specific images that we might call "cultural figurations," with their ensuing effects on collective memory and on specific values associated with them.

Relations between Germany and America have been underpinned by a common history ever since the very first German immigration. Whereas

Germany figures as a society that underwent long historical development in "old Europe," the United States seems to be a country that is forever reinventing itself, because it defines a state of belonging to the American people by means of the neutralization of the origins of the (foreign) individual who enters America. The early immigrants of the seventeenth century already saw themselves as God's chosen people, with America as an "unspoiled wilderness" gifted to them so that they might erect a "new Jerusalem." These notions were based on the deep cultural roots of the Puritan Awakening, which committed the nation to renounce the past in the name of progress and to embrace a new visionary future. This is why it is the higher authority of God, promised to each and every individual alone, that to this day holds together American civil society and clearly defines the difference between good and evil. At the same time the "incarnation of the New World" is also the world's "oldest modernist community," representing a universal order that saw the emergence of the very first institutions based on democratic principles, freedom, and equality.[1] Both of these states of being—as God's chosen people and as the pioneers of the rule of law—justified the belief in America as an exceptional society.

There is plenty of evidence that in Germany, notwithstanding much enthusiasm for the USA, America's mere existence has led to considerable reservations. America is all too often taken for the epitome of the crass rule of money, consumption, and brainless popular culture. Looking, for example, at debates on film as the visual medium of modernism and on the influence of Hollywood on German culture since the early 1920s shows that cinema was equated with everything that a conservative German cultural critique of modernism despised—and that critique was then applied to America as a whole. American (film) culture was seen to endanger traditional German high culture as the guarantor of national identity. Still today, the ubiquitous American entertainment industry is met with a subtle paradox: on the one hand it is an infectious object of desire, and thus, in part, internalized as identity; on the other it still engenders unease, as American desires signal the loss of an own cultural authenticity. Why this is the case is perhaps explained by the fact that it was cinema that made America what it is today. Through the movies Americans of

1 Dan Diner, "Vorreiter der Moderne: Warum sind die Vereinigten Staaten vielen Menschen so suspekt," *SPIEGEL online*, October 21, 2008.

different origin and speaking different languages grew together to become a nation with a common history. This was possible because the medium internalized iconic fragments of a myriad of cultures, transforming them into universal myths and legends, which then in turn could be internalized beyond America's own topographical borders.[2]

The animosity toward America of recent years also has a second origin. World War Two and the Holocaust determined relations between America and Germany like no other historical events; political relations, cultural self-images, and mutual perceptions right up to the present day have been shaped by interpretations of this history, and could even be said to be inextricably interlinked. On both sides of the Atlantic we still encounter a paradoxical rhetoric of direct or indirect metaphors referring to World War Two and the Holocaust. As a result, relations between Germany and America, like those between Germany and Israel, are highly symbolic. Both states are entities that are not defined by how they really are or what they do, but by what they stand for.[3] It really is time to attempt a closer look at this dynamics of mutual cross-referencing, the symbolic nature of each side's images of the other, and their visual manifestations. Within the context of this catalogue there are, after all, a number of topical questions that might be asked: What is the connection between the unconscious occupation of our visual world by American culture and the unconscious of a policy that advocates military invention in other states; and what is the connection between this occupation of the visual world, or of another country, and the much-cited "ahistoricity" of America itself? Or how are shifts in the American view of German history or Germany's perception of America manifested?

II

We can be sure that for a long time now the visual has dominated the space of social experience in our societies, and that the technical image media have become the tools of the creation of the world, controlling our cultural perceptions, and impinging on our memories and emotions. Since Antiquity the global knowledge of a given era and cultural space has been collected in symbolic narratives and myths, with fiction making comprehensible order out of the complexity of reality. Today the technical images of the mass media have taken over this function of providing interpretative orientation. Back in the 1920s, Siegfried Kracauer, the German journalist, film critic, and analyst of modernist mass culture, devoted his energies to decoding the surface appearance and everyday phenomena of contemporary bourgeois society, and in particular cinema, as symbols of the constitution of the age; his goal was to explore these symbols experientially, and thereby to determine their social, historical, and philosophical significance.[4] Kracauer came to see cinema, which he initially had granted the emancipatory potential of revealing true contexts of "physical reality," as "society's daydreams" typifying ideals of how society wished to see itself.

In 1941 Kracauer emigrated via France to the USA, and in 1947 he published *From Caligari to Hitler: A Psychological History of the German Film* in Princeton. Here he traced images and narratives of German intellectual history that had doubtlessly played a role in the rise of National Socialism. His main thesis was that German Expressionist cinema, from Friedrich Wilhelm Murnau's *Nosferatu – A Symphony of Horror*, Fritz Lang's *Dr. Mabuse* and *Metropolis*, Paul Wegener's *Golem* to Robert Wiene's *The Cabinet of Dr. Caligari*, with their bizarre sets and characters telling of split identity and superior powers, their enslaved masses and evil fates, all reflected deep layers of a collective German mentality that were enacted more or less unconsciously. In consuming these films, the Germans had ascribed to inner psychic dispositions that paved the way for fascist ideology and Nazi tyranny.

Kracauer's readings can be exemplified in his view of Wiene's *The Cabinet of Dr. Caligari*, which he sees as linked to the filmmakers' experience during

2 Like photography, film developed as a global means of communication in the context of the dissemination of the capitalist world order. In his 1981 essay "The Traffic in Photographs," the American photographer and critic Allan Sekula investigates the 1955 New York MoMA photo exhibition "The Family of Man," and shows that a technological understanding of photography as the universal language of humanity is inextricably linked to capitalist power interests. This insight also holds true for film. See Allan Sekula, "The Traffic in Photographs," *Art Journal*, vol. 41, no. 1, spring 1981, 15–24. American pop culture's appropriation of themes and motifs from the world's cultures was shown for example in the exhibition "Walt Disneys wunderbare Welt und ihre Wurzeln in der europäischen Kunst" (Kunsthalle der Hypo-Kulturstiftung, Munich 2008).

3 C. K. Williams, "Das symbolische Volk der Täter," *DIE ZEIT*, no. 46, November 7, 2002.

4 Siegfried Kracauer, *The Mass Ornament. Weimar Essays*, ed. Thomas Y. Levin (Cambridge/MA 1995).

World War One and the early 1920s. The plot of the original screenplay by Hans Janowitz and Carl Mayer takes place at a fairground, where Dr. Caligari performs with the help of his medium, the sleepwalker Cesare. When the fair enters town a series of murders begins, spreading fear among the inhabitants. A student tries to get to the bottom of the mystery, and discovers that Caligari, who was suspected of being the murderer and takes refuge in an asylum, is in fact a psychiatrist and the director of the asylum, and that he is using Cesare as a "killing machine." The film's director Wiene added a framework to the plot, turning it into a tale imagined by someone suffering from mental illness. For Kracauer this amounted to toning down the story to accommodate the tastes of the audience, which would always prefer to be able to declare one of their own insane rather than address questions concerning the interconnection of a lust for power, blind trust in authority, and madness. Kracauer saw this as the film's real subject; it revealed a collective soul torn between the two extremes of tyranny and chaos. Tyranny, addiction to authority, and a lust for power were, for Kracauer, embodied in the character of Caligari, an early prefiguration of Adolf Hitler, while the plebeian medium of the fairground symbolized the opposite pole, which did not promise freedom, but should rather be understood as the "enclave of anarchy" that breeds chaos. Kracauer further argued that the Expressionist set and lighting served to transform material objects into "emotional ornaments" and to characterize phenomena on the screen as the workings of the soul. In this way, the movie conflated reality and hallucination and exemplified the Germans' collective retreat into themselves.

Kracauer looks at motifs in the movies he analyzes, including the doppelgänger, recurring mirrors and shadows, dream scenes, and split identities. He sees these in the fantastic tradition of German Romanticism from Chamisso to E.T.A. Hoffmann, and as the dark side of modernism. Using Freudian psychoanalysis he explores the psychic mechanics of these motifs, which are based on inner division and projection as a duel between truth and lies, good and evil, and Dr. Jekyll and Mr. Hyde.[5] Kracauer's structural analysis of the film material leads to the confirmation of his thesis that the aesthetic effect of these movies is to enforce new constellations of power within the visual programming of the viewers, particularly since the medium itself entails a crucial historical escalation of violence: Where else could the doppelgänger of the real body be immortal? For Kracauer both the world created by the Nazis and the film *Caligari* were full of acts of terror and panic attacks, of sadism and destruction. He believed that the frequency of these traits in cinema was a sure sign of their significance in the collective unconscious.

5 See Friedrich Kittler, "Romantik – Psychoanalyse – Film: eine Doppelgängergeschichte," in *Draculas Vermächtnis: Technische Schriften* (Leipzig 1993), 83.

III

Kracauer's book, commissioned by the Rockefeller and the Guggenheim Foundations, was one of the best-received studies on the psychology of German fascism of its time. It was particularly successful in America. His verdict on the traditional German tendency toward antirational, mythological thinking, with its home in the collective unconscious, influences American views on German cinema to this day, in spite of the fact that Germany since 1945 has witnessed a rather distanced relationship to all forms of romantic and fantastic narrative. *From Caligari to Hitler* was so influential because it seemed to confirm the much-discussed thesis of German collective guilt for fascism. This reading also meant that there was no need to address the darker sides of American history, including anti-Semitism and the fact that the genocide of European Jews had been knowingly not prevented. An unconscious sense of these failings may have contributed to the fact that American cinema took on the responsibility of telling the story of the Holocaust and of making sure that it was widely understood.

Hollywood's image of Germany remained highly naive even long after the 1938 *Reichskristallnacht* (Night of Broken Glass) pogrom against the Jews in Germany, and provided a sinister contrast to the news of concentration camps and the war from 1939. This image included entertaining comic movies like *The Ducktators* of 1942, showing Hitler merely as an object of ridicule. The most important anti-Nazi film of the time, Charlie Chaplin's Hitler parody *The Great Dictator*, was made outside Hollywood and met with much controversy in America.

It was only after the Japanese attacked Pearl Harbor in December 1941 and the Americans entered the war that Hollywood made films clearly declaring

Nazi Germany as the enemy. The subject of anti-Semitism was still avoided entirely, although the US State Department had been informed about plans for a "final solution of the Jewish question" as early as August 1942. The reason for this may well be that the film studios themselves were subject to considerable anti-Jewish sentiment. At the end of the war it was Hollywood cameramen who, as members of US army units, filmed the liberation of the concentration camps, while President Eisenhower had their studio bosses fly to Europe to see the horror of the extermination camps with their own eyes. Now films were to be made that bore witness and promised to educate, since, as Jack Warner said, the mass murder meant that the movie business could no longer justify its fantasy worlds. For the first weeks and months after the war, the newsreels in Germany and America showed authentic pictures from the camps, but economic interests meant that nonetheless the crimes were soon shrouded in collective silence. Germany was now destined to become an American-style democracy, open for American ideas and values—and exports.

By now images of the horrors of war and the camps had long become part and parcel of American postwar cinema. Often it was directors who had emigrated from Germany whose *film noir* productions looked at both the traumas of recent history and the dark side to the American dream. In 1946 Siegfried Kracauer pointed in his essay on "Hollywood's Terror Films" to the brutality and authoritarian worldview of these films. He believed that the portrayal of the war and also the newsreel reports on the concentration camps had allowed viewers to become accustomed to hitherto unseen violence on screen, and that this was now functioning as a kind of prophylactic hardening of the psyche. Violence had now become a key feature of American cinema.[6]

The rise of the civil rights movements in the 1960s was accompanied by a new consciousness of Nazi crimes, and not only in Germany. Stanley Kramer's *Judgment at Nuremburg* of 1961, with Spencer Tracy, Maximilian Schell, and Richard Widmark in the leading roles, was the first movie of this period to draw on documentary archive film, using it as a film within the film. Seventeen years later Marvin Chomsky's television series *Holocaust* brought the inconceivable nature of the destruction of European Jewry home to a mass audience. Every second American and between ten and fifteen million Germans watched this melodramatic family epic. It led to controversy in both American and Germany, with debate on whether this version of history as a superficial fiction far from any real experience might not in fact eliminate the real memory of the victims and survivors, and thus deprive the event—the Holocaust—of its historical context. This discussion peaked again in 1993, when Steven Spielberg made *Schindler's List*, his film about the "true story" of the German Nazi party member and factory owner Oskar Schindler, who rescued over a thousand Jews from the Krakow ghetto and a nearby labor camp by recruiting them as workers in his factory. His opponent is the unpredictable and evil camp commandant, SS officer Amon Göth, who stands on his villa balcony like a mad dog, shooting at Jews in the camp as if they were animals. From movie to movie (the examples mentioned are just those that have most influenced images of the Holocaust) the visual horror of mass murder became more realistic, more drastic. These movies also remained committed to Hollywood's dream of salvation, embodied in a meaningful and concrete plot based on clear notions of good and evil and conveying a message of hope—and thus made it at all possible for viewers to enter into and react to the "experience" of violent Nazi crimes.

Schindler's List is also a film that no longer refers directly to the historical events, but rather to the images and stories that the media has created and passed down about these events. This movie creates a fiction of history with a documentary character using picture quotations that further inscribe these images as icons of the Holocaust in our collective cultural memory. In this movie, the Holocaust became a component of American culture as the epitome of absolute negation and the measure of all evil.[7]

6 S. Kracauer, "Hollywood's Terror Films. Do They Reflect an American State of Mind?" *Commentary*, August, 1946, 132–136. At the time of this publication, the journal *Commentary* was unofficially financed by the CIA. After the war the American government decided on a secret program to control the entire Western cultural industry as part of its campaign against communism. Right up to the 1960s, the CIA employed organizations such as the Congress for Cultural Freedom, and financed radio channels, newspapers and magazines, concerts and congresses in an attempt to gain above all the support of the West European non-communist left. See Frances Stonor Saunders, *Who Paid the Piper? The CIA and the Cultural Cold War* (London 1999).

7 On the portrayal of the Holocaust in the movies see Daniel Anker, *Hollywood und der Holocaust*, ARTE/ZDF Television documentary of 2004; and Peter Reichel, *Erfundene Erinnerung: Weltkrieg und Judenmord in Film und Theater* (Frankfurt am Main 2007).

The same can be said for portrayals of the Germans in films about World War Two. Because Hollywood felt bound to posit a narrative of the war and an image of the Nazis for the whole world, it lost sight of human agency and the historical nature of the crimes. The Nazi became a stereotype of evil pitted against an individualistic positive hero waging war in the name of everything that was good and just.[8]

IV

Moving beyond the analysis of specific film content, Kracauer's *From Caligari to Hitler* can be read as a phenomenology of film as a medium whose aesthetic structure inherently bears the potential to numb audiences to violence and subjugation. This insight is reflected in the opulent novel *Flicker* of 1991, by the American historian and sociologist Theodore Roszak. His best known book is *The Making of a Counterculture*, a standard work on the 1960s protest movements. Flicker is an intelligent world conspiracy thriller about cinema as the reflection of cosmic conflict and as a new kind of contemporary prophecy. It is the story of the film student and movie freak Jonathan Gates, who comes across a feature by the German UFA director Max Castle in a dingy underground movie theater in 1950s Los Angeles. This film is about hypnotism, madness, and murder—in the tradition of *Dr. Caligari.* Via this rather cheap and simple movie, Gates becomes obsessed by Castle, discovering in his movies, which he seeks out with great determination and creativity, an immanent technical effect on the subconsciousness that is able to confront viewers with pure terror—a view into their own souls. The novel cleverly combines a biography of Castle with a history of cinema, and the more Gates learns of the filmmaker and his secrets, the clearer it becomes that he has stumbled upon a massive conspiracy by a secret brotherhood reaching way back into pre-Christian times. Their aim is to take over the world and destroy all kinds of human loyalty, and also to bring about the end of history. *Flicker* ends on an inconclusive and sinister note on a dark and remote island with a bunker full of movies and a collection of works of German Romanticism, Joseph Conrad, and Raymond Chandler, and also a book about film: Siegfried Kracauer's *From Caligari to Hitler*.[9]

8 Georg Seeßlen, "Schwarze Stiefel, kalter Blick: Über Hollywood und die Nazis," *Freitag*, no. 34, August 20, 2009.

9 Theodore Roszak, *Flicker* (Chicago 1991).

10 On the image of America in East Germany see the article by Thomas Irmer in this volume.

V

The militarization of US society during World War Two and the Cold War radically transformed economic fundamentals. Political culture changed as the victory over Nazi Germany led to a stronger sense of cultural identity. The universality of American values, which had emerged from the heterogeneity of cultures, now cemented within American politics a missionary zeal directed at the whole globe, and World War Two was retrospectively seen as a first crusade for freedom and democracy. Victory had now finally given America an irreversible world power status, and it actively pursued its national interests all over in the world. "Retreating" back to the North American continent was not an option.

In the west of Germany[10] after the war there was some ambivalence toward the American victors—who were there to be the new bosses—and liberators—who deserved respect. In addition collective consciousness was deeply insecure, not only having to deal with defeat and unconditional surrender, but also the burden of collective guilt for Nazi crimes. Both of these factors made the Germans more open for outside influence. America justified the Germans turning away from authoritarian rule as a kind of unavoidable fate and committed them to thinking positively and looking to the future. The victor proved to be very generous too, offering the former enemies the prospect of realizing the American dream, and the old cultural order was thus replaced by promises of freedom and democratic security provided by the liberator. When John F. Kennedy spoke in Berlin in 1963 and declared "Ich bin ein Berliner" he turned the perpetrators into victims, and the integration of Germany into the western community of values seemed to be complete.

But 1963 also marks a turning point of another kind, which changed the way the two sides perceived each other and their own self-images. The assassination of Kennedy on November 22 deeply shocked the American public and shook their faith in democracy. The growing civil rights movement, whose best-known proponent, Martin Luther King, repeatedly referred to the Holocaust in his speeches against racism, cast doubt on America's view of itself as the peak of civilization. But the real damage to the notion of the "good" world power

America was inflicted by the Vietnam War and the images of war, in those days still uncensored, that could be seen every evening on television screens all over the Western world. The Vietnam War was a military conflict that began with the objective of defending a bastion of the free world in Southeast Asia, and ended in brutal and uncontrolled violence challenging the entire canon of values that had justified America's war effort.[11] The thesis may be controversial, but it could be said that the experience of inconceivable suffering in World War Two had become inscribed in the collective memory in images of violence that now played a formative role in the brutal excesses of the Vietnam War. If images are seen as a historical extension of violence, then it makes sense that some elite American units like the marines were only willing to fight if news camera teams were present.[12]

Certain key images have come to symbolize this war: AP photographer Nick Út's picture of a naked Vietnamese girl covered in Napalm, her arms raised, screaming in fear and pain, walking toward the "viewer," or the photos of My Lai by the American army photographer Ronald Haeberle, showing a Vietnamese village in which an American unit killed nearly the entire population on March 16, 1968. When the first long article on the My Lai massacre appeared on December 5, 1969, written by Seymour Hersh for *Life* magazine and including photos by Haeberle, this marked the turn in public opinion about the conflict. In the films of New Hollywood these images of utter brutality reflect a permanent state of emergency that is the complete Other of civilization: scenes of extreme violence, paranoid madness, completely arbitrary acts of killing and being killed. Arthur Penn's gangster epic *Bonnie and Clyde* (1967), Sam Peckinpah's Western *The Wild Bunch* (1969), Michael Cimino's *The Deer Hunter* (1978), and Francis Ford Coppola's *Apocalypse Now* (1979) are just a few examples. For the first time, films told the primeval American story of violence, of the social reality of these years, and of the ongoing shock of the Vietnam War.

The anti-war protest movement was also a first glimpse of a dual America, torn between an imperialist missionary urge and a fundamentally democratic culture of protest that was deeply rooted in American tradition and that rested on the idea of civil disobedience. The opposition to the government expanded to become a rebellion by large parts of the young generation against technocratic society as such,[13] and this movement too influenced the whole world in various different ways. The German "1968 generation" adopted the slogans and forms of protest of its American forerunners, now giving them a decidedly ideological turn. They publicly demanded that German society take a self-critical look at the Nazi past and came to see themselves as the founders of a morally purified nation. At the same time they accused the United States of fascism while attaching to it anti-capitalist clichés within a conservative cultural critique: America was racist, its civilization superficial, democratic only in the interests of capitalist profit. Meanwhile the social expression of protest in America—literature, film, and above all music—was all too readily integrated into the young Germans' own self-image and way of life.

The disintegration of the myth of America began in Vietnam, but was not really significant as long as the economic and security interests of the Old World remained identical with those of the United States. The epitome of the convergence of US-German interests was the implosion of the Soviet empire: Germany was reunited, while America won the Cold War. But this collapse of the old order led to a fatal form of triumphalism in the West. The sense of having been proved right by world history[14] led the American political scientist Francis Fukuyama, and many others along with him, to conclude that the end of history (of violence) had come and that the very spirit of history had determined that the American-European social and political model was the guarantor of the market, of freedom, and of democracy.[15]

11 On the war crimes perpetrated by the USA in Vietnam see Bernd Greiner, *Krieg ohne Fronten: Die USA in Vietnam* (Hamburg 2007).

12 See F. Kittler, "Romantik – Psychoanalyse – Film" (note 5), 93. Kittler, one of the most influential and controversial contemporary media critics in Germany, argues that war is the true driving force behind the development of media technologies. He rightly notes that the media not only program their consumers in terms of power structures (Kracauer), but also that in modernity the individual capable of reflecting on him- or herself is the product of a comprehensive form of psychological "mobilization" by the media. See Friedrich Kittler, *Grammophon Film Typewriter* (Berlin 1986).

13 Theodore Roszak, *The Making of a Counter Culture: Reflections on the Technocratic Society and Its Youthful Opposition* (New York 1969).

14 Jürgen Habermas, "Nach dem Bankrott. Ein Gespräch über die Notwendigkeit einer internationalen Weltordnung," *DIE ZEIT*, no. 46, November 6, 2008.

15 Francis Fukuyama, *The End of History and the Last Man* (New York 1992).

VI

The attack on the great symbol of globalization and market fundamentalism—the twin towers of the World Trade Center—followed just over ten years later and not only represented the final decline of the postwar Western world order, but also the end of this history of modernism and capitalism that had culminated in America's rise to the status of sole world power. French philosopher Jean Baudrillard interpreted the attacks on the World Trade Center as a reaction to America's demonstrative show of hegemonic power after the breakup of the Soviet sphere of influence. The desire to destroy American dominance derived from its violent colonization of all aspects of life by its exclusively economic logic. This transformed even universal values into a negotiable instrument in the economic sense, with the objective of a unified ideal which subsumes everything that is individual or singular, every other form of culture, and ultimately everything that has non-monetary value.[16] For Baudrillard the economic paradigm of the ubiquity and universality of the meaningless and empty principle of economic exchange was symbolically blown apart by the sacrificial—and so meaningful—death of suicide bombers in a way that was anathema to the Western system.

The fact that seven years later events in Wall Street led to the collapse of the world's financial markets (with geopolitical consequences that will be just as serious as the fall of the Soviet Union was) seems an irony of history. The collapse of the system repeated the human tragedy of the attacks in the form of a monstrous farce.[17]

September 11, 2001, also marked the return of apocalyptic images. The event corresponded to the character and the aesthetics of a two-thousand-year tradition of apocalypse—heavenly cataclysm, tortuous mass death, panic and flight.[18] In the biblical *Book of Revelation*, it is not only iniquitous humanity which faces God's wrath, but also the symbols of spiritual and secular power—those symbols that the collective consciousness of the West has always visualized as the dual towers of city gates and cathedrals. The twin towers in New York represented everything that was American—modernity and progress, innovation and economic power, civilization and freedom—and in targeting them the attackers knew that they were referring to a long tradition in Western symbolism; they made sure that the images of the attack were such that Western observers would all too easily understand.

Baudrillard's highly controversial idea that the USA had provoked this kind of resistance was in fact inscribed in the American collective consciousness long before he voiced it, as the countless Hollywood visions of imagined catastrophes and the downfall of America (and the whole world) since 1945 show.[19] The images of the attacks were like a déjà vu because they evoked scenarios of apocalypse that we had already experienced in the movies—*Flaming Inferno* (1974) with Steve McQueen and Paul Newman, and in particular Jack Gold's *The Medusa Touch* (1978), with Richard Burton playing the role of John Morlar, who is able to produce catastrophes by mind power and who proves this to a skeptical therapist by steering a full passenger plane into a skyscraper. In this film, too, the television screen becomes the medium by means of which the self can reassure itself of its own identity, since Morlar's therapist only believes what she has in fact seen with her own eyes when it is confirmed in TV news. Ultimately it is always an image, or the cinema that is "acquainting us with the world we live in" writes Siegfried Kracauer in his *Theory of Film*. The film image "exhibits phenomena whose appearance in the witness stand is of particular consequence. It brings us face to face with things we dread. And it often challenges us to confront the real-life events it shows with the ideas we commonly entertain about them."[20] This is particularly true of images of September 11, 2001.

It is no coincidence that *The Medusa Touch* links the image of Medusa (as envisaged by Caravaggio) with the

16 Jean Baudrillard, "'Das ist der vierte Weltkrieg.' Ein Gespräch über Amerikas Feldzug gegen den Terrorismus, den Widerstand gegen die Globalisierung und die Unbesiegbarkeit des Bösen," *SPIEGEL online*, January 15, 2002; see also Jean Baudrillard, "The Spirit of Terrorism," *Telos*, no. 121, fall 2001.

17 Slavoj Žižek, "Use Your Illusions," *London Review of Books*, November 14, 2008.

18 Otto Karl Werckmeister, "Ästhetik der Apokalypse," in *Krieg und Kunst*, ed. Bazon Brock and Gerlinde Koschik (Munich 2002), 196.

19 See Tom Engelhardt, "Ängste, Filme, Phantome: 9/11 – Terror und Kriegspolitik in einer medienimprägnierten Welt," in *Lettre International*, no. 74, fall 2006; on the allusions to motifs from ancient mythology and the Jewish-Christian cultural tradition in American films see Gabriele Werner, "Christliche Ikonografie: Glaubensbekenntnis, Kulturtradition oder Metapher," in *WARUM! Bilder diesseits und jenseits des Menschen*, ed. Matthias Flügge and Friedrich Meschede (Ostfildern-Ruit 2003).

20 S. Kracauer, *Theory of Film: The Redemption of Physical Reality* (Princeton 1997), 304–305.

TV screen. Again Kracauer: "We have learned in school the story of the Gorgon Medusa whose face, with its huge teeth and protruding tongue, was so horrible that the sheer sight of it turned men and beasts into stone. When Athena instigated Perseus to slay the monster, she therefore warned him never to look at the face itself but only at its mirror reflection in the polished shield she had given him. Following her advice, Perseus cut off Medusa's head with the sickle that Hermes had contributed to his equipment. The moral of the myth is, of course, that we do not, and cannot, see actual horrors because they paralyze us with blinding fear; and that we shall know what they look like only by watching images that reproduce their true appearance. These images have nothing in common with the artist's imaginative rendering of an unseen dread but are in the nature of mirror reflections. Now of all existing media the cinema alone holds up a mirror to nature. Hence our dependence on it for the reflection of happenings which would petrify us were we to encounter them in real life. The movie screen is Athena's polished shield."[21] The image in the shield of Perseus—on the TV screen—appears as the mirror image of the viewer recognizing himself in his desire for ever new television representations of catastrophe.

VII

The apocalyptic aesthetics of the images of the September 11 attack then contributed to the argument for the necessity of the Iraq war. This was apocalyptic thinking, with the war on terror positioned within the dialectic teleology of good and evil. To the world, this war was unlike earlier American "missions" because it remained invisible, at least up to the revelations of Abu Ghraib. Then images of the torture of Iraqi prisoners by US soldiers suddenly showed the "meaning" of this war, as symbolic "revenge" for the symbolic attacks in New York. The representation of events at Abu Ghraib related to both Christian iconography and recent art and film. It is certainly no coincidence that the well-known photo of a prisoner wearing a black hood, his arms and legs attached to electrical cables, standing on a stool in a gesture of crucifixion, is reminiscent of an art tableau vivant in performance art, or of Antonin Artaud's theater of cruelty, or scenes from films by Pasolini, David Lynch, or Stanley Kubrick's *Eyes Wide Shut* (1999). Torture was staged as a spectacle for the media, following quite definite rules. It was like an initiation rite into the ubiquitous culture of shamelessness and the obscene pleasure of brutality, sex, and violence that underscores the "American way of life."[22]

Russian philosopher Boris Groys interpreted these images as an attempt to force the aesthetics of Western contemporary art onto another culture, compelling it to adapt and thus destroying it in the process. The terrorist, he argues, sacrifices his life but is not prepared to sacrifice his dignity. In contrast, the West is always willing to sacrifice dignity, while death has no symbolic value due to the taboos that civilization has attached to it. This degradation is a programmatic calculated loss that has long been the essence of commercial mass culture, and it was this that images from Abu Ghraib revealed.[23]

These images were especially perfidious because their real target was in fact the perception of the viewers—and not just the tortured and their torturers. The aim was to make the observers looking at the pictures accomplices in the act of torture. The torturers instrumentalized the bodies of the prisoners so as to create a pictorial document of themselves as powerful and armed. This symbolic "act of image" creates a "reality" that is just as effective as the real use of weapons, since for many years to come it will determine the image of America in the Arab world.[24]

21 Ibid.

22 Susan Sontag, "Endloser Krieg, endloser Strom von Fotos," *Süddeutsche Zeitung*, May 24, 2004; and Slavoj Žižek, "Die Amerikaner kontrollieren gar nicht! Nicht mal sich selbst!" *Berliner Zeitung*, June 23, 2004.

23 Boris Groys, "Die Körper von Abu Ghraib," in *Die Kunst des Denkens* (Hamburg 2008), 68–86.

24 Horst Bredekamp / Ulrich Raulff, "'Wir sind befremdete Komplizen.' Triumphgesten, Ermächtigungsstrategien und Körperpolitik: Wie sind die Bilder der gequälten Gefangenen aus Abu Ghraib zu deuten?" *Süddeutsche Zeitung*, May 28, 2004.

VIII

The way the visual media treated the events of September 11, 2001, or Abu Ghraib, showed that war is always also a battle for the control of the production and mediation of images. Reporting on the Vietnam War contributed to the loss of public support, and Hollywood's critical interest began only several years after US troops withdrew. In contrast, there are no images of battle, or of the dead and wounded, from the "war on terror" in Afghanistan und Iraq, whereas quite a number of American feature films seem to have taken on the function of the news media in reporting and reflecting on the state of the American soul—films like the fictional documentary *Redacted* (2007) by Brian de Palma, a "soldier's diary" about the rape and murder of an Iraqi girl and her family, and Paul Haggis's film *In the Valley of Elah* (2007), in which the war has already come to America and is continued in a barracks at home. The war no longer appears as the hell of an anti-civilization as it did in the Vietnam films, but as everyday work and routine seen from the perspective of "geostrategic death workers" as in Kathryn Bigelow's *The Hurt Locker* (2009). This is the story of a special unit defusing bombs in Baghdad. The proximity of death becomes an elixir of life, and the only real psychological challenge that the soldiers now face is selecting just one breakfast cereal from the endless supermarket shelves when on leave back home. The American TV series *Generation Kill* (2008), which follows a reconnaissance unit of US Marines during the first weeks of the invasion of Iraq, and shows all sorts of strategic blunders, describes the war no longer as the opposite of civilization, but rather as its continuation by other means. One of the soldiers asks himself why they are in Iraq, and answers that the reason is "to set up a forward Starbucks" with "some shitty fucking music playing, like Norah Jones, a couple of high-school girls getting super fat on iced lattes, a homeless guy trying to scam the key to the restroom, and some faggot writing his novel on a laptop."[25]

Even more than these movies specifically about the "war on terror," contemporary American cinema in general is focusing on the nature of violence per se as if it were the anamnesis of a nation: *No Country for Old Men* (2007) by the Coen brothers, Paul Thomas Anderson's *There Will Be Blood* (2007), and also Christopher Nolan's bleak and completely amoral Batman film *The Dark Knight* (2008) all thematize the brutalization of an entire society and its impotence in the face of its own tradition of violence.

The main protagonist of *The Dark Knight* is the Joker, a character with the aura of a clinical schizophrenic. Played by Heath Ledger, with the mask of terror as a cruel grin cut into his face, he is the allegory of a world in which good and evil merge, madness rules, and anarchy is the norm. Here Siegfried Kracauer's reading of *Dr. Caligari* comes to mind: Kracauer sees the motif of fairground anarchy and chaos as the flipside of tyranny. With devilish sadism the

25 See Katja Nicodemus, "Mein Job im Irak," *DIE ZEIT*, no. 34, August 13, 2009. Transcript www.movietranscriptions.com, accessed September 20, 2009.

26 Georg Seeßlen, *Quentin Tarantino gegen die Nazis: Alles über* Inglourious Basterds (Berlin 2009).

Joker confronts his opponent Batman with one agonizing decision after another—decisions like that at the center of Alan J. Pakula's Holocaust film *Sophie's Choice* (1982), in which a mother on her way to a concentration camp is asked to decide which of her two children to save. In this way the struggle against the enemy without becomes an internal conflict of the soul that leads to the hero's downfall.

Comic characters like Batman and Superman ("Superman is how America views itself. Batman is how the rest of the world views America"—Michael Caine) play a similar role in American culture to the heroic legends of Ancient Greek mythology. Like the gods, the super heroes of America have to subconsciously conquer the fears within deep layers of the collective soul (Siegfried Kracauer), so as to create a brief moment of hope. In Nolan's film the hope has completely disappeared. The dialogue between the self-doubting ambivalence that Batman represents and Joker's amoral nihilism reveals the whole hopelessness of the war against terror. All that remains is anarchy and chaos.

IX

Probably the most intelligent parable on cinema in itself, on cinema and its relationship with violence, on the "nature" and the "culture" of German fascism, on America's view of the history of World War Two and the great narrative that it has become over the years, on that narrative's visual metaphors and their inscription in memory, on the shifting view of Germany today—is Quentin Tarantino's new film *Inglourious Basterds*.[26] This is a wild and ironic fairy-tale spectacle in which cinema is allowed to triumph over fascism. Tarantino does not add another story to all the stories of World War Two, but has his characters permanently talk about language and images, with some interruptions for the director's typical scenes of sudden and almost comic violence. Various kinds of betrayal and terror, power games and revolt are in evidence on both sides in this film. Habitual notions are deconstructed, and all the stereotypes turned on their heads: the hero, the Nazi, the Diva, the Jew, the Jewess. If the function of cinema is ultimately to allow a new perspective on reality and history, then the fact that the American director Tarantino made a film about German history that was shot in Germany with German actors in most of the main roles is the clearest evidence there can be that American perceptions of Germany have changed.

The plot of this fantastic correction of history in five chapters is simple enough. A group of Jewish-American soldiers is put down in occupied France so as to act as "basterds" and kill as many Nazis as they can. The leaders of these guerillas are the uneducated and somewhat vulgar "American Indian" lieutenant Aldo Raine (Brad Pitt) and Sergeant Donny Donowitz (Eli Roth) aka "The Bear Jew." The French Jewess Shosanna Dreyfus (Mélanie Laurent) survives the massacre of her family in 1941, which was ordered by the decidedly charming and cultivated mephistophelean character SS colonel Hans Landa alias "The Jew Hunter" (Christoph Waltz). Under a false identity, Dreyfus runs a cinema theater in Paris, which she resolves to blow up, along with herself and the whole audience, using her entire collection of flammable 35mm film reels. The occasion she chooses is the German premiere of the propaganda film *Nation's Pride* about the successful sniper Fredrick Zoller (Daniel Brühl), who plays himself in the film, and who is an admirer of Dreyfus. The basterds also decide to plan an attack, together with British special agent Archie Hicox (Michael Fassbender), who before the war wrote books about German cinema, after hearing from the German UFA star actress and Allied agent Bridget von Hammersmark (Diane Kruger) that Hitler (played as a choleric clown by Martin Wuttke), Goebbels (grotesquely embodied by Sylvester Groth) and their entire entourage will be guests of honor at the film gala. At the end the cinema goes up in flames—as a result of both attacks.

Like Jonathan Gates, the hero of Theodore Roszak's *Flicker*, Tarantino spent his youth in Los Angeles in the cinema, and there saw every genre of European trash and American B-movies, and like Gates his passion became his profession. And while *Flicker* is a book about film whose manipulative power serves a gigantic fascist conspiracy, *Inglourious Basterds* is a film about film—whose power triumphs over the Third Reich. In his film, Tarantino refers to Enzo G. Castellari's absurd movie *Inglorious Bastards* of 1978, which itself is a remake of Robert Aldrich's *The Dirty Dozen* of 1967. *Inglourious Basterds* thus plays with diverse film traditions, which are cleverly intertwined. The names of the characters refer to other film characters and real actors; scenes and camera shots are ironically adapted using the styles of various periods and genres: UFA films from the Third Reich and war propaganda, *Nouvelle Vague*, spaghetti Westerns, and Italian World War films, the *dirty war movies* of the 1960s and 1970s, and Tarantino's own oeuvre. The different narrative strands finally converge in the movie theater, whose destruction not only liberates the world of the Nazis but also of its symbolism. Tarantino clearly shows that images and language are just as much a part of the crime as they are of resistance to that crime.

Inglourious Basterds also reacts to the repressed history of Hollywood—the blindness of American Jews toward the fate of their European counterparts. It realizes the dream of the Jewish screenplay writer Ben Hecht, who invested an enormous amount of energy in his attempt to finance a "Jewish" group of partisans in Europe, but failed in the face of the opposition of the leading Jewish protagonists in Hollywood. Tarantino might not have known that this kind of lone warrior really existed. But he created one in the character of Corporal Wilhelm Wicki (Gedeon Burkhard), a Jew of Austrian origin who emigrated to America and then returns to France in the service of the American OSS secret service, a basterd character resembling the real Austrian Rudolf Charles (actually Karl Hugo) von Ripper (1905–1960), right down to physical likeness. Baron von Ripper was a Surrealist painter and a drug-addicted bohemian who frequented artists' circles in Berlin and Paris, until he was arrested and badly beaten by the Gestapo in 1933. He served in the French Foreign Legion and fought in the International Brigades in the Spanish Civil War. In 1938 he emigrated to the USA and he lost his German citizenship in 1939 when his satire on Hitler, *From the Unholy Organist, a Hymn of Hate* (from the cycle *Ecrasez l'Infame!*), appeared on the cover of *Time* magazine. In 1941 he volunteered for the US Army and was sent several times behind the enemy front lines as an Office of Strategic Services officer with the aim of kidnapping or liquidating high-ranking Nazi officers. He was placed top of internal "Nazi-hunting" lists within the OSS, and his nickname was Jack the Ripper.

X

The end of a world that was divided politically and morally into two seems to be the key development of the last twenty years. If we look at the history of Germany and America since the early twentieth century through the mirror of media representation (as I am attempting to do in this essay), then one thing is sure: This is a history of common political and economic success that also stands as a history of the global advance of the market and freedom, of Western ways of life and culture all linked in a horrifying manner to a history of the violence of modernization.[27] War and violence and the visual medium of modernity, the cinema, are clearly simultaneously intertwined. The military occupation of another country that has been a preferred instrument in American politics since World War Two, and the occupation of the visual world by American culture understanding itself as a world culture because it has appropriated the treasures of the imagination and worldviews of "other" cultures, are therefore two sides of one coin. Both of them correspond to a dialectic of triumphal self-representation and repressed acts of violence toward other cultures, accompanied by the idea that the nation can reinvent itself at will.[28] For a long time the frequently violent process of modernization was synonymous with Americanization, and not just in Germany. Today the same can be said of the phenomenon of globalization. But to apportion responsibility in this way is wrong. "I'm not a monster, I'm just ahead of the curve," laughs the Joker in Nolan's *The Dark Knight*. That can apply to America too; America is not the "monster" that has unleashed modernization and globalization, but merely the "beginning" of this development.[29]

Walter Benjamin believed that the past could be changed by what people do in the present. By that he meant that with the knowledge of the consequences of past events, history could be rewritten. Present action can bring to light the hidden significance of history and thus make renewal possible. That also means that to delete the past would be to block the way forward into the future. The election of Barack Obama to US president last fall was seen throughout the world as America's avowal of its multi-ethnic identity and acknowledgement of its history of racism. In Benjamin's sense this was a sign of "redemption" and showed that the four-hundred years of civil war that black America had collectively experienced were overcome. The politics of recent months has shown that Obama's government no longer divides the world neatly into good and evil, and one effect has been to redefine America's relations with Germany and view of German history.[30] Above all the significance of the Holocaust has shifted. While remaining a key experience that determined identity within the common history of the two nations, it no longer stands for unique German guilt and German "mission," but now serves as a moral universal in a global condemnation of any racist politics, of politics of exclusion, and of genocide; the mass media presentation of the Holocaust in American films played the key role in this shift in meaning.[31] But neither Barack Obama's presidency itself nor Germany's new role in alliance with America mean that critical assessment of the national catastrophes of history can now be laid aside. Like Benjamin's theses, Siegfried Kracauer's concept of the "redemption" of history depends on revealing specific experiences through images, since only the image preserves knowledge and experience, and since it is in the image that the power of Perseus can unfold: "In addition, the myth [of the Medusa] suggests that the images on the shield or screen are a means to an end; they are to enable—or, by extension, induce—the spectator to behead the horror they mirror. [...] Perhaps Perseus' greatest achievement was not to cut off Medusa's head but to overcome his fears and look at its reflection in the shield. And was it not precisely this feat which permitted him to behead the monster?"[32] It remains essential to do as Perseus: look in the mirror.

27 Thomas Assheuer, "Piraten der neuen Welt. Baudrillard, Enzensberger, Guéhenno, Rancière: Einige Theorien über den Ursprung von Gewalt und Terror in der Moderne," *DIE ZEIT*, no. 40, September 26, 2001.

28 Manfred Henningsen, *Der Mythos Amerika* (Frankfurt am Main 2009).

29 D. Diner, "Vorreiter der Moderne" (note 1).

30 The shift in political rhetoric was noticeable when Barack Obama visited the concentration camp in Buchenwald in June this year. He did not speak of the American victory over the Nazis, but of the shock American soldiers experienced when they "liberated" Germany. He spoke of the "cruelty in ourselves" that we have to protect ourselves against, and on the podium he stood behind the Jewish survivor and Nobel Peace Prize winner Elie Wiesel.

31 In their book *Erinnerung im globalen Zeitalter: Der Holocaust* (Frankfurt am Main 2001) Daniel Levy and Natan Sznaider argue that in the case of memory of the Holocaust a global harmonization of values represents clear progress, with a new cosmopolitan memory. See also note 7.

32 S. Kracauer, *Theory of Film* (note 20), 305–306.

Thomas Irmer

... und auf dem Mond ein Feuer

Verwackelte Amerika-Bilder einer ostdeutschen Jugend

I

Im Juli 1969 ging es los. Die Digedags kamen in Amerika an. März 1860, am Vorabend des amerikanischen Bürgerkriegs, waren die drei Knirpse plötzlich Journalisten des *New Orleans Magazine* und begaben sich auf die längste Abenteuerreise ihrer Existenz. Zuvor waren sie schon im Rom der Cäsaren unterwegs gewesen, hatten Weltraumabenteuer in einer Zukunft bestanden, in der sich zwei Systeme unversöhnlich gegenüberstanden, und einen etwas tolpatschigen Ritter der Kreuzfahrerära ins Morgenland und nach Venedig begleitet. Die drei Digedags waren Zeitreisende, altkluge Jungerwachsene von Gnomenstatur, deren Haarschopfe sich zu Schwarzrotgold addieren ließen. Protagonisten des mit Abstand beliebtesten DDR-Comics *MOSAIK*, für dessen Erwerb man den nächstgelegenen Zeitungskiosk am Monatsanfang scharf im Auge behalten musste. Nun waren sie in Amerika und bald in eine Geschichte von epischen Ausmaßen verwickelt, die sie über fünf Jahre und sechzig Hefte den ganzen Halbkontinent durchstreifen ließ und jungen Lesern dabei das Amerika des 19. Jahrhunderts nahebrachte. Für alle, die sich in Herman Melvilles und Mark Twains Werke nicht mehr vertiefen konnten, und selbst für jene, die dann Melville-Leser wurden, ein nachhaltiges Bildungserlebnis und eine emotionale Visualisierung des alten Amerika.

Im Juli 1969 kam ein Film in die ostdeutschen Kinos, mit dem der Begriff des Indianerfilms endgültig etabliert wurde und dem Aufstieg des DEFA-Indianerhäuptlings Gojko Mitić zur Gegenikone von Pierre Brice' Winnetou nichts mehr im Weg stand. *Weiße Wölfe*, der vierte DEFA-Film im Indianergenre (das später amerikanische Western-Experten erstaunte und verwirrte), war der westernmäßigste Streifen der ganzen Serie, die 1965 mit *Die Söhne der großen Bärin* recht ethno-folkloristisch angefangen hatte und rund fünfzehn Jahre später mit *Blauvogel* in falscher Poesie versandete. *Weiße Wölfe* war die geradlinig harte Rächerstory eines Indianers (Gojko Mitić), der die Mörder seiner Frau verfolgt und letztlich doch einer rundum kapitalistisch korrupten Kleinstadt samt Armeevertretern unterliegt. Häufige Schusswechsel, Indianerlist und eine im jugoslawischen Karst gedrehte amerikanische Landschaft machten *Weiße Wölfe* zum Western mit umgedrehten, indianischen Vorzeichen. Der Film wartete mit durchaus brutalen Szenen auf, die es im *MOSAIK* prinzipiell nicht gab. Zwar wurde bei den Digedags slapstickhaft geprügelt und auch geschossen, aber es gab sonderbarerweise keine Toten – bis auf einen, aber dazu später.

Im Juli 1969 konnte ein Kind verstörende Fotos in Illustrierten finden. Männer, die abgehackte Köpfe – gleich mehrere am Schopf im Griff einer Faust – als Trophäen präsentierten; napalmverbrannte Kinder mit rauchenden Dorfhütten im Hintergrund; riesenhafte US-Piloten, die von kindkleinen Vietnamesen mit vorgehaltener Waffe durch den Dschungel geführt wurden. Die Bilder waren Teil eines Kriegs, den niemand wirklich verstand. Auf dem Schulhof gab es einen merkwürdigen Scherz: Ein Handrücken wurde als Landkarte vorgezeigt. Hier ist Amerika, da China, und hier an dieser Stelle Vietnam. Wo ist Vietnam? Der Gefragte zeigte auf die bezeichnete Stelle und bekam einen mehr oder weniger heftigen Klaps auf die Hand. „Hände weg von Vietnam!" In diesem Monat ahnte Präsident Nixon, dass der Krieg nicht mehr zu gewinnen sei, und entschied sich, auch wegen des wachsenden Protests in den USA, den verbündeten Südvietnamesen den mörderischen Kampf zuzuschieben und die eigenen Truppen zu verringern. Ein Kind, das im Ostberliner Norden auf sein Amerika-*MOSAIK* lauerte, beschäftigte sich indes mit den abgehackten Köpfen.

Im Juli 1969, genau in der Nacht vom 20. zum 21. Juli, wurde das Kind, das die erste Folge der Amerika-Serie, „Karneval in New Orleans", beinahe selbstständig mehrmals ausgelesen hatte, nachts geweckt. Die Amerikaner waren auf dem Mond gelandet! Der Schwarz-Weiß-Fernseher zeigte Bilder, in denen fast nichts zu erkennen war außer hart gepixelten Schemen, über die aufgeregte Kommen-

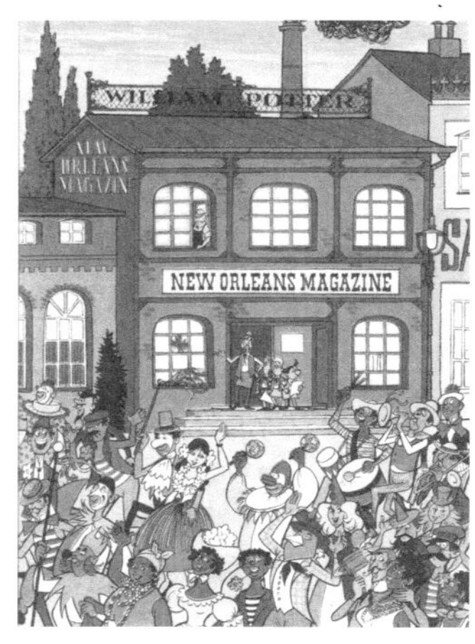

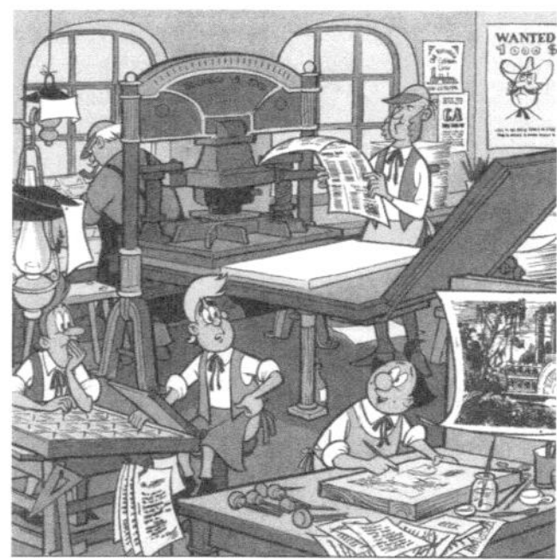

tatoren eine neue Ära ansagten. Wie bunt und detailliert dagegen Hannes Hegens' Bilder vom Mardi Gras am Mississippi, ein Wimmelbild der Südstaatentypen zwischen arm und reich, weiß und schwarz, frech und steif. Von heute aus gesehen, hatte das *MOSAIK* ein extrem gutes Gespür für historisches Timing. Und bestimmt war alles nur höherer Zufall.

II

Die Amerika-Serie der Digedags beginnt mit einem gekonnten Seiteneinstieg in das historische Feld. Die Reporter, die von ihrem Chef immer wieder zur Sensationsmacherei angestachelt werden, geben die eher beiläufige Äußerung eines verarmten Kapitäns mit seinem klapprigen Schaufelraddampfer gegen den mit dem Geld- und Plantagenadel verbündeten Eigner der mondänen „Louisiana" als Herausforderung zum Wettbewerb aus. Eine Wettfahrt von New Orleans nach Baton Rouge, deren Route geografisch gezeigt wird durch „eingeblendete" Karten des Mississippi. Aha, so genau ist das also alles zu verorten. Und außerdem nicht nur als Milieu, sondern auch landschaftlich und architektonisch bebaut genau gezeichnet. Das war eine echte historische Imagination, mit Bildern von wuchernden Bayous, südstaatlichen Säulenhäusern, den schmiedeeisernen Balkonen von New Orleans' French Quarter und gleich daneben cajun-geprägtem Marktgewimmel. Später kamen die Rocky Mountains, die Wüste von Nevada und das rauhe San Francisco dazu. Bei Karl May schwärmt es von geografisch ungenau vermanschter Landschaft, und selbst Friedrich Gerstäckers *Flusspiraten am Mississippi*, ein heute vergessener Parallel-Klassiker zu Karl May, kommt in Sachen Topografie nicht ganz mit. Das *MOSAIK* gab im Verlauf der Geschichte eine

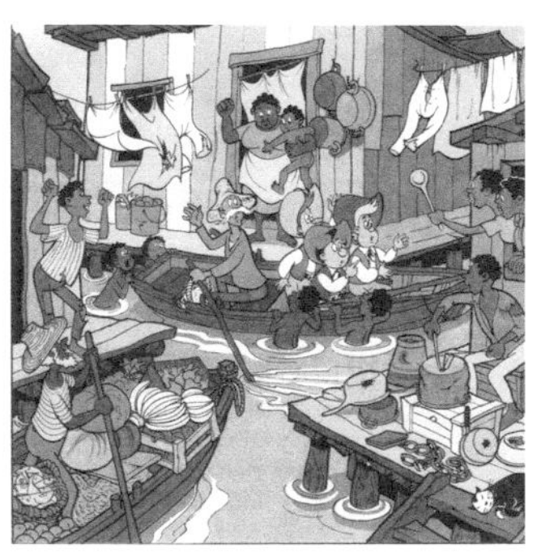

Einführung in die amerikanische Geografie, die ansonsten in der Schule kaum von Interesse war. Ein Schüler jener Zeit hätte vielleicht noch New York auf der Karte ausfindig machen können, doch schon der Schauplatz von Theodor Fontanes Ballade *John Maynard* (die Schwalbe fliegt über den Eriesee – noch zehn Minuten bis Buffalo), die im Deutschunterricht auswendig gelernt wurde, hätte Schwierigkeiten bereitet. In der Schule blieben die USA ohne konkrete Erklärungen *terra incognita* – wie eine ausgewalzte Waffel im Atlas für den Geografieunterricht, der damals eigentlich Erdkunde hieß. Nicht aber mit den Digedags.

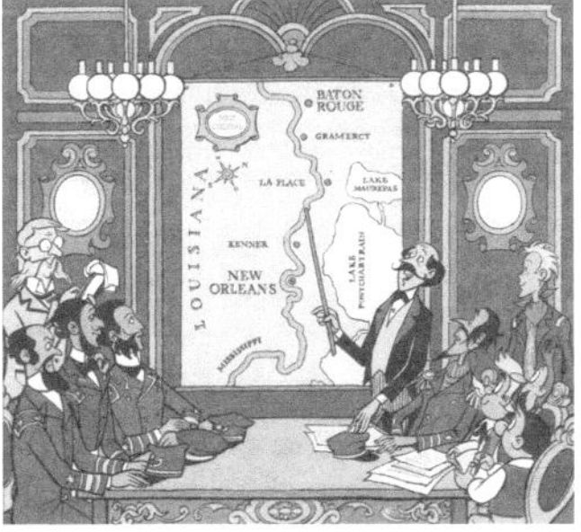

Diese wechseln mit der Mississippi-Wettfahrt, bei der sie sich schon auf die Seite des dann knapp siegenden Underdogs begeben haben, vom Journalismus ins historische Subjekt, was ein Kind freilich nicht bemerkt. Der Bruder des Kapitän Joker, dem sie sich verbunden fühlen, hat als Plantagenbesitzer nicht nur seine Sklaven entlassen, sondern überdies den „Sklaven-Express" für die Flucht entlaufener Sklaven in den Norden mit organisiert. 1860 eine riskante Geheimaktion, Ende 1969 ein Abenteuer der his-

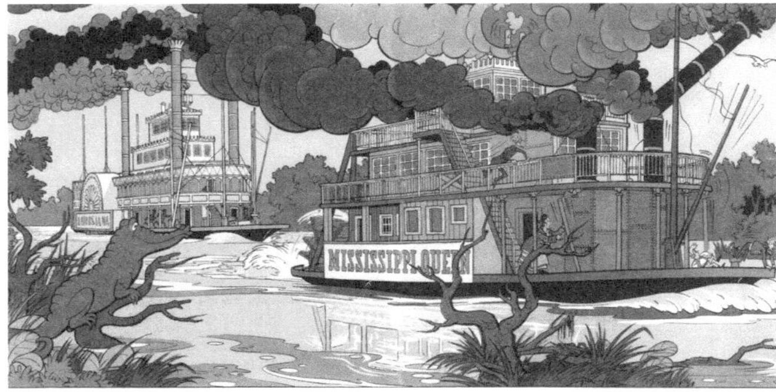

Aus: Hannes Hegen, „Die Digedags in Amerika" (*MOSAIK*, H. 152–155)

torischen Gewissheit. Von hier aus ergibt sich eine weit verästelte Geschichte um eine Goldmine in den Rocky Mountains mit der Goldrausch-Signatur 1849; einem an Spürsinn nicht armen Prediger Coffins als Gauner, der darin Charles Laughtons *Night of the Hunter*-Powell ohne dessen totale Dämonie ähnelt und der letztlich als einziger Toter der Serie in der gefluteten Mine immerhin zu einem toltekischen Goldschatz führt, den die Digedags am Ende in New York zur Unterstützung des „Sklaven-Express" verkaufen können. Der Bürgerkrieg, in den die Digedags gewissermaßen als aktive Beobachter mit eingegriffen haben, ist noch nicht zu Ende. An der Wall Street werden sogar schändliche Geschäfte mit ihm gemacht. Aber das toltekische Gold der Ureinwohner wird dem „Sklaven-Express" und somit anderen Entrechteten zugute kommen. Nun, das war über fünf Jahre ein nicht überraschendes, eher beiläufiges Ende der Amerika-Saga, die mit Abenteuern in der Karibik um Waffennachschub aus England kaum noch Kontur hatte. Das Panorama Amerika, das aus dieser Geschichte mit den Bildern von Hannes Hegen erwuchs, war aber so mächtig, dass aus dem bildlesenden Kind später ein wahrhafter Amerikasucher wurde. Im Juni 1974 nahmen die Digedags Abschied von Amerika und auch von ihren Zeitreisen. Ihr Schöpfer konnte sich, wie es heute offiziell heißt, mit dem Verlag nicht mehr einigen. Er heißt eigentlich Johannes Hegenbarth und war ein wichtiger Lehrer von eineinhalb Generationen in der DDR, den um 1960 Geborenen.

Hegenbarths Amerikabild stammt zweifellos aus den historischen Reisebüchern des 19. Jahrhunderts, gespickt mit dem Witz, wie man *Gone with the Wind* mit den Digedags als Comic und quasi von unten erzählt. Tatsächlich hat er eine ähnliche Geschichte mit dem Sohn eines Plantagenbesitzers, Bob Morris, und der Tochter eines Abolitionisten, Jenny, obendrein eine spätere Lazarett-Krankenschwester, von Anfang an eingebunden und am Ende glückselig zusammengeführt. Das *MOSAIK* zeigt indes weder das Ende des Bürgerkriegs noch dessen komplizierte Folgen. Für die Digedags ging es einfach um die finanzielle Förderung des „Sklaven-Express" und natürlich das Abenteuer der Geschichte, die sie in so viele verschiedene Landschaften und Milieus geführt hatte. Damit verbleibt ihre Perspektive als zeitreisende Knirpse auf einen für ihr Publikum bewusst nicht abgeschlossenen Prozess, den man sich also selbst zu ergänzen hatte. Wenn man wollte.

III

1974 erschien ein Buch, das auf dem Schutzumschlag ein Foto des Vieux Carré von New Orleans zeigte und ein paar Jahre später für den ehemaligen *MOSAIK*-Leser eine Überraschung darstellte. In ihm schildert der Lyriker Günter Kunert, damals der DDR und ihrer Literatur zuzuordnen, seine Begegnung mit den USA. Er war als Gastprofessor nach Austin, Texas eingeladen worden, dort etwas über zeitgenössische Lyrik und die eigene Arbeit zu erzählen und in dieser Eigenschaft wahrscheinlich der erste Ostdeutsche überhaupt. *Der andere Planet. Ansichten von Amerika* fängt am Kennedy Airport an mit dem Satz: „Wirklich angelangt sein an einem Wunschort: ein Wunder." Das Staunen geht durchs ganze Buch durch, und es ist weder naiv noch unkritisch. Die Ansichten von diesem anderen Planeten sind aber auch nicht nach dem Muster gestrickt, in allem und jedem einen Beleg für eine bestimmte politische oder historische Zwangsläufigkeit zu entdecken. Und das war das eigentlich Aufregende an dem Buch. Manchmal ist das Staunen auch ein Wundern, wenn Kunert Überlegungen anstellt, ob die freizügigen Sixties den Puritanismus verdrängt hätten. Er findet folgende Anzeige: „Verbringen Sie viele uninteressante Stunden in Ihrem Wagen? Sie können sie mit AUTO SUCK sexuell erregend machen. Kraftvolle Saugleistung begleitet sie überall hin. AUTO SUCK an den Zigarrenanzünder anschließen. Seine weiche weibliche Gummiöffnung wird Sie mit erotischer Saugenergie streicheln und saugen. Fühlen Sie, wie die Säfte des Orgasmus aus Ihrem Körper gezogen werden. Lebensechte innere Gummivaginalippen umfangen den Penis und spenden beim Fahren wie beim Parken stundenlang Vergnügen. 35 Dollar." Kunert schlussfolgert, dass „technifizierte Masturbation" dem ehernen Gesetz von Zeit ist Geld folgt und diese somit doppelte Befriedigung, verfahrene Zeit für den Lustgewinn noch nutzen zu können, eine, wie er tatsächlich sagt, „moralische Balance" schafft. Für den einstigen *MOSAIK*-Leser, der inzwischen ausgerechnet das Handwerk eines Autoschlossers in einer autoinnovationsfernen Kultur erlernte, war diese Passage der Beleg dafür, dass es sich tatsächlich um einen anderen Planeten handeln musste. Aber immerhin, der Berliner Dichter Kunert konnte damit unvorstellbarerweise leichthändig umgehen.

Den Times Square, heute ein aufgeräumtes familientaugliches Environment, schildert er so: „Times Square ist das Licht und die Finsternis zugleich, ließe sich im beinahe biblischen Ton behaupten, denn die Erscheinungsweise beider Phänomene ist weniger physikalischer als moralischer Natur. Times Square ist die Beleuchtungsfülle: in schattenlosen Imbisshallen demaskiert der Glanz beängstigende Gesichter, Mördergesichter, obwohl, wir wissen es nur zu gut, man Mördern meist ihre Tätigkeit nicht am Gesicht abliest." Der mehrfache Hintersinn dieses Satzes war damals freilich nicht zu bemerken. Dass dieser leuchtende Ort, gewissermaßen das Zentrum New Yorks, auch etwas grell Negatives haben könnte, darin konnte man Kunert vertrauen. Man erinnere sich an den ersten Wundersatz.

Allerdings war *Der andere Planet* wohl nicht das wichtigste Amerika-Buch der früheren *MOSAIK*-Leser. 1978 erschien Jack Kerouacs *Unterwegs* (*On the Road*) im Leipziger Reclam-Verlag. In ihm war der Times Square nicht bloß ein Ort zum Angucken von „beängstigenden Gesichtern", sondern wirklich einer der Schauplätze für eine Geschichte, die freilich rund dreißig Jahre zurückreichte und damit eine Art ostdeutsches Fantasie-Amerika beflügelte, das sich allenfalls mit den Erfindungen Karl Mays vergleichen ließ. Nun waren die Leser der Digedags in ihrer Vorstellung die romantischen Freiheitssucher zwischen Beat Generation und Woodstock geworden in einem endlosen Land mit nie versiegender Musik und Drogen, die Kreativität und Selbstbestimmung versprachen. Das zu überprüfen war nicht möglich, und es war auch ziemlich egal, ob Woodstock schon zehn Jahre her war oder Jack Kerouac, der gleichfalls 1969 starb, sogar schon akademisch aufgearbeitet wurde. Dieses Sehnsuchtsbild war, ganz anders als bei Kunert, ziemlich schizophren, denn es stellte ein erträumtes Amerika einem Amerika gegenüber, das wiederum aus den ost- und westdeutschen Propagandadarstellungen erst herausgefiltert werden musste. Dass das westdeutsche Amerika-Bild der 1960er und 1970er Jahre hoch ambivalent und politisiert sein konnte, davon nahm der ostdeutsche Hippie-Romantiker kaum etwas wahr. Wahrscheinlich hat die Rockmusik – von Dylan über Neil Young bis Springsteen – viel zu der Vorstellung beigetragen, man könne Amerika mit dem Gestus der Rebellion und emphatischer Kritik an ihm trotzdem lieben. So wie man Deutschland, die BRD oder die DDR nie hätte hasslieben können. Sich nach Amerika mit kritischer Bewunderung zu träumen, war ja enorm. Im ersten Gedichtband von Durs Grünbein (*Grauzone, morgens*, 1988) stehen die zerklüfteten Zeilen: „Die / meisten von uns // wollten fort (nach New York oder / sonstwohin): Studenten mit // komisch flatternden

Stimmen / gescheiterte Pläne umkreisend immer im / Aufwind und manche vor // melancholischer Anarchie süchtig / nach neuen Totems, Idolen / gestriger Revolutionen ..."

Auf diesen Wegen befand sich schon 1970 der Däne Jacob Holdt, der eigentlich nach Lateinamerika aufbrach, dann aber, wie die Digedags, fünf Jahre lang kreuz und quer durch die USA reiste. Von ganz oben bis ganz unten. Er traf Rockefellers und bitterste Armut. „381 Familien in 48 Staaten auf 161.265 Kilometern", bilanzierte er. Er verkaufte sein Blutplasma, trampte und fotografierte – zumeist farbige Amerikaner der Unterschichten, in manchmal schockiernden Situationen des Elends. Jacob Holdt, der vom Kalten Krieg doch sehr behütete Däne, betrat das Land ganz anders als Günter Kunert, der die Rassenkonflikte kaum wirklich in den Blick bekommt, auch wenn er allenfalls dafür die Augen offen hält und manches notiert. Holdts Blick hat weder mit Kunerts noch mit dem der Hippie-Generation (Ost wie West) zu tun. Er reist durch das mächtigste Land der Welt wie durch ein Land der Dritten Welt und löst später mit seinen Bildern fast einen Schock aus. Das sind nicht Bilder aus den 1930er Jahren der Weltwirtschaftskrise und auch nicht Dokumente der Integrationskonflikte in den 1950er Jahren, es sind von ihm kommentierte Reisefotos der Armut in den USA in den ansonsten so freizügigen und wohlständigen 1970er Jahren. Die *Amerikanischen Bilder* von Jacob Holdt erscheinen 1977 in Kopenhagen, 1978 in Westdeutschland, 1982 in Ostdeutschland. Dort gibt es an wenigen Abenden sogar die „American Picture Show", wie seine Dia-Vortragsreise offiziell heißt. Das Buch ist mit jeder Auflage sofort vergriffen.

Holdt knüpft gleichsam synthetisch an die Amerikabilder der einstigen *MOSAIK*-Leser wie ihrer biografischen Linien an. Zum einen hätten sich alle gewünscht, so durch die USA zu trampen. Egal ob Dritte Welt oder Sklavenbefreiung, wenn man nur da so toll herumkommt. Zum anderen ruft er eine sehr ernsthafte Rassen- und Klassenproblematik auf, die seine ostdeutschen Zuschauer und Leser mit der offiziellen Propaganda vergleichen müssen. Holdts Show, 1982 in Ostberlin gezeigt, ist ein faszinierend anderes Amerika, ein Gegenbild zu dem diffusen Hippie-Amerika mit all seiner schönen Musik und den weiten Landschaften. Seine Protagonisten hat er meistens in ihren ärmlichen Behausungen fotografiert – Enge statt Landschaft.

IV

Ein prägender Kinofilm von damals ist heute vergessen, hat aber wohl die Vorstellung von der landschaftlichen Weite der USA entscheidend mitgeprägt. *Grenzpunkt Null* kam wahrscheinlich 1971 oder 1972 in die Kinos und lief dann in den folgenden Jahren immer mal wieder. Ein ehemaliger Rennfahrer namens Kowalski wird von der Polizei kreuz und quer durch den Westen gejagt, und dieses Road Movie ist in Abwandlung von Godards Einfachstformel „a film is a girl and a gun" einfach „a car and a man". Unterstützt wird Kowalski von einem blinden, schwarzen Radio-DJ, der immer nur allein in seinem Studio sitzt und von dort Botschaften der Solidarität an den Einzelkämpfer sendet. Das Ganze ist also eine Allegorie des Aufstands in atemberaubend gefilmter Landschaft. Am Ende rast Kowalski in eine todbringende Polizeibarriere. *Easy Rider* mit seiner Drogenanarchie und surrealen Südstaatenanklage wurde vom staatlichen Filmhandel wohlweislich nicht eingekauft, Goldene Palme hin oder her. *Grenzpunkt Null* hat heute noch ostdeutsche Fans, die ihn damals sahen, ist aber in Nachschlagewerken schwer zu finden. 1970 erschien das Original *Vanishing Point* in den USA, die westdeutsche Synchronisation wurde dann *Fluchtpunkt San Francisco* nicht eben elegant oder akkurat getitelt. Wahrscheinlich war es der „Fluchtpunkt", der den Progress Filmverleih der DDR dazu bewog, daraus *Grenzpunkt Null* zu machen. Übrigens eine Quelle für herrliche Missverständnisse, wenn später, während des Studiums, Filmerfahrungen mit in der DDR gastierenden Amerikanern verglichen wurden und die Originaltitel nicht bekannt waren, sondern die deutschen Verleihtitel einfach rückübersetzt wurden. Wichtige Beispiele aus jener Zeit sind: *The Graduate* (aber was war nochmal „Reifeprüfung" auf Englisch?), *The Strawberry Statement* (ein enorm einflussreicher, Stil prägender Film über die amerikanischen Studentenproteste, aber bei „Bloody Strawberries" denken Amerikaner wohl eher an einen Cocktail) und besonders schön der Spaghetti-Western *Spiel mir das Lied vom Tod* (dessen amerikanischer Titel *Once upon a time in the West* sich an das italienische Original hält) mit seinen geradezu grotesken Möglichkeiten der Rückübersetzung. *Grenzpunkt Null* war aber der Amerika-Traumfilm im Kino.

Im Westfernsehen lief, Samstagabend und leider in Konkurrenz zur Bundesliga, *Raumschiff Enterprise* (das *Star Trek* der ersten Generation, ohne dass man auch nur geahnt hätte, dass es so hieß) und vermittelte das Bild eines technologischen und multikulturellen Zukunftsamerika, von dem die sowjetische Raumfahrt, die ja nach den Star-Kosmonauten jahrelang aus trockenen vierzeiligen Zeitungsmeldungen über den Abschuss von unbemannten KOSMOS-Satelliten bestand, Lichtjahre entfernt schien. Captain Kirk und vor allem Doktor Spock waren dagegen Schulhof-Gegenstand, insbesondere das angeblich grüne Blut des Vulkaniers, von dessen Beschaffenheit man sich allerdings im Schwarz-Weiß-Fernsehen nie überzeugen konnte. *Raumschiff Enterprise* war wie das *MOSAIK* eine Endlosserie, gegliedert in Einzelabenteuer, aber es fehlte der ganz große rote Faden, woraus geahnt werden konnte, dass die Geschichte der Zukunft, an die ja mit dem Logbuch-Eintrag zu Beginn jeder Folge erinnert wurde, vielleicht keine durchgehend verklammerte Erzählung mehr sein wird. Wenn man das so sehen wollte – oder schon konnte.

Zwei Mehrteiler über die reale Geschichte zogen dagegen die *MOSAIK*-Leser zusammen mit ihren Eltern in Bann. *Roots* (*Wurzeln*), die Geschichte der aus Afrika als Sklaven Verschleppten bis in die Gegenwart anhand einer Familiensaga nach dem Roman von Alex Haley, brachte einen Kern von Amerikas Geschichte in die Fernsehwohnzimmer. Die Erwachsenen diskutierten, ob das nun eine Trivialisierung zu Unterhaltungszwecken oder doch eine Art Aufarbeitung der Geschichte darstellte. Diese Frage wurde noch dringlicher und damit sozusagen unbeantwortbar, als *Holocaust* Januar 1979 im Fernsehen lief, ein tränenreicher Mehrteiler über die Judenverfolgung und -deportation, der den Begriff des Holocaust, nicht seine Geschichte, auf diese Weise überhaupt erst breiter bekannt machte. Man wartete, ob dazu wohl ein Wort in der Schule fallen würde, wo in der zweiten Hälfte der 1970er Jahre Sendungen des Westfernsehens immerhin ab und zu ins Gespräch gebracht wurden. Freilich nur von den mutigsten Lehrern, aber auch diese blieben in diesem Fall stumm. Amerika hatte noch eine andere Bedeutung bekommen. Es war nun auch ein Spiegel deutscher Geschichte geworden.

V

All diese Bilder gingen dann in Büchern mit auf, denn auch beim Lesen von Faulkners Plantagensüden ließ sich auf das *MOSAIK* zurückgreifen, mit Mark Twain und Bret Harte an den Goldgräberwesten erinnern, und selbst bei Melvilles düsterer Erzählung *Bartleby* stand noch der Besuch der Digedags an der Wall Street mit im visuellen Vorratsraum. Dieser half, ein Land zu verstehen zu versuchen, das man aller historischen Wahrscheinlichkeit nach nie sehen würde. Zumindest nicht in der Konkretheit von Günter Kunerts AUTO-SUCK-Beobachtungen oder Kerouacs derilierendem Road Movie als Roman.

1969 hatte Led Zeppelin auf ihrer zweiten Platte den Song *Moby Dick* veröffentlicht, ein Anschluss, der Jahre später hergestellt werden konnte mit der Lektüre von Melvilles gleichnamigem Werk. Die Musik aus und über Amerika hatte das *MOSAIK* ersetzt. In den 1990er Jahren traf ich einmal Greil Marcus, der mit *Mystery Train* (*Images of America in Rock'n'Roll Music*) und weiteren Büchern als erster das mythische Amerika von Elvis und Bob Dylan analysiert, hervorragend beschrieben und auf die große Tradition der Literatur des 19. Jahrhunderts zurückgeführt hat. Ich erzählte ihm von dem Comic, und er war überraschenderweise sehr begeistert von diesem *MOSAIK*.

Thomas Irmer

Of a Fire on the Moon

Blurry Images of America from My East German Youth

I

It all started for me in July 1969 with the arrival of the Digedags in the United States. The three cartoon characters were time travelers, precocious young adults of gnome-like stature, whose respective hair colors combined to form the colors of the German flag: black, red, and gold. They were the protagonists of *MOSAIK*, which was by far East Germany's best-loved comic. If you wanted to be sure of getting a copy, you always needed to keep a close eye on your nearest newspaper kiosk at the beginning of the month. Up to then, these miniature heroes had hung out in Imperial Rome, they had survived space adventures in a future with two irreconcilably opposed systems, and they had accompanied a rather clumsy crusader to the Orient and Venice in the Middle Ages. On the eve of the American Civil War, in March 1860, the three manikins suddenly turned into journalists at the *New Orleans Magazine* and set out on the longest adventure of their lives. In the United States, they became entangled in a story of epic proportions that took them right across the entire country. Over the course of five years and sixty editions of the magazine, young readers became more than just acquainted with nineteenth-century America. The comics were an enduring educational experience and an emotional depiction of old-time America for all of those who would never read Herman Melville's and Mark Twain's works—and even for those who went on to read Melville years later.

In July 1969 East Germany's state film production company, DEFA, released a movie in East German movie theaters that finally established the genre of the East German "American Indian" film, and also marked the rise to fame of the East German Indian chief Gojko Mitić as the Eastern counterpart to the West's Pierre Brice. The Frenchman Brice had shot to fame starring as the Indian Winnetou in a popular series of West German Westerns based on the works of German author Karl May. *Weiße Wölfe* (*White Wolves*), which was later to perplex and astonish US Western experts, was the fourth DEFA film in the American Indian genre, and the one that bore the closest resemblance to a genuine Western in the entire series. The first, *Die Söhne der großen Bärin* (*The Sons of Great Bear*), was produced in 1965 and had a distinctly ethnological and folkloric feel. The series petered out fifteen years later with the false pathos of *Blauvogel* (*Blue Bird*). *Weiße Wölfe* is a straightforwardly gritty tale of revenge about a Native American Indian (Gojko Mitić), who attempts to hunt down his wife's murderers, but finally falls victim to the citizens of a corrupt, utterly capitalist-minded small town and its military representatives. Filmed in the Karst region of the then Yugoslavia against a backdrop reminiscent of the Wild West of America, punctuated by frequent exchanges of gunfire, and displaying manifestations of Indian guile, *Weiße Wölfe* is an inverted Western where the Indians, and not the cowboys, are the good guys. The movie included a number of fairly brutal scenes of the kind that *MOSAIK* magazine would never have carried. There are, admittedly, a number of slapstick fights and some shooting in the comic series, but, strangely enough, there were never any fatalities—well, apart from one, but more about that later.

In July 1969, there was a good chance of a child coming across disturbing photographs in news magazines of the day. Men holding decapitated heads—gripping a bunch of them by their hair in their fists—like trophies; children, their skin burned by napalm, outlined against a backdrop of smoldering village huts; huge US pilots being led through the jungle at gunpoint by child-sized Vietnamese. The images were part of a war that no one really understood. A strange joke was doing the rounds in schoolyards at the time. One child would hold out the back of his or her hand and point at it, as if at a map: This is America, this is China and this, here, is Vietnam. The child would then ask: Where is

Vietnam? Another would point to the spot, only to get a slap—sometimes harder, sometimes lighter—on the hand and to be told "Hands off Vietnam!" That same month, President Nixon, suspecting that the war could not be won and in the face of the growing wave of protests in the United States, decided to leave his country's South Vietnamese allies to fight the bloody war on their own and started pulling out US troops. My younger self, eagerly waiting in the north of East Berlin for a copy of *MOSAIK*'s America series, had now begun to be preoccupied by all the decapitated heads.

In July 1969—some time in the middle of the night on July 20 to be more exact—this child, who had by this time read, almost unaided, the first episode of the Digedags' America series *Carnival in New Orleans* several times over, was woken up to be told that the Americans had landed on the moon. The excited television commentators spoke about the start of a new era, but all you could make out on our black-and-white set were some blurry silhouettes. In contrast, Hannes Hegens's Digedags' images of Mardi Gras by the Mississippi were full of color and detail, pulsating with an array of characters from the American South, rich and poor, black and white, audacious and buttoned-up. Looking back, you could say that *MOSAIK* had an extremely good sense of historical timing. But it was probably no more than an uncanny quirk of history.

II

The Digedags' American series starts with a skilful side step into historical terrain. The three protagonists are journalists who are continually being spurred on to write sensationalist reports by their boss, so they call for a steamboat race down the river. They come up with this idea after hearing a rather casual comment made by an impoverished captain of a clapped-out paddleboat steamer about the owner of the plush Louisiana—who enjoys the backing of the plantation owners and the moneyed classes. What ensues is a race from New Orleans to Baton Rouge, complete with maps of the Mississippi illustrating the route, much to the readers' surprise. Was it really possible to map things out so precisely? The scenery and architecture were also drawn in precise detail, not just the social environment. A real historical imagination was at work here, conjuring up images of overgrown bayous, the pillared houses of the American South, the wrought-iron balconies of the French Quarter in New Orleans, and the bustling market right next door with its Cajun influences. Later they were joined by the Rocky Mountains, the Nevada Desert, and rough-and-ready San Francisco. Karl May's books had been full of landscapes that were a geographical mishmash, while even Friedrich Gerstäcker's long-forgotten *Flusspiraten am Mississippi* (*River Pirates of the Mississippi*), which rivaled May's works in his day, is not quite up to par in terms of topography. As its story unfolded, *MOSAIK* provided an introduction to American geography, a subject that was barely touched upon in East German schools. Back then, students might have been able to pinpoint New York on the map, but they would have found it difficult to locate the setting of Theodor Fontane's ballad *John Maynard* ("The Swallow flies over Lake Erie [...] and still ten minutes to Buffalo"), even though it was a poem that we had to learn off by heart in our German class. In school, the US remained, for want of concrete explanations, *terra incognita*—lying like a steamrollered waffle in the atlases we used for what went by the name of geography class. But the Digedags changed all that.

During the Mississippi race, the three protagonists, who have already sided with the narrowly victorious underdog, switch from being mere journalists to becoming the agents of history—but not that a child would notice. The brother of their ally Captain Joker is a plantation owner, who has set free his slaves and helped to organize a Slave Express to enable runaway slaves to escape to the north. Seen from the perspective of the young reader toward the end of 1969, this story of a clandestine rescue action set in 1860 had become a historical fact. Next, the Digedags embark on a convoluted story involving a goldmine in the Rocky Mountains. The year: 1849, the time of the Gold Rush. Here, they encounter the canny charlatan preacher Coffins, who resembles a toned-down version of the demonic Harry Powell from Charles Laughton's *Night of the Hunter*. But, Coffins, the only person to die in the entire series, does, at least, lead the Digedags to discover Toltec gold in the flooded mine. And, finally, the three Didedags then manage to sell this treasure in New York to help fund the Slave Express.

The Civil War, in which the Digedags have become involved quasi as active observers, is not yet over. There are even dirty dealings taking place in Wall

Street linked to the war. But the Toltec gold of the indigenous people will now benefit the Slave Express and other disenfranchised peoples. That was the unsurprising and rather low-key end to the five-year long America saga of the Didedags, which was by now losing its hold on "reality" with nebulous Caribbean adventures involving gunrunning ships from England. But the American panorama that Hannes Hegen's cartoon drawings and the Didedags plot had unfolded had now become so powerful that this comic-reading child later became a real seeker of America. June 1974 marked the end of the Digedags' adventures in America, as well as their time-traveling escapades in general. Their creator, so today's official line goes, was no longer able to come to an agreement with his publishers. His real name: Johannes Hegenbarth; his achievement: to have been one of the most important teachers for a whole generation born around 1960.

There is no doubt that Hegenbarth's vision of America originated from the historical travelogues of the nineteenth century, with the added comic twist that he sought to combine elements of the film classic *Gone with the Wind* with the cartoon figures of the Digedags, and to tell the whole tale from the bottom up. From the outset, he incorporated a plotline involving Bob Morris, the son of a plantation owner, and Jenny, the daughter of a slavery abolitionist and also of course an army field nurse. For Bob and Jenny it all ended happily ever after. But *MOSAIK* showed neither the end of the Civil War nor its complicated consequences. As far as the Digedags were concerned, the whole thing was about securing financial support for the Slave Express and—on another level again—taking part in an adventure that brings them into contact with so many different social strata and geographical landscapes. As a result, their perspective as time-traveling manikins remained quite deliberately restricted; their readers were invited to augment the process themselves. If they so desired.

III

In 1974 a new book was published that featured a photo of the French Quarter of New Orleans on its cover. It came as something of a surprise to this former *MOSAIK* reader who found it a few years later. Inside, the poet Günter Kunert described his encounter with the United States. Kunert, who was still an East

German citizen at the time and whose work classed as East German literature, had been invited as a guest professor to Austin, Texas, to talk about contemporary poetry and his own writing. He was probably the first East German to ever make this kind of visit to the States. His book, *Der andere Planet: Ansichten von Amerika* (*The Other Planet: Views of America*), kicks off in Kennedy Airport: "Really to have arrived at a place of distant dreams: a miracle." This sense of astonishment pervades the entire book and is neither naive nor uncritical. Nor are Kunert's views of the "other planet" strung together in such a way that every single thing has to serve as evidence of a certain political or historical inevitability. And that was the really exciting thing about this book. Sometimes Kunert's sense of wonder is also just inquisitive, for example, when he asks whether the permissive 1960s have displaced puritanism. He came across the following advertisement: "Do you spend a lot of boring hours in your car? You could make them sexually exciting with AUTO SUCK. Its powerful suction performance will accompany you anywhere. Just connect AUTO SUCK to the cigar lighter. Its soft female rubber opening will stroke and suck you with erotic sucking power. Feel your orgasmic juices being drawn out of your body. Lifelike inner rubber labia surround the penis and can give you hours of pleasure when you're driving or parked up. 35 dollars." Kunert comes to the conclusion that "technologized masturbation" adheres to the iron law of time is money, creating double the satisfaction by enabling its user to profit sexually from otherwise dead time, and thus achieving, as he really does write, a "moral balance." As it happens, I was, at the time I read this book, learning the manual tricks of the car mechanic's trade in a culture devoid of auto industry innovations. For the one-time *MOSAIK* reader, this passage furnished the proof that America really must be a different planet. But, it should be emphasized that the Berlin poet Kunert handles the whole matter with a very light touch.

This is how he describes Times Square, now a sanitized, family-friendly environment: "Times Square is both light and darkness in one, and I mean this almost in the biblical sense; the manifestation of both is more moral than physical. Times Square is the profusion of illumination: in diners devoid of shadows the glare unmasks frightening faces, murderers' faces, although we know only too well that you normally cannot identify murderers by looking at their faces."

The multiple subtexts of this sentence were, admittedly, not apparent at the time. You could trust Kunert that this illuminated place, in some senses the center of New York, could also appear somehow glaringly negative. A place of dreams often transpires to have a downside when it turns out to be real.

But, as far as this former *MOSAIK* reader was concerned, *The Other Planet* was probably not as important as Jack Kerouac's *On the Road*, which was published in German translation by the Leipzig-based Reclam publishing house in 1978. In it, Times Square was not just a place to stare at "frightening faces," but one of the settings of a story that had actually taken place some thirty years before, and it lent wings to an East German fantasy about America that can at best be compared only with Karl May's inventions. Digedags' readers now imagined that they were romantic freedom seekers, somewhere between the Beat Generation and Woodstock, in an endless space replete with non-stop music and limitless supplies of drugs, all promising creative self-determination. It was not possible to check whether these dream worlds contained any semblance of reality, and it made no difference that Woodstock was already ten years past or that Jack Kerouac, who died in 1969, was now a topic for academic research. This image of longing was, unlike Kunert's more sober America, somewhat schizophrenic, as it set a fantastic image of America against the America that first had to be distilled from East and West German propaganda. Romantic East German hippies were barely aware of the fact that the West German image of America was often both highly ambivalent and highly political throughout the 1960s and 1970s. The whole range of US rock music—from Bob Dylan and Neil Young through to Bruce Springsteen—had, in all likelihood, contributed much to the notion that you could love America at that same time as adopting a rebellious pose and being extremely critical. You could never have had that kind of love/hate relationship with Germany, whether East or West. Being able to dream of America with critical awe was fantastic. These fissured lines come from German poet Durs Grünbein's first book of poetry, *Grauzone morgens* (*Morning in the GrayZone*), 1988: "Most of us//wanted to get away (to New York/or someplace): we were students// with funny cracked voices/ enthusiastically turning/ failed projects in our heads, and some of us// in our melancholy anarchy/ fell thrall to new totems, idols/ of gone revolutions ..."

The Dane Jacob Holdt had already embarked on this trip in 1970. He had actually set off originally for Latin America, but then, like the Digedags, spent five years criss-crossing the United States from the far north to the deep south. He met the Rockefellers, as well as encountering bitter poverty along the way. His balance sheet: "381 families in 48 states in 161,265 kilometers." He sold his blood plasma for money, hitchhiked his way around, and recorded what he saw on camera. Mostly, his photos feature Afro-Americans who belonged to the underclasses, sometimes in scenes of shocking poverty. Jacob Holdt, who, as a Dane, was very much sheltered from the Cold War, approached the country from a very different standpoint than Günter Kunert, whose awareness of racial issues was restricted to just a few remarks. Holdt's vision was quite distinct from Kunert's own and also from that of the hippy generation (in both East and West Germany). He traveled through the most powerful country in the world as if it were a developing country and he triggered almost a shock reaction. His pictures were not taken during the Great Depression of the 1930s, nor do they document the race riots of the 1950s. They are travel photos that record the poverty in the United States in the otherwise permissive and prosperous 1970s. Jacob Holdt's *American Pictures* was published in Copenhagen in 1977, a year later in West Germany, and in East Germany in 1982. There were even a few East German presentations of his American Picture Show, as his traveling slide show was officially called. Every print run of the book sold out straightaway.

At the same time, Holdt's work coalesced with former *MOSAIK* readers' images of the US, as well as their biographies. On the one hand, all of them would have loved to hitchhike their way through the United States—not caring whether they would have confronted Third World conditions or been called upon to free slaves. The main thing would have been just to get around. On the other hand, Holdt drew attention to very serious issues of race and class that his East German audience was sure to measure up against official propaganda. Holdt's show reveals a fascinatingly different America, a counter image to the diffuse image of hippy America with all its great music and vast landscapes. He photographed most of his protagonists in their impoverished dwellings, showing cramped domestic surroundings instead of open countryside.

IV

One US movie, which made a big impression at the time, but has now been largely forgotten, played a formative role in shaping how we imagined the expansive landscape of the United States. *Vanishing Point* was released in about 1971 or 1972 in East Germany under the title *Grenzpunkt Null* (*Frontier Point Zero*) and was repeated irregularly in the years to come. A former racing driver called Kowalski is chased by cops the length and breadth of the American West, and this road movie is a variation on Godard's pared-down formula "a film is a girl and a gun." It features simply a car and a man. Kowalski is lent support by a blind, black radio DJ, who sits alone in his studio the whole time and broadcasts messages of solidarity to the lone rebel. The entire film is an allegory of rebellion in a breathtakingly filmed setting. Kowalski dies in the end after crashing into a police barrier. East Germany's state film distribution company wisely decided not to purchase *Easy Rider*, with its anarchic take on drugs and surreal denunciation of the southern states of America—despite it winning the Golden Palm in Cannes. *Grenzpunkt Null* still has fans to this day who saw it during the communist era, but the film is hard to locate in reference works. The original appeared in the States in 1970 and the dubbed West German version was given the title *Fluchtpunkt San Francisco* (*Fleeing to San Francisco*). Although this was neither an elegant or accurate title, it was probably its allusion to "escape" that led the East German film distribution company, Progress Filmverleih, to opt for *Grenzpunkt Null* instead.

Star Trek, or *Raumschiff Enterprise* as we knew it, was broadcast on West German TV (and thus also accessible to East Berlin viewers) on Saturday evenings, unfortunately, as it happens, at the same time as West Germany's top league football matches. It communicated an image of a hi-tech and multicultural America of the future that appeared to be light years away from the Soviet space mission, which, once the glory days of Soviet space heroes were gone, consisted for many years of taciturn four-liners noting the launch of unmanned Cosmos satellites. Captain Kirk and, above all, Doctor Spock were, by contrast, a talking point in the schoolyard. In particular, our interest was focused on the Vulcan's supposedly green blood, the color of which we could never check on our black and white televisions. *Raumschiff Enterprise* was, like

MOSAIK, a never-ending series, broken down into individual adventures. However, unlike the comic series it did not have its own "red" line, or "meaningful" bracket. This may have prompted East German viewers to suspect that the history of the future, which was evoked with the logbook entry at the beginning of every episode of *Star Trek*, might one day no longer conform to a teleological master narrative. That is if you wanted to see it like that—or were already able to.

Both *MOSAIK* readers and their parents were fascinated by two miniseries about actual historical events. *Roots*, a family saga based on the novel by Alex Haley, traced the history, right up to the present, of a black family whose ancestors were trafficked from Africa and brought to the United States as slaves. The program brought a central element of US history into our living rooms, and our parents debated whether the miniseries merely trivialized history for the purposes of entertainment or whether it represented a way of seriously addressing the past. This question became more pressing and thereby, as it were, unanswerable when *Holocaust* was screened on television the following January. The term Holocaust—rather than its history—was made more widely known by this lachrymose miniseries about the persecution and the deportation of the Jews. We were curious to see whether it would be mentioned in school. In the mid to late 1970s Western television programs were occasionally brought up for discussion in class, but only by the most courageous and outspoken of teachers. But even they remained silent in this case. America had gained another meaning; it had now also become a mirror for German history.

V

All of these images came back to me when I started to read American literature. Faulkner's American South brought back *MOSAIK*, while Mark Twain and Bret Harte evoked Gold Rush West. Even as I was reading Melville's grim story *Bartleby*, the Digedags' visit to Wall Street was present in my storehouse of visual images. They helped me to understand a country that I thought that I would, in all historical probability, never set eyes on, at least not in the concrete terms of Günter Kunert's observations or Kerouac's delirious road movie in novel form.

In the year 1969 Led Zeppelin's second album included the song *Moby Dick*. This was a link that I was able to make years later when reading Melville's novel. By that time, music from and about America had replaced *MOSAIK* in my affections. I met Greil Marcus, the author of *Mystery Train* (*Images of America in Rock'n'Roll Music*) and other writings, once during the 1990s. He was the first to analyze, magnificently describe, and trace Elvis's and Bob Dylan's mythical America back to the great tradition of nineteenth-century literature. I told him about the comic magazine and he proved to be surprisingly enthusiastic about *MOSAIK*.

Jed Rasula

Jazz und Modernismus

Überlegungen zu einer „Zeitfrage"

Im *San Francisco Bulletin* wurde 1913 die Ankunft des „Jazz" vermeldet: ein „futuristisches Wort, ein Neuzugang zu unserem Wortschatz".[1] Ob damit schon auf den italienischen Futurismus angespielt wurde, ist nicht zu klären (die erste Ausstellung futuristischer Malerei in San Francisco fand erst zwei Jahre später, 1915, statt), aber offenbar haftete dem Begriff bereits etwas Modernes, obgleich nicht notwendig Musikalisches an. Ein Stimmungsbild des Jazz erzeugte Walter Kingsley 1917, indem er seine Leser bat, sich „Walter Pater, Swinburne und Borodin gemeinsam in jenem Takt wiegend" vorzustellen, „dem man in mondbeschienenen Nächten an afrikanischen Flussufern lauschen kann". Denn, so erläutert der Autor: „Auch die große zeitgenössische Prosa, die Lyrik, welche sich selber singt, und die ultramoderne Oper unterliegen den Gesetzen des Jazz."[2] In Zukunft gesellte sich diesem Trio noch sehr viel mehr und anderes „Ultramoderne" hinzu. Sigmund Spaeth beschrieb die „Jazzmanie" Ende der 1920er Jahre als „habituelle Deformation des Denkens und Handelns", „eine Lebensweise im Dauerkrieg mit der konservativen Tradition", die alle gesellschaftlichen Schichten ergriffen habe. „Unsere Morde, unsere Gerichtsverfahren, unsere Willkommensfeiern für die Schwimmer, die den Ärmelkanal durchquert haben, oder für die Piloten der Transatlantikflüge", auch alle Künste, ja „sogar unsere Moral und Religion – sie alle sind ins Idiom des Jazz verfallen."[3] Vor Erreichen dieses alle Lebensaspekte umfassenden Gipfels der Jazzmanie wurden allerdings erst einmal einzelne Gattungen des Ultramodernen miteinander verglichen. So wurde der Jazz etwa in Deutschland nach dem Ersten Weltkrieg als „musikalische Offenbarung, Religion, Weltphilosophie, Expressionismus oder Impressionismus"[4] willkommen geheißen. Der Verfasser der ersten Buchpublikation über den Jazz, Henry Osgood, wies seine Leser darauf hin, dass das „Gärmittel, welches die Neuerungen in den anderen, von uns ‚jazzig' genannten Künsten hervorbrachte, in Europa schon lange seine Wirkung entfaltet hatte, als wir seinen Einfluss noch gar nicht spürten. Deutschland hatte schon vor uns seine eigenen Sandburgs und Steins."[5] In Frankreich informierte Robert Goffin, der den Jazz als „erste Form des Surrealismus" betrachtete, seine Leser: „Was Breton und Aragon 1920 für die Lyrik geleistet haben, de Chirico und Max Ernst für die Malerei, das haben mittellose Negermusiker bereits 1910 ganz instinktiv in der Musik zustande gebracht."[6]

Die Begriffe *Moderne* und *Modernismus* kamen etwa zur gleichen Zeit auf wie der Jazz als eine von vielen geeigneten Verwendungsweisen für sie. Fred Lewis Pattee veröffentlichte seine gesammelten Essays zur Literatur – mit Themen wie „Der Englischprofessor der Alten Schule: Eine Autopsie" – unter dem Titel *Tradition and Jazz* (1925). Jazz, das steht hier für eine Kampfansage an alles Vergangene, Altmodische, Überholte. Dagegen das folgende Loblied auf die „Kunst zu leben und zu genießen": „leger, ausgelassen, fantastisch, verspielt, unheroisch und erotisch"; „nichts als Freude, Zauber und multipliziertes optimistisches Vertrauen auf die Schönheit des Lebens. Nichts als die unmittelbaren Daten der Sensibilität. Nichts als die Kunst, Zeit zu verlieren. Nichts als die Melodie des Herzens. Kultur der wundersamen Verblendung." Was ist diese „Süße der Gekünsteltheit und die Spontaneität des Gefühls", für die man „einen freien und jonglierenden Geist" benötigt? Was Karel Teige in diesen Worten beschreibt, ist – so sehr es auch danach klingen mag – nicht seine Begeisterung für den Jazz, sondern ein Manifest des *Poetismus*, „im schönsten Sinn des Wortes die Kunst zu leben, modernisierter Epikureismus". Allerdings, erläutert Teige: „Der Poetismus ist keine Kunst, das heißt keine Kunst im bisherigen roman-

1 Richard Sudhalter, *Lost Chords: White Musicians and their Contribution to Jazz, 1915–1945*, New York 1999, S. 8.

2 Robert Walser (Hg.), *Keeping Time: Readings in Jazz History*, New York 1999, S. 7.

3 Sigmund Spaeth, „Jazzmania" (*North American Review*, May 1928), in: Karl Koenig (Hg.), *Jazz in Print (1856–1929). An Anthology of Selected Early Readings in Jazz History*, Hillsdale/NY 2002, S. 533.

4 S. Frederick Starr, *Red and Hot: The Fate of Jazz in the Soviet Union, 1917–1991*, New York 1983, S. 12 (zitiert Georg Barthelme in: „German Interpreter of Jazz", in: *Literary Digest*, 23. August 1919, S. 31).

5 Henry O. Osgood, *So This is Jazz*, Boston 1926, S. 245.

6 R. Goffin, *Jazz from the Congo to the Metropolitan*, New York 1944, S. 3; Robert Walser, *Keeping Time*, vgl. Anm. 2, S. 86.

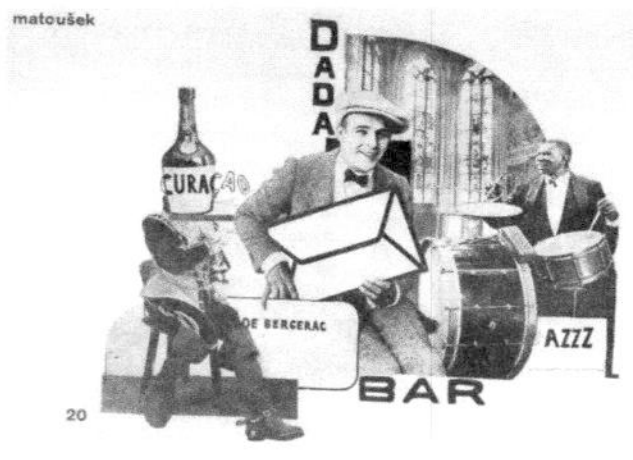

Matousek
Untitled, Internationaler Almanach der Aktivität der Gegenwart, 1927

tischen Sinn." Vielmehr mache er sich „an die *reguläre Liquidierung* der bisherigen künstlerischen Abarten. Zur Disposition stehen ihm der Film (die neue Kinographie) und auch die Aviatik, das Radio, die technischen, optischen und akustischen Erfindungen (Optophonetik), der Sport, der Tanz, der Zirkus und die Music-Hall, die Orte tagtäglicher Erfindungen und ununterbrochener Improvisation." *Improvisation*, so lautet eine ganz wichtige Lektion: „Die Clowns und Dadaisten haben uns diesen ästhetischen Selbstskeptizismus gelehrt."[7] Teiges detaillierte Bestandsaufnahme ist selbst eine improvisierte Variation auf alles, was 1924 europaweit in avantgardistischen Schriften als Attraktionen der Moderne gepriesen wurde. Zu den festen Versatzstücken gehören der Jazz und Charlie Chaplin, aber auch der Sport, der Tanz, die Music-Halls und der Zirkus, also jene „Orte unablässiger Improvisation", die gerade wegen ihrer Urwüchsigkeit geschätzt wurden und mehr noch dafür, dass es sich dabei eben gerade *nicht* um *Kunst* handelte.

Mit ihrer programmatischen Ablehnung der institutionalisierten Kultur ebnete die Avantgarde den Weg für die Rezeption des Jazz, noch bevor dieser in Europa eintraf. Der italienische Futurismus, das Urmuster aller avantgardistischen Strömungen zu Anfang des 20. Jahrhunderts, wurde 1909 als Angriff auf die etablierten Kulturträger konzipiert, gegen den Versuch des Kulturbetriebs, die Kunst vor der Moderne abzuschirmen. Marinettis polemisches Vorgehen erinnert an den Geschäftssinn von Medienzaren oder nimmt diesen vielmehr vorweg: Hauptsache, das Publikum verliert das Produkt nie aus den Augen (besser eine schlechte Presse als gar keine). Von Marinettis Vorbild als Avantgarde-Impresario konnte Dada profitieren; die Antikunst-Bewegung versetzte Veranstaltungsorte wie das Cabaret Voltaire in Zürich in die Lage, zugleich Anstoß zu erregen und für Unterhaltung zu sorgen – und damit schon einmal dem wenige Jahre später eintreffenden Jazz den Weg zu ebnen. In der jungen Sowjetunion formierte sich die Antikunst zum ideologischen Bollwerk gegen die bürgerlichen Werte, und für den Konstruktivismus, der ein Aufgehen der Kunst im Leben anstrebte, verband sich mit einem Neubeginn in der Kunst auch die weit darüber hinausgehende Hoffnung auf eine gelebte Solidarität, um „eine vereinte Front gegen die ‚Tyrannei des Einzelnen' in der Kunst zu stärken".[8]

Die Begeisterung, mit der der Jazz in Europa begrüßt wurde, lässt sich mit der Leidenschaft für das Ursprüngliche, Primitive in Zusammenhang bringen, die eine der Triebfedern für die gesamte künstlerische Avantgarde war, angefangen vom Kubismus bis hin zum Surrealismus. Über die Schlussfolgerungen, die aus der Beeinflussung des Kubismus durch die Kunst von Naturvölkern zu ziehen sind, heißt es noch bei Gelett Burgess: „In der Frühzeit zeichnete und schnitzte der Mensch Düsteres, Obszönes. Handelt es sich bei der Wiederkehr des Obszönen nun um eine Art zweiter Kindheit der Gattung Mensch oder um eine echte künstlerische Renaissance?"[9] Als nur wenige Jahre später der Krieg mit seinen Gräueln in Europa ausbrach, ging es nicht mehr an, das Obszöne schlechthin in die Tiefen der Vergangenheit zu verbannen, und ohnehin war zu dieser Zeit die Befruchtung der Künste durch den Primitivismus weiter fortgeschritten. Für den Schweizer Dichter Blaise Cendrars – der als Herausgeber der *Anthologie nègre* (1921) fungierte und gemeinsam mit Milhaud und Léger am Ballett *La création du monde* (1923) mitwirkte – ist „*Le jazz hot* dann auch schon keine Kunst mehr, sondern bereits eine neue Lebensform".[10] Weil das Wort *Jazz* geschmeidig genug war, um sich als Gattungsbezeichnung für alles Moderne zu eignen,[11] wurde es von der Avantgarde eher unbeständig und ganz nach Belieben eingesetzt, darin der feinen Gesellschaft nicht unähnlich, für die die Tändelei mit dem Jazz inzwischen zum guten Ton gehörte. Cocteau bringt beider Anliegen zusammen: „Wer gegen eine Jazzband nichts einzuwenden hat, der

7 Karel Teige, „Poetismus", in: ders., *Liquidierung der Kunst. Analysen, Manifeste*, Frankfurt am Main 1968, S. 44–52, hier S. 46, 49.

8 Stephen Bann (Hg.), *The Tradition of Constructivism*, New York 1974, S. xxv.

9 Mark Antliff und Patricia Leighten, *Cubism and Culture*, New York 2001, S. 25.

10 Bernard Gendron, *Between Montmartre and the Mudd Club: Popular Music and the Avant-Garde*, Chicago 2002, S. 112.

11 Lange bevor Scott Fitzgerald 1920 den Champagner seiner Prosa am offiziellen Schiffsrumpf des *Jazz Age* zerschellen ließ, waren Modernismus und Jazz bereits von Clive Bell zusammengeführt worden. Als Beispiele für Jazz in Dichtung

sollte auch für eine Literatur sein, die dem Verstand so viel Genuss bereitet wie ein Cocktail."[12] Gewiss, der Vergleich bringt eine Vergnügungssucht zum Vorschein, von der sich viele, auch Cocteau selbst, schon bald darauf distanzieren sollten (mit der abfälligen Bemerkung „es hat etwas Gedrechseltes, Spektakelhaftes, etwas von Jazzbandismus"[13]). Milhaud fand freundlichere Worte, um Abschied vom Jazz zu nehmen, der „einem heilsamen Sturm gleicht, nach dem der Himmel wieder aufklart".[14]

Keine Darstellung der historischen Avantgarde, die auf das Cabaret Voltaire verzichten könnte. Es gehört zum festen Inventar, wie das Storyville in der Geschichte des Jazz. Beide Orte weisen einschlägige Merkmale primitivistischer Vergnügungen auf. Nicht, dass im städtischen Zürich ein Pendant zum New Orleanser Mardi Gras zu finden gewesen wäre, aber Karneval war es allemal, was allabendlich in Hugo Balls Cabaret gefeiert wurde. „So waren sie also sechsstimmig in diesem Voltaire-Orchester. Jeder spielte sein eigenes Instrument, das heißt sich selbst, leidenschaftlich und aus voller Seele", erinnert sich Hans Richter.[15] Die Wände waren mit moderner Kunst im primitiven Stil geschmückt, darunter auch Masken von Marcel Jano (die Arp „Abstraktionen im Zick-Zack"[16] nannte). Es wurde Klavier in Music-Hall-Manier gespielt, es wurden Lautgedichte rezitiert (die den Zuhörern pseudoafrikanisch vorkamen) und Richard Huelsenbeck schlug, vom kreidebleichen, geistergleichen Hugo Ball am Klavier begleitet, pausenlos auf eine große Trommel ein.[17] Huelsenbeck „plädiert dafür, daß man den Rhythmus verstärkt (den Negerrhythmus)", berichtet Ball. „Er möchte am liebsten die Literatur in Grund und Boden trommeln."[18] Es waren dann auch vor allem Schlagzeuge, die in den kommenden Jahren die Ankunft des Jazz in Europa ver-

und Musik nannte er Eliot und Strawinsky, aber auch Virginia Woolf, Jean Cocteau und Blaise Cendrars finden Erwähnung. Joyce hingegen, „mit seinen Talenten, die durchaus vorhanden sind, wenn auch nur in Maßen", wird abgekanzelt, er treibe „Unfug auf dem literarischen Instrument" (*Since Cezanne*, New York 1928, S. 224). Für Bell, offenbar einen Gegner von unmittelbarer Bedürfnisbefriedigung und Effekthascherei, war der Jazz nur eine von vielen kulturellen Erscheinungen, die zwar auf den ersten Blick ungeheuer reizvoll erschienen, aber wohl kaum von Dauer sein würden. „Die Jazz-Kunst ist schnell gemacht, wird schnell gemocht und schneller noch vergessen. Eine Bewegung, deren Meister Achtzehnjährige sind." (S. 216) Zum Zeitpunkt der Niederschrift befanden sich Duke Ellington und Louis Armstrong in eben diesem Alter – und damit stand ein Beweis des Gegenteils vorläufig noch aus.

12 Jean Cocteau, „Kritiken aus allen Zeitungen der Welt", in: *Dada Almanach*, hg. von Richard Huelsenbeck und Erich Reiss, Berlin 1920, S. 43. Cocktails und Jazz waren als Zweiergespann in Paris eingetroffen und hatten dortselbst bleibenden Eindruck hinterlassen. Noch Ende der 1920er konnte Félicien Champsaur sein Theaterstück *Le Jazz des Masques* „wie einen neuen Cocktail" anpreisen (Paris 1928, S. 30).

kündeten, so sehr, dass manch einer dachte, „Jazz" und Schlagzeug seien ein und dasselbe. In England hießen Schlagzeuge „jazz-sets" (Jazzgarnituren), in Deutschland wurden sie gleich schlicht und ergreifend als „der Jazz" bezeichnet, und der Musiker Leo Vauchant beschwerte sich einmal, dass in Paris „kein Mensch weiß, dass eine Jazzband so groß ist wie ein ganzes Orchester".[19]

Einen flüchtigen Blick auf den Hintergrund, vor dem der Jazz in Paris mit eruptiver Gewalt seinen ungeheuren Siegeszug antrat, gewährt Jean Cocteau, der die hypnotische Wirkung des Schlagzeugers bestaunt, „ein Geräusche-Barkeeper unter einer güldenen Pergola, die mit Glocken, Triangeln, Brettern und Motorradhupen bestückt ist. Aus all dem stellt er Cocktails her, unter Beimischung eines gelegentlichen Schlages auf die Becken."[20] Nicht weiter verwunderlich also, dass auch Cocteau selbst dieses Instrument erlernte; der Maler Picabia und der Komponist Milhaud taten es ihm gleich. Man Ray, ein Amerikaner in Paris, ließ sich als *One-Man-Band* porträtieren beziehungsweise als Personifikation eines, wie es die Franzosen

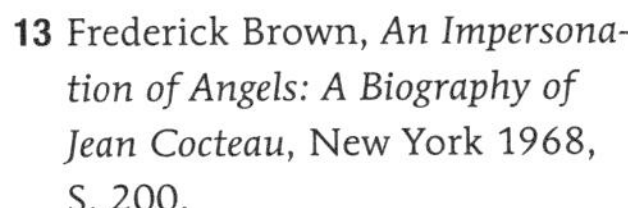

13 Frederick Brown, *An Impersonation of Angels: A Biography of Jean Cocteau*, New York 1968, S. 200.

14 B. Gendron, *Between Montmartre and the Mudd Club*, vgl. Anm. 10, S. 94.

15 Hans Richter, *Dada - Kunst und Antikunst. Der Beitrag Dadas zur Kunst des 20. Jahrhunderts*, Köln 1964, S. 25.

16 Ebd., S. 46.

17 Hans Arp, *Arp on Arp: Poems, Essays, Memories*, hg. von Marcel Jean, New York 1972, S. 234.

18 Hugo Ball, *Die Flucht aus der Zeit*, München und Leipzig 1927, S. 78.

19 Chris Goddard, *Jazz Away from Home*, London 1979, S. 16.

20 Jean Cocteau, *Le Rappel a l'ordre*, Paris, 1926, S. 13 (Übersetzung: A.V.).

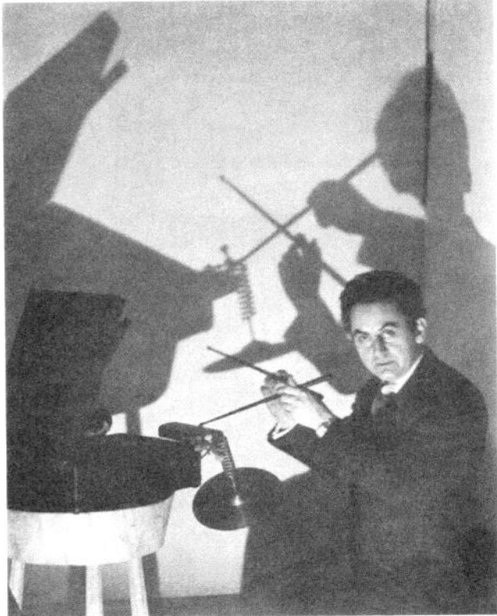

Man Ray
Selbstporträt | Self Portrait, 1926

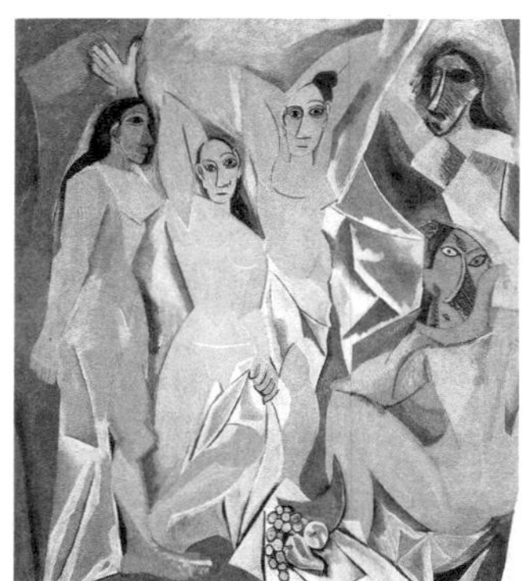

Pablo Picasso
Les Demoiselles d'Avignon, 1907

nennen, „l'homme orchestre". Michel Leiris hält fest, dass für die Europäer Jazz „beinahe von Anfang bis Ende vor allem eines bedeutete, ohrenbetäubendes Getrommel"[21] – „ein Waffenlager, mit dem der Rhythmus vollständig freigelegt wird. Synästhesie", schrieb Albert Jeanneret in der von seinem Bruder, Le Corbusier, begründeten Zeitschrift *L'Esprit nouveau.* „Das ist aufwühlend bis ins Gedärm."[22]

Das Gedärm aufzuwühlen, dieses Vorrecht konnte unter anderem Picasso für sich in Anspruch nehmen, der seine *Demoiselles d'Avignon* einmal „mein Exorzismus-Bild" genannt hatte.[23] Picassos ahnungsvolle, noch vor dem Ersten Weltkrieg eingeleitete Teufelsaustreibung stand der avantgardistischen Modernolatrie nahe, der Idolatrie alles dessen, was modern und neu war. Bei Kriegsende war die Moderne in Form der Amerikaner eingetroffen, die gleich einem Trojanischen Pferd den Keim des Jazz in sich trugen. Für die europäische *Modernolatrie* der Zwischenkriegszeit war daher Modernität von Amerikanismus auch nicht zu trennen. Edmund Wilson gehörte zu den ersten Amerikanern, die das bemerkten. In seiner Auseinandersetzung mit der „Ästhetischen Revolte in Frankreich: Paris unter dem Einfluss des Jazz oder die Amerikanisierung der französischen Kunst und Literatur" macht er auf die Ironie aufmerksam, die für seine Landsleute in Paris darin lag, entdecken zu müssen, „dass eben die Dinge, vor denen sie ins Ausland geflüchtet sind – Maschinen, Reklame, Aufzüge, Jazz – inzwischen für die Franzosen so faszinierend geworden sind, dass diese ihre eigenen Vorzüge ganz ohne Not dafür hergeben".[24] Wilson macht keinen Hehl daraus, dass er von dieser hemmungslosen Umarmung der Moderne nicht viel hält: „Unsere Wolkenkratzer mögen gigantisch sein, aber sie sind zumindest Manifestationen einer Kraft; unsere Vergnügen mögen vulgär sein, aber wenigstens strotzen sie nur so vor Vitalität. Deswegen auch nimmt sich der französische Dadaismus – eine grobe, fast schon infantile Bewegung – unsere Reklame mit ihrer wilden, aggressiven Aufmachung zum Vorbild für die Bild- und Textgestaltung seiner Manifeste und Traktate."[25]

Mag Wilson sich auch mit seiner Rückführung der Dada-Typografie auf die amerikanische Reklame irren, so sieht er doch mit Recht einen gewissen Widersinn am Werk, wenn die Europäer ganz bewusst versuchen, den Amerikanern in ihrer unbefangenen, ursprünglichen Natürlichkeit nachzueifern – und nichts verkörperte diese paradoxen Bedingungen in den Augen vieler Europäer besser als der Jazz. Ihre Fantasien über Spontaneität und naturwüchsiges Talent, das ohne Unterrichtung auskommt, zeigten außerdem deutliche Spuren von Negrophilie-Klischees. Dass Wilson, der ungeachtet der im Titel angekündigten Untersuchung des „Einflusses des Jazz" in seinem Essay nirgends auf diesen zu sprechen kommt, zeugt von einer bezeichnenden, in ganz Europa (und in geringerem Maße auch in Amerika) verbreiteten Lässigkeit im Umgang mit dem Begriff, denn „Jazz" stand mehr oder weniger für „Amerika", und das wiederum war gleichbedeutend mit „modern".

Dass für die Europäer alles Moderne aus Amerika kam, galt natürlich nicht erst seit der Ankunft des Jazz auf dem Kontinent. Hugo Ball notierte 1916 in seinem Tagebuch: „Was die Kunst vom Amerikanismus in ihre Prinzipien aufnehmen kann, darf sie nicht verschmähen; sie verbleibt sonst in einer sentimentalen Romantik."[26] Die Amerikaner waren Vorboten einer radikalen Wende und eigneten sich daher als Wahrzeichen der kulturellen Avantgarde, mit der die künstlerische Vorhut mühsam versuchte, Schritt zu halten. T. S. Eliot etwa tat sich in England zunächst nicht als Dichter, sondern als Vertreter des Amerikanismus in einem Oxforder College-Debattierclub 1914 hervor: „Ich wies darauf hin [...], wie viel sie der amerikanischen Kultur zu verdanken hatten, in der Dramatik (auch im Film), in der Musik, bei den Cocktails und im Tanz."[27] Verständlich, dass er später den

21 Michel Leiris, *Mannesalter*, Frankfurt am Main 1994 (Übersetzung in diesem Text: A.V.).

22 Susan C. Cook, *Opera for a New Republic: The Zeitopern of Krenek, Weill and Hindemith*, Rochester/NY 1987, S. 54.

23 Ernst H. Gombrich, *The Preference for the Primitive: Episodes in the History of Western Taste and Art*, London 2002, S. 217.

24 Edmund Wilson, „The Aesthetic Upheaval in France: The Influence of Jazz in Paris and the Americanization of French Literature and Art", in: *Vanity Fair*, Februar 1922, S. 49.

25 Ebd.

26 H. Ball, *Die Flucht aus der Zeit*, vgl. Anm. 18, S. 80.

Jazz wie eine Floskel benutzte, wenn er sich empfehlen wollte, und einem englischen Freund 1920 versicherte, er werde bei künftigen Besuchen „[zu einer Abendeinladung] eine Jazz-Banjorine mitbringen, keine Laute".[28] Im Kommentar von David Chinitz heißt es zutreffend: „Um 1920 überhaupt irgendetwas mit Jazz zu tun zu haben, das hieß nicht nur, sich an einem bestimmten Diskurs zu beteiligen, sondern bedeutete auch, Partei zu ergreifen in einem ideologischen Kampf um den Sinn und Wert der Moderne".[29]

Mit dem Jazz wurde die Musik *medial, übersinnlich,* wie das vom Surrealismus propagierte automatische Schreiben auf dem Wege von „Schlafanfällen". Demgegenüber glich der Jazz wohl eher einem „Wachanfall", in dem sich eine bislang unbekannte Erfahrungswirklichkeit musikalisch Bahn brach. Viele empfanden ihn jedenfalls als einen Weckruf („Der Jazz", erklärte der Komponist Auric schon 1920, „hat uns wachgerüttelt. Aber von jetzt an wollen wir nicht mehr hinhören"[30]), als Verpflegung kriegszerstörter Seelen (Antheil: „Die Negermusik erinnerte uns wenigstens daran, dass wir noch Körper hatten, die im Granatenhagel nicht zerfetzt worden waren"[31]) und als erquickende Begleiterscheinung in unbeschwerten Zeiten. Ramón Gómez de la Serna bezeichnet den Jazz als „modernes Parlament der Musik"[32] – Dokumentation und Gesetzgebung in einem für die Stimmung der Zeit. Unter dem Gesichtspunkt seiner gesellschaftlichen Zweckdienlichkeit war Jazz eine Übergangserscheinung, für die Avantgarde hingegen bot er einen Ausflug in eine veritable Gegenwelt, wie sich in der Gleichzeitigkeit von Man Rays Selbstporträt am Schlagzeug, einer Belgrader Zeitung mit dem Titel *Dada Jazz,* Alexander Rodtschenkos Jazzband-Montage mit Tänzern und Spirituosen und dem in Majakowskis Gedichtband *Darüber* (1923) auf einem Tablett mit Bowle servierten Kopf des Dichters zeigt.

Der Einfluss von Jazz auf die Komponisten klassischer Musik steigerte dann noch einmal die Bandbreite möglicher Reaktionen. Bohuslav Martinů, 1923 von Prag aus in Paris eingetroffen, befand, dass „die Entdeckung des Jazz in der Nachkriegszeit eines der bestimmenden Momente war, die den Sehnsüchten der Gegen-

27 T.S. Eliot, *The Letters of T.S. Eliot, Volume I, 1898–1922,* hg. von Valerie Eliot, San Diego 1988, S. 70.

28 Ebd., S. 357.

29 David Chinitz, „A Jazz-Banjorine, Not a Lute Eliot and Popular Music before The Waste Land", in: John Xiros Cooper (Hg.), *T. S. Eliot's Orchestra: Critical Essays on Poetry and Music,* New York 2000, S. 10.

30 Francis Steegmuller, *Cocteau: A Biography,* Boston 1970, S. 259.

31 George Antheil, „The Negro on the Spiral", in: Nancy Cunard (Hg.), *Negro: An Anthology,* London 1934, S. 218.

32 Ramón Gómez de la Serna, *Ismos,* Buenos Aires 1947, S. 187.

33 Bohuslav Martinů, *Le Raid merveilleux* (CD), Prag 2004.

wart Gestalt verliehen".[33] Milhauds *La création du monde* zielte ganz bewusst darauf ab, neue Kraft aus dem Eintauchen in den Primitivismus zu beziehen. Strawinskys Eskapaden in den Ragtime halfen ihm, sich aus der beinahe sklavischen Abhängigkeit von russischen Volksmusikmotiven zu lösen. Copland und Antheil erkennt man in ihrer „Bad-Boy-Phase" an den integrierten Jazzelementen in ihren Werken, wodurch sie dem Publikum das aufregende Gefühl vermittelten, eine geradezu rabiate Moderne habe sich Zugang zum Konzerthaus verschafft. Doch all das ist ja bereits bekannt: allzu bekannt vielleicht, als dass den vielen anderen Möglichkeiten des Jazz Gerechtigkeit widerfahren wäre. Denn während Jazz für manche Komponisten eine klar umrissene musikalische Herausforderung darstellte, war er für andere nicht im eigentlichen Sinne Musik. Dafür liefert etwa der Werdegang des Prager Komponisten Erwin Schulhoff, der seit 1919 in Deutschland lebte, ein anschauliches Beispiel. Schulhoff vertonte zunächst verschiedene dadaistische Werke, darunter die *Sonata Erotica*, ein fünfminütiger Orgasmus für eine weibliche Solostimme, und die *Wolkenpumpe* nach einem Gedicht von Hans Arp. Ab 1921 finden sich Jazzelemente in Werken wie der *Suite für Kammerorchester* (1921), im *Klavierkonzert* (1923), im Ballett *Die Mondsüchtige* (1925) und in seinen *Klavierskizzen für Jazz* (1927). „Ich habe eine unerhörte Leidenschaft zum mondänen Tanz und habe selber Zeiten, in welchen ich Nacht für Nacht mit Bar-Damen tanze (ich tanze alle überhaupt nur modernen Tänze, wie Foxtrott, Boston, Slingan, Passo doppio usw.) rein aus rhythmischer Begeisterung und sinnlichem Unterbewusstsein, dadurch habe ich in meinem Schaffen eine phänomenale Anregung, da ich in meinem Bewusstsein unglaublich irdisch bin, fast sogar tierisch!"[34]

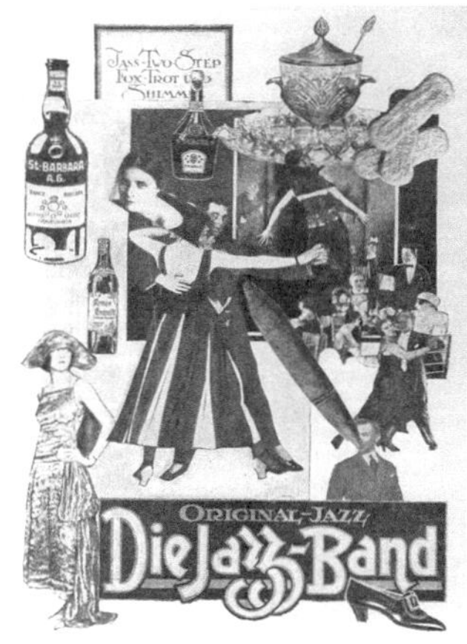

Alexander Rodchenko
Die Jazz-Band, 1923

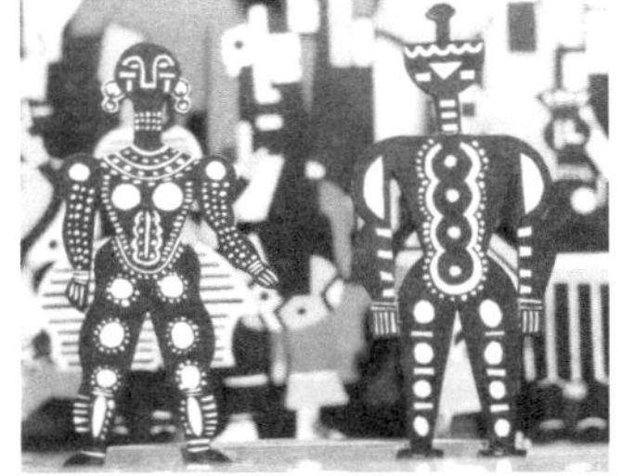

Fernand Léger
Figuren für | Figures for
La création du monde, 1923

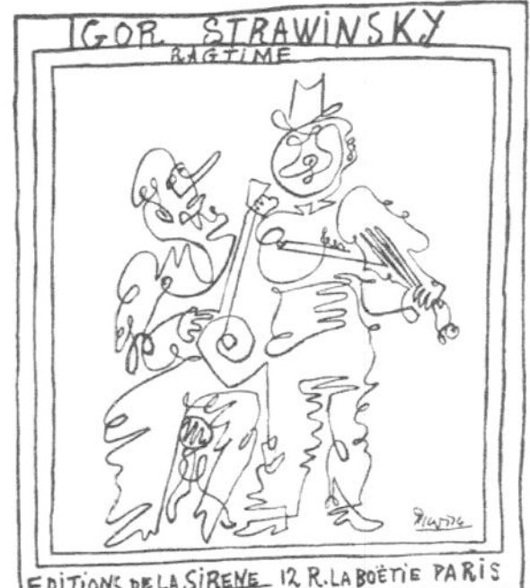

Pablo Picasso
Ragtime, Titel für die Partitur von | Cover design for score by Igor Stravinsky, 1919

Schulhoffs Interessen waren in ihrem nahtlosen Übergang von Dada zu Jazz charakteristisch für seine Zeit – und in seinem nahtlosen Übergang vom Jazz zum Neoklassizismus war er typisch für viele andere klassische Komponisten (Strawinsky, Casella, Hindemith, Martinů, Poulenc, Milhaud). Der Jazz markierte hier eine aus Initiationsriten bekannte Schwelle, die Komponisten erst überschritten haben mussten, *bevor* sie als Avantgarde durchgehen konnten. Dass solche Momente eine Form des Initiationsritus waren, wird an den Pariser Dadaisten deutlich, für die die Ablehnung des Jazz, „plus de jazz", auch einherging mit dem Ende des Dadaismus „Dada ist vorbei", wodurch Platz für den Surrealismus geschaffen wurde.

Nirgends trat die Verbindung zwischen Jazz und moderner Musik offensichtlicher zutage als in Paris. Am 15. Dezember 1921 wurde in der Salle des Agriculteurs unter der Leitung von Jean Wiéner Schönbergs *Pierrot lunaire* aufgeführt, als Teil eines Programms, zu dem Strawinskys *Ragtime*, Werke von Satie und Poulenc sowie ein „Blues" (amerikanischer Tanz) gehörte, für den Wiéner, ein begnadeter Pianist, die Tasten selbst zum *Swingen* brachte. Strawinsky war der am häufigsten aufgeführte Komponist in den insgesamt 22 „Concerts Wiéner" (1921–1925), gefolgt von Satie, aber auch den Mitgliedern von „les Six" boten sie immer wieder Gelegenheit, sich einer Öffentlichkeit zu präsentieren (insbesondere Milhaud, in dessen Begleitung Wiéner im Dezember 1923 nach Brüssel reiste, um einen Vortrag über „Neue Ressourcen in der Musik: Jazzband und Mechanische Instrumente" zu halten). Darbietungen von Schönberg, Webern und Berg wechselten sich in lockerer Folge mit Blues und Musik der französischen Schule ab. Auch Manuel de Falla, Sergej Prokofieff und Heitor Villa-Lobos kamen an diesen Programm-abenden zur Aufführung, wobei sich Stücke für Klavier solo, Gesang oder Kammermusik und Kompositionen für mittlere Instrumentalensembles wie Strawinskys *Symphonie für Windinstrumente* und *Concertino* oder Milhauds *Le boeuf sur le toit* in etwa die Waage hielten. Das kunterbunte, unbeschwerte Miteinander von Jazz und moderner Klassik war etwas typisch Europäisches. In den Vereinigten Staaten dagegen sah man in Gestalt der „Jazzerdämmerung“[35] eine Bedrohung für die seriöse Orchestermusik heraufziehen.

Noch bevor der Modernismus alle Lebensbereiche erfasst hatte, war der Jazz schon zu einem unverzichtbaren Bestandteil eines Gesamtgefüges geworden, das sich [schon bald] aus Wolkenkratzern und Kaugummi, Comics und Sportwagen zusammensetzte, der Gillette-Rasierklinge, dem Kurzhaarschnitt und dem Minirock, dem „Sexappeal“ genauso wie dem Kubismus und TSF. Dieses rätselhafte Akronym (die französische Abkürzung für *télégraphie sans fil*, drahtlose Telegrafie) taucht in den 1920er Jahren immer wieder, schnatternden Aviogrammen gleich, an den Rändern von Gedichten, Collagen und Gemälden auf. Jaroslav Seifert fügt sie 1925 sogar dem Titel seiner Gedichtsammlung bei: *Na vlnách TSF* (Auf der Frequenz von TSF). „TSF“ „Cocktail“ und „Jazz“ – so also lauten die ersten Beiträge zu einem als international gültige Stil-Währung geeigneten Esperanto. Der Imaginist F. S. Flint fragte sich in seiner Rezension der Londoner Aufführung von Saties *Parade*, was genau er da eigentlich gehört hatte: „Kubo-Futurismus? Gestalt gewordene *vers libre*? Plastik-Jazz? Eine ornamentale Groteske?“[36] Das Ringen um die treffenden Worte war keine Seltenheit unter denen, die das Geschehen der Zeit aufzuzeichnen versuchten. Im Cabaret Theatre Club in London wurden

34 Erwin Schulhoff in einem Brief an Alban Berg, in: Albrecht Riethmüller im CD-Booklet zu Erwin Schulhoff, *Hot Music / Suite dansante en jazz / Partita / Cinq études de jazz / Fünf Pittoresken.*

35 Oscar Thompson, „Jazz as Art Music, Piles Failure on Failure“ (*Musical America*, 13. Februar 1926), in: K. Koenig (Hg.), *Jazz in Print*, vgl. Anm. 3, S. 454.

36 Alan Young, *Dada and After: Extremist Modernism and English Literature*, Manchester 1981, S. 49.

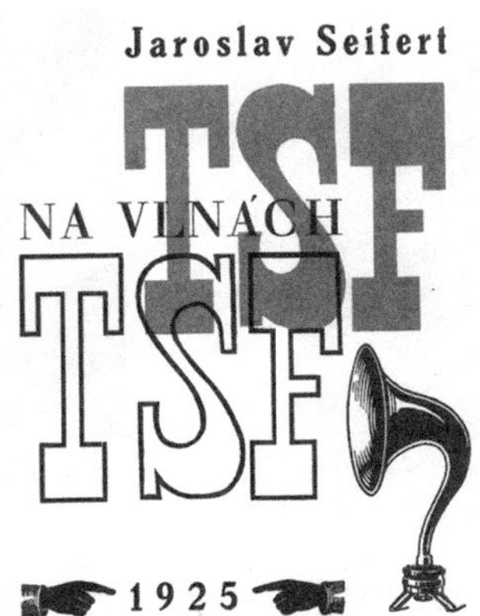

Jaroslav Seifert
Na vlnách TSF, Buchtitel | Book cover, 1925

1914 der Turkey Trot und Bunny Hug als „vortistische Tänze" bezeichnet. Osbert Sidwell verglich das Ambiente des Clubs mit einem „überhitzten vortistischen Garten aus wild gestikulierenden Figuren, die tanzten und durcheinander sprachen, während die primitiven Rhythmen des Ragtime durch den Saal hämmerten".[37] Mit dem Mangel begrifflicher Klarheit ringt auch ein Autor in *Life and Letters*, der erwähnenswert findet, dass „zeitgenössische Jazz-Songs im selben [BBC] Programm gespielt wurden wie [...] einige Gedichte aus der Lyriksammlung *Façade* von Edith Sitwell und William Walton".[38] Wobei sich zweifelsohne in Sitwells Gedichten, vom Dada inspirierten Fingerübungen in wortgewandtem Nonsens, und den ulkigen Liedtexten des frühen Jazz wie *There's a Wah-Wah Gal in Agua Caliente* etwas Gemeinsames, dieselbe Lebensfreude ausdrückt. Die Unschärfe des Begriffs Jazz ist auch daran abzulesen, dass ein Journalist ein Gemälde von Arnold Schönberg als „Jazzmalerei"[39] bezeichnen konnte.

Die anfänglich verschwommenen Grenzen zwischen Jazz und Dada gingen auch auf den Kubismus über, der sich in den 1920er Jahren zum führenden Modestil, gleichfalls in der Couture, entwickelte. Ein amerikanischer Radiomoderator pries den Jazz als „Beleg für eine neue Vitalität in der Musik, für den Kampf um eine neue Ausdrucksform, roh wie die Hieroglyphen des Kubismus, aber dennoch authentische Kunst"[40]. Armand Lanoux beschrieb den Charleston, der auch eine Rolle in Man Rays Film *Emak Bakia* spielt, als „kubistischen Tanz par excellence"[41]. Für die Verbreitung von kubistisch inspirierten Mustern auf Stoffen, Kleidung und in der Wohnungsausstattung steht der Name Sonia Delaunay, und es erscheint nur folgerichtig, dass ihr Sohn Charles Delaunay einer der wortführenden Pioniere der Hot-Jazz-Diskografie wurde.

Der Jazz durfte nirgends fehlen, wo Wert auf Gestaltung gelegt wurde. So auch nicht am Bauhaus. Schon allein aufgrund ihres Selbstanspruchs, Kunst und Design zu einer Einheit zusammenzuführen, blieb bei Schülern wie Lehrenden am Bauhaus keine kulturelle Zeiterscheinung unbeachtet. Einer Beschreibung von Oskar Schlemmer aus dem Jahr 1925 entnehmen wir, wie es am Bauhaus zuging: „Dadaismus, Zirkus, Varieté, Jazzband, Tempo, Kino, Amerika, Flugzeug, Auto.

37 William C. Wees, *Vorticism and the English Avant-Garde*, Toronto 1972, S. 49.

38 „Jazz" (*Life and Letters*, July 1928), in: K. Koenig (Hg.), *Jazz in Print*, vgl. Anm. 3, S. 538.

39 H. F. Osgood, *So This Is Jazz*, vgl. Anm. 5, S. 245.

40 Kingsley Welles, „Is the Popularity of Jazz Music Waning?" (*Radio Broadcasting*, Dezember 1925), in: K. Koenig (Hg.), *Jazz in Print*, vgl. Anm. 3, S. 440.

41 Armand Lanoux, *Paris 1925*, Köln 1959 (Übersetzung in diesem Text: A.V.).

Das ist die aktuelle Vorstellungswelt hier."[42] „Das Nachtleben ist am Bauhaus genauso wichtig wie das, was tagsüber geschieht", berichtet ein Student aus Ungarn. „Tanzen muss man schon können" – und Tanzen, das heißt: „Jazzband, Akkordeon, Xylophon, Saxophon, Bombastik, Revolver."[43] Noch fünf Jahre später schwingt der Jazz sein Zepter: „Man ist entweder kühl und sachlich-zerebral oder ganz einfach unsublimiert geschlechtlich. Man betet DIN-Formate an (Deutsche Industrienormen) oder läßt sich auf der Grammophonplatte die schmalzige Wollust amerikanischer Jazzbandschlager vorheulen."[44] Vor Antritt seiner Bauhausprofessur hatte László Moholy-Nagy an einem Filmexposé zur „Dynamik der Großstadt: Skizze zu einem Film" (1921/22) gearbeitet. In seinem Skript ist bereits das gesamte Motivarsenal der modernen Großstadt enthalten: der Verkehrsstau, die Fabrikarbeit, ein Fußballspiel, der Stabhochsprung, der Tanz sowie Regieanweisungen, die das Ende des Stummfilms ankünden: Radioantennen auf Hausdächern und eine „Jazzband, *mit dem dazugehörigen Klang*".[45]

Zeitgleich mit der Gründung des Bauhauses veröffentlichte eine Prager Künstlergruppe die *Revolutionäre Anthologie des Devetsil*, in der Beiträge über die verschiedensten möglichen Aspekte des modernen Lebens versammelt waren. In Tschechien – wie auch sonst in Europa – galt Charlie Chaplin (Charlot) als Verkörperung der Moderne. Seine akrobatische Körperbeherrschung erschien dort wie die Fortführung des Jazz mit anderen Mitteln. Die Künstlergruppierung *Devetsil* sah im Jazz also kein rein musikalisches Phänomen, sondern die praktische Grundlage für moderne Tänze und andere Akrobatik, „die Freuden des elektrischen Jahrhunderts", wie Artuš Černík das nannte. Seine Begeisterung vermittelt sich selbst dann, wenn man kein Wort Tschechisch versteht: „A preče: bar! Bar, místo moderních tanců: shimmy, onesteppu, two-steppu, bostonu, foxtrottu, moderní hudby, jazz-bandu."[46] Emil František Burian (ein Prager Musiker und Regisseur, der der Gruppierung angehörte)

42 Oskar Schlemmer, *Briefe und Tagebücher*, hg. von Tut Schlemmer, München 1958, S. 191. Auf den Jazz ließe sich auch Schlemmers Charakterisierung des Bauhauses als „Seismograph der internationalen Kunstwelt" anwenden.

43 Farkas Molnár, „Life at the Bauhaus" (*Periszkóp*, Juni–Juli 1925), in: Timothy O. Benson und Éva Forgács (Hg.), *Between Worlds. A Sourcebook of Central European Avant-Gardes, 1919–1930*, Cambridge/MA 2002, S. 464.

44 Ernö [Ernst] Kállai, „Zehn Jahre Bauhaus", in: *Die Weltbühne*, 21. Januar 1930.

45 László Moholy-Nagy, „Dynamics of a Metropolis: A Film Sketch", in: Richard Kostelanetz (Hg.), *Moholy-Nagy*, New York 1970, S. 121.

46 Artuš Černík, „Radosti Elektrického Století", in: Jaroslav Seifert und Karel Teige (Hg.), *Revolucní Sborník Devetsil*, Prag 1922, S. 141.

47 Emil František Burian, *Nejen o Hubde. Texty 1925–1938*, hg. von Jaromír Paclt, Prag 1981, S. 161.
48 *ReD*, Jg. 3, Nr. 5, 1930, S. 130–131.
49 Juliette Roche, „Etat ... Colloidal ...", in: *Demi Cercle*, Paris 1920, unpaginiert.
50 Fillia, „Sensualità meccanica", in: Zbigniew Folejewski, *Futurism and its Place in the Development of Modern Poetry: A Comparative Study and an Anthology*, Ottawa 1980, S. 178.

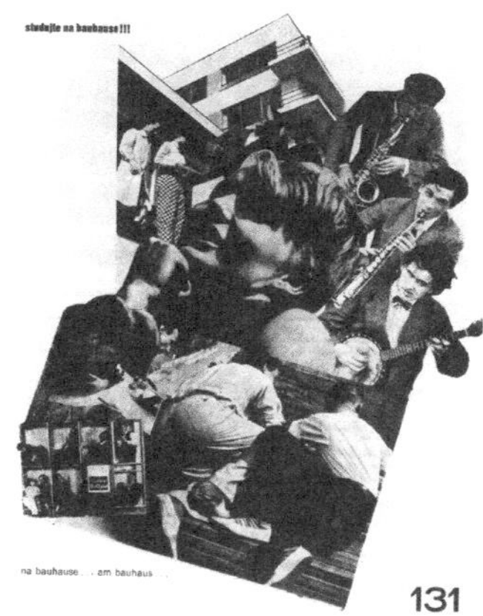

Anonym | Anonymous
Studijte na Bauhause!, Fotomontage für | Photomontage for *ReD*, Nr. 5, 1930

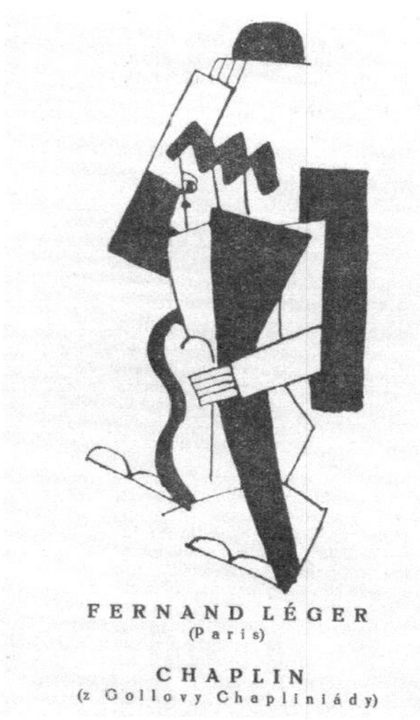

Fernand Léger
Chaplin, Illustration für | for *Revolucní Sbornkík Devetsil*, 1922

erkannte: „Jazz, das ist mehr als eine Musikrichtung. Es bedeutet, in der Gegenwart zu leben und das zu genießen. Es heißt tanzen, Groschenromane lesen und ins Kino gehen. Jazz ist ein Lebensstil."[47] Mit diesem Lebensstil lockt auch eine Anzeige in der tschechischen Zeitschrift *ReD* aus dem Jahr 1930 in Gestalt einer Fotomontage, auf der eine Bauhaus-Jazzband mit der Aufforderung in Fettdruck versehen ist: „junge menschen aller länder, kommt ans bauhaus!"[48]

In den Schilderungen des modernen Lebens aus der Feder europäischer Dichter finden sich weit häufiger als bei ihren amerikanischen Kollegen Anspielungen auf Tänze, Jazzmusik und Bars. Juliette Roche, die das Kriegsende mit ihrem Ehemann Albert Gleizes in New York abwartete, fängt die euphorische Stimmung der frühen Jazz-Ära treffend ein: „Holzblasinstrumente in den Jazzbands/die Gin-Fizze/die Ragtimes/und die Wortwechsel/da ist alles möglich".[49] In seinem Gedicht *Mechanische Sinnlichkeit* beschreibt der italienische Futurist Fillia die „mehrdimensionalen [...] taktilen visuellen olfaktorischen Überwahrnehmungen"[50] in einer Bar und unternimmt den lautlichen Nachahmungsversuch eines Jazz-Ensembles:

ta ta km barambarà
ta ta km barambarà

sssssss (Jazz-Band)
barambarà
AAAAAHH !

la pum barambarà
LA PUM BARAMBARA

„Eine gloriose Zukunft" malte sich der Berliner Dadaist und Kabarettist Walter Mehring aus für die „kommende Dichtung: das internationale Sprachkunstwerk, der Sprachen-‚Rag-time'!"[51] Immer wieder taucht das Wort Jazz auf dadaistischen Plakaten in typografischer Gestaltung auf, so auf der Ankündigung für einen Dada-Ball im Jahre 1920, in der das A in Wörtern wie jAzz, bAnd und dAdA herumpurzelt. In Mexiko übernimmt die Estridentismo-Bewegung die europäische Insigniensammlung der Moderne und verkündet im publizistischen Organ der Bewegung, der Zeitschrift *Irradiador*: die „algebraische Schematisierung. Jazzband, Petroleum, New York. Die ganze Stadt knistert unter der Spannung der Antennen einer eigentümlichen Radiostation".[52] Das in der belgischen Zeitschrift *Manomètre* veröffentlichte Gedicht „T.S.F." des Estridentisten Manuel Maples Arce beschwört die Mysterien der drahtlosen Telegrafie, unter anderem die Übertragung eines Jazzkonzerts aus großer Ferne: „Herz / merke auf, von weither, es ist / eine Jazzband / aus New York".[53] Das Whitman verherrlichende Gedicht *L'Homme cosmogonique* von Nicolas Beauduin wurde in allen führenden avantgardistischen Zeitschriften abgedruckt. Auch er kommt nicht ohne die Erwähnung der obligatorischen „JAZZ-BAND"[54]

51 Walter Mehring, *Das Ketzerbrevier. Ein Kabarettprogramm*, München 1921, S. 31. Das *Scatting* im Jazz [ein improvisiertes Singen von rhythmisch und melodisch aneinandergereihten Silbenfolgen ohne Wortbedeutung und ohne zusammenhängenden Sinn] hat in vieler Hinsicht Ähnlichkeit mit den dadaistischen Lautgedichten, vor allem bei Louis Armstrong.

52 Luis Mario Schneider, *El Estridentismo o una Literatura de la Estrategia*, Mexico-Stadt 1997, S. 283 (Übersetzung aus dem Englischen: A.V.).

53 Manuel Maples Arce, „T.S.F.", in: *Manomètre* 4, August 1923, S. 68 (Übersetzung aus dem Englischen: A.V.).

54 Nicolas Beauduin, *L'Homme Cosmogonique*, Paris 1922, S. 74 (Übersetzung: A.V.).

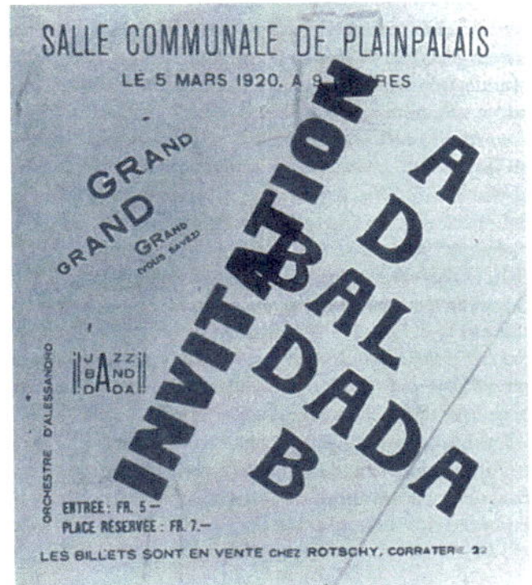

Christian Schad
Grand Ball Dada, Werbeplakat | Advertising poster, 1920

– ergänzt um das Wort *frénétique* – aus, die mit ihrem Klanggewitter die Music-Hall aus ihrer trunkenen Atmosphäre aufschreckt (ein Leitmotiv der zeitgenössischen Lyrik):

> Die Luft elektrisch aufgeladen
> so stark, so dicht, dass die Music-Halls
> in den Delirien, im Rausch, ganz unvermittelt
> zu Heizkesseln von explosiver Freude werden
> und überkochend Löcher in den wilden Abend reißen.

In Marinettis Überblick über den weltweiten Futurismus von 1924 ragt Beauduin als einzig wahrer Jazzpoet heraus: „Sänger einer Jazzband-Attacke und des internationalen Grand Express".[55]

In den Manifesten der Avantgarde-Bewegungen finden sich Hinweise auf den Jazz beinahe so routinemäßig wie heutzutage Graffitis auf Plakatflächen: „America lock skyscrapers wide-mind SELF-SHIP [...] Jazz band Zenithist music. Thirty-six soda-bottles—Bruit."[56] In Barcelona veröffentlichte Salvador Dalí gemeinsam mit zwei Kunstkritikern das „Gelbe Manifest" (das Katalanische Anti-Kunst Manifest), in dem ein Loblied auf den Sport, auf Kinos, schnelle Fortbewegung, moderne Erfindungen wie des Phonographen und, wen wundert's, „die populäre Musik von heute" gesungen wird: „Jazz und der moderne Tanz".[57] In der rumänischen Zeitschrift *75 HP* (*75 PS*) verfasste der Herausgeber anstelle eines Manifests ein Aviogramm in roten und schwarzen Lettern:

> DAS KONZERT DES JAHRHUNDERTS BEGINNT WIE FENSTER
> AUFZUGKLINGELN ZWISCHEN-BANK CLOWN-ARTIG JAZZ
> HORN
> FES
> DES
> FES
> IN
> PYJAMAS
> FUSSBALL[58]

Ilarie Voronca
Aviogramm (75HP), 1924

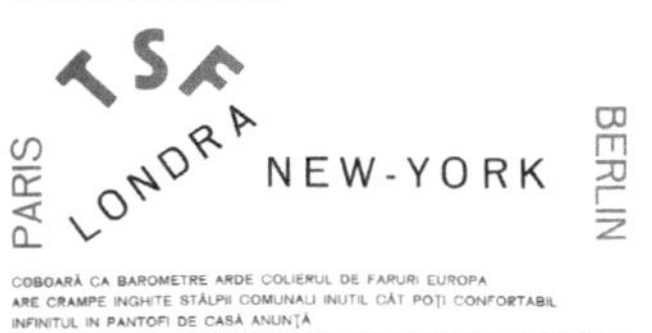

Voronca stellt sich vor, dass die Wörter „durch den Faubourg rennen und sich selbst in den Jazz schwindelerregender Sätze kleiden"[59], eine frühe Vorwegname von Jack Kerouacs Begeisterung für „bop prosody" (spontane Prosa). Hugo Ball wollte noch einen Schritt weiter gehen als Marinetti mit seinen „parole in libertà" (Worten in Freiheit): „Wir suchten der isolierten Vokabel die Fülle einer Beschwörung, die Glut eines Gestirns zu verleihen."[60] Diese Verheißung der Freiheit verbindet den *logos* des Dada und die bruitistische Bejahung des Jazz. Im assoziativen Vorbeimarsch bahnt sich der Jazz einen Weg, um urplötzlich in die tiefsten Ebenen unseres Bewusstseins vorzudringen.

In der wetterwendischen Kurzschrift, die die europäischen Avantgarde-Gruppierungen für ihre Positionsbestimmung verwendeten, wurde die Gegenwart in einer Mélange aus „primitivistischer" Kräfteerneuerung und futuristischen Hoffnungen verherrlicht (oder auch schon einmal angeklagt): Und Josephine Baker galt vielen als ideale Verkörperung dieser Mischung von Ultramodernem und Archaischem. Auch das Paradox eines Großstadt-Dschungels entstand im Zeichen des Jazz, mit der dazugehörigen „Psychophysiologie", wie im polnischen Manifest der Integralisten (1925) näher erläutert: „Wir leben ganz entschieden im Zeichen der Städte. Filter-Intelligenz, Überraschungs-Klarheit. Rhythmus-Geschwindigkeit. Simultane Bälle – Das Konzert der Atmosphären – Millionen von Saxophonen, Telegrafennerven vom Äquator bis zu den Polen – Blitze [...] Neue Psycho-Physiologien wachsen heran."[61] Der Inte-

55 F. T. Marinetti, „Le Futurisme Mondial" (*Le Futurisme* 9, 11. Januar 1924), in: Luciano Caruso (Hg.), *Manifesti e Documenti Teorici del Futurismo 1909–1944*, Mailand 1980, unpaginiert (Übersetzung aus dem Englischen: A.V.).

56 Ljubomir Micić, „Shimmy at the Latin Quarter Graveyard" (*Zenit*, Jg. 2, Nr. 12, März 1922), in: T. O. Benson und É. Forgács (Hg.), *Between Worlds*, vgl. Anm. 43, S. 508.

57 Salvador Dalí, *Collected Writings*, hg. von Haim Finkelstein, Cambridge/MA 1998, S. 61.

58 Ilarie Voronca, „Untitled Statement" (*75 HP*, Oktober 1924), in: T. O. Benson und É. Forgács (Hg.), *Between Worlds*, vgl. Anm. 43, S. 537.

59 Ebd.

60 H. Ball, *Die Flucht aus der Zeit*, vgl. Anm. 18, S. 102.

61 „Man" (*Integral* 1, 1. März 1925, in: T. O. Benson und É. Forgács (Hg.), *Between Worlds*, vgl. Anm. 43, S. 554.

gralismus wollte, wie der Name bereits sagt, unter Rückgriff auf den Dada-Anarchismus und die utopischen Entwürfe des Konstruktivismus nicht nur alle Kunstrichtungen, sondern alle Lebensweisen zu einer Einheit zusammenführen: „Lyrik, Musik, Architektur, Malerei, Tanz, alle treten gemeinsam, um zu sicherer, erhabener Größe heranzuwachsen".[62] Den musikalischen Beitrag hat vermutlich der Jazz zu leisten (im Prager Poetismus herrscht daran gar kein Zweifel: „Poesie zum HÖREN: Musik aus Lärm, Jazz, Radiogenik").[63]

Angesichts der begrifflichen und gelegentlich auch lebenspraktischen Überschneidung zwischen dem Jazz und den künstlerischen Avantgardebewegungen überrascht es nicht, dass dies auch Spuren in den europäischen Schriften zum Jazz aus den 1920er Jahren hinterlassen hat. Einige der frühesten Veröffentlichungen zum Thema stammen aus Deutschland: *Jazz und Shimmy* von F. W. Koebner (1921), *Das neue Jazzbuch* von Alfred Baresel (1925) und *Jazz, eine musikalische Zeitfrage* von Paul Bernhard (1927). Titel aus anderen Ländern lauten *Le Jazz* von André Coeuroy und André Schaeffner (1926), *Jazz* von Emil František Burian (1928) oder *Jazz Band* von Bragaglia (1929). Aus dem Jahr 1927 liegt überdies mit *Jazz* ein spannender Roman aus der Feder von Hans Janowitz vor, einem Autor, der in Prag studiert hatte, mit Kafka, Max Brod und Karl Kraus verkehrte und das Drehbuch für *Das Cabinett des Dr. Caligari* geschrieben hatte.[64] Manche Autoren standen selbst mit den Avantgarde-Gruppen in Verbindung. Coeuroy und Schaeffner in Paris, Baresel und Bernard in Deutschland hatten Kontakte zur Neuen Musik (Milhaud, Strawinsky, Hindemith usw.). Burian war aktives Mitglied der Prager Avantgarde. Und Bragaglias Buch ist insofern ganz explizit der Avantgarde zuzurechnen, als der Verfasser ein Pionier der futuristischen Fotografie und Verfasser von *Fotodinamismo Futurista* (1911), einem der wichtigsten Manifeste dieser Bewegung, war. Bragaglia führte ein dem Jazz eng verwandtes Synkopierungsverfahren in die Fotografie ein. Wenn er diesem auch viel zu verdanken hatte, so erkannte Bragaglia schon Ende der 1920er Jahre, dass der Jazz seine besten Zeiten hinter sich hatte und „schon bei uns Zeitgenossen wehmütige Sehnsucht hinterlässt".[65]

Reste dieser Verbindung des Jazz zum Modernismus blieben (wenn auch lange latent) selbst in den kommenden Jahrzehnten noch über die Veränderungen des Jazz und ihre Kommentierung durch Forschung und Musikkritik hinweg erhalten.

62 Ilarie Voronca, „Surrealism and Integralism" (*Integral* 1, 1. März 1925), in: T. O. Benson und É. Forgács (Hg.), *Between Worlds*, vgl. Anm. 43, S. 556.

63 Karel Teige, „Poetism Manifesto" (*ReD*, Jg. 1, Nr. 9, 1928) in: T. O. Benson und É. Forgács (Hg.), *Between Worlds*, vgl. Anm. 43, S. 600.

64 Mit Berufung auf den Jazz fordert Janowitz für sich das Recht auf Befreiung von den Gesetzen des herkömmlichen Romans: „Ein Jazz-Roman hat das Recht, mitten in der Wiederholung eines Motivs leise auszuklingen und einfach zu Ende zu sein. Dieses unveräußerliche Recht in dem ersten Jazz-Roman zu wahren, der nach den Gesetzen der Jazzmusik entstanden ist, muß mir selbstverständlich gestattet sein." In: *Jazz*, Berlin 1927, S. 160.

65 Bragaglia, *Jazz Band*, Mailand 1929, S. 9 (Übersetzung aus dem Englischen: A.V.).

66 Ralph Ellison, *Shadow and Act*, New York 1964, S. 206.

67 R. Goffin, *From the Congo to the Metropolitan*, vgl. Anm. 6, S. 5.

68 Francis Newton [Eric Hobsbawm], *The Jazz Scene*, Boston 1960, S. 244.

Der afro-amerikanische Autor Ralph Ellison erläutert die Bedeutung von Mintons Playhouse für die Bebop-Revolution mit den Worten, es habe „für den modernen Jazz dieselbe Rolle gespielt wie das Café Voltaire in Zürich für den Dadaismus in Kunst und Literatur".[66] Als Robert Goffin den Jazz als „erste Form des Surrealismus" bezeichnet hatte, konnte er eine ganze Phalanx von Schriftstellern und Malern anführen (darunter Cendrars, Apollinaire, Joyce, de Chirico, Magritte, Ernst und Dalí), um zu belegen, dass Jazzmusiker und die künstlerische Avantgarde gleichermaßen danach strebten, den „spontanen Bekundungen des Unbewussten freies Spiel" zu gewähren.[67] Die Offenheit des Europäers für den Jazz erklärt sich Eric Hobsbawm damit, dass dieser „den Vorteil hatte, sich problemlos in die Denkmuster der intellektuellen Avantgarde einzufügen, der Dadaisten und Surrealisten, der Großstadtromantiker, der Anbeter des Maschinenzeitalters, der Expressionisten und anderer mehr".[68] Wie Hobsbawm erkennt, lag dem mehr zugrunde als ein bloßes Analogieverhältnis. In

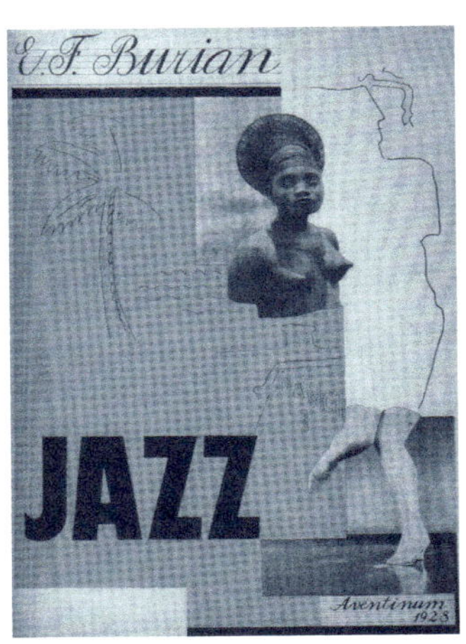

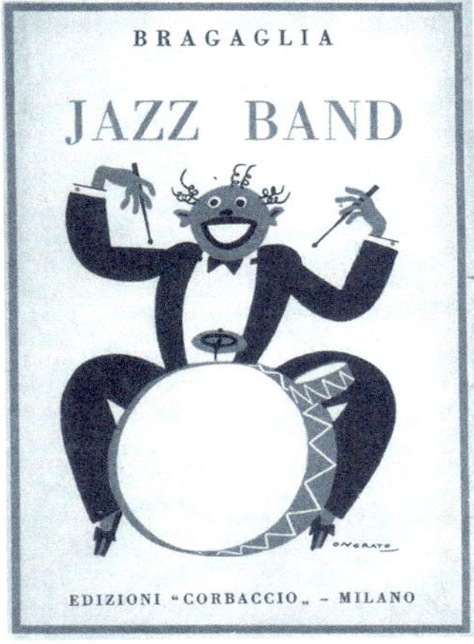

Emil František Burian
Jazz, Buchtitel | Book cover, 1928

Bragaglia
Jazz Band, Buchtitel | Book cover, 1929

der Tat kann man sagen, dass die größten Unterschiede zwischen Europäern und Amerikanern in ihren Reaktionen auf den Jazz (abgesehen einmal von der historischen Tatsache, dass Jazz von rassistisch verunglimpften Amerikanern stammte) darauf zurückzuführen sind, dass bei Ankunft des Jazz die modernistische Avantgarde in ganz Europa eine wichtige Rolle spielte, während sie in den Vereinigten Staaten so gut wie bedeutungslos gewesen war. Der Hinweis auf die Rolle der europäischen Avantgarde für den Erfolg des Jazz ist wichtig – denn in den Augen des konservativen Establishments galt der Jazz, wie in Amerika, als abstoßendes Zeugnis des kulturellen Verfalls: „Für uns bedeutet der Jazz: Auflehnung dumpfer Völkerinstinkte gegen eine Musik ohne Rhythmus. Abbild der Zeit: Chaos, Maschine, Lärm."[69]

Nach 1930 veränderte sich die politische Situation, und die für den Futurismus, Surrealismus, Konstruktivismus und sogar für Dada charakteristischen utopischen Energien ließen sich nicht länger aufrechterhalten. Der Jazz, weltweit gleichgesetzt mit Lebensfreude und guten Zeiten, verschwand zwar bekanntlich in den 1930er Jahren nicht von der Bildfläche, aber seine Zeit als Symbol des Modernismus war doch entschieden vorbei. Clive Bells war in seiner Schmährede gegen den Jazz (als Modernisten-Masche) noch verfrüht davon ausgegangen, dieser Modeerscheinung werde nur ein kurzes Leben beschieden sein. Aber als Ramón Gómez de la Serna dem Jazz 1931 in Madrid ein ganzes Buch, *Ismos*, widmete, konnte er durchaus mit Berechtigung, den „Jazzbandismo" in einem Atemzug mit dem „Apollinerismo", „Picassismo", „Futurismo", „Negrismo", „Klaxismo", „Simultaneismo", „Charlotismo", „Dadaismo" und „Suprarealismo" nennen. In hellsichtiger Vorausahnung formulierte Gómez de la Serna, der *Jazzbandismus* habe der Gegenwart ein überzeugendes Bild von der Apokalypse geliefert, von einer Welt, in der die Toten im karnevalesken Bild des Jazz Wiederauferstehung feierten[70]: eine typisch spanische Vision (die an García Lorca's Begeisterung für „alles, was dunkel klingt"[71] erinnert). Wie auch immer die Sache enden mag – das Bild vom Jazz, der, ein Gefolge anderer „*ismen*" hinter sich herziehend, in den Kessel des europäischen Schicksals im 20. Jahrhundert taumelt, war ganz sicher zutreffend. Noch spürbarer wurde dieses Schicksal womöglich im Deutschland der Zwischenkriegszeit vor Ankunft der afro-amerikanischen Jazzbands, wo der „Jazz" noch, wie von Alice Gerstel in *Der Aktion* vorgeführt, als „diagnostisches Stilett" diente: „Denn hier, hier in Stimmung und Jazzmusik, entfaltet sich die letzte Produktivität dieser sterilen Zeit: die Genialität der Eklektik, das Barmixertum der Seelen, die Hemmungslosigkeit, die Durcheinanderwürfelung und Verschmelzung der Komplexe, die Raserei des Marionettenhaften, die Leidenschaft der zum Tode Verurteilten, die noch einen blauen und singenden Hering essen möchten."[72]

„Ob man nun den Futurismus, Kubismus, Imagismus oder Surrealismus betrachtet", schreibt Geoffrey Jacques, „die modernistische Kultur steckt randvoll mit Jazzzitaten und Jazzgefühlen, woran man sieht, dass der Jazz mehr war als nur eine flüchtige Modeerscheinung oder ein ‚Fimmel', wie ein zur damaligen Zeit beliebter Ausdruck lautet. Aber Jazz war nicht nur moderne Kunst, sondern Modernismus mit dem gewissen Etwas."[73] Dieses gewisse Extra zu erkunden würde den Rahmen dieses Essays sprengen – und ist im Übrigen auch schon getan worden: In einem Buch mit dem verblüffend spät gewählten, weil naheliegendsten aller Titel *Jazz Modernism*, halb wissenschaftliche Studie, halb Anekdotensammlung. Sein Autor, Alfred Appels jr., versteht es, Armstrong und Ellington im Schulterschluss mit Matisse und Joyce zu schildern. Dass sich Gattungsgrenzen im Laufe eines knappen Jahrhunderts auch im Pantheon verwischen, ist nur natürlich. Was also spricht dagegen, Duke und Pops in den Rang von exemplarischen Modernisten zu erheben? Es gab aber Zeiten, besonders in den 1920er Jahren in Europa, da war das anders. Da dachte man bei „Jazz" noch nicht an bestimmte Namen, sondern an eine Zeit, einen Ort, eine Stimmung:

Augen taumeln in Absinth
Nebelhorn
Schiffshupen
Saxophon[74]

69 Jost Hermand und Frank Trommler, *Die Kultur der Weimarer Republik*, München 1978, S. 314.

70 R. G. de la Serna, *Ismos*, vgl. Anm. 32, S. 191.

71 Federico García Lorca, „Play and Theory of the Duende", in: *Deep Song and Other Prose*, hg. von Christopher Maurer, New York 1980, S. 43.

72 Alice Gerstel, „Jazz-Band", in: *Die Aktion*, Nr. 5/6, 4. Februar 1922, S. 90.

73 Geoffrey Jacques, „Listening to Jazz", in: Rachel Rubin und Jeffrey Melnick (Hg.), *American Popular Music*, Amherst/MA 2001, S. 75.

74 Vítezslav Nezval, „Diabolo: A Poem of the Night", in: ders., *Antilyrik & Other Poems*, Los Angeles 2001, S. 106.

Jed Rasula

Jazz and Modernism

Reflections on a "Zeitfrage"

In 1913 the *San Francisco Bulletin* reported the appearance of "jazz," a "futurist word which has just joined the language."[1] It is unclear whether the reference is to Italian futurism (futurist painting would not be seen in San Francisco until 1915), but the word at that point was vaguely modernist, not specifically musical. In 1917 Walter Kingsley, evoking the sensation of jazz, urged his readers to "Imagine Walter Pater, Swinburne and Borodin swaying to the same pulses that rule the moonlit music on the banks of African rivers." As he went on to explain, "The laws that govern jazz rule in the rhythms of great original prose, verse that sings itself, and opera of ultra modernity."[2] The varieties of "ultra modernity" would vary in subsequent years. Sigmund Spaeth characterized the "jazzmania" of the late 1920s as "the habit of thinking and acting in distorted terms; a manner of life consistently at war with conservative tradition," manifesting itself across the social spectrum. So "Our murders, our trials, our welcomes to Channel swimmers and transatlantic flyers," along with all the arts and "even our ethics and religion, have all fallen into the idiom of jazz."[3] Before the Jazz Age had reached the cruising altitude of Jazzmania, however, species of ultra modernity were called upon for comparison. A German commentator after the Great War welcomed jazz as a "musical revelation, a religion, a philosophy of the world, just like Expressionism and Impressionism."[4] In the first American book about jazz, Henry Osgood informed readers that "The ferment which produced the innovations in the other arts which we call 'jazzy' were at work in Europe long before its influence was felt here. Germany had her Sandburgs and Steins before we did."[5] Robert Goffin regarded jazz as "the first form of surrealism," informing French readers that "What Breton and Aragon did for poetry in 1920, Chirico and Ernst for painting, had been instinctively accomplished as early as 1910 by humble Negro musicians."[6]

The terms *modernity* and *modernism* came into focus just about the time that jazz emerged as one among many instances of what these terms might mean. Fred Lewis Pattee gave the title *Tradition and Jazz* (1925) to his collection of literary criticism on such topics as "The Old Professor of English: An Autopsy." In this context, jazz meant defiance of the *passé*. Consider, by contrast, this evocation of "*an art of living and enjoying*": it is "nonchalant, fantastic, playful, nonheroic, and erotic"; "Nothing but joy, magic, and everybody's optimistic faith in the beauty of life. Nothing but the immediate data of sensibility. Nothing but the art of wasting time. Nothing but the melody of the heart. The culture of miraculous enchantment." What is this "sweetness of artificiality and spontaneity of feelings" that "calls for the free mind of a juggler of ideas"? Much as it sounds like other celebrations of jazz in the 1920s, what's being extolled here by Karel Teige is his program for Poetism, "the art of living in the most beautiful sense of the word, a modern Epicureanism"—but, he stresses, "Poetism is *not an art*, that is, art in its current romantic sense of the word." Rather, it has the potential to "*liquidate existing art categories*," Teige declares, because Poetism not only has film at its disposal, but also "avionics, radio, technical, optical, and auditory inventions (optophonetics), sport, dance, circus and music hall, places of perpetual improvisation." *Improvisation* is the major lesson, and "Clowns and Dadaists taught us this aesthetic skepticism."[7] Teige's list of contributing elements is itself an improvisa-

1 Richard Sudhalter, *Lost Chords: White Musicians and their Contribution to Jazz, 1915–1945* (New York 1999), 8.

2 Robert Walser, ed., *Keeping Time: Readings in Jazz History* (New York 1999), 7.

3 Sigmund Spaeth, "Jazzmania" (*North American Review*, May 1928), in Karl Koenig, ed., *Jazz in Print (1856–1929): An Anthology of Selected Early Readings in Jazz History* (Hillsdale/NY 2002), 533.

4 S. Frederick Starr, *Red and Hot: The Fate of Jazz in the Soviet Union, 1917–1991* (New York 1983), 12.

5 Henry O. Osgood, *So This is Jazz* (Boston 1926), 245.

6 Robert Goffin, *Jazz from the Congo to the Metropolitan* (New York 1944), 3; Robert Walser, *Keeping Time* (note 2), 86.

7 Karel Teige, "Poetism" (*Host*, vol. 3, no. 9/10, July 1924), in Timothy O. Benson and Éva Forgács, eds., *Between Worlds: A Sourcebook of Central European Avant-Gardes, 1910–1930* (Cambridge/MA 2002), 581.

8 Stephen Bann, ed., *The Tradition of Constructivism* (New York 1974), xxv.

9 Mark Antliff and Patricia Leighten, *Cubism and Culture* (New York 2001), 25.

10 Bernard Gendron, *Between Montmartre and the Mudd Club: Popular Music and the Avant-Garde* (Chicago 2002), 112.

11 In 1920, long before F. Scott Fitzgerald broke the champagne of his prose over the official hull of *The Jazz Age*, Clive Bell had conflated modernism in all the arts with jazz. Eliot and Stravinsky were Bell's exemplars of jazz poetry and music composition, and he professed some admiration for Woolf, Cocteau, and Cendrars; but he was dismissive of Joyce, who "rags the literary instrument" with "talents which though genuine are moderate only" (*Since Cezanne* [New York 1928], 224). Dismissive of immediate gratification and sensationalism, Bell seized on the term "jazz" to signify any cultural phenomenon that was superficially exciting but

tional variation on what was (in 1924) an ensemble of modern enchantments consistently cited in vanguard declarations across Europe. Jazz and Charlie Chaplin were routinely mentioned, along with sports, dancing, music hall and circus, those "places of perpetual improvisation" valued precisely for the fact that they were unpretentious and, above all, *not art*.

With its programmatic defiance of official culture, the avant-garde helped prepare this reception of jazz before it arrived in Europe. Italian futurism, the prototype of avant-garde movements in the early twentieth century, was inaugurated in 1909 as an assault against cultural conservatism, attacking officious institutional efforts to insulate art from modernity. Marinetti's polemical strategies closely resembled (and to some extent preceded) the entrepreneurial outlook of mass media moguls: keep the product before the public eye (bad press being better than none). The anti-art posture of Dada, benefiting from Marinetti's precedent as vanguard impresario, enabled such venues as Cabaret Voltaire in Zurich to combine shock with entertainment, a decisive precursor to the appearance of jazz a few years later. In the early USSR the anti-art position became an ideological repudiation of bourgeois values, and the art-for-life insistence of constructivism spread far beyond the Soviet Union, validating a more general sense that modernity could result in a unified practice of daily life—"to consolidate a common front against 'the tyranny of the individual' in art."[8]

The enthusiasm with which jazz was received in Europe can be precisely correlated to the passion for primitivism fueling the avant-garde from cubism through surrealism. Reflecting on the cubist absorption in tribal relics in 1908, Gelett Burgess pondered the consequence: "Men had painted and carved grim and obscene things when the world was young. Was this revival a sign of some second childhood of the race, or a true rebirth of art?"[9] Wartime slaughter, just a few years later, meant that obscenity could no longer be relegated to a distant past; and by that point the fertilization of the arts by primitivism was well underway. For Blaise Cendrars—Swiss poet, editor of *Anthologie nègre* (1921), and collaborator with Milhaud and Léger on *La création du monde* (1923)—"*Le jazz hot* is not an art but a new way of living."[10] Because of its mobility as a generic signifier of modernism as such,[11] the word jazz was deployed by the avant-garde in an opportunistic way that mirrors the fashionable dalliance with jazz in social circles. The shared aspirations were made explicit by Cocteau: "If you accept the Jazz Band you should also welcome a literature that the intelligence can savour like a cocktail."[12] Of course the analogy betrays a recreational disposition that many, including Cocteau, would soon repudiate ("a certain decor, a certain racket, a certain Jazz-bandism" as he derisively put it[13]); Milhaud, also announcing its demise, was more kind in observing that jazz was "like a salutary storm after which the sky is purer."[14]

In profiles of the historical avant-garde, Cabaret Voltaire has become a perfunctory citation, playing much the same role as Storyville does for jazz history. Both sites share pertinent features of primitivist regeneration. New Orleans's Mardi Gras has no civic corollary in Zurich, but within the confines of Hugo Ball's cabaret, carnival was a nightly occasion. "The Cabaret Voltaire was a six-piece band. Each played his instrument, i.e. himself, passionately and with all his soul," Hans Richter recalled.[15] The walls of Cabaret Voltaire were covered with modern art in the primitivist mode, including Marcel Janco's masks ("zig-zag abstracts," Arp called them[16]), and the performances included music-hall piano, recitations of Lautgedichte (which struck listeners as faux-Africaine),

lacked staying power: "Jazz art is soon created, soon liked, and soon forgotten. It is the movement of masters of eighteen" (216). As this was written when Duke Ellington and Louis Armstrong were eighteen, there were no examples of longevity from which to draw any other conclusion.

12 In John Willett, *Art and Politics in the Weimar Period: The New Sobriety 1917–1933* (New York 1978), 59. The cocktail hit Paris in tandem with jazz, creating a lasting mutual imprint: even at the end of the decade Félicien Champsaur could introduce his play *Le Jazz des Masques* "comme un cocktail nouveau" (Paris 1928), 30.

13 Frederick Brown, *An Impersonation of Angels: A Biography of Jean Cocteau* (New York 1968), 200.

14 Bernard Gendron, *Between Montmartre and the Mudd Club* (note 10), 94.

15 Hans Richter, *Dada, Art and Anti-Art*, (New York 1965), 27.

16 Ibid., 46.

and the relentless boom of Huelsenbeck banging away nonstop on the great drum, with Ball accompanying him on the piano, pale as a chalky ghost."[17] Huelsenbeck "pleads for stronger rhythm (Negro rhythm)," Ball observed. "He would prefer to drum literature into the ground."[18] It was specifically and most imposingly drums that heralded the arrival of jazz in Europe during the next few years, even to the extent that many took "the jazz" to be drums as such. In England drum kits were called "jazz-sets," in Germany they became known as "the jazz," and musician Leo Vauchant complained of Parisians they "didn't know that jazz band meant an orchestra."[19]

In a revealing glimpse of the backdrop against which jazz made its prodigious Parisian splash, Cocteau marveled at the mesmeric impact of the drummer, "a barman of noises under a gilt pergola loaded with bells, triangles, boards, and motor-cycle horns. With these he fabricated cocktails, adding from time to time a dash of cymbals."[20] Little wonder that Cocteau took up drumming, as did the painter Picabia and composer Milhaud. Expatriate American artist Man Ray posed for a self-portrait as a one man band, personifying what the French called "l'homme orchestre." Michel Leiris captures the dominant impression of Europeans, for whom any exposure to jazz "was dominated almost from beginning to end by the deafening drums"[21]—"an arsenal which entirely unlocks the rhythm. Synesthesia," wrote Albert Jeanneret in his brother Le Corbusier's journal *L'Esprit nouveau*. "The entrails are stimulated."[22]

Stirring the entrails was a prerogative traceable to Picasso (among others), particularly in his consideration that *Les Demoiselles d'Avignon* was a "canvas of exorcism."[23] Picasso's prescient exorcism, preceding the Great War, was affiliated with vanguard *modernolatria*, idolatry of the modern, the new. By the end of the war, modernity had arrived in the form of Americans, bearing within them like a Trojan horse the germ of jazz. Postwar European modernolatria therefore took modernity to be indistinguishable from Americanism. Edmund Wilson was among the earliest Americans to notice the phenomenon. Addressing "The Aesthetic Upheaval in France: The Influence of Jazz in Paris and the Americanization of French Literature and Art," he noted the irony that Americans in Paris "discover that the very things they have come abroad to get away from—the machines, the advertisements, the elevators and the jazz—have begun to fascinate the French at the expense of their own amenities."[24] Wilson went on to criticize the facile embrace of modernity: "Our skyscrapers may be monstrous but they are at least manifestations of force; our entertainments may be vulgar but they are at least terrifyingly alive. That is why we find French Dadaism—a violent, rather sophomoric movement—laying hold on our advertisements, with their wild and aggressive make-up, as models for the pictures and text of their manifestos and tracts."[25]

Wilson was wrong to attribute Dada typography to American advertisements, but he accurately diagnosed the paradox of Europeans self-consciously emulating American *lack* of self-consciousness—and jazz, for many Europeans, epitomized this paradoxical condition. Furthermore, residual stereotypes of negrophilia sparked fantasies of spontaneity and untutored talent. Wilson nowhere discussed jazz in his article, despite its title, but to evoke "the influence of jazz" on Europeans accurately registered a conceptual slippage pervasive in Europe (and, to a lesser extent, in America), since "jazz" meant "American," and America meant modernity.

Americans were perceived as agents of modernity in Europe before the arrival of jazz, of course. In 1916 Hugo Ball noted in his diary: "Art must not scorn the things that it can take from Americanism and assimilate into its principles; otherwise it will be left behind in sentimental romanticism."[26] Americans were harbingers of radical change, and were therefore suitable emblems of a cultural avant-garde with which the artistic vanguard struggled to keep pace. T. S. Eliot, for instance, made his initial mark in England not as a poet but as a proponent of Americanism in a college debate at Oxford in 1914. "I pointed out [...] how much they owed to Amurrican culcher in the drayma (including the movies) in music, in the cocktail, and in the dance."[27] Understandably, he would later assimilate jazz as a flourish of his ver-

17 Jean Arp, *Arp on Arp: Poems, Essays, Memories*, ed. Marcel Jean, (New York 1972), 234.

18 Hugo Ball, *Flight Out of Time: A Dada Diary*, ed. John Elderfield (New York 1974), 51.

19 Chris Goddard, *Jazz Away from Home* (London 1979), 16.

20 Jean Cocteau, *A Call to Order* (London 1926), 13.

21 Michel Leiris, *Manhood* (San Francisco 1984), 108.

22 Susan C. Cook, *Opera for a New Republic: The Zeitopern of Krenek, Weill and Hindemith* (Rochester/NY 1987), 54.

23 Ernst H. Gombrich, *The Preference for the Primitive: Episodes in the History of Western Taste and Art* (London 2002), 217.

24 Edmund Wilson, "The Aesthetic Upheaval in France: The Influence of Jazz in Paris and the Americanization of French Literature and Art," *Vanity Fair*, February 1922, 49.

25 Ibid.

26 Hugo Ball, *Flight Out of Time* (note 18), 53.

bal calling card, assuring an English friend in 1920 that, in future visits, "it is a jazz-banjorine that I should bring [to a soiree], not a lute."[28] As David Chinitz rightly perceives of this incident, "to have any truck with jazz at all around 1920 was not only to participate in a particular discourse but to take sides in an ideological battle over the significance and value of modernity."[29]

With jazz, music became mediumistic, as in that phase of surrealism heralding automatic writing by way of "sleeping fits." Jazz was a kind of *waking fit*, as if some previously alien dimension of experience was being channeled through music. Jazz was widely felt as a wake-up call ("Jazz woke us up," declared the composer Auric as early as 1920, but "from now on let's stop our ears so as not to hear it"[30]), as the replenishment of war-torn souls (Antheil: "Negro music made us remember at least that we still had bodies which had not been exploded by shrapnel"[31]), and as vitalizing accompaniment to gay times. Ramón Gómez de la Serna characterized jazz as "the modern parliament of music"[32]—at once clearing house and legislative body for the mood of the times. Such social expedience rendered jazz transitory, while for the avant-garde jazz offered an excursion to another world altogether, signified in such simultaneous apparitions as Man Ray's self-portrait as drummer, a Belgrade journal titled *Dada Jazz*, and Alexander Rodchenko's jazz-band montage of dancers, liquor, and the poet's head on a punchbowl tray in Vladimir Mayakovsky's book of poetry, *About This* (1923).

The impact of jazz on classical composers dramatizes a range of possible responses. Bohuslav Martinů, arriving in Paris from Prague in 1923, found that "the discovery of jazz in the postwar era has been one of the criteria determining the aspirations of the present time."[33] Milhaud's *La création du monde* was a calculated immersion in the replenishing bath of primitivism. Stravinsky's samplings of ragtime served to emancipate him from abject dependency on Russian folk themes. Copland and Antheil absorbed jazz elements as signature effects in their bad-boy phases, thrilling the public with a sense that ruffian modernity could invade the concert hall. But these are all familiar examples: too familiar, in fact, to do justice to other possibilities harbored by jazz. For some composers it represented a precise technical challenge, while jazz for others was not strictly musical. The career of Prague composer Erwin Schulhoff provides an instructive example. Moving to Germany in 1919, Schulhoff composed numerous Dadaist works—including *Sonata Erotica*, a five minute orgasm for female soloist, and *Wolkenpumpe*, based on Hans Arp's poem. By 1921 he was integrating jazz into such pieces as his *Suite for Chamber Orchestra* (1921), *Piano Concerto* (1923), the ballet *Die Mondsüchtige* (1925), and solo piano works like *Esquisses de Jazz* (1927). "I have a tremendous passion for the fashionable dances and there are times when I go dancing night after night," he confided to Alban Berg, "purely out of rhythmic enthusiasm and subconscious sensuality; this gives my creative work a phenomenal impulse, because in my consciousness I am incredibly earthly, even bestial."[34] Schulhoff's interests were typical of the time in their seamless transition from Dada to jazz—and, like so many other classical composers (Stravinsky, Casella, Hindemith, Martinů, Poulenc, Milhaud), from jazz to neoclassicism. Jazz marked a ritual threshold over which avant-garde composers had to pass, to pass *as* avant-garde. That such moments marked another kind of passing is clear in the repudiation of jazz by the Parisian Dadaists, for whom "Plus de jazz" *also* meant "no more Dada," making way for surrealism.

Nowhere was the conjunction between jazz and modernist music made more explicit than in Paris. At the Salle des Agriculteurs on December 15, 1921, Jean Wiéner featured Schoenberg's *Pierrot lunaire* in a program that included Stravinsky's *Ragtime*, works by Satie and Poulenc, and a "Blues (danse américaine)" played by Wiéner himself, a gifted pianist with a unique ability to get the keyboard to *swing*. In the twenty two "Concerts Wiéner" (1921–1925) Stravinsky was the most frequently performed, followed by Satie; but these occasions also provided a major forum for members of "les Six" (particularly Milhaud who, in December, 1923, accompanied Wiéner to Brussels to lecture on "New Resources in Music: Jazz-band and Mechanical Instruments"). Offer-

27 T. S. Eliot, *The Letters of T. S. Eliot, Volume I: 1898–1922*, ed. Valerie Eliot (San Diego 1988), 70.

28 Ibid., 357.

29 David Chinitz, "A Jazz-Banjorine, Not a Lute: Eliot and Popular Music before *The Waste Land*," in John Xiros Cooper, ed., *T. S. Eliot's Orchestra: Critical Essays on Poetry and Music* (New York 2000), 10.

30 Francis Steegmuller, *Cocteau: A Biography* (Boston 1970), 259.

31 George Antheil, "The Negro on the Spiral," in Nancy Cunard, ed., *Negro: An Anthology* (London 1934), 218.

32 Ramón Gómez de la Serna, *Ismos* (Buenos Aires 1947), 187.

33 Bohuslav Martinů, *Le Raid merveilleux* (Supraphon CD, liner notes, 2004), 9.

34 Erwin Schulhoff, *Centenary Edition Chamber Music* (Harmonia Mundi CD, liner notes, 1996), 10.

ings from Schoenberg, Webern, and Berg rotated regularly with the blues and the French school. Manuel de Falla, Sergei Prokofiev, and Heitor Villa-Lobos were also included in programs that balanced solo piano pieces, vocalists, and chamber works with compositions for mid-size instrumental ensembles like Stravinsky's *Symphonies for Wind Instruments and Concertino*, as well as Milhaud's *Le Boeuf sur le toit*. The free and easy mingling of modernist music with jazz was distinctly European. In the United States, by contrast, the threat to orchestral sobriety was nothing short of "Jazzerdammerung."[35]

At the threshold of lifestyle modernism, jazz became a crucial ingredient in an ensemble encompassing skyscrapers and chewing gum, comic strips, sports cars, Gillette razors, short haircuts and short skirts, "sex-appeal," cubism, and TSF. These enigmatic letters (the universalized French abbreviation for radio transmission, *telegraphie sans fils*) commonly perch like chattering aviograms at the margins of poems, collages, and paintings throughout the 1920s—even figuring in the title of Jaroslav Seifert's 1925 collection of poems, *Na vlanách TSF* (On the Waves of TSF). "TSF," "cocktail," and "jazz" contributed an incipient Esperanto to a floating international stylistic currency. Reviewing Satie's *Parade* after its 1919 London performance, imagist poet F. S. Flint wondered what to call it: "Cubo-futurist? Physical *vers-libre*? Plastic jazz? The decorative grotesque?"[36] Terminological indeterminacy was characteristic among those documenting current events. At the Cabaret Theatre Club in London, the Turkey Trot and Bunny Hug were thought of as "Vorticist dances" in 1914, in a milieu described by Osbert Sitwell as "a super-heated vorticist garden of gesticulating figures, dancing and talking, while the rhythm of the primitive forms of ragtime throbbed through the wide room."[37] The conceptual ambiguity of such occasions was remarked by a writer in *Life and Letters*, who noted that "jazz songs of the present day were performed in the same [BBC radio] programme as [...] a selection from the *Façade* of Edith Sitwell and William Walton."[38] To be sure, Sitwell's poems were Dada-inspired exercises in felicitous nonsense manifesting some of the same *joie de vivre* as goofy song lyrics of early jazz like *There's a Wah-Wah Gal in Agua Caliente*. The same terminological slippage is evident in one journalist's characterization of a painting by Arnold Schoenberg as a "jazz picture."[39]

Just as "jazz" was momentarily confused with Dada earlier, the ascendancy of cubism as couture style in the 1920s carried its own resonance with jazz. An American radio broadcaster praised jazz as "evidence of a new vitality in music, a struggle after a new form of expression, crude as the hieroglyphic of Cubism, but genuine art, nevertheless."[40] Armand Lanoux characterized the Charleston as "the Cubist dance par excellence,"[41] an image of which fittingly appears in the 1926 film *Emak Bakia* by Man Ray. In the dissemination of Cubist-inspired geometries, Sonia Delaunay was among the more influential figures in fabric, clothing, and decor, and it seems fitting that her son Charles Delaunay would become doyen of hot jazz discography.

Jazz was central to any environment in which modern design was paramount, like the Bauhaus. Given the Bauhaus's self-appointed role in synthesizing modern art and design, students and faculty were keenly sensitive to contemporary cultural phenomena. In 1925 Oskar Schlemmer described a scene convulsively dedicated to "Dadaism, circus, variété, jazz, hectic pace, movies, America, airplanes, the automobile. Those are the terms in which people here think."[42] "Nightlife at the Bauhaus claims the same importance as daytime activities," one student reported. "One must know how to dance"—and dance meant: "Jazz band, accordion, xylophone, saxophone, bombast, revolver."[43] Five years later jazz still ruled, and "People are either reserved, straightforward, and cerebral, or they are simply sexual in an unsublimated way. People either pray according to German industrial standards or listen to phonograph records of American jazz hits twanging about sentimental voluptuousness."[44] Shortly before joining the Bau-

35 Oscar Thompson, "Jazz as Art Music, Piles Failure on Failure" (*Musical America*, February 13, 1926), in Karl Koenig, ed., *Jazz in Print* (note 3), 454.

36 Alan Young, *Dada and After: Extremist Modernism and English Literature* (Manchester 1981), 49.

37 William C. Wees, *Vorticism and the English Avant-Garde* (Toronto 1972), 49.

38 "Jazz" (*Life and Letters*, July 1928), in Karl Koenig, ed., *Jazz in Print* (note 3), 538.

39 Henry F. Osgood, *So This Is Jazz* (note 5), 245.

40 Kingsley Welles, "Is the Popularity of Jazz Music Waning?" (*Radio Broadcasting*, December 1925), in Karl Koenig, ed., *Jazz in Print* (note 3), 440.

41 Armand Lanoux, *Paris in the Twenties* (New York 1960), 49.

42 Oskar Schlemmer, *The Letters and Diaries*, ed. Tut Schlemmer (Middletown/CT 1972), 191. To jazz could be applied Schlemmer's characterization of the Bauhaus as the "seismograph of the international art world."

43 Farkas Molnár, "Life at the Bauhaus" (*Periszkóp*, June–July 1925), in T. O. Benson and É. Forgács, eds., *Between Worlds* (note 7), 464.

44 Ernö Kállai, "Ten Years of Bauhaus," in T. O. Benson and É. Forgács, eds., *Between Worlds* (note 7), 640.

45 László Moholy-Nagy, "Dynamics of a Metropolis: A Film Sketch," in Richard Kostelanetz, ed., *Moholy-Nagy* (New York 1970), 121.

46 Artuš Černík, "Radosti Elektrického Století," in Jaroslav Seifert and Karel Teige, eds., *Revolucní Sborník Devetsil* (Prague 1922), 141.

47 Emil František Burian, *Nejen o Hubde: Texty 1925–1938*, ed. Jaromír Paclt (Prague 1981), 161.

48 *ReD*, vol. 3, no. 5 (1930), 130–131 ("Young people of all countries, come to the Bauhaus!").

haus staff, Lászlo Moholy-Nagy drafted "Dynamics of a Metropolis: A Film Sketch" (1921–1922). All the urban paraphernalia of modernity are here, including a traffic jam, factory work, a football match, pole vaulting, dance, and two visuals straining at the limits of silent film: radio antennae on rooftops and "Jazz-band, *with its sound*."[45]

Contemporaneous with the founding of the Bauhaus, a Prague collective published *The Revolutionary Anthology of Devetsil*, with articles on various aspects of modern life. Charlie Chaplin (Charlot) was the emblem of modernity for the Czechs as for so many other Europeans: his acrobatic movements seemed a veritable extension of jazz. For the Devetsil group, jazz was not strictly a musical phenomenon, but the practical basis for modern dances and other acrobatic "Joys of the Electric Century," in Artus Cerník's evocation. The rapture is palpable even if you don't know Czech: "A preče: bar! Bar, místo moderních tanců: shimmy, one-steppu, two-steppu, bostonu, foxtrottu, moderní hudby, jazz-bandu."[46] As Emil František Burian (the affiliated Prague musician and theater director) recognized, "Jazz is more than just a style of music. It is about living in the present and relishing it. It is about dancing, reading pulp fiction, and going to the movies. It is a lifestyle."[47] The lifestyle visibly beckons in a 1930 advertisement in the Czech review *ReD* in which a photomontage prominently features the Bauhaus jazz band opposite a bold face appeal in German: "junge menschen aller länder, kommt ans bauhaus!"[48]

Far more avidly than Americans, European poets availed themselves of references to popular dance, jazz, and the atmosphere of bars in their evocations of contemporary life. Juliette Roche, sitting out the war in New York with her husband Albert Gleizes, captured the euphoria of the early jazz age: "the woodwinds of the Jazz-Bands / the gin-fizzes / the ragtimes / the conversations / contain every possibility."[49] The Italian futurist Fillia, in his poem "Mechanical Sensuality," evoked the "polydimensional [...] tactile visual olfactory super-senses"[50] of a bar, including this approximation of the jazz ensemble:

ta ta km barambarà
ta ta km barambarà
ssssss (Jazz-Band) barambarà
AAAAAHH ! la pum barambarà
LA PUM BARAMBARA

Anticipating a glorious future, Berlin Dadaist and cabaret performer Walter Mehring envisioned "an international lingual work of art, the language-ragtime!"[51] Dadaists made a point of brandishing the term "jazz" as a typographic feature in their placards, as in an ad for a 1920 Dada ball deploying a single capital "A" for the words "jAzz," "bAnd," and "dAda." In Mexico the Estidentismo movement adopted this European fusion of the regalia of modernity, and the movement's journal *Irradiador* evoked an "Algebraic schematization. Jazzband, petroleum, New York. The whole city crackling, polarized in the radio antennae of an unlikely station."[52] Stridentist poet Manuel Maples Arce's "T.S.F." appeared in the Belgian journal *Manomètre*, celebrating the mysteries of radio transmission, including the heart attentive to the distant broadcasts of New York jazz: "Heart/attentive to the distance, it's/a New York/jazz band."[53] *L'Homme cosmo-gonique*, a Whitmanian epic by Nicolas Beauduin, was widely excerpted in leading journals of the European avant-garde. Beauduin makes the obligatory reference to "Le JAZZ-BAND"[54]—with a parenthetical note: "*frénétique*"—howling its electric fever into the music hall atmosphere, charged with alcoholic delirium (a characterization pervasive in poetry throughout this period):

49 Juliette Roche, "Etat ... Colloidal ...," in *Demi Cercle* (Paris 1920), unpaginated.

50 Fillia, "Sensualità meccanica," in Zbigniew Folejewski, *Futurism and its Place in the Development of Modern Poetry: A Comparative Study and an Anthology* (Ottawa 1980), 178.

51 In Beeke S. Tower, "Jungle Music and Song of Machines: Jazz and American Dance in Weimar Culture," in *Envisioning America: Prints, Drawings, and Photographs by George Grosz and His Contemporaries, 1915–1933* (Cambridge/MA 1990), 90. The development of jazz scatting, particularly by Louis Armstrong, bears a striking resemblance to Dada Lautgedichte.

52 Luis Mario Schneider, *El Estridentismo o una Literatura de la Estrategia* (Mexico-City 1997), 283.

53 Manuel Maples Arce, "T.S.F.," *Manomètre* 4, August 1923, 68.

54 Nicolas Beauduin, in Joseph Shipley, ed., *Modern French Poetry: An Anthology* (New York 1926), 342.

The JAZZ-BAND screams *fre-n-zieeeed*
Electric effluvia in the air
so strong that the Music Halls

flame
seem suddenly *fever*
alcohol

furnaces of a terrible explosive joy
High evening, bored by the apotheosis.

Marinetti singled out Beauduin as the exemplar of jazz literature as such in his 1924 survey of futurism around the world: "singer of jazz-band paroxysm and the international Grand Express."[55]

References to jazz abounded in avant-garde manifestos as well, albeit often perfunctory, like a daub of dayglo paint on a poster: "America lock skyscrapers wide-mind SELF-SHIP [...] Jazz band Zenithist music. Thirty-six soda-bottles—Bruit."[56] In Barcelona, Salvador Dalí and two associates published "Yellow Manifesto (Catalan Antiartistic Manifesto)" declaring the purgative virtues of sports, cinema, rapid transit, modern inventions like the phonograph, and of course "the popular music of today: jazz and today's dances."[57] In the Romanian journal *75HP* (75 Horsepower) the editor wrote, in place of a manifesto, an "aviogram" in bold red and black:

LIKE WINDOWS THE CONCERT OF THE CENTURY BEGINS
ELEVATORS RINGS INTER-BANK CLOWN-LIKE JAZZ
HORN
F FLAT
D
F FLAT
IN
PAJAMAS
FOOTBALL[58]

Voronca envisions words "run[ning] through the faubourg wrapping themselves in the jazz of vertiginous sentences,"[59] anticipating Jack Kerouac's enthusiasm for "bop prosody." Following in the wake of Marinetti's "parole in libertà" or words in freedom, Ball envisioned a further step: "We tried to give the isolated vocables the fullness of an oath, the glow of a star."[60] The sense of liberating pledge links the *logos* of Dada (nurtured by the emancipation of sheer sound values) with the bruitist affirmations of jazz. Skimming lightly over a parade of associations, jazz sought out the sudden plunge into primal layers of consciousness.

In the variable shorthand by which factions of the European vanguard advanced their positions, the present was affirmed (and much of it denounced) by blending primitivist regeneration with futurist longing: that combination of ultramodern and ultraprimitive so many saw in Josephine Baker. The paradox of an urban jungle emerged under the sign of jazz, bearing a "psychophysiology" spelled out in the Polish manifesto of Integralism (1925): "We definitely live under the sign of the urban. *Filter-intelligence, surprise-lucidity. Rhythm-speed.* Simultaneous balls—atmospheres giving concerts—billions of saxophones, telegraph nerves from the equator to the poles—strikes of lightning [...] New psycho-physiologies are growing."[61] Drawing on the polymathic anarchism of Dada and the utopian program of constructivism, Integralism, as its name suggests, was meant to integrate not only art forms but forms of life: "Poetry, music, architecture, painting, dance, all step forward integrally linked towards a definitive and lofty scale."[62] The contributing form of music, presumably, is jazz (explicitly so for Prague's Poetism: "*Poetry for HEARING*: the music of loud noises, jazz, radiogenics").[63]

55 F. T. Marinetti, "Le Futurisme Mondial" (*Le Futurisme* 9, January 11, 1924), in Luciano Caruso, ed., *Manifesti e Documenti Teorici del Futurismo 1909–1944* (Milan 1980), unpaginated.

56 Ljubomir Micić, "Shimmy at the Latin Quarter Graveyard" (*Zenit*, vol. 2, no. 12, March 1922), in T. O. Benson and É. Forgács, eds., *Between Worlds* (note 7), 508.

57 Salvador Dalí, *Collected Writings*, ed. Haim Finkelstein (Cambridge/MA 1998), 61.

58 Ilarie Voronca, "Untitled Statement" (*75HP*, October 1924), in T. O. Benson and É. Forgács, eds., *Between Worlds* (note 7), 537.

59 Ibid.

60 H. Ball, *Flight out of Time* (note 18), 68.

61 "Man" (*Integral* 1, March 1, 1925), in T. O. Benson and É. Forgács, eds., *Between Worlds* (note 7), 554.

62 Ilarie Voronca, "Surrealism and Integralism" (*Integral* 1, March 1925), in T. O. Benson and É. Forgács, eds., *Between Worlds* (note 7), 556.

63 Karel Teige, "Poetism Manifesto" (*ReD*, vol. 1, no. 9, 1928), in T. O. Benson and É. Forgács, eds., *Between Worlds* (note 7), 600.

In light of the conceptual and sometimes pragmatic overlap between jazz and the avant-garde, it's not surprising that European studies of jazz in the 1920s bear concrete traces of the link. Some of the earliest titles on jazz were German: *Jazz und Shimmy* by F. W. Koebner (1921), *Das neue Jazzbuch* by Alfred Baresel (1925), and *Jazz, eine musikalische Zeitfrage* by Paul Bernhard (1927). Studies elsewhere include *Le Jazz* by André Coeuroy and André Schaeffner (1926), *Jazz* by Emil František Burian (1928) and *Jazz Band* by A. G. Bragaglia (1929). There was also an intriguing 1927 novel called *Jazz* by Hans Janowitz, who had studied in Prague and known Kafka, Brod, Karl Kraus, and wrote the screenplay for *The Cabinet of Dr. Caligari*.[64] Several of these authors had connections with the avant-garde. Coeuroy and Schaeffner in Paris, like Baresel and Bernard in Germany, had links with the new music (Milhaud, Stravinsky, Hindemith, etc.). Burian was involved with the Prague avant-garde. And Bragaglia's book came with an explicit avant-garde provenance in that he was a pioneer of Futurist photography. As author of one of the key early manifestos of the movement, "Futurist Photodynamism" (1911), Bragaglia established a protocol of syncopation for photography that has clear affinities with jazz. Despite its salutary impact, Bragaglia recognized that by the end of the 1920s jazz was on the way out, "already, for us, the face of nostalgia for our time."[65]

As jazz changed with subsequent decades, and as critics and historians began to document the changes, the residual (if long dormant) associations between jazz and modernism persisted. African American writer Ralph Ellison, attempting to place Minton's significance in the bebop revolution, said that it "is to modern jazz what the Café Voltaire in Zurich is to the Dadaist phase of literature and painting."[66] When Robert Goffin called jazz "the first form of surrealism," he summoned a host of writers and painters (including Cendrars, Apollinaire, Joyce, de Chirico, Magritte, Ernst, and Dalí) to make the case that giving "free play to the spontaneous manifestations of the subconscious" was a goal shared alike by jazz musicians and the avant-garde.[67] Reflecting back on the readiness with which Europeans greeted jazz, Eric Hobsbawm observed "jazz had the advantage of fitting smoothly into the ordinary pattern of *avant-garde* intellectualism, among dadaists and surrealists, the big city romantics, the idealizers of the machine age, the expressionists and their like."[68] As Hobsbawm recognized, there was more than analogy at work. In fact, it may be asserted that the greatest difference between European and American responses to jazz (apart from the historical fact that jazz derived from racially denigrated Americans) is that the modernist avant-garde was a pervasive phenomenon across Europe when jazz appeared, whereas it had played almost no role in the United States. It's important to stress the role played by the European avant-garde in welcoming jazz; conservative establishment response, as in America, found jazz a repugnant symptom of cultural decline: "For us jazz means the revolt of primitive instinct against music with no rhythm. An image of our time: chaos, machine, noise."[69]

After 1930 the European vanguard was overtaken by political circumstances that dissipated the utopian energies characteristic of futurism, surrealism, constructivism, and even Dada. Jazz was invariably associated, throughout the world, with high spirits and good times; and while it obviously didn't dissolve during the 1930s, its "season" as an emblem of modernism was decidedly past. Clive Bell's 1920 diatribe against jazz (as the manner of modernism in general) was premature in its assumption that jazz music was a passing fancy. But in 1931, when Ramón Gómez de la Serna published his book-length survey *Ismos* in Madrid, it made sense that "Jassbandismo" would appear alongside "Apollinerismo," "Picassismo," "Futurismo," "Negrismo," "Klaxismo," "Simultaneismo," "Charlotismo," "Dadaismo" and "Suprarealismo." In a prescient forecast, Gómez de la Serna suggested that *jazzbandism* had provided the present with a forceful image of apocalypse, of a world of the dead resurrected in the carnivalesque image of jazz[70]: a distinctly Spanish vision (reminiscent of García Lorca's enthusiasm for "all that has dark sounds"[71]). Whatever the outcome, it's fitting to regard jazz tumbling with a retinue of other *isms* into the cauldron of Europe's mid-century fate—a fate perhaps more

64 Janowitz explicitly claims the right to play fast and loose with narrative conventions by appealing to the laws of jazz: "A jazz novel is entitled to softly close out right in the middle of a repeated motif and simply be over. Naturally I must be granted this inviolable right in the first-ever jazz novel, written according to the laws of jazz music." *Jazz* (Berlin 1927), 160.

65 A. G. Bragaglia, *Jazz Band* (Milan 1929), 9.

66 Ralph Ellison, *Shadow and Act* (New York 1964), 206.

67 R. Goffin, *From the Congo to the Metropolitan* (note 6), 5, 3.

69 Jost Hermand and Frank Trommler, *Die Kultur der Weimarer Republik* (Munich 1978), 314.

70 R. G. de la Serna, *Ismos* (note 32), 191.

71 Federico García Lorca, *Deep Song and Other Prose*, ed. Christopher Maurer (New York 1980), 43.

palpable in postwar Germany even before African American jazzbands arrived, when "jazz" brandished a diagnostic stiletto spelled out by Alice Gerstel in *Die Aktion*: "For here, here in the mood and in the jazz music what remains of the creative force of this sterile time unfolds: the genius of the eclectic, the cocktail mix of souls, the recklessness, the random toss and melding of complexes, the recklessness of puppets on a string, the passion of people condemned to death who want to eat one more blue and singing herring."[72]

"Whether you look at futurism, cubism, imagism, or surrealism," writes Geoffrey Jacques, "modernist culture is conspicuous with jazz feelings and references, which suggests that jazz was more than a fad or a 'craze,' as a then-popular word would have it. But if jazz was modern art, it was modernist with a difference."[73] To explore that difference would take me beyond the scope of this essay; and, in any case, it is the subject of a book with a title so obvious it's a wonder no one thought of it before–*Jazz Modernism* in which Alfred Appel Jr. blends anecdote and observation to make Armstrong and Ellington stand shoulder to shoulder with Matisse and Joyce. After nearly a century, of course, generic distinctions are blurred in the pantheon, so why shouldn't Duke and Pops be accorded the status of exemplary modernists? There was a time, especially in Europe during the 1920s, when "jazz" did not bring proper names to mind, when it served to mark a time and place and mood with indelible succinctness:

Eyes tumbling into shots of absinthe
fog horn
bleating ship
a saxophone[74]

72 Alice Gerstel, in Anton Kaes, Martin Jay, Edward Dimendberg, eds., *The Weimar Republic Sourcebook* (Berkeley/CA 1994), 555.

73 Geoffrey Jacques, "Listening to Jazz," in Rachel Rubin and Jeffrey Melnick, eds., *American Popular Music* (Amherst/MA 2001), 75.

74 Vítezslav Nezval, "Diabolo: A Poem of the Night," in *Antilyrik & Other Poems* (Los Angeles 2001), 106.

Anhang | Appendix

Biobibliografische Angaben | Biobibliographical Information

Joe Amrhein
*1953 in Sacramento/CA,
lebt und arbeitet | lives and works in Brooklyn/NY

Ausstellungen | Exhibitions:
2008 „Perpetual If (Information Friction)", Städtische Galerie Wolfsburg, Wolfsburg (mit | with Ati Maier)
2007/08 Red Dot Contemporary, West Palm Beach/FL
2007 „Bare Words", Lautom Contemporary, Oslo

Bibliografie | Bibliography:
Perpetual If (Information Friction), mit einem Gespräch zwischen | with a conversation between Joe Amrhein und | and Ati Maier, Ausst.-Kat. Städtische Galerie Wolfsburg, Wolfsburg 2008
Hans-Adelbert von Karweik, „Worte zerbersten in Scherben", in: *Wolfsburg Kultur*, 12. September 2008
Stephen Maine, „Letter by Letter, Word by Word", in: *The New York Sun*, 21. Juni 2007
Christopher Miles, „Finding a Good Use for Art-speak", in: *Los Angeles Times*, 7. Oktober 2005

Janine Antoni
*1964 in Freeport/Bahamas,
lebt und arbeitet | lives and works in New York

Ausstellungen | Exhibitions:
2008/09 Prospect.1, US-Biennale für zeitgenössische Kunst, New Orleans/LA
2007 „Fractured Figure", DESTE Foundation for Contemporary Art, Athens
2006/07 „INTO ME/OUT OF ME", Kunst-Werke Berlin; P.S.1 MoMA, Long Island/NY
2006 „Out of Time", Museum of Modern Art, New York

Bibliografie | Bibliography:
Marsha Gordon, „A Great Desire: Interview with Janine Antoni", in: *Grrrh*, Nr. 9, 2-6, 2008
The Morning After: Videoworks From the Goetz Collection, Texte von | texts by Ingo Clauß, Peter Friese, Ingvild Goetz, Susanne Touw, Ausst.-Kat. Neues Museum Weserburg, Bremen 2008
Linda Nochlin (Hg. | ed.), *After the Revolution: Woman Who Transformed Contemporary Art*, Texte von | texts by Eleanor Heartney, Helaine Posner, Nancy Princenthal und | and Sue Scott, München 2007
Nancy Princenthal, „Janine Antoni: Mother's Milk", in: *Art in America*, September 2001

Tracey Baran
1975–2008

Ausstellungen | Exhibitions:
2007 „Note To Self", ARRATIA, BEER, Berlin
2006 „See Through Me", Leslie Tonkonow Artworks + Projects, New York
2005/06 „Speaking with Hands: Photography from the Buhl Collection", Museum Folkwang, Essen; The State Russian Museum, St. Petersburg; Guggenheim Museum, Bilbao/New York

Bibliografie | Bibliography:
Rebecca Robertson, „Tracey Baran", in: *ARTnews*, Sommer 2006
Speaking with Hands: Photographs from the Buhl Collection, Texte von | texts by Jennifer Blessing, Kirsten A. Hoving und | and Ralph Rugoff, Ausst.-Kat. Guggenheim Museum, New York 2004
Barry Schwabsky, „Tracey Baran: The Museum of Contemporary Photography, Chicago", in: *Art on Paper*, März 2003

Sanford Biggers
*1970 in Los Angeles/CA,
lebt und arbeitet | lives and works in Cambridge/MA und | and New York

Ausstellungen | Exhibitions:

2008/09 Prospect.1, US-Biennale für zeitgenössische Kunst, New Orleans/LA
2007 „Illuminations", Tate Modern, London (UK)
2002 Whitney Biennial, Whitney Museum of American Art, New York

Bibliografie | Bibliography:

Elizabeth Schambelan, „Being There", in: *Artforum*, Januar 2009
Maura Egan, „Southern Exposure", in: *The New York Times Magazine*, 7. Dezember 2008
Jeff Chang (Hg. | ed.), *Total Chaos: The Art and Aesthetics of Hip-Hop*, New York 2007
Cay Sophie Rabinowitz, „Sanford Biggers: Blossom", in: *grandarts.com*, September/Oktober 2007

Laura Bruce
*1959 in East Orange/NJ,
lebt und arbeitet | lives and works in Berlin

Ausstellungen | Exhibitions:

2008 „The Hunt", fruehsorge contemporary drawings, Berlin
2006 „Landowners", Galerie Pankow, Berlin
2004 „The Wide", Büro für Kunst, Dresden

Bibliografie | Bibliography:

Gregory Volk, „Spektakuläre Gartenwelten" | "Backyard Spectacular," in: *Laura Bruce*, Ausst.-Kat. fruehsorge contemporary drawings, Berlin 2008
Laura Bruce, Texte von | texts by Mark Gisbourne, Uta Grundmann und | and Jan Verwoert, Ausst.-Kat. Büro für Kunst, Dresden 2004
Thin Skin, Ausst.-Kat. Independent Curators International, New York 2002

chamecki**lerner**
Rosane Chamecki und | and
Andrea Lerner
*1964 und | and 1966,
leben und arbeiten | live and work in New York

Choreografien | Choreographies:

2007 „Exit", The Kitchen, New York
2005 „Costumes by God", Dance Theater Workshop, New York
2004 „Passerby", University of Illinois, Urbana/IL

Filme | Films:

2007/08 „Flying Lesson", Premiere auf dem | premiered at 36. Dance on Camera Festival am Lincoln Center, New York (Jury Award); Brooklyn International Film Festival, New York (Best Experimental Film Award); WNET Channel 13 Broadcast, New York

Bibliografie | Bibliography:

Claudia La Rocco, „A Choreographic Duo Take a Final Bow", in: *The New York Times*, 3. Mai 2007
Gia Kourlas, „Suicide is Painless", in: *Time Out New York*, Nr. 604, 26. April–2. Mai 2007
Deborah Jowitt, „DVD Suicide Note and an Exit", in: *Village Voice*, 8. Mai 2007

Anne Chu
*1959 in New York,
lebt und arbeitet | lives and works in New York

Ausstellungen | Exhibitions:

2008 „The Puppet Show", Institute of Contemporary Art, Philadelphia/PA

2005 „Anne Chu", Museum of Contemporary Art, North Miami/FL

2004 „The 54th Annual Carnegie International Exhibition", Carnegie Museum, Pittsburgh/PA

Bibliografie | Bibliography:

The Puppet Show, hg. von | ed. by Ingrid Schaffner und | and Carin Kuoni, Texte von | texts by Michael Taylor, Allen Weiss und | and Claudia Gould, Ausst.-Kat. Institute of Contemporary Art, Philadelphia/PA 2008

Anne Chu. Modes, Manners and Monsters, Zürich 2006

Anne Chu, Text von | text by Bonnie Clearwater, Ausst.-Kat. Museum of Contemporary Art, North Miami/FL 2005

Spencer Finch
*1962 in New Haven/CT,
lebt und arbeitet | lives and works in New York

Ausstellungen | Exhibitions:

2008/09 „Gravity Always Wins", Dundee Centre for Contemporary Art, Schottland

2008 „First Sight", Dunedin Public Art Gallery, Neuseeland

2007 „Spencer Finch. What Time Is It on the Sun", MASS MoCA, North Adams/MA

Bibliografie | Bibliography:

Stephanie Cash, „The Finch Effect", in: *Art in America*, Januar 2008

Mark Godfrey, „A Rainbow in Brooklyn/On Spencer Finch", in: *Parkett*, Nr. 79, Juni 2007

Bridget L. Goodbody, „Trying to Capture a Trick of Light, a Tug of Memory", in: *The New York Times*, 19. Juni 2007

Spencer Finch. What Time Is It on the Sun, Texte von | texts by Daniel Birnbaum, Susan Cross, Suzanne Hudson und | and Joseph Thompson, Ausst.-Kat. MASS MoCA, North Adams/MA 2007

David Herbert
*1977 in Seattle/WA,
lebt und arbeitet | lives and works in New York

Ausstellungen | Exhibitions:

2008 „The Shape Of Things To Come", Saatchi Gallery, London

2007 „I (Heart) New York", Postmasters Gallery, New York

2006 „New American Talent", Arthouse Texas, Austin/TX

Bibliografie | Bibliography:

Beyond Architecture. Imaginative Buildings and Fictional Cities, hg. von | ed. by Lukas Feireiss und | and Robert Klanten, Berlin 2009

Jaring Durst Britt, „David Herbert", in: *Freedom. American Sculpture*, Ausst.-Kat. The Hague Sculpture 2008, Den Haag 2008

Carrie Neiman, „In the Studio", in: *Style Weekly*, 26. Oktober 2005

Joan Jonas
*1936 in New York,
lebt und arbeitet | lives and works in New York

Ausstellungen | Exhibitions:

2008/09 „re.act.feminism", Akademie der Künste, Berlin
2008/09 „Looking at Music", Museum of Modern Art, New York
2008 „WACK! Art and the Feminist Revolution", P.S.1 MoMA, Long Island/NY
2007 „Timelines: Transparencies in a Dark Room", Museu d'Art Contemporani de Barcelona, Barcelona; Centre d'Art Contemporain, Genf

Bibliografie | Bibliography:

Noemi Smolik, „Die Maske als Begleiterin", in: *Frankfurter Allgemeine Zeitung*, 4. Januar 2008
Joan Jonas. Timelines: Transparencies in a Dark Room, Texte von | texts by Bartomeu Mari, Katya García-Antón und | and Gregory Volk, Ausst.-Kat. Museu d'Art Contemporani de Barcelona, Barcelona 2007
Susan Morgan, *Joan Jonas. I Want to Live in the Country*, Cambridge/MA 2007
Joan Jonas. Five Works, hg. von | ed. by Warren Niesluchowski und | and Valerie Smith, Texte von | texts by Tom Finkelpearl und | and Joan Jonas, Ausst.-Kat. Queens Museum of Art, New York 2003
Joan Jonas, *Performance, Video, Installation 1968–2000*, hg. von | ed. by Johann-Karl Schmidt, Ostfildern-Ruit 2001

Nina Katchadourian
*1968 in Stanford/CA,
lebt und arbeitet | lives and works in Brooklyn/NY

Ausstellungen | Exhibitions:

2008/09 „The Marfa Sessions", Ballroom, Marfa/TX
2008 „Cerca Series: Nina Katchadourian", Museum of Contemporary Art, San Diego
2008 „Loop '08. International Festival & Fair for Videoart", Barcelona

Bibliografie | Bibliography:

Julian Myers, „We Interrupt Your Program", in: *Frieze*, Mai 2008
Suzanne Hudson, „Nina Katchadourian. One Chase Manhattan Plaza", in: *Artforum*, März 2007
Nina Katchadourian. All Forms of Attraction, Text von | text by Frances Richard, Interview von | interview by Ian Berry, Ausst.-Kat. Tang Museum, Saratoga Springs/NY 2006

Yvette Mattern
* 1963 in San Juan/Puerto Rico, lebt und arbeitet | lives and works in Berlin

Ausstellungen | Exhibitions:

2008 „Remixed and Reloaded. Black Women Artist and the Moving Image since 1970", Spelman College Museum of Fine Art, Atlanta/GA; Contemporary Arts Museum Houston, Houston/TX

2007 „Black Light/White Noise. Sound and Light in Contemporary Art", Contemporary Arts Museum Houston, Houston/TX

2007 „Equatorial Rhythms", Sternersen Museum, Oslo

Bibliografie | Bibliography:

„The Global Rainbow over New York", in: *FlashArt online.com*, 19. Januar 2009

Cinema Remixed & Reloaded. Black Women Artists and the Moving Image since 1970, Texte von | texts by Andrea Barnwell Brownlee, Valerie Cassel Oliver u. a., Ausst.-Kat. Spelman College Museum of Fine Art, Atlanta/GA 2008

Black Light/White Noise. Sound and Light in Contemporary Art, Texte von | texts by Greg Tate, Romi Crawford und | and Valerie Cassel Oliver, Ausst.-Kat. Contemporary Arts Museum Houston, Houston/TX 2007

Equatorial Rhythms, Ausst.-Kat. Sternersen Museum, Oslo 2007

Karyn Olivier
*1968 in Port of Spain/Trinidad, lebt und arbeitet | lives and works in Brooklyn/NY

Ausstellungen | Exhibitions:

2009 „Billboard Project (59 South)", Houston/TX

2008 „In the public Realm", Public Art Fund, New York

2007 „A Closer Look", Laumeier Sculpture Park, St. Louis/MO

2007 „Black Light/White Noise", Contemporary Arts Museum Houston, Houston/TX

Bibliografie | Bibliography:

Eleanor El Heartney, „Gwangju Biennale", in: *Art in America*, Dezember 2008

Philip Tinari, „Gwangju Biennale", in: *Artforum*, Januar 2008

Whitney Museum of American Art at Altria: 25 Years, hg. von | ed. by Adam Weinberg und | and Shamin M. Mamin, London 2008

Black Light/White Noise. Sound and Light in Contemporary Art, Texte von | texts by Greg Tate, Romi Crawford und | and Valerie Cassel Oliver, Ausst.-Kat. Contemporary Arts Museum Houston, Houston/TX 2007

Joyce Pensato
*in Brooklyn/NY,
lebt und arbeitet | lives and works in Brooklyn/NY

Ausstellungen | Exhibitions:

2009 „Joyce Pensato“, Capitain Petzel, Berlin
2008/09 „Joyce Pensato“, Friedrich Petzel Gallery, New York
2007 „Joyce Pensato: Recent Drawings“, Schmidt Contemporary Art, St. Louis/MO

Bibliografie | Bibliography:

Jerry Saltz, „Emerging, After All These Years“, in: *New York Magazine*, 4. Februar 2008
Gregory Volk, „In the Neighborhood: Joyce Pensato's Recent Paintings“, in: *The Eraser*, Ausst.-Kat. Friedrich Petzel Gallery, New York 2007
Stephen Maine, „Toon Noir“, in: *Art in America*, Juni/Juli 2007

William Pope.L
*1955 in Newark/NJ,
lebt und arbeitet | lives and works in Lewiston/ME

Ausstellungen | Exhibitions:

2009 „Slightly Unbalanced“, Paul and Lulu Hilliard University Art Museum, Lafayette/IN
2008 „Snow Crawl“, Sammlung Falkenberg, Hamburg
2007 „Drawing, Dreaming, Drowning“, The Art Institute of Chicago, Chicago/IL
2007 „Art After White People: Time, Trees, & Celluloid ...“, Santa Monica Museum of Art, Santa Monica/CA

Bibliografie | Bibliography:

Intersection (ChainLinks), hg. von | ed. by Nicole Mauro und | and Marci Nelligan, Texte von | texts by Jane Jacobs, Claire Potter, William Pope.L, Mitchell Duneier und | and Melissa Ngo, 2008
Gregory Volk, „William Pope.L: Animal Nationalism“, in: *grandarts.com*, September/Oktober 2008
Darby English, *How to See a Work of Art in Total Darkness*, Cambridge/MA 2007
William Pope.L: The Friendliest Black Artist in America, hg. von | ed. by Mark H. C. Bessire, Cambridge/MA 2002

Peggy Preheim
*1963 in Yankton/SD,
lebt und arbeitet | lives and works in New York

Ausstellungen | Exhibitions:

2008–2010 „Peggy Preheim: Little Black Book“, The Aldrich Contemporary Art Museum, Ridgefield/CT; Philbrook Museum of Art, Tulsa/OK; Herbert F. Johnson Museum of Art, Ithaca/NY
2008 „Don't Look Now“, Tanya Bonakdar Gallery, New York
2007 „New Directions in American Drawing“, The Columbus Museum, Columbus/GA; Telfair Museum, Savanna/GA 2007; Knoxville Museum of Art, Knoxville/TN 2007/08

Bibliografie | Bibliography:

Peggy Preheim, Texte von | texts by Carter Foster, Gregory Volk und | and Harry Philbrick, Ausst.-Kat. The Aldrich Contemporary Art Museum, Ridgefield/CT 2008
Ken Johnson, „Contemplating Childlike Wonder, Long Past Childhood“, in: *The New York Times*, 2. September 2005
Anastasia Aukeman, „Peggy Preheim at Tony Bonakdar“, in: *Art in America*, Oktober 2001

Nadine Robinson
*1968 in London,
lebt und arbeitet | lives and works in New York

Ausstellungen | Exhibitions:

2008/09 Prospect.1, US-Biennale für zeitgenössische Kunst, New Orleans/LA

2008 „Lucky Number Seven. SITE Santa Fe", Seventh International Biennial, Santa Fe/NM

2006 „Nadine Robinson. Alles Grau", Studio Museum Harlem, New York

Bibliografie | Bibliography:

Thomas Lax, „On to Watch", in: *artkrush.com*, 20. August 2008

Christine Y. Kim, „Nadine Robinson: Alles Grau", in: *Studio. The Studio Museum in Harlem Magazine*, Frühjahr 2006

Holland Cotter, „Nadine Robinson: Alles Grau", in: *The New York Times*, 8. September 2006

Christine Y. Kim, „Nadine Robinson", in: *Conclusion of the System of Things*, Ausstellungsfolder Grandarts, Kansas City/MO, November/Dezember 2005

Lawrence Weiner
*1942 in New York,
lebt und arbeitet | lives and works in New York und | and Amsterdam

Ausstellungen | Exhibitions:

2007–2009 „Lawrence Weiner: AS FAR AS THE EYE CAN SEE", Whitney Museum of American Art, New York; The Museum of Contemporary Art, Los Angeles/CA; Kunstsammlung Nordrhein-Westfalen K21, Düsseldorf

2008/09 „‚Ich kann mir nicht jeden Tag ein Ohr abschneiden'. Dekonstruktionen des Künstlermythos", Staatliche Museen zu Berlin, Hamburger Bahnhof, Berlin

2008 „That Was Then... This Is Now", P.S.1 MoMA; Long Island/NY

Bibliografie | Bibliography:

Lawrence Weiner: AS FAR AS THE EYE CAN SEE 1960–2007, Texte von | texts by Donna De Salvo, Liam Gillick, Ann Goldstein, Edward Leffingwell, Dieter Schwarz und | and Gregor Stemmrich, Ausst.-Kat. Kunstsammlung Nordrhein-Westfalen K21, Düsseldorf 2008

Benjamin Buchloh und | and Lawrence Weiner, in: *pressPLAY: contemporary artists in conversation*, London 2005

Gefragt und Gesagt: Schriften & Interviews von Lawrence Weiner 1968–2003, hg. von | ed. by Gerti Fietzek und | and Gregor Stemmrich, Ostfildern-Ruit 2004

Verzeichnis der ausgestellten Werke | List of Exhibited Works

Joe Amrhein

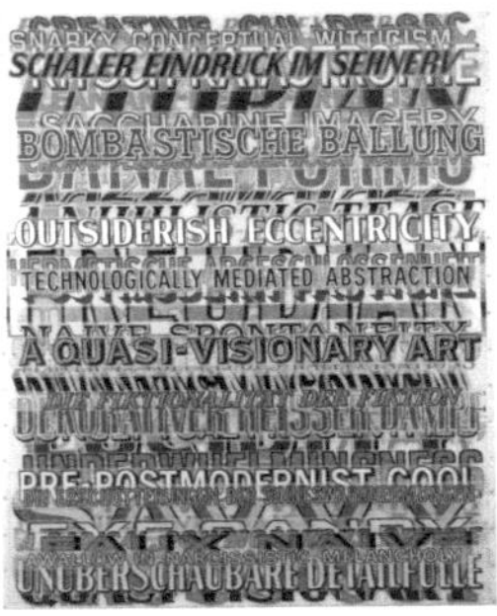

Detailfülle, 2008
Lackfarbe und Blattgold auf Pergament, Leinenband, Ösen | Enamel and gold leaf on vellum, linen tape, grommets
183 x 229 cm

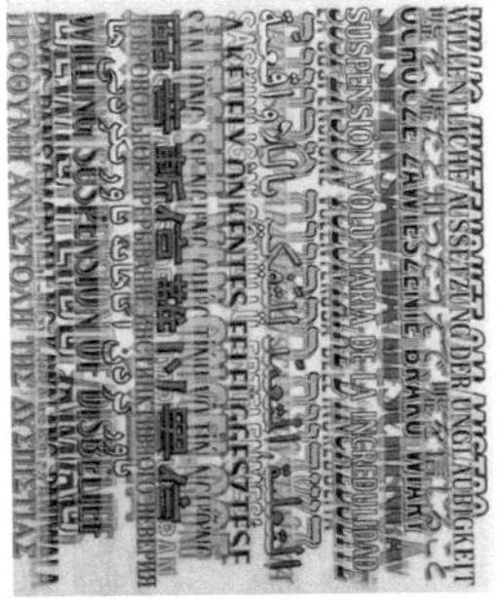

Willing Suspension of Disbelief
2009
Lackfarbe und Blattgold auf Pergament, Leinenband, Ösen | Enamel and gold leaf on vellum, linen tape, grommets
244 x 152 cm

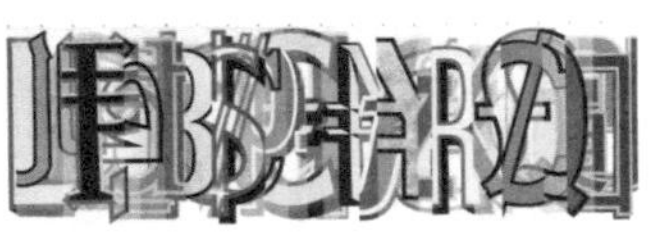

monetary, 2009
Lackfarbe und Blattgold auf Polyesterfolie, Leinenband, Ösen | Enamel and gold leaf on mylar, linen tape, grommets
107 x 317,5 cm

Courtesy the artist and Dogenhaus Galerie, Leipzig

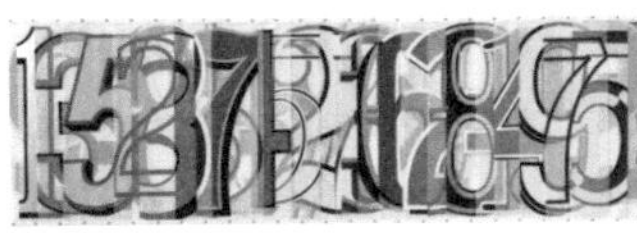

Multiply
2005
Lackfarbe und Blattgold auf Polyesterfolie,
Leinenband, Ösen | Enamel and gold leaf on mylar, linen tape, grommets
107 x 320 cm

Collection of Larry Eisenstein und Robin Zimelman

Janine Antoni

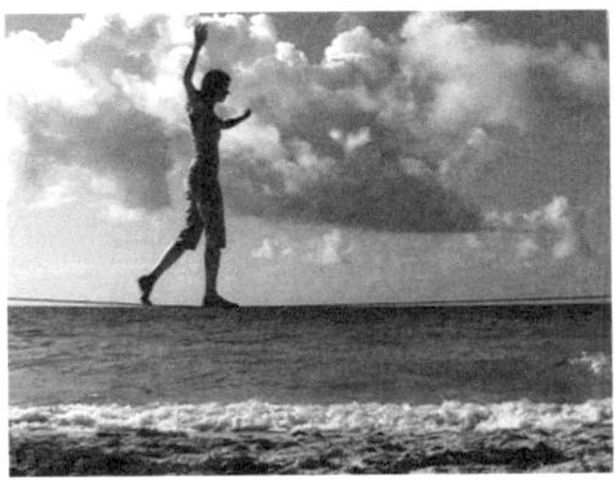

Touch, 2002
Videoinstallation | Video installation

Courtesy the artist and Luhring Augustine Gallery, New York

Tracey Baran

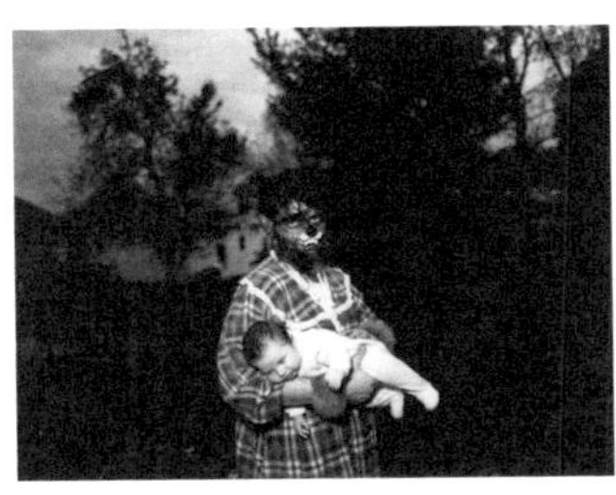

Daren and Dylan, Halloween, 2005
C-Print, 76 x 102 cm

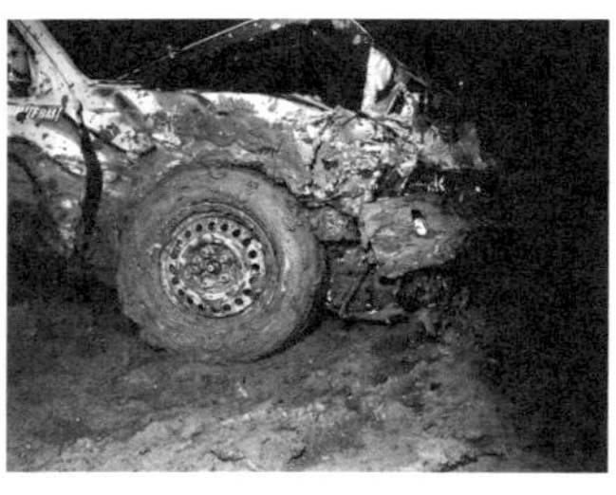

Crushed, 2005
C-Print, 76 x 102 cm

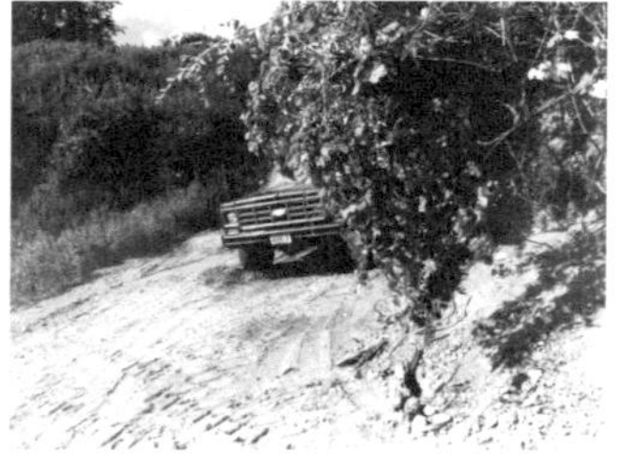

The Shy One, 2005
C-Print, 51 x 61 cm

Estate of Tracey Baran, courtesy
ARRATIA, BEER, Berlin

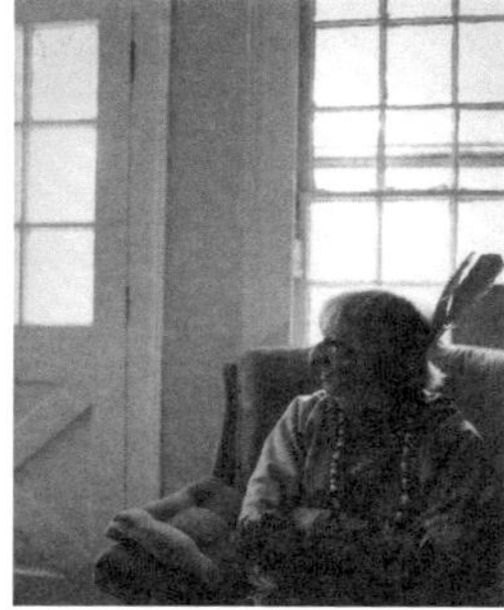

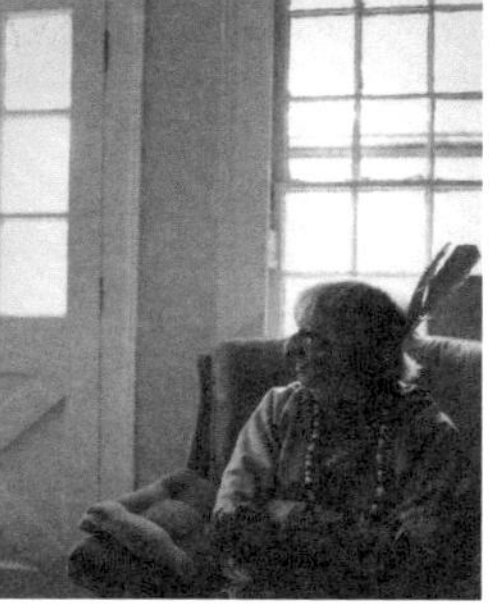

Mom, October 31st, 2005
C-Print, 76 x 102 cm

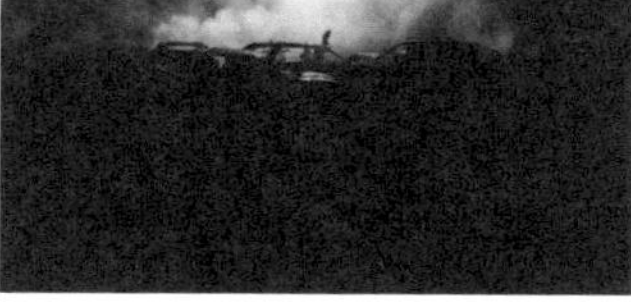

The Winners, 2005
C-Print, 76 x 102 cm

Kristy, 2004
C-Print, 76 x 102 cm

Estate of Tracey Baran, courtesy
Leslie Tonkonow Artworks +
Projects, New York

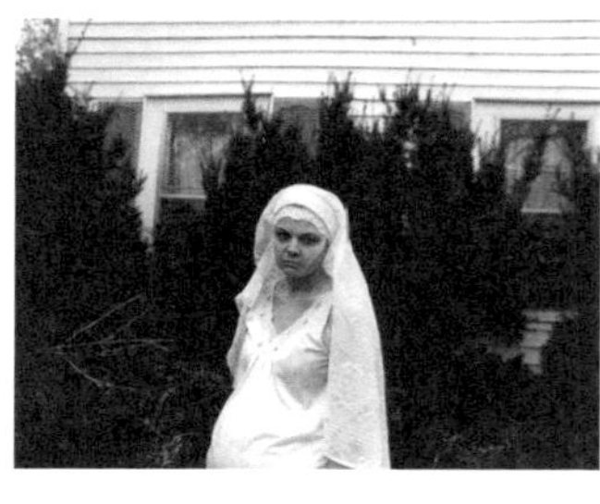

October 31st, 2005
C-Print, 76 x 102 cm
Marieluise Hessel Foundation,
Hessel Museum of Art, Center for
Curatorial Studies, Bard College,
Annandale-on-Hudson/NY

Sanford Biggers

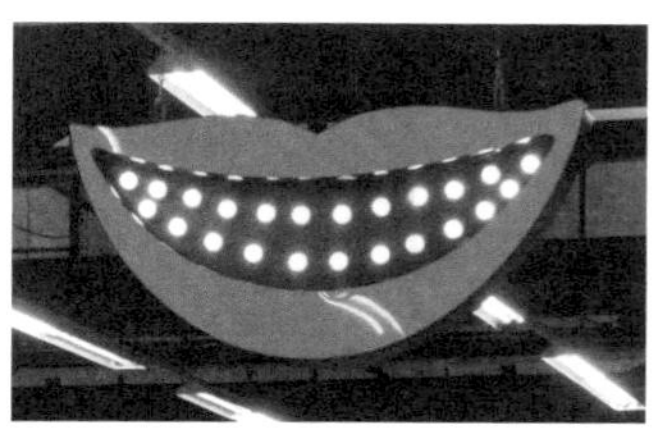

Cheshire, 2008
Aluminium, Plexiglas und
Leuchtdioden | Aluminum, Plexiglas and LEDs, 180 x 83 x 20 cm

Courtesy the artist, Schloss Solitude, Stuttgart, and D'Amelio Terras Gallery, New York

Shuffle, 2009
2-Kanal-Videoinstallation | 2-channel video installation
Courtesy the artist and Schloss Solitude, Stuttgart

Laura Bruce

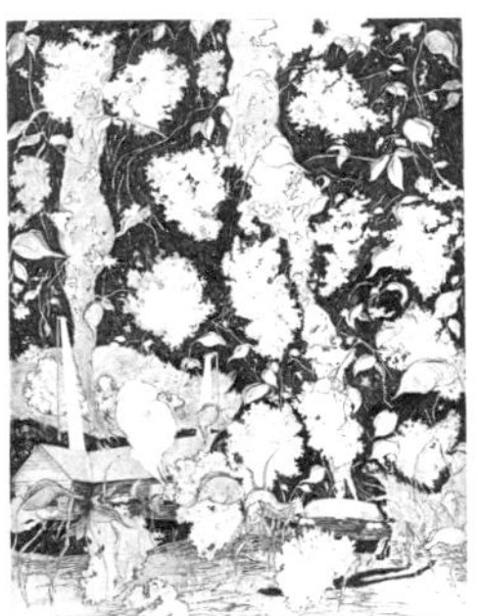

Stutter, 2008
Grafit auf Papier | Graphite on paper, 155 x 113 cm

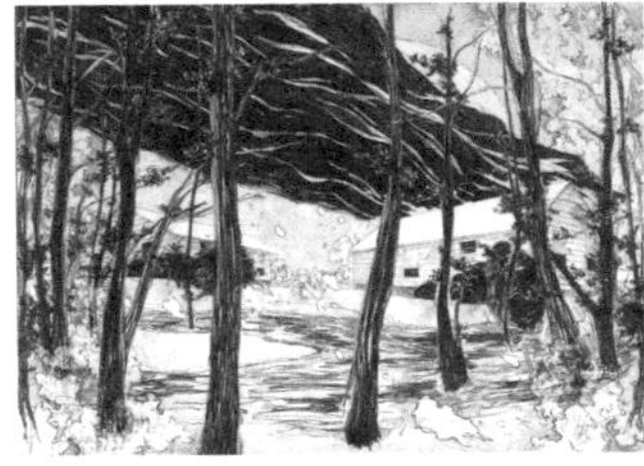

Tight, 2008
Grafit auf Papier | Graphite on paper
113 x 155 cm

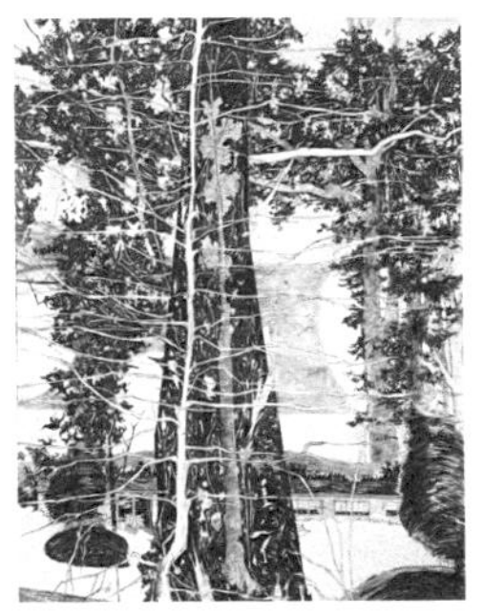

Falling, 2009
Grafit auf Papier | Graphite on paper, 155 x 113 cm

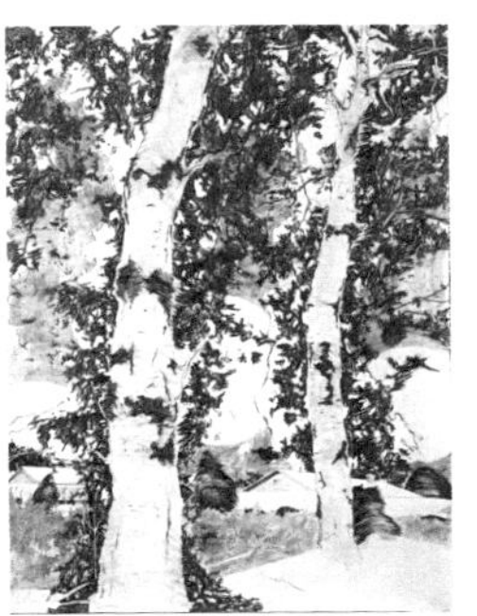

Siblings, 2009
Grafit auf Papier | Graphite on paper, 155 x 113 cm

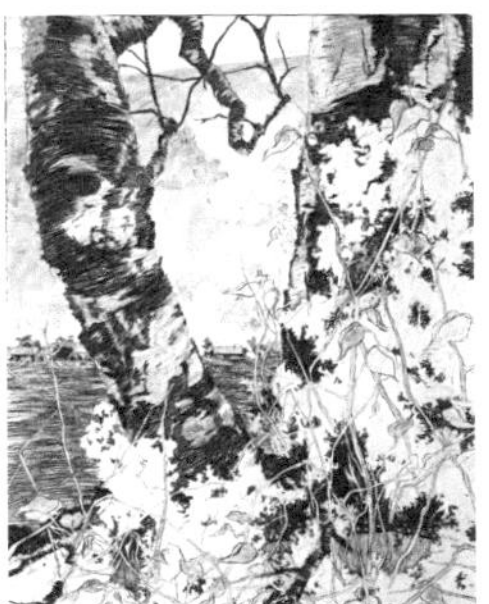

Sticky, 2009
Grafit auf Papier | Graphite on paper, 155 x 113 cm

Courtesy the artist and fruehsorge contemporary drawings, Berlin

chamecki**lerner**

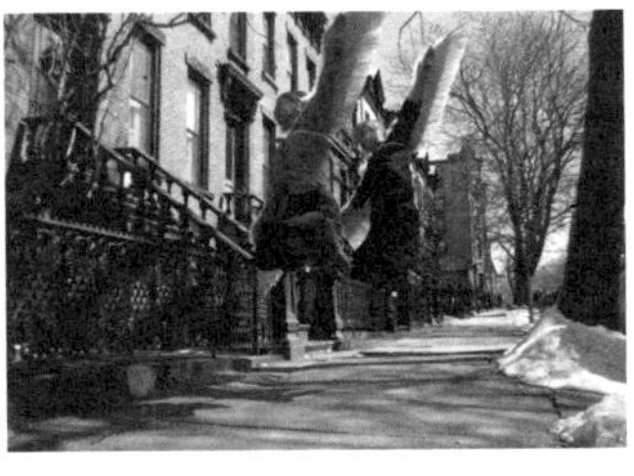

Flying Lesson, 2007
Konzept und Performance: Rosane Chamecki und Andrea Lerner, Kamera: Phil Harder | Conceived and performed by Rosane Chamecki and Andrea Lerner, photography by Phil Harder
Courtesy Rosane Chamecki, Andrea Lerner and Phil Harder

Anne Chu

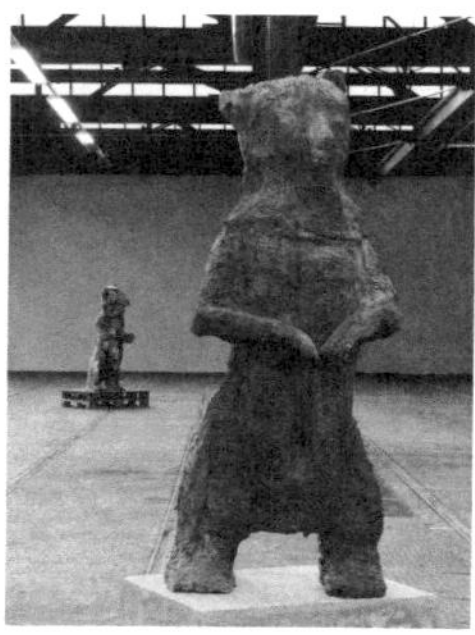

Single Bear, 2007
Neusilber | Nickel bronze
180 x 80 x 66 cm
Auflage: 2 | edition of 2
Courtesy the artist and
303 Gallery, New York

Single Bear, 2008
Holz | Wood, 180 x 80 x 66 cm
Courtesy the artist

Spencer Finch

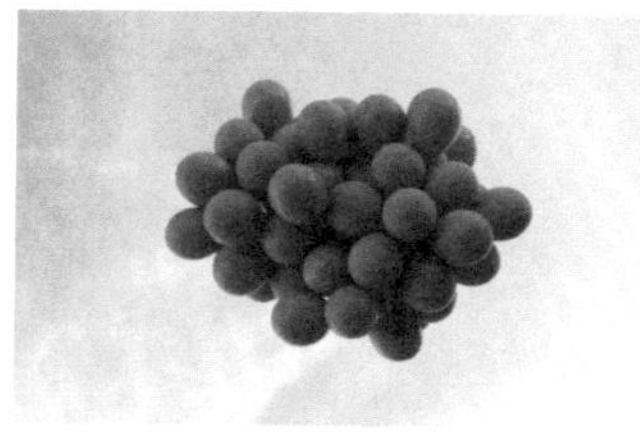

Sky (Over Coney Island, November 21, 2004, 1:14 pm), 2004
Ballons, Helium, Bindfaden | Balloons, helium, string, Maße variabel | Dimensions variable

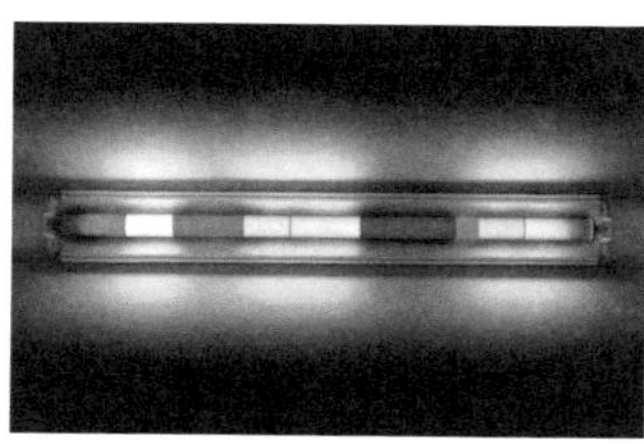

Moonlight (Luna County, New Mexico, July 13, 2003), 2003
Neonröhre mit Filtern | Fluorescent light, filters, fixture
61 x 7 x 5 cm
Auflage: 100 | Edition of 100

Courtesy Galerie Nordenhake
Berlin/Stockholm

David Herbert

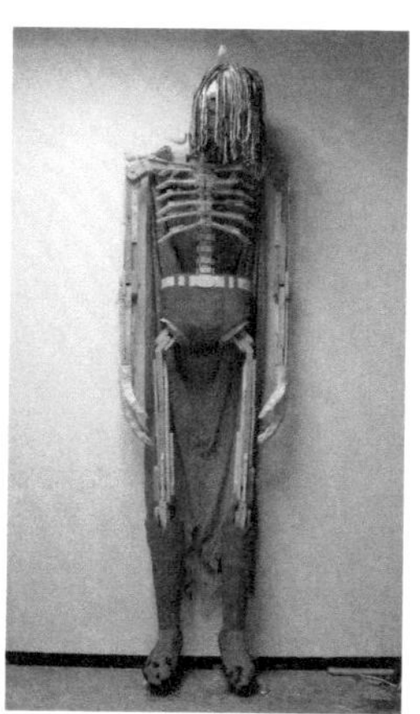

Beautiful Superman, 2007
Verschiedene Materialien (Holz, Styropor, Stoff, Plexiglas, Farbe) | Mixed media sculpture (wood, styrofoam, fabric, Plexiglas, paint)
365 x 76 x 35 cm
Courtesy Saatchi Gallery, London

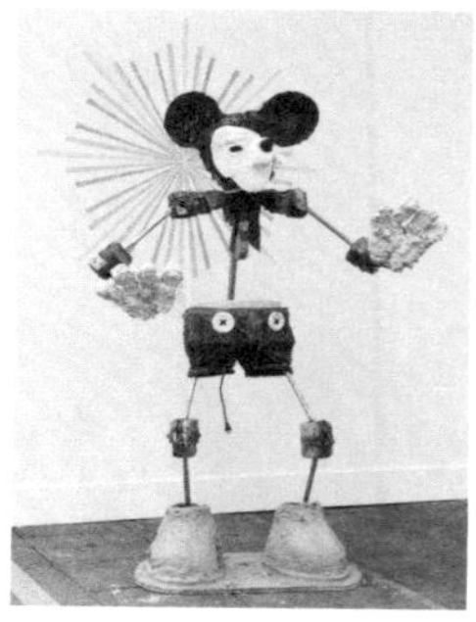

Mickey, 2007–2009
Verschiedene Materialien (Zement, Gips, Glaswolle, Elektrokabel, Sperrholz, magic-sculpt, Karton, Maschendraht, Sackleinen, Latexfarbe, Sprayfarbe, Styropor, sculpt-or-coat, Gipsbinden, Schaumstoff, getragene Hosen, Plexiglas, Gummileisten, Schrauben, Sprühschaum, sculpt-a-mold, Heißkleber, schwarze Kleidung) | Mixed media sculpture (cement, plaster, fiberglass, electric cord, plywood, magic-sculpt, cardboard, chicken wire, burlap, latex paint, spray paint, styrofoam, sculpt-or-coat, plaster bandages, polyurethane, old pants, Plexiglas, rubber baseboard, screws, spray

foam, sculpt-a-mold, hot glue, black cloth)
274 x 183 x 91 cm (Wandmalerei 183 cm im Durchmesser) | (wall painting 183 cm in diameter)
Courtesy the artist and Postmasters Gallery, New York

Joan Jonas

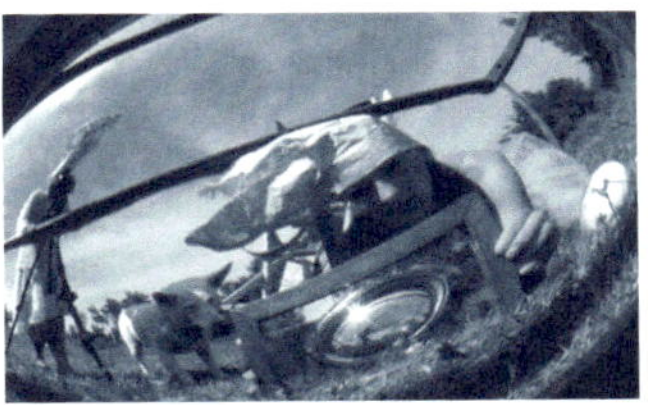

Mirror Improvisation, 2004
Videoinstallation | Video installation

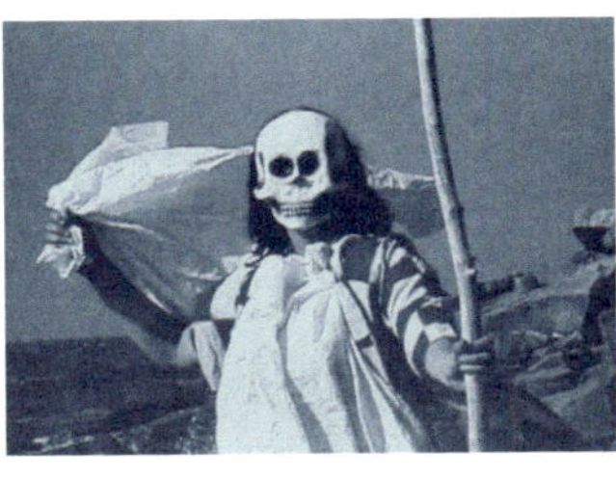

Waltz, 2003
Videoinstallation | Video installation

Courtesy the artist and Yvon Lambert Gallery, Paris and New York

Nina Katchadourian

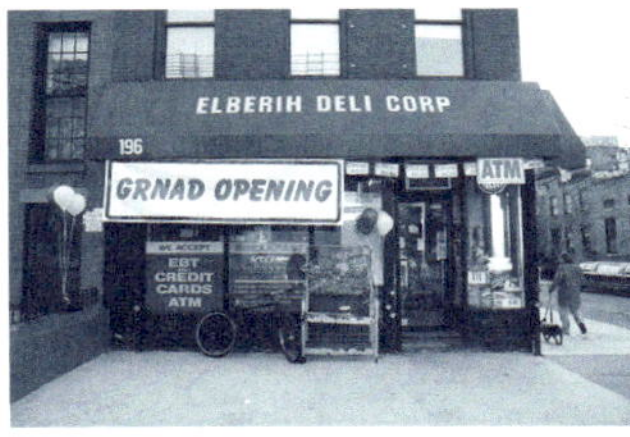

GRNAD OPENING, 2006
C-Print, 41 x 51 cm

GRNAD OPENING, 2006
Vinylbanner | Vinyl banner
91 x 305 cm

Courtesy the artist and Catharine Clark Gallery, San Francisco, and Sara Meltzer Gallery, New York

Yvette Mattern

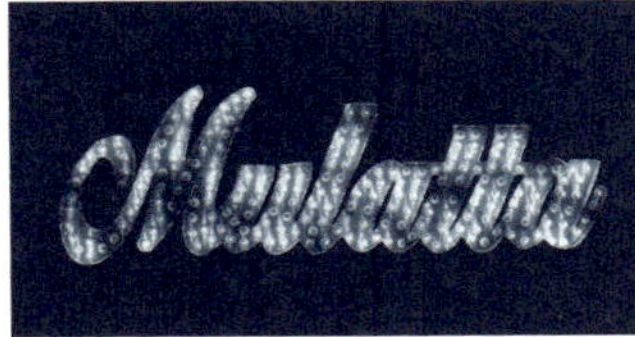

Mulatta, 2007
Lichtinstallation (Aluminium, Glühbirnen, Stereo-Lautsprecher) | Light installation (silver aluminum, light bulbs, stereo speakers)
142 x 51 x 13 cm
Komposition: Don Byron, Aufnahme: Scott Petito
Accompanied by a music composition by Don Byron, recorded and mixed by Scott Petito

Courtesy the artist

Karyn Olivier

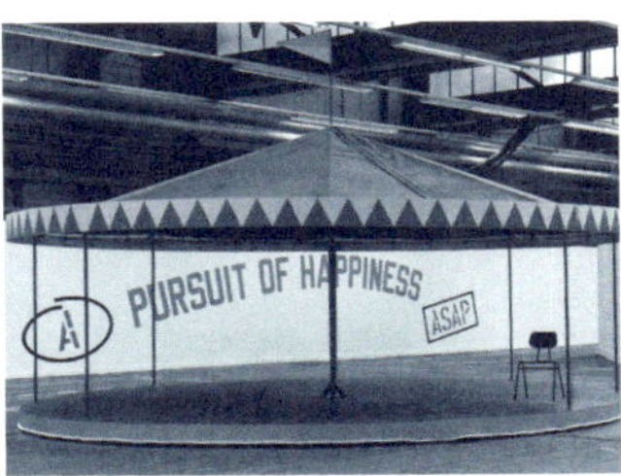

It's not over 'til it's over, 2004/2009
Stahl, Holz, Stoff, Drehscheibe, Stuhl | Steel, wood, fabric, rotating platform, chair, Höhe 3,35 m, Durchmesser 7,62 m | 3.35 m high, diameter 7.62 m

Courtesy the artist

Joyce Pensato

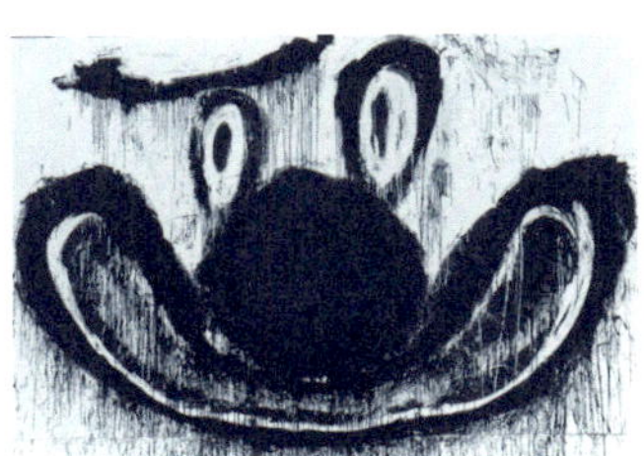

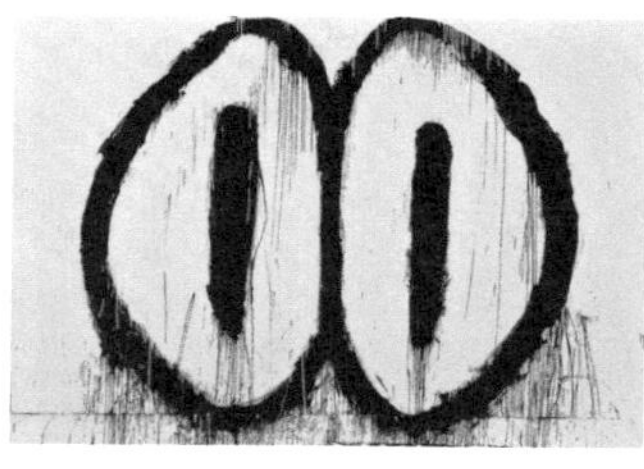

Now What?, 2009
Lackfarbe auf Wand (Vorder- und Rückseite) | Enamel paint on wall (front and back), 280 x 400 cm
Courtesy the artist and Capitain Petzel Gallery, Berlin

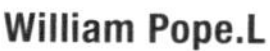

William Pope.L

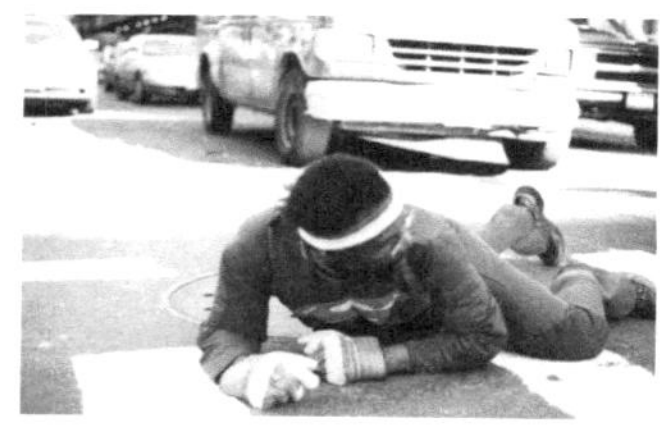

The Great White Way, 22 miles, 9 years, 1 street (Segment 5), 2005
Videoinstallation, Kamera: Pruznick/Grey | Video installation, Camera: Pruznick/Grey

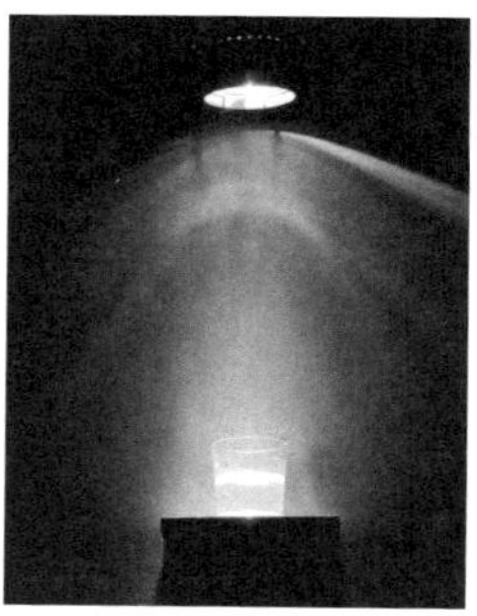

Well, 2009
Holzregal, Trinkglas, Wasser | Wooden shelf, drinking glass, water, Maße variabel | Dimensions variable

Courtesy the artist and Mitchell Innes and Nash, New York

Peggy Preheim

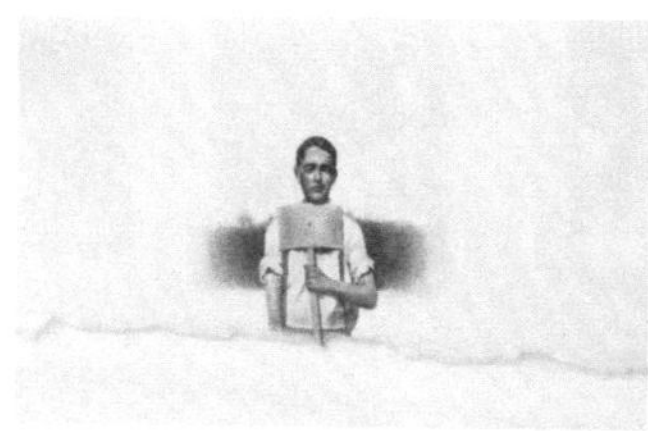

Point Blank, 2009
Bleistift auf Papier | Pencil on paper, 55,9 x 76,8 cm

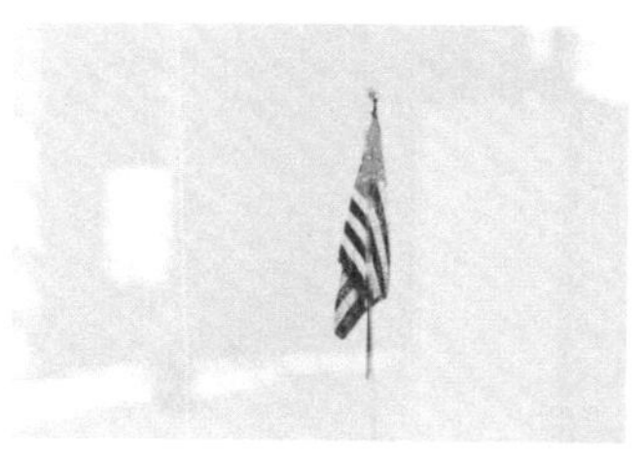

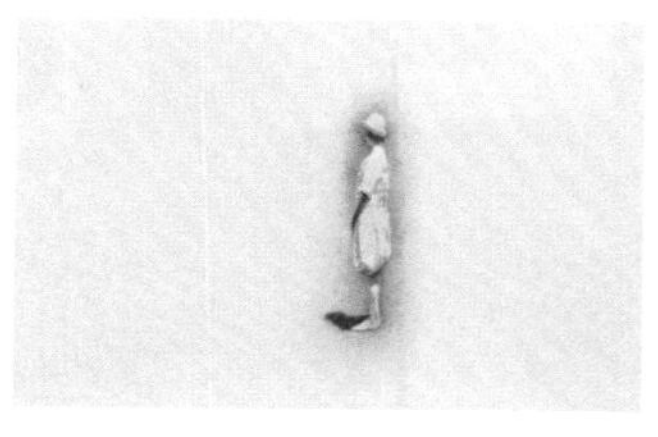

Little Princess, 2008
Bleistift auf Papier (Diptychon)
Pencil on paper in 2 parts, je 55,9 x 76,8 cm | each: 55.9 x 76.8 cm

Courtesy the artist and Tanya Bonakdar Gallery, New York

Nadine Robinson

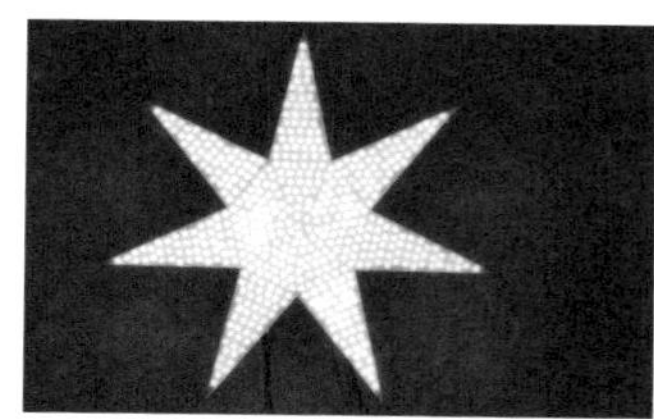

Wormwood, 2005
Aluminium, Glühbirnen | Aluminum, light bulbs

365 x 365 x 10 cm
Courtesy the artist and Grand Arts, Kansas City/KS

Lawrence Weiner

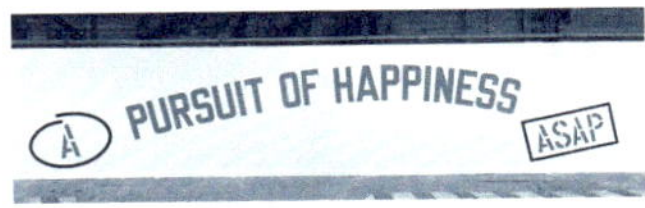

A PURSUIT OF HAPPINESS [ASAP]
2006/2009
Vinylbuchstaben auf Wand | Vinyl letters on wall, Maße variabel | Dimensions variable
Collection Glenn Fuhrman, New York, courtesy The FLAG Art Foundation

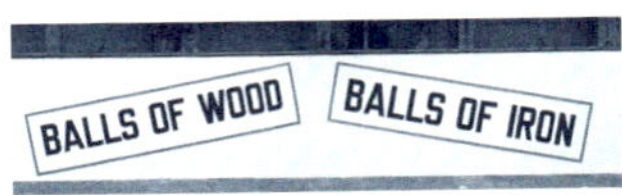

[BALLS OF WOOD] [BALLS OF IRON], 1995/2009
Vinylbuchstaben auf Wand | Vinyl letters on wall, Maße variabel | Dimensions variable

Courtesy the artist

Seite | Page 296/297
Installation von *Wormwood*
Installation of *Wormwood*
Foto | Photo: Ralph Hälbig

Autoren | Authors

Uta Grundmann ist Kunsthistorikerin und arbeitet als freiberufliche Projektmanagerin, Lektorin und Grafikerin in Berlin. Sie ist Verfasserin des Bandes *Revolution im geschlossenen Raum. Die andere Kultur in Leipzig 1979–1990* (2002, mit Klaus Michael und Susanna Seufert).

Uta Grundmann is an art historian and works as a freelance project manager, copy-editor and graphic designer in Berlin. She is co-author of the book *Revolution im geschlossenen Raum. Die andere Kultur in Leipzig 1979–1990* (2002).

Thomas Irmer ist Amerikanist und lehrt Amerikanisches Drama und Theater an der FU Berlin. Er schrieb u.a. das Buch *Moving Pictures, Moving Histories* (1995) über den historischen Roman der amerikanischen Postmoderne.

Thomas Irmer studied German and American literature and lectures in American Drama and Theater at the Free University in Berlin. His publications include *Moving Pictures, Moving Histories* (1995), a book about the US postmodern historical novel.

Jed Rasula war Poet, Kritiker, Buchhändler, Schriftsetzer, Tischler und Radiomoderator, bevor er zum Distinguished Professor of modernism in art, music, and literature an der University of Georgia, Athens, ernannt wurde. 2009 erscheint sein Buch *Modernism and Poetic Inspiration: The Shadow Mouth*.

Jed Rasula is now Distinguished Professor of modernism in art, music, and literature at the University of Georgia, Athens, after being a poet, critic, book-seller, typesetter, carpenter, and radio-show host. His book *Modernism and Poetic Inspiration: The Shadow Mouth* is published in 2009.

Sabine Russ ist Kunstkritikerin und Ausstellungskuratorin in New York sowie seit 2000 leitende Lektorin bei American Historical Publications, New York. Sie ist Autorin zahlreicher Essays zur zeitgenössischen Kunst.

Sabine Russ is an art critic and curator in New York. Since 2000 she has been managing editor of American Historical Publications, New York. Her publications include numerous essays on contemporary art.

Martina Siebert ist Philosophin und Künstlerin in Berlin. Sie beendete soeben ihre Doktorarbeit *Schema Farbe. Farberregung und Dynamofiktionalität von Malewitsch zu Sherman*.

Martina Siebert is a philosopher and artist in Berlin. Recently she finished her doctoral project *Schema Farbe: Farberregung und Dynamofiktionalität von Malewitsch zu Sherman*.

Gregory Volk ist Kunstkritiker und Ausstellungskurator in New York sowie seit 2004 Associate Professor an der Virginia Commonwealth University's School of the Arts in Richmond, Virginia. Er ist Autor zahlreicher Essays zur zeitgenössischen Kunst.

Gregory Volk is an art critic and curator in New York. Since 2004 he has been Associate Professor at the Virginia Commonwealth University's School of the Arts in Richmond, Virginia. He is also the author of numerous essays on contemporary art.

Dank | Acknowledgements

Die Ausstellung und der Katalog wurden gefördert durch den Hauptstadtkultufonds, Berlin.
The exhibition and the catalogue were supported by the Haupstadtkulturfonds, Berlin.

HAUPT
STADT
KULTUR
FONDS

Die Ausstellung ist Teil des Projektes DISCOVER US!, das in Kooperation mit der jazzwerkstatt Berlin-Brandenburg e.v. entstand. Wir danken Ulli Blobel und Melanie Martin.
The exhibition is part of the project DISCOVER US! which was set up in cooperation with jazzwerkstatt Berlin-Brandenburg e.v.. Thanks to Ulli Blobel, and Melanie Martin.

jazzwerkstatt

Für die Unterstützung des Literaturprogramms danken wir der Botschaft der Vereinigten Staaten von Amerika.
Thanks to the Embassy of the United States of America for the support of the literary program.

Unser besonderer Dank gilt:
Special thanks to:

Thomas Sakschewski
Jana Weiz
Anica Brady
Ander Mikalson
Daniel Biesold
Frank Lustig
Arwed Messmer
Sami ben Larbi
Bodo Schütt
Norman Perke
Jan Henrik Rymarski
Janek Meckier
Robert Nader
Ralph Hälbig
Thomas Eller
Julika Graaf
TRADUKAS/Greg Bond
COX Steuerberatung
RA Stephan Althausen

sowie den Künstler, Autoren und allen Leihgebern | **as well as the artists, authors, and all lenders:**

303 Gallery, New York
ARRATIA, BEER, Berlin
Sanford Biggers
Tanya Bonakdar Gallery, New York
Rosane Chamecki und | and Andrea Lerner
Anne Chu
Catharine Clark Gallery, San Francisco und | and Sara Meltzer Gallery, New York
Dogenhaus Galerie, Leipzig
Collection of Larry Eisenstein und | and Robin Zimelman
fruehsorge contemporary drawings, Berlin
Collection Glenn Fuhrman, New York
Marieluise Hessel Foundation, Hessel Museum of Art, Center for Curatorial Studies, Bard College, Annandale-on-Hudson/NY
Mitchell Innes and Nash, New York
Yvon Lambert Gallery, Paris and New York
Luhring Augustine Gallery, New York
Yvette Mattern
Galerie Nordenhake Berlin/Stockholm
Postmasters Gallery, New York
Nadine Robinson
Saatchi Gallery, London
Leslie Tonkonow Artworks + Projects, New York
Lawrence Weiner

Carnival Within – An Exhibition Made in America
28. März - 3. Mai 2009
UferHallen Berlin-Wedding
Uferstraße 8-11, 13357 Berlin

Ausstellung I Exhibition

Verantwortlich | **Responsible**
Uta Grundmann

Konzept der Ausstellung und Auswahl der Künstler
Concept of the exhibition and selection of the artists
Sabine Russ und | and
Gregory Volk

Realisation und Organisation
Realisation and organisation
Uta Grundmann, Sabine Russ

Assistenz | **Assistance**
Ander Mikalson

Projektmanagement
Project managment
Thomas Sakschewski

Projektassistenz
Project assistance
Anica Brady

Grafische Gestaltung
Graphic design
Jana Weiz

Pressearbeit und Mediaplanung
Press relations and media planning
artpress - Ute Weingarten
Marie Skov, Sabine Wimmel

Technische Realisierung
Technical realisation
Frank Lustig (Leitung), Sami ben Larbi, Bodo Schütt, Norman Perke, Janek Meckier, Jan H. Rymarski

Katalog I Catalogue

Herausgeber | **Editors**
Uta Grundmann
mit | with Sabine Russ und | and
Gregory Volk

Konzept und Redaktion
Concept and editing
Uta Grundmann

Fotografie und Bildbearbeitung
Photography and image processing
Arwed Messmer

Lektorat | **Copy-editing**
Greg Bond, Martina Buder

Deutsche Übersetzung
German translation
Anne Vonderstein

Englische Übersetzung
English translation
Greg Bond (Uta Grundmann),
Julie Gregson (Uta Grundmann/ DISCOVER US!, Thomas Irmer)
Cathy Quinlan (Martina Siebert)

Grafische Gestaltung und Satz
Graphic design and typesetting
Uta Grundmann

Gesamtherstellung | **Printed by**
Messedruck Leipzig

Umschlagabbildung
Cover illustration
David Herbert, *Mickey*, 2009

Seite | Page 20/21
Arbeitstisch von Joyce Pensato
Working table of Joyce Pensato
Foto | Photo: Ralph Hälbig

Erschienen im | **Published by**
Verlag für moderne Kunst Nürnberg
Luitpoldstraße 5, 90402 Nürnberg
Tel +49-911-2402114, -25, -26;
Fax +49-911-2402119
Mail verlag@moderne-kunst.org
Internet www.vfmk.de

ISBN 978-3-941185-20-3

Printed in Germany

Distributed outside Europe
Distributed Art Publishers, Inc.
155 Sixth Avenue, 2nd Floor,
New York, NY 10013, USA
phone +1-212-6271999,
fax +1-212-6279484

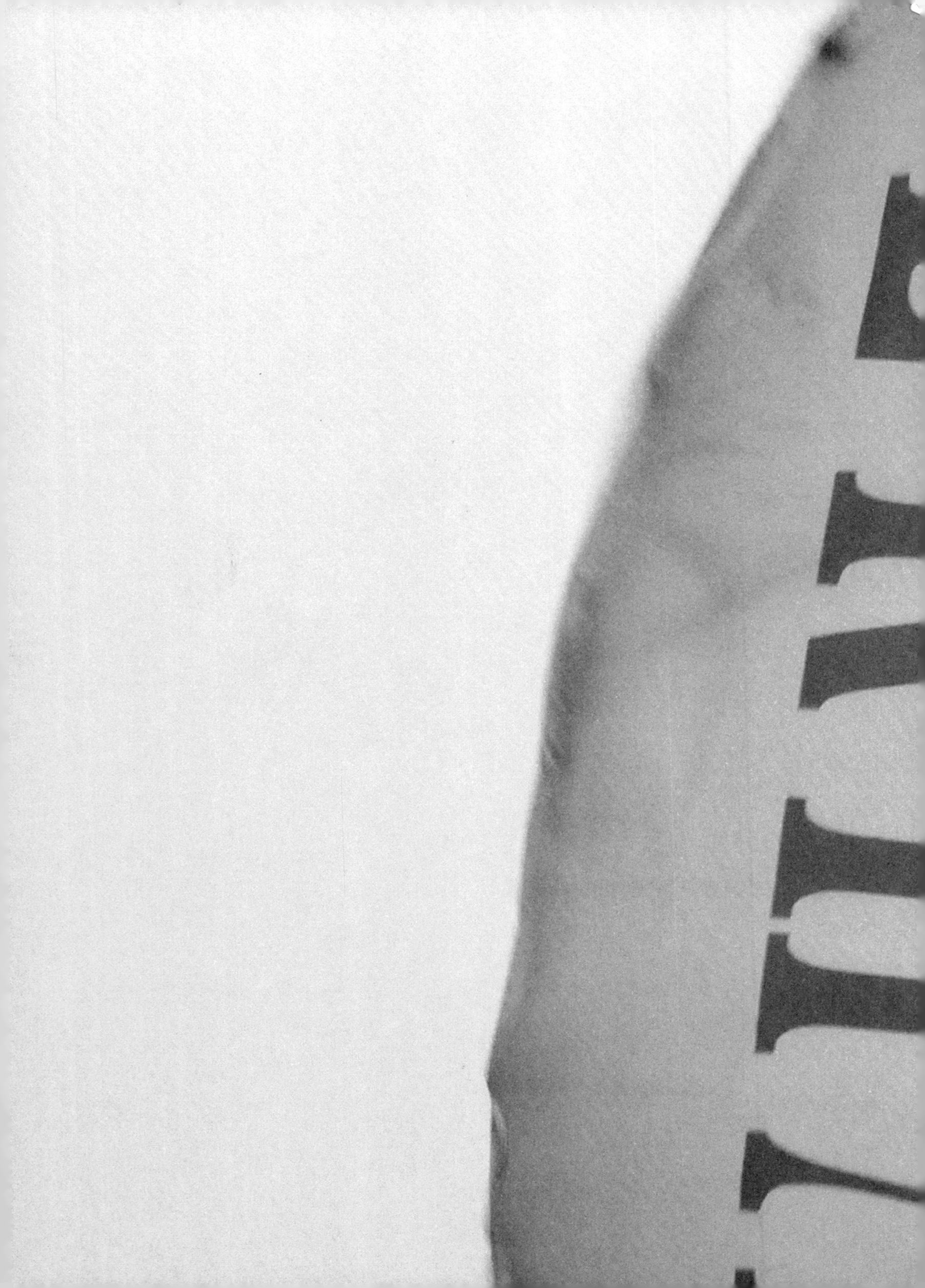